区域经济治理

邢俊 翟璇 柯海倩 著

西南交通大学出版社
·成都·

图书在版编目（ＣＩＰ）数据

区域经济治理 / 邢俊，翟璇，柯海倩著. 一成都：
西南交通大学出版社，2017.6
ISBN 978-7-5643-5450-3

Ⅰ. ①区… Ⅱ. ①邢… ②翟… ③柯… Ⅲ. ①区域经
济 – 经济管理 – 研究 Ⅳ. ①F207

中国版本图书馆 CIP 数据核字（2017）第 110612 号

区域经济治理

邢　俊　翟　璇　柯海倩　著

责 任 编 辑	孟秀芝
特 邀 编 辑	褚媛媛
封 面 设 计	严春艳

出 版 发 行	西南交通大学出版社 （四川省成都市二环路北一段 111 号 西南交通大学创新大厦 21 楼）
发行部电话	028-87600564　028-87600533
邮 政 编 码	610031
网 址	http://www.xnjdcbs.com
印 刷	成都蓉军广告印务有限责任公司
成 品 尺 寸	170 mm × 230 mm
印 张	20.75
字 数	335 千
版 次	2017 年 6 月第 1 版
印 次	2017 年 6 月第 1 次
书 号	ISBN 978-7-5643-5450-3
定 价	78.00 元

前　言

　　经过近三年的准备,《区域经济治理》一书终于面世了。为了完成对这一新的学术命题的探索,本书作者先后主持并完成了多项省级课题,发表了多篇具有较高质量的学术论文,并在实际工作中不断地对此进行研究和讨论,最终形成了本书的框架和内容。而之所以选择这一主题进行分析论证,其主要目的在于两个层面:

　　从微观上讲,首先,我国是一个农业大国。农业、农村和农民问题是中国全面建设小康社会的重点,关系到我国经济社会的整体健康发展。其次,中国历来都是一个县域的国度,县域经济是国民经济的重要支撑点,是承上启下的关键区域。我们有必要重新认识县域经济面对的新挑战,加快县域经济的治理步伐,推进县域经济的现代化进程。最后,城市是社会经济发展到一定阶段的产物,是社会进步和人类文明的标志。随着我国国民经济的快速发展和社会的全面进步,其中存在的问题逐渐显露出来,这些都需得到有效的解决。

　　从宏观上讲,区域经济治理问题并不局限于村域经济、县域经济和城域经济,而是任何有经济活动的区域均在被研究之列,小至社区家庭、大到国家乃至全世界,都与这一命题有关。从这个角度讲,区域经济治理就成为一个宽泛的课题,涉及所要研究的“区域”之内的多种指标、多种要素以及这些要素的组合——区域经济的增长、区域经济治理的路径、相关要素的关联、区域经济治理效率的评价、产学研合作及其效率等。

　　本书便是从微观和宏观两个角度,综合采用管理学、管理科学、经济学、统计学、经济计量学和系统论的分析方法和思想,对以上区域经济治理问题进行了系统的研究。在定性分析方面,内容涉及区域经济治理的政策选择、关键要素分析、区域经济合作与一体化、优化路径等；在定量分析方面，内容涉及区域经济治理的关联分析、效率评价，以及村域、县域、城域经济治理效率的非参数方法，最后通过区域产学研合作实例的效率评价，讨论了区域经济治理中的一个典型问题。

在本书的写作过程中，长春财经学院邢俊完成了本书的第四章、第九章至第十三章以及前言和参考文献部分。南阳理工学院翟璇完成了本书的第一章、第五章、第六章、第八章。南阳理工学院柯海倩完成了本书的第二章、第三章和第七章。

本书的面世同时得到了长春财经学院的协助，尤其要感谢长春财经学院董事长李树峰、执行校长张增林、副校长田小虎、科研处长李宗岩对作者的一贯鼓励和支持。

由于作者水平所限，虽反复校订、几经增删，但不足之处仍在所难免，恳请读者批评指正，不胜感激！

邢俊

于长春市月潭·半山洋房

二〇一七年一月

目 录

1 区域治理与区域经济治理

自 20 世纪 80 年代以来，国内外经济社会发展呈现出新的特点：国际上，随着国际贸易竞争的加剧，经济一体化步伐逐步加快。期间，区域主义和新区域主义逐步兴起。尤其是 2017 年 1 月美国总统特朗普正式上台之后，这一思潮再次高涨，各经济体开始推动生产组织结构的重组和区域治理的施行。欧洲、非洲等国家通过区域内各种政治经济集团的对话、协调和合作，构建了大都市区的各种制度、政策和管治方法、机制，以达到最大限度地动员和利用区域资源，最终实现区域治理的目标。在国内，随着改革的深入，区域间的竞争日益加剧，区域公共问题也不断凸显，这种状况促发了彼此的合作需求。因此，建构各地政府和非政府组织的协同合作结构，推动现代化区域治理模式的运行，统筹共治、协调推进区域经济社会发展，成为迫切的现实需要。

1.1 区域治理的内涵及理论基础

1.1.1 区域治理的内涵

我国区域治理是在区域经济的自然发展不断被行政区划的界限、被政府干预行为挫伤的背景下，为适应区域经济发展要求而进行的合理化的关系构建与行为调整。区域治理是在我国由计划经济向市场经济转型过程中为了适应经济和社会发展需要而产生和发展起来的。但是大多数关于区域治理的研究都是从国家之间的经济联系和安全需要出发的，属于国际关系和国际政治的研究范畴。而从国内区域发展的需要出发进行的研究则比较缺乏。虽然有学者也进行了一些研究，但是他们并没有揭示出区域治理的深刻内涵。要彻底认识区域治理的内涵，我们首先就应该认识区域和治理这两个概念。

1）区域的内涵

不同的学科对区域有不同的界定。地理学把区域作为地球表面的一个地理单元；经济学把区域理解为一个在经济上相对完整的经济单元；政治学一般把区域看作国家实施行政管理的行政单元；社会学把区域作为具有人类某种相同社会特征的聚居社区。无论怎样对区域进行界定，它的一个基本属性是不会改变的，这就是美国著名区域经济学家埃德加·M. 胡佛所说的："区域是基于描述、分析、管理、计划或制定政策等目的而作为应用性整体加以考虑的一片地区"，而所有的定义都把区域概括为一个整体的地理范畴，因而可以从整体上对其进行分析。正是区域内在的整体性要求我们更多地考虑区域内各部分之间的关系协调问题。可见，区域治理中的区域既可以是几个行政单元组成的地域，也可以是某一条河流流域流经的地域，还可以是某一语系包括的地域。这里的区域既可以是地球表面一个连续的地理单元，也可以是不连续的地理单元。总之，区域治理中的区域可以理解为基于一定的自然、经济、政治、文化等因素而联系在一起的地域。

2）治理的内涵

"治理"产生于 20 世纪 80 年代，西方的政治学家和管理学家之所以提出治理的概念，主张用治理替代统治，是因为他们在社会资源的配置中既看到了市场的失效，又看到了国家的失效。治理是为了解决政府失灵和市场失效而提出的"第三条道路"。1998 年，英国学者格里·斯托克对流行的各种治理概念做了一番梳理后指出，各国学者对作为一种理论的治理已经提出了五种主要的观点：治理是指一系列来自政府，但又不限于政府的社会公共机构和行为者的复杂体系；治理意味着在为社会和经济问题寻求解决方案的过程中，存在着界线和责任方面的模糊性；治理明确肯定了在涉及集体行为的各个社会公共机构之间存在着权力依赖；治理意味着参与者最终将形成一个自主的网络；治理意味着办好事情的能力并不限于政府的权力、政府的发号施令或运用权威，在公共事务的管理中，还存在着其他的管理方法和技术，政府有责任使用这些新的方法和技术来更好地对公共事务进行控制和引导。关于治理有多种定义，其中全球治理委员会的定义具有很大的代表性和权威性。该委员会在《我们的全球伙伴关系》的研究报告中对治理做出了如下界定：治理是各种公共的或私人的个人和机构管理其共同事务的诸多方式的总和。它是使相互冲突的或不同的利益得以调和并且采取联合行动的持续过程。这既包括有权迫使人们服从的正式制度和规则，也包括各种人群同意或以为符合其利益的非正式的制度安排。我国学者俞可平认为，与"政府统治"一样，"治理"作为一种政治过程，也是为了维持正常的社会秩序。但"治理"与"政府统治"至少有两个区别：一是"治理"与"政府统治"的最基本的或是本质性的区别是，"治理"虽然需要权威，但这个权威并不一定是政府机关，而"政府统治"的权威则必定是政府；"政府统治"的主体一定是社会的公共机构，而"治理"的主体既可以是公共机构，也可以是私人机构，还可以是公共机构和私人机构的合作。二是管理过程中权力运行的方向不一样，"政府统治"的权力运行方向总是自上而下的，而"治理"则是一个上下互动的管理过程。

3）区域治理的内涵

由于近年来"分权化"所产生的影响，跨行政区的公共事务逐渐成为理论界与政府关注的焦点。这种变化改变了传统中央与地方之间的上下垂直关系，也影响地方政府之间的水平关系，同时也形成了新的地方政府与社区、企业以及非政府组织之间的关系。在这样的背景下，区域治理逐渐成为一个新的研究课题。基于上述分析，我们认为区域治理是基于一定的经济、政治、义化和自然等因素而联系在一起的地域的政府、非政府组织以及社会公众对区域公共事务进行协调和自主治理的过程。区域治理不仅仅是一整套规则、一种活动，还是一个持续互动的过程；区域治理过程的基础不仅仅有控制，更重要的还有协调；区域治理的主体既涉及政府（公共部门），也包括非政府组织（私人部门）和社会公众；区域治理不是自上而下的管理方式，而是上下互动、权力双向运行的自治过程。区域治理中的区域可以分为宏观区域、次区域、中观区域、微观区域四个层次。宏观区域是指洲际之内由民族国家结合各国的规则形成的组织联合体，比如"欧盟""东盟""北美自由贸易区"等；次区域是指较小范围的，被认可为跨国界或跨境的一个单独经济区域多边经济合作，如"中华经济区""新柔廖成长三角""图们江地区的次区域经济合作""澜沧江—大湄公河地区的次区域经济合作"等；而中观区域层次则多指一国内部的出口加工区、工业园区或省际的经济合作，如我国的"长江三角洲经济区"、美国的田纳西河流域等；微观区域指更低层次的行政区（如市、县或乡镇）之间的联合体，如基于经济联系形成的苏锡常都市圈、锡常泰都市圈等，基于文化联系形成的江南水乡集镇，基于社会因素形成的区域上海青浦区的金泽镇和江苏吴江市的芦墟镇。区域治理中的治理不能被缩减为某种国家体制，或者政治制度，它不是简单的政府管理体制的延伸，更不能简化为良好的区域公共管理技术。它包含法律、权利、政治、体制、行政的概念，甚至在内涵和外延方面走得更远。治理的定义应当更广泛，这是一种社会调节的艺术，目的是保证社会的生存、团结和发展，以及社会与生态的平衡。

1.1.2　区域经济治理的理论基础

区域经济治理并不是在原有的地方政府层级上"叠床铺被"，而是在既有地方政府层级的框架内，根据区域经济发展、自然生态以及人文建设等方面的需要，形成特定的组织安排。区域经济治理可以跨越行政区划边界，整合区域内现有的资源，从"以人为本"的原则出发，实现区域的可持续发展与和谐发展。由于城市化进程加速，大量都市地区纷纷出现，城市逐渐彼此相连，这类地区的政府之间的各种利益关系协调、公共服务的供给、协调发展等问题成为各界关注的焦点。国际上都市地区管理体制的发展经历了几十年的历史，在各国特定的政治文化背景下，形成了两种典型管理模式，即单一中心体制和多元中心体制。而近年来也出现了整合这两种模式的新区域主义的观点。这三种模式的理论基础来源于三种观点。

1）传统改革主义观点

这种理论主要从结构途径去研究区域治理机制，涉及整个区域的政府改革，试图抛弃所有或大部分的区域地方政府，以单一、全功能、强有力的区域性政府取而代之。这种观点又被称为政府合并或区域行政，主张管辖区域的合并有助于政府规模的合理化，促使资源不足的地方政府获得发展，允许公民充分参与公共事务的决策，进而有效地促进经济发展、均衡地方财政以及提供跨域服务等。传统改革主义者强调建立一元化体制以设计区域治理的组织模式。所谓一元化体制，是指在区域内具有唯一的决策中心，有一个统一的区域政府机构。它可以是内部有若干小单位相互包容和相互平行的一个政府，更可能是一个双层政府结构体制，即一个正式的区域政府组织和大量的地方单位并存，它们之间有职能的分工。典型的代表国家如英国的大伦敦政府、日本的东京、法国的巴黎、加拿大的多伦多等。传统主义者在建立区域政府时多采用合并、兼并和联盟制三种方式的政府改革。其中，合并与兼并主要通过行政区划调整加以实施，如日本通过"市町村合并"建立区域政府，实施"广域行政"。而联盟制并不涉及行政区划的调整，主要通过建立跨界联合政府（准实体）、跨界区域管理组织来解决区域发展的问题，如欧盟大力推进城际联盟，以欧洲区域共同市场为先导，利用欧盟统一的区域政策，发挥区域基础设施网络化的优势，促使城市积极结盟与合作，推进国家与社会、政府与公众相互关系的转变，进而达到整合欧洲大都市区、提高整体实力、形成综合竞争优势的目标。

2）公共选择理论观点

与传统主义观点致力于改革完善政府自身不同，公共选择理论观点关注的中心是政府与社会的关系，它认为，"没有任何逻辑理由证明公共服务必须由政府官僚机构来提供。"既然政府内部问题重重且改革实践收效甚微，那么最好的出路是打破政府的垄断地位，建立公私机构之间的竞争，从而使公众得到自由选择的机会。因此区域内若有许多不同的地方政府存在且管辖权彼此重叠，不同的地方政府就能通过相互竞争产生高的效率，更好地满足公民的需求。这种理论是政治经济学在区域政府研究领域的应用，主张建立多中心或多核心的政治体系。公共选择理论观点从多元中心体制出发以设计区域治理的组织模式。所谓多元中心体制，是指区域内存在相互独立的多个决策中心，包括正式的综合功能性政府（如市、县、镇等）和大量重叠的特殊区域政府（如学区和特别区等）。在西方国家中，尤其是美国，多元中心体制是都市区最常见的公共组织。公共选择理论所倡导的多元中心体制给公民以更多的选择权来处理区域公共事务。这种体制通过地方政府间的协议、区域联合会等途径来构建。从公共选择理论出发衍生出"区域公共管理""区域行政"等术语。无论是区域公共管理还是区域行政都主张调整区域内现有地方政府之间的关系，通过政府重构建立多中心、多层次的区域公共管理体系，对区域公共事务进行综合治理，以便实现社会资源的合理配置与利用并提供更优质的公共服务。

3）新区域主义

上述两种区域治理模式都非常重视效率、成本、服务供给、经济增长和社会发展等方面的问题。然而近年来，在区域治理领域逐渐兴起一种"新区域主义"的观点。该理论是传统主义者与公共选择理论者争辩调和的产物，认为解决区域问题应该综合应用竞争与合作两种机制。其目的是在地方政府、社会公众及非政府组织之间建立起区域战略伙伴关系。新区域主义认为，在当今世界中区域是不同机构参与而形成的充满机遇的开放网络或者是它的一部分，这种整体结构已经逐步成为研究区域本身的基本点。当今越来越不可能去明确限定一个区域、城市中心或者城市功能区的边界，区域或者中心的出现常常是跨越已有的功能或者行政边界甚至是国界，它的边界是随经济、社会、文化等动态变化的，因此多中心这个概念需要严格定义，这是由于多中心可以出现在不同的空间层面上，某个层面上的单一中心可能是另一个层面上的多中心的一个中心。区域的竞争力与活力源于区域内公共机构、私人机构、非营利组织等之间的自发协商和分享，它们之间的合作是自下而上形成的，而它们各自内部以及它们之间也相互制约，这样有限制的自发过程是区域形成的机制。新区域主义强调竞争与合作的融合，如结构区域主义、财政区域主义、行政区域主义及协调区域主义等。此外，国际上关于区域治理的研究主要聚焦于大都市区的管理。随着大都市区的发展，管理难度和复杂度日益加大，郊区的发展、城市区域的扩张，显示出地方政府既有的制度规划已经滞后。城市空间扩大与功能扩展后"谁来治理"的制度化问题日益突出，一方面，政府试图去探索一种能够让聚居人口和经济活动的领域范围与城市区域系统相符合的政府管理模式；另一方面，许多学者开展了相关研究，试图建立新的区域治理模式来满足这些城市区域发展的需求。概括而言，这些研究者基本上有三个共同的目的：在大都市区采用自愿为主的方法来提升地方政府间的合作，提倡区域治理的目的是解决大都市区碎片化政府组织结构的外部性，提供财政和减税的方法来促进城市中心的发展，以便于为整个区域经济发展做出贡献。大都市区管理体制的发展经历了数十年的历史变迁，在各国特定的政治文化背景下，形成了两种典型的管理模式：单中心体制和多中心体制，它们的理论基础分别来源于单中心治理理论和多中心治理理论。

1.1.3　国外区域经济治理的典型模式

1）美国区域经济治理模式

美国是典型的联邦制国家，政府体系分为联邦政府、州政府和地方政府三个层次。美国宪法根据分权和制衡原则对联邦与州之间的权力分配和相互关系做了明确的规定。联邦权力采用列举方式，其剩余权力归地方政府所有。联邦政府在法律上高于州政府，但在行政关系上却是并列的，不存在隶属关系。州政府以及地方政府的权力受法律保障，凡是应由州政府以及地方政府行使的权力，联邦政府不得干预。在这个基本行政架构下，各级政府在自愿基础上成立各级各类区域性组织，主要是加强不同地区政府间在一些重大事务上的协商和合作，主要包括重大基础设施建设、环境污染共同防治、地区安全、资源合作开发等方面。下面以田纳西河流域管理局和阿巴拉契亚区域委员会为例介绍美国区域经济治理模式。

（1）田纳西河流域治理模式。田纳西河是美国东南部密西西比河的一条二级支流，长 1050 千米，流域面积 10.6 万平方千米，发源于弗吉尼亚州，流经 7 个州，经俄亥俄河汇入密西西比河。因单个地方政府无力承担大规模的开发，长期以来该流域呈现自然条件优越、经济萧条的特征，20 世纪 30 年代，当时的田纳西河流域是美国最贫穷的地区之一。1933 年罗斯福"新政"时期，田纳西河成为美国流域综合开发的试点，美国国会通过《田纳西流域管理局法》，设立了田纳西河流域管理局（TVA），其权力机构是管理局董事会，董事会成员共 3 人，由总统提名，国会通过后任命，董事会成员直接向总统和国会负责。经过一系列不断治理的实践，田纳西河流域不但摆脱了贫穷落后的面貌，而且取得了巨大的成就，田纳西河流域管理模式也被世界众多国家借鉴。美国国会针对全面开发治理田纳西河流域制定的田纳西河流域管理法案是田纳西流域经济治理的关键，该法案的核心内容是设立田纳西河流域管理局。TVA 的职责有：对田纳西河流域干流和支流沿岸的土地进行管理和出售；研制开发新型低污染肥料；管理、经营流域上的水利设施；依据流域发展的需求确定废除或修订地方法规，并根据全流域的整体需要进行新的立法；基于流域经济发展的需求来发行政府无偿提供担保的债券。TVA 是一个"既具有政府职能又具有私营企业灵活性和创新性"的准政府机构，对整个流域的水电、防洪、灌溉、水土保持、生态恢复等事宜进行一体化管理。美国的典型的联邦制国家，州与州之间的关系是完全平行的横向政府间关系。每个州依法享有独立的立法和司法权，在国家层面上构筑跨州的流域管理机构和施行专门法律，值得我们借鉴。TVA 特殊的管理体制及良好的运行机制也是其成功的关键。TVA 是相对独立的联邦政府机构，只接受总统的领导和国会的监督，在流域开发管理中拥有广泛的自主权，如独立的行使人事权、对土地的征用权、建设项目的开发权、行使流域内经济发展及综合治理和管理职能、促进地方经济发展向多领域投资与开发权等。这种特殊的体制安排，保证了 TVA 进行流域综合治理的权威性和有效性。

（2）阿巴拉契亚区域治理模式。阿巴拉契亚地区是美国最为贫困的落后地区之一。它沿着阿巴拉契亚山脉从纽约州的南部一直延伸到密西西比州的北部，其范围包括美国 13 个州的 399 个县，面积大体为 50.5 万平方千米，总人口达 2100 万人。根据社会经济条件的差异，阿巴拉契亚地区可分为 3 个不同的部分。北部阿巴拉契亚人口稠密，城市化水平较高，是一个衰落的重工业区；中部阿巴拉契亚人口稀疏，经济发展落后，是一个多山且与外界隔绝的产煤区；而南部阿巴拉契亚则是生产潜力逐步枯竭的农业区。1965 年美国政府颁布《阿巴拉契亚区域开发法》，并成立了阿巴拉契亚区域委员会（ARC）。ARC 是一个以区域综合开发为目标的协调组织，其主要职能是编制区域发展规划，包括自然、经济、社会等方面的发展规划；对当地社团和私人企业提供资金和技术援助；协调联邦和州之间的关系；向各地方开发区下拨联邦政府；运用多种形式宣传解释区域开发意义并广泛听取各方面意见。ARC 由阿巴拉契亚各州的州长和一名由联邦政府委任的联合主席组成，其经费支出由联邦和州政府共同负担。委员会的主要任务是制定地区发展总体规划，确定其优先发展领域，并通过财政援助和技术服务等途径，促进地区经济的增长。阿巴拉契亚区域开发计划十分强调公共基础设施的重要性，认为地区经济发展只有在提供必要的基础设施的前提下才能较好地取得。阿巴拉契亚区域开发计划明确规定：公共投资应该集中投放在那些增长潜力较大和投资收益率较高的地区。通过对美国田纳西河流域和阿巴拉契亚地区开发的历史考察，可以得出以下几点启示：第一，政府对落后地区的开发援助必须有明确的地域范围，其界线最好以县级行政区划来划定，这样将便于政策的实施，也容易取得成效；第二，政府支持落后地区的开发以及各项援助政策，都必须通过立法程序来加以稳定、规范和制度化；第三，需要建立一个能较充分反映各方面利益的独立机构，并拥有相对稳定的经费来源；第四，必须加强公共基础设施特别是公路网络的建设，为今后落后地区发展创造一个有利的条件；第五，在地区开发的初期阶段，政府公共投资应突出重点、相对集中，着重抓好那些增长潜力较大的增长中心建设。

2）德国区域经济治理模式

德国的行政体系由联邦政府、州政府和社区政府三级构成。联邦政府拥有广泛的权力，管辖内政、外交、国防、财政、经济和社会等各方面的事务。各州也有很大的自主权，16个联邦州中，每个州不仅有自己的宪法、法律，还有自己的议会、政府和法院，拥有独立的财政预算和警察力量。但州宪法必须与联邦基本法规定的共和制、民主制和福利制的法治国家原则相一致。整个联邦的发展以各州为依托和基础，同时联邦政府又从全局给予指导、帮助和协调。在德国，主管规划工作的德国区域规划、建筑和城市发展部负责规划和制定政策，还掌握部分资金，以便对各州的发展进行引导协调。1964年联邦政府内设立了区域协调机构——区域经济政策部际委员会，负责区域开发的协调工作。随着开发工作的进行，德国在1969年制定的《关于共同任务——区域经济结构改善的法律》中规定，共同任务的决策机构是计划委员会，下面由联邦经济部长和财政部长代表联邦与各州经济部长代表各州共同组成，而区域规划和州规划的组织则由区域规划局或者州规划局负责。以斯图加特地区为例介绍德国区域经济治理模式中建立地区政府的典型范例。斯图加特地区位于德国西南部，因汽车制造业的领先地位而闻名，包括斯图加特市和周边围绕的5个县，周边县城距离斯图加特市中心的距离仅10~20千米，但整个地区却拥有179个地方政权，包括州首府、中等规模城镇和地方村庄等。历史上，出于对地方自治权利和自身发展的维护，斯图加特市长期以来不愿意合并周边的村庄和社区来扩展版图或强化区域合作。1994年设立了斯图加特区域联盟（VRS），设立区域议会作为其决策机构。VRS是拥有实权的区域管理机构，州政府协助建立VRS的目的是创造一个新的治理工具，来改善区域中的主要基础设施、建立新的市场秩序、扩大机场和重建中心火车站等。VRS除了制定区域的空间规划以外，同时还负责公共交通规划、部分的公共交通供给、经济发展、旅游市场和垃圾管理等事务。在组织平衡城市的区域发展、促进郊区政府与中心城市的协作等方面，VRS 起到了非常重要的作用。VRS 负责编制的"区域空间发展计划"于 1998 年开始实施，它是地方政权在制定地方规划时必须遵循的上位规划。1994 年，联邦州法案赋予斯图加特一项特别的权力，即成立专门的区域政治机构，也就是区域议会领导下的斯图加特联盟来管理区域事务，这在后来成为德国其他地区效仿的榜样。州法案明确指出，建立斯图加特地区是为了整合独立市当局的力量，强化这个地方在欧洲和国际上的竞争力。斯图加特区域管理机构在公共法规的保证下，成为这个地区区域规划、交通和商业发展的重要促进者。斯图加特地区的区域治理模式在德国广受赞誉，在很大程度上源于它的区域议会是由公民直接选举产生的。斯图加特地区创造了通过大都市地区政府"斯图加特区域联盟"来实现区域协作的治理典范。由于作为联盟决策中心的区域议会由市民直接选举产生，这更使 VRS 的治理模式变得强权而又特别。

3）欧盟区域经济治理模式

在欧盟以及其成员国内部，区域差距始终是妨碍一体化的最重要障碍之一。因此，从 1951 年成立的欧洲煤钢共同体（CECSC），到 1958 年成立的欧洲经济共同体（EEC），再到 1992 年成立的欧盟（EU），区域差距与区域问题始终是一体化所要解决的问题。欧盟作为人口众多、地域广阔的跨国区域组织，其区域经济发展和空间结构不平衡，是限制其发展的重要因素，如何推进区域均衡协调发展，成为欧盟进行区域政策涉及的重要出发点和归宿。经过半个世纪的努力，欧盟已经成为当今世界上发展水平最高、规模最大的区域一体化组织。1958 年签订的《欧洲经济共同体条约》（TEEC）是欧洲一体化的基本法律基础之一。该条约前言强调"切望通过缩小存在于各区域间的差距和降低较贫困区域的落后程度，加强各国经济的一致性和保证它们的协调发展"。在该条约的第十四篇中明确了区域问题的重要性以及解决区域问题的法律规范。这些法律规定在《欧盟条约》中几乎完全保留。在《欧盟条约》以及有关具体法律框架下，欧盟建立并完善了区域管理制度基础。从国际范围来看，欧盟一体化进程中的法制协调经验给了我们比较大的启发。欧盟在行政区域间协调的问题上，首先在立法上做文章，一方面根据发展需要制定统一的有约束力的法律方案；另一方面成立了统一的法制协调机构，主要包括五大协调机构，即欧盟委员会、欧盟理事会、部长理事会、欧洲议会和欧洲法院。这五个法制协调机构都有各自明确的责权范围、议事规则、组织结构等制度。与其他地区的经济一体化组织相比，欧盟在机构的设置和权力的分配上不但强调各个成员国参与，而且强调各机构在其管辖范围内超越各成员国政府的权力，超越各机构相互独立又相互制约的关系，从而凸显欧盟独特的机构运作机制。欧盟作为规模宏大的世界型跨国区域组织，在长期努力和实践的过程中，逐渐形成了一套有效的区域横向协调机制，推动了成员国之间的区域合作进程与区际平衡协调发展。欧盟给我们的借鉴经验是要设置协调区域发展的机构，构建多层次、网络状的区域协调体系。为了促进欧盟经济的协调发展，欧盟设置了职能机构和顾问机构。欧委会由 20 个委员组成，在委员会内部设有 24 个事务部，其中第 16 事务部负责区域政策与成员国间聚合方面的事务。此外，欧盟顾问机构设有区域委员会，区域委员会由欧盟国家的区域或地方代表组成，专门负责协调欧盟成员国的区域政策并制定欧盟的区域政策，其主要职能是向委员会或理事会提供咨询意见，并在事关特殊区域利益时发表意见。

4）国外区域经济治理模式对我国的启示

同一个机制"不能适用于那么多不同的地区，因为它们各有不同的风格，生活在迥然相反的气候之下，并且也不可能接受同样的政府形式"，因此把甲地的经验做法应用到乙地时，必须考虑"背景迁移"的可能性，需要对城市现象与城市背景因素之间的互动关系进行吻合程度的考察，并在此基础上提出经验改进的可能性。虽然由于国情不同、政治经济体制的差异、发展阶段的不一致、文化传统的区别等，国外区域经济治理的经验不能直接复制到我国，但国外在区域经济治理中的某些先进做法值得我们借鉴，并用来反思我国区域经济治理过程中存在的问题。第一，区域经济治理需要专门机构负责。各发达国家落后地区开发的经验表明，要使区域经济政策取得较好的成效，在很大程度上还要依赖于在中央（或联邦）政府内设有专门的协调机构及严密的实施计划。因此，各国相应地都依法设立了专门的管理机构。第二，明确区域经济管理机构的地位、职权和职责。不同区域的利益关系需要一定的法律形式或制度加以规范。区域管理机构无论如何产生，其地位、职权和职责必须明确，在国外区域开发协调机构的主要职能包括以下方面：编制区域综合开发规划，负责区域综合开发项目的实施，提供区域发展的资金保障，提供区域综合开发的法律保障，协调中央与地方、地方与地方政府间关系等。明确区域经济管理机构职权的目的在于，使地方政府之间不能解决、不得解决的区域公共事物，可以由区域政府的上级政府统一安排，制定区域行政规划来推进区域一体化进程，并保障区域发展的正确方向，不至于超过和打破现有的宪政体制的安排。但并不是说上级政府可以全面干预区域经济一体化的发展，属于地方职权范围内的事情，地方政府可以自主处理，地方政府在平等协商的基础上通过协商谈判来达成共识，共同处理具体区域内的事务，从而也充分体现了地方政府的自主性。第三，我国至今没有形成统一的区域框架。长期以来，我国以行政区划为基础的"行政区行政"，有着"内向型行政"或"单边行政"的弊病，由于各级行政区划层次较多，分割过细，各级政府对区划内经济活动干预权过大，在经济上各自为政和本位主义的现象非常普遍，导致产生相互恶性竞争、产业结构趋同、资源浪费等问题，对资源有效配置的阻碍越来越大，尚缺乏明晰的、可供区域公共政策利用的区域划分框架，在一定程度上阻碍了区域经济合作的发展。第四，区域经济治理问题涉及中央与地方的关系。区域经济竞争过程中不可避免地会产生一定的外部性效应。对跨区域公共问题的解决，需要中央政府发挥一定的协调与监督作用，因为中央政府可以作为超脱于地方政府间利益争端的公正裁判，从而在地方政府的博弈结构中发挥信息沟通与冲突裁判的作用。当前，在以地方政府为主导的区域经济合作中，要对中央与地方关系进行协调，应强化中央政府的宏观调控能力，以加强中央政府的政治权威，进而利用中央政府的权威消除来自地方的利益障碍。当然，强化中央政府的宏观调控能力，是从弥补市场失灵的角度，在地方事务公共化的基础上强化中央政府在全局性公共事务方面的制度化权威，建立政府干预与市场协调之间的平衡关系。

1.2　区域经济治理的困境与制度分析——基于合作治理的分析

1.2.1　区域经济合作治理的前提

对于区域经济发展而言，地方政府的作用可以说是其他国家无法比拟的。自 1978 年改革开放以来，中国经济保持了近 40 年的高速增长，在这段时间里，地方政府在区域经济增长中扮演着中坚力量。这种力量的积聚来自两个重要因素，一是"经济人"动机，二是"政治人"动机。首先，作为"经济人"的动机——财政收入最大化。在公共选择理论中，政府行为由政党决定。唐斯（1957）认为，"民主政治中的政党与经济中追求利润的企业家类似，为了达到其目的，会制定他们相信能够获得最多选票的政策，正如企业家会生产能够获得最大利润的产品一样。"Niskanen（1975）进一步指出，政府官员（官僚）追求的也是效用最大化，这种效用最大化通过预算规模最大化来实现。在这一目标下，官僚往往不以公共利益为其行为标准，而是以自我效用为标准。改革开放使地方政府逐渐成为经济主体，通过"经济人"的逐利行为，形成了所谓的"地方利益"。按照公共选择理论，政府不再是一个主体，而是一个由政治家与官僚组成的委托代理关系维系的组织，以及由中央政府与地方政府的决策执行结构组成的公共组织体系。关于作为"经济人"的地方政府的目标通常被描述为追求地方GDP 最大化。地方政府作为"经济人"的追求目标仍然符合公共选择理论，即官僚追求预算规模最大化的特征，因此追求 GDP 最大化只是其目标函数的结果变量，或者说只是表面现象，地方政府追求的预算规模最大化实际上是财政收入的最大化。这种财政收入的最大化目标使得地方政府对于招商引资、激发企业活力起到了关键作用，从而呈现出市场经济中市场主体的活跃特征，而这一特征又促进了区域经济的快速增长和财政收入的增加。政府的财政收入成为政府可支配收入的来源，使得政府支出规模可以达到最大化，从而达到效用最大化。其次，作为"政治人"的动机——"锦标赛"激励制度。所谓"政治人"，是指政府官员以职级职务晋升为目的的政治追求行为，这一点就表现在我国的政治锦标赛制度中。与联邦制国家不同，行政职务呈现出从中央到地方的金字塔形态，政治级别成为稀缺资源，政治锦标赛也成为一种有效的激励机制。周黎安（2008）对我国政治锦标赛有过较为深刻的理论解释。政府激励机制，实际上如同"公司治理"的基本原理，核心在于政府官员的激励与委托人利益相容。行政治理结构是由单个委托人与多个代理人构成，即上级政府和平行的地方政府之间的多代理人关系，通过在代理人之间进行竞赛，以更有效地实施上级政府的目标约束，提升激励效率，降低交易成本。这就如同产业竞争，每个企业都希望获得领先位次，故降低成本、提高技术水平的情景类似，每个地方政府也会将上级政府制定的考核目标作为其职能定位与资源配置的主要方向，以各种方式提高投入产出比，官员的智慧和努力在被有效激励的同时，区域经济增长也将随之出现，它是这种竞赛的收益性结果。随着社会主义市场经济体制、基础设施建设、信息化等因素的推动，资源的行政性约束逐渐弱化，这种竞争的可能性和程度被大大增大。在政治锦标赛的机制下，上级政府强化了对地方政府官员的治理机制，借助于行政工具提供了产权保护的非法律途径保障方式，并有效地提升和改进政府为市场经济服务的态度与效率。在这种竞赛下，地方政府官员为职位晋升而改进工作方式，提升工作效率将有助于上级政府的监督。另外，政治锦标赛中对地方政府提供了可信度高的奖励承诺。这种可置信，一方面来自于成果绩效信息透明，各地方政府参与人都能较为清晰地观测到自己甚至其他竞争对手的业绩水平，以及委托人是否兑现了事前承诺；另一方面来自于委托人事后没有违约动机，因为委托人可以不用花费额外成本就可以通过竞争机制产生优先者，这是因为组织构架和职位具有稳定性，当有人通过竞争晋升职位后，委托人几乎难以食言。

上述两类动机是地方政府行为的前提假定，是区域合作治理的主体基础。由于上述两类行为动机，合作治理出现了多重困境。在单纯的竞争关系下，新古典经济学已经能够清晰地揭示出地方政府最优选择所带来的单一均衡解。然而相对于竞争而言，合作问题更为复杂，这种复杂性在于博弈的多重均衡解。合作成本收益难以被有效衡量时，合作本身的目标与绩效都是难以被观测、衡量的，而这同时加剧了不确定性与合作风险。作为博弈论主轴的"囚徒困境"问题，与奥尔森的"搭便车困境"是密切相关的，两者都揭示了人类在合作与协调问题时令人沮丧的前景。

1.2.2 主体性约束

决策者（或代理人）的知识结构、智能结构及心理结构等都会影响决策的水平和质量，地方政府的合作偏好及由此产生的合作意愿是地方政府的主体性。这种合作意愿特征在区域经济发展中表现为地方政府寻求合作伙伴的意愿表达和行动频率，例如写入政府正式公文的级别、次数，地方政府官员重要讲话的涉及次数，对区域合作的资金投入，主动寻求合作方的接洽和谈判频率等。可见合作意愿的强度越大，可合作的内容就越多。理性决策的结构可能会促使行为者对风险、不确定性、信息不对称及其他参与者的行为有不同的认识。在区域合作中，地方政府决策也会受到个体主观因素的影响，地方政府间合作意愿的强弱直接影响到合作水平。合作意愿与合作程度之间是正向作用关系。本书将地方政府合作意愿分解为偏好强度与偏好结构两个维度，两者共同构成地方政府合作意愿空间。假定存在任意可供选择的多个合作领域，如基础设施建设、旅游合作、科技园区建设、资源环境治理等，不同合作领域之间的组合构成了特定的合作计划。地方政府在决策时，为了实现"地方特色""发展亮点"，将会对可供选择的合作计划做出排序，从而形成偏好强度，然后就不同的合作计划，与不同的合作对象进行组合，形成特定的偏好结构。偏好强度和偏好结构共同表达决策者的合作意愿。

1.2.3 制度性约束

区域地方政府间合作决策是地方政府在自主发展和区域合作发展模式之间的选择。地方政府之间要成功实现区域合作，除了考虑地方政府群体决策的环境，还必须系统地解决环境是如何在具体选择中发生作用的。交易成本作为制度分析的核心概念，能够表征制度环境和地方政府的合作困境。Feiock 认为，地方政府间的合作障碍主要来自交易成本，交易成本主要决定于合作领域的特性、经济社会特征、政策网络结构及政治体制等四个因素。Coase 在《社会成本问题》中得到这样的结论：不管初始权利如何配置，在交易成本等于零的情况下，行为主体之间通过市场交易机制会自动使资源配置达到帕累托最优。Feiock 成功地将这一科斯定理应用到区域合作中，他认为各地方政府可以通过谈判协议来获得规模经济和政策的溢出效应。一旦地方政府通过合作获得的绩效高于在合作中付出的信息、谈判、监督、执行等带来的交易成本，新的区域合作治理结构就会形成，而当在结构中主体间关系发生变化后，治理转型就发生了。区域合作治理的优势在于不需要上级政府或一个统一的政府部门协调各行动者之间的合作行为，潜在的行动者可以自行评估合作的成本收益水平。而联合收益及对收益分配规则的认同则是促成这种集体行动的关键。地方政府的集体行动是参与者之间通过相互协商议价实现的，因此行政区合作是一种帕累托改进。沿着 Coase 的交易成本逻辑，当地方政府之间交易成本足够低时，地方政府的集体行动可以自行调整公共物品配置，也就是说，没有必要对不同地区决策行为的外溢效应进行干预。区域合作格局形成以后，同一区域内某一地区的决策对另一地区造成影响或对其施加了成本，都可以通过与被作用地区之间的协商谈判得到解决。交易成本发生在区域合作的不同阶段，在区域合作的选择和决策阶段出现的交易成本称为事前交易成本，包括信息成本和谈判成本；在区域合作的执行和监督阶段出现的交易成本称为事后交易成本，包括执行成本与代理成本。

1）信息成本

信息是实现区域合作的关键，为了实现区域合作，各行政区需要发现具有共同利益的潜在合作者，并能够清晰判断谁是最合适的合作对象，以试错法寻找合作者或通过上级政府的行政命令实现合作的方式是不经济的。信息成本问题包括信息不完全和信息不对称：信息不完全影响潜在行动者对合作利益的认识，因为对共同利益的评估需要耗费大量成本；信息不对称则会影响各主体之间的相互信任及合作动机，大量来自不同地理空间区位的行政区之间具有不同的经济、政治、人口、资源构成特征，相互之间的空间离散阻碍了信任关系的建立，各自合作动机的偏差也阻碍了合作或集体行动的可能。

2）谈判成本

即使地方官员拥有了充足的信息，为了成本分担或利益分配而达成公平协议也仍然需要付出成本，例如拟合作各方就协议所涉及的内容、达成的目标以及各自的分工、约束机制的建立等，进行反复磋商讨论所耗费的时间、物资及机会成本。谈判中利益的合理分配将会受政府之间的经济条件不对称和政治地位强弱的影响，从而会影响谈判成本。在我国，这样的情形常发生在行政级别或经济发展水平不相同的地区，如省会城市与同省其他城市之间进行合作谈判，发达地区和贫困地区之间的谈判，都会因为行政级别或经济水平差异，使其表现出在谈判过程中具有的天然优势。

3）执行成本

区域合作治理的执行必定会有成本，除非合作各方做出完全可置信的承诺，但这几乎是不可能的。一方面，由于合同的不完全性，参与合作的行政区可能会因为外界环境变化带来的合作协议价值改变而产生违约行为，从而导致集体行动的执行风险。例如，当合作的行政区进入了不同的发展阶段，原有的利益分配格局可能会影响各自对合作收益的评价，那么一些合作者将有动机打破合作框架、改革合作内容。另一方面，合作框架的执行有许多不可预见性，当其实施成本偏离预期实现合作成果的最低成本时，这些额外成本也是构成执行成本的重要内容。

4）代理成本

作为代表地方利益的谈判代理人，在实现区域合作中，会产生机会主义和道德风险的代理问题。代理问题不仅会影响达成协议的成本，也会影响地方政府协议间的合作履行效果。参与谈判合作协议的政府官员就是代理人，当政府代理人在地方政府合作协议的谈判过程中所持有的认识与他们所代表的公民以及上级政府的委托出现偏差时，代理成本将会上升。代理成本的大小与政府组织的结构、行政权力和政治激励机制相关，因为这些制度安排产生的不确定性会对地方政府官员产生影响。交易成本的存在，使大量研究者认为权力集中型的治理模式更适合集体行动，然而，实践证明地方政府克服成本障碍，实现合作达成协议以提供联合服务的例子比比皆是。大量案例研究和对比分析对此做出了解释，指明了横向合作关系在地方政府间的重要地位。国外学者对堪萨斯大城市圈的研究和对匹兹堡和圣路易斯的研究均发现区域合作提供公共产品和服务的协议促成了次级城市承诺保护中心城市能够获利的税制基础。同时，研究发现，经济发展的区域合作伙伴关系协定以共享促进区域内政府间的成本收益分担是较为常见的形式。

1.3 区域经济治理的影响因素与政策启示

区域经济治理是一个受多种因素共同影响的复杂过程，而且随着区域经济发展模式的转变，各因素的相对重要程度也发生变化，若忽视其中部分因素，将直接影响实证分析结果的可信度与解释力。

1.3.1　区域治理结构与区域经济发展

区域政府治理结构所折射的政府、企业与市场的互动与组合，在转轨条件下，是全能政府向有限政府的转变，是市场从无到有的转变，是企业从无自生能力向具有自生能力的转变，这些转变与体制转轨同步，是计划体制向市场体制的制度变迁。也就是说，区域政府治理结构归根到底是动态的制度结构与制度安排的反映，属于区域治理的应有之意。我们知道，在既定的制度安排结构下，经济运行中的制度成本也被确定。不同治理结构内生出不同的制度成本，制度成本与治理结构呈反向关系，完善的治理结构与经济运行中较低的制度成本相对应，当政府治理结构最优时，经济运行中的制度成本会最小，而治理结构的不完善，会引致制度成本的递增。因此，地方政府治理结构与区域经济发展的关系，以制度成本为媒介得以确定。治理结构趋优时，制度成本降低，受此激励，各经济主体能够低成本地追求并实现经济运行中潜在的经济机会，从而区域经济创新活动活跃，经济要素流动速度加快，组合不断优化，资源得到高效配置，最终使经济增长接近潜在增长速度，推动区域快速发展；反之，治理结构恶化时，制度成本大幅增加，制度成本的高昂，使经济主体失去重组资源寻利的动机，资源的配置效率下降。在这种情况下，即使地区有丰富的资源和人力，区域发展也难以实现，会造成经济的停滞，甚至可能引起负增长。可见，经济发展缓慢与不健全的治理结构密切相关，而较完善的治理结构会促进经济的发展，在区域发展上，良好的治理结构至关重要。良好的治理也即善治，善治的实质在于实现政府、市场与公民社会的良好合作。区域经济的不断发展和潜在问题的出现可能打破现有的均衡状态，引起地方政府所决定的与企业、市场间的新的制度安排，形成新的治理结构，并取得可能的区域经济发展绩效。一定的区域经济发展绩效或潜在问题又会作用于现有的治理结构，促使地方政府根据经济发展态势不断优化地方治理结构，降低交易成本，形成良性的循环网络。

1.3.2　区域经济治理的影响因素

第一，从全国整体来看，由于制造业仍是各地区经济支柱性产业，其规模比重的变化对地区经济相对地位变迁产生直接影响，但对不同区域的相对影响程度存在差异性。如北京规模以上工业数量比重由 2000 年的 2.8%降至 2016 年的不足 1%，一直处于下降趋势，同期（尤其是 2004 年以后）GDP 占全国比重整体处于下降趋势，但降幅与规模以上工业企业数量比重的下降相比，相对较小；上海、广东等典型区域的情况类似。需要指出的是，天津市的情况不同，其规模以上工业企业数量比重从 2000 年的 3.2%降至 2016 年的 1.4%左右，但 GDP 比重从 1.7%上升至 2.6%左右，这可能由于规模以上工业企业数比重虽然下降，但经济效益提升；也可能与天津产业结构调整紧密相关，其他产业的发展产生了补偿作用，极大地促进了地区经济增长。而以内蒙古、安徽、江西、河南、湖南和四川等为代表，规模以上工业企业数量比重则呈现上升趋势。这与我国区域经济工业化进程的空间格局紧密相关，由于所处的工业化阶段存在区域差异，再加上区域产业升级与区际转移的共同作用，区域之间形成工业发展的梯度性差异。产业规模二次项的估计系数为负，且在 10% 的水平下显著，说明产业规模（主要指工业）与经济规模间可能存在倒 U 型关系，随着产业规模扩张，对 GDP 增长的相对贡献存在最优水平，并非单调的正向影响。

第二，区域经济增长具有显著正向促进作用。本地市场效应越强，经济集聚程度越高，区域经济增长相对越快，这说明 2000 年以来，本地市场需求已逐渐成为影响区域经济发展的重要因素。从估计结果来看，其超越了外商直接投资的影响力。因此，本地需求规模的扩张是推动区域经济增长的内在动力之一。外部需求大小与本区域产业竞争力紧密相关，而本区域产业竞争力形成的早期阶段与本地需求结构、规模密切相关；同时，门槛效应的存在使区域市场规模达到某一临界值后，循环累积因果机制发挥作用，将对区域经济增长形成正反馈。市场规模二次项估计系数为负，说明市场规模与区域经济发展之间也可能存在较为显著的倒 U 型关系。

第三，创新外部性对我国区域经济增长具有显著的正向影响。模型估计结果中，创新外部性系数为正，在 10%的显著性水平下通过检验，说明邻近区域的创新产出对区域经济增长存在显著的正向作用。现代经济发展规律表明，在创新要素流动基础上产生的创新空间集聚与扩散日益成为区域经济空间关联的关键机制。区域创新过程与模式将不仅影响本区域的创新绩效及经济发展，也会通过空间外部性直接影响邻近区域的创新过程，最终影响其经济发展。空间区位的差异，如是否邻近创新核心区及与其之间的距离等因素直接影响区域经济增长，若忽视空间接近性的影响，将会对区域经济增长的解释出现偏差。创新外部性的存在，使创新核心区对外围区形成显著的创新集聚与溢出效应，这是区域之间形成增长传递的重要微观机制。在空间溢出效应日益凸显的情况下，区域创新水平受到其与邻近区域创新系统一体化程度的影响。创新主体行为的空间相互作用经循环累积因果机制强化，进而产生区际创新溢出以及空间自组织演化的内在动力，最终推动区域间形成增长传递，这对区域经济增长来说具有重要意义。创新过程中空间溢出效应的距离衰减规律使得临近长三角、珠三角等创新核心区的区域具有比较优势。创新外部性一次项系数为正、二次项系数为负的估计结果说明，当以扩散效应为主时，外围区域受到创新核心区溢出效应的积极影响，最终表现为推动本区域经济增长。但对于外围区域来说，在强化与核心区域各种经济联系时，可能会经历不同阶段的差异化影响，这在区域经济政策的制定中需加以考虑。

第四，人口迁移与区域经济发展。大规模人口迁移是区域经济发展不协调的重要反映，人口迁移与分布是决定未来中国区域经济格局的主要影响因素之一，它也决定了各地区资源环境承载能力的动态变化。从人口密度地理分布的变化趋势来看，中华人民共和国成立以来我国城市集聚区和集聚核心区均呈现不断扩大的趋势。随着中央政府对耕地保护的重视，城市化过程中的土地供给约束将不断凸显。中国在未来几十年内发育新的城市集聚区的可能性和数量都较为有限，城市密集区的演变趋势主要表现为原有处于发育阶段的城市集聚区的进一步形成以及原有城市密集区之间通过空间拓展而衔接，形成地域范围更大的城市连绵带。因此，相邻区域之间的经济联系将随着城市化的发展而进一步加强，从而在客观上要求区域之间建立协调发展机制。从长远目标来看，中国在未来 30~40 年内城市化水平可以达到 70% 左右。这意味着未来的中国城市化率将以每年 0.8%~1%的速度递增,涉及每年从农村向城市转移的人口数量达 800 万~1000 万。与工业化过程相比，城市化要滞后 20 年以上。从这个意义上讲，城市化是中国经济发展的一个更为长远的问题。对发展中国家而言，城市化是人口迁移的结果。改革开放以来，中国的人口迁移是制度变迁和经济转型共同作用的结果。随着中国劳动力市场的发育，城乡劳动力市场逐步消除了制度性的障碍，经济发展水平对人口流动均具有显著的拉动作用。根据第五次全国人口普查数据，跨省迁入人口和迁出人口都有集中的趋势，跨省之间的人口迁移实际上与地区之间的发展差距密切相关。各省区流动人口比率与人均 GDP 之间存在显著的正相关关系，平均而言，人均 GDP 高出 1000元的地区，其流动人口比率提高 1.3%。从地区分布来看，沿海地区也是中国吸收农村剩余劳动力的主要地区，目前全国有 51.6% 的流动人口流向沿海地区，沿海 10 个省市流动人口占这些地区人口总数的 16.8%。此外，人口迁移也成为中国城市化的主要推动因素。根据截面数据估算，流动人口比率高于 1%的地区，其城市化率平均高出 1.9%。这表明，城市化发展水平高的地区流动人口比率较高，各地区的流动人口主要分布在城市地区，流动人口实际上也成为带动城市化发展的重要推动力量。此外，从跨期比较来看，省际人口迁移具有加速趋势。在城乡差距和地区差距的作用下，规模巨大的流动人口不仅加重了人口迁入地区的资源承载压力，同时也给城市人口管理以及实现基本公共服务均等化方面带来了重大的挑战，这也是建立区域经济协调发展机制需要考虑的重要问题。

第五，地方政府行为与区域经济发展。地方政府的经济行为对地方经济发展具有重要的影响，区域经济协调发展机制的建立有赖于对地方政府行为动机的理解。中国经济改革取得成功的一个重要因素就是中央政府向地方政府的分权改革。分权改革使得地方政府具有发展经济的激励。一方面，分权改革赋予地方政府相对独立的经济利益，地方利益的一个重要体现是地方政府可支配财力（包括一般预算收入、预算外收入以及土地出让收入等）与以资本和土地等要素的投入的当地的经济发展水平呈正相关关系。另一方面，基于以经济增长为主的政绩考核体制也使地方政府形成了强烈的经济增长偏好。我们可以把地方政府行为分成以下三类：进取型地方政府、保护型地方政府与掠夺型地方政府。在发展经济方面，地方政府既可以表现为保护型行为，也可以表现为进取型行为，实际上它们都是地方政府竞争的表现形式。地方政府竞争行为既取决于市场发育程度，也取决于地方政府的要素动员能力。一般来说，市场发育程度越低，地方政府保护本地市场或企业的动机越强。随着中国产品市场和生产要素市场的发育，地方政府进行地区封锁和区际贸易保护的动机逐渐减弱，而越来越倾向于通过区域专业化分工发挥各地的比较优势。在地方政府的利益驱动以及市场不断发育的条件下，地方政府则趋向于采取进取型行为，地方政府之间的竞争表现为加大要素投入促进经济增长，这可以从固定资产投资和土地使用两个方面得以印证。一方面，地方政府通过各类招商引资活动吸引外来投资。改革开放以来，中国的投资率始终保持在 30%以上，个别年份甚至超过 40%，全社会固定资产投资率具有明显的波动性，平均 9 年左右一个周期，是影响宏观经济波动的主要因素之一。事实上，控制固定资产投资过快增长成为一直困扰中国宏观经济调控的重要问题。此外，由于经济增长是地方领导人政绩的最重要考核指标之一，地方政府对投资的竞争使地方政府之间缺乏合作的基础和动力，这在客观上也导致地方政府发展经济往往是短期利益驱动，造成了经济增长的粗放性。因此，可以通过这样一个政治经济学视角解释中国投资驱动型的经济增长模式。另一方面，土地是地方政府掌握的首要资源。在地方利益的驱动下，地方政府竞相扩大土地使用，通过土地使用规划建设各类开发区实施招商引资战略，并辅之以各类优惠政策，同时也培育了地方税源基础、各项非税收入以及相当可观的土地出让收入。当前乃至以后，中国的城市空间规模会急剧扩张，远远超过同期城市化率的提高，这在一定程度上也表明土地投入的粗放性。从各个地方的发展规划来看，城市空间的快速拓展均被列为主要的规划指标。需要指出的是，人口流动与地方政府行为也并非是独立的。地方政府在影响地方经济发展的同时，也间接影响了人口在区域间的流动与配置。

1.3.3　区域经济治理的政策启示

第一，建立和完善城市群主导的空间治理体系。以城市群发展牵引我国区域经济发展格局"升级"。城市乃至城市群是规模效应实现的空间载体，对于区域治理来说，充分发挥规模效应的正向促进作用，需要重视城市体系发展。要破除"沿海与内陆""东、中、西"等同质性经济区划分思想对区域经济空间关联的制约，建立和完善城市群主导的空间治理体系。城市群经济某种程度上是由行业的规模经济构成的，城市的集群发展能有效扩大区域市场规模、促进需求多样化，从而提高企业生产效率。因此，企业往往倾向于布局在市场需求较大的地方，从而充分利用新经济地理理论中的"本地市场效应"。城市集群化发展不仅能促成较大的统一市场形成，而且在此基础上进一步引致经济集聚的形成。"十三五"规划提出，要大力推动长三角、珠三角、京津冀、中原、长株潭等19个不同等级城市群的发展，形成"两横三纵"的城市集群发展战略框架格局，推进我国区域经济格局的"裂变"，为城市群发展创造良好的政策环境，也为我国产业升级与转移、企业区位优化调整提供了空间载体。因此，促进城市群体系的发展，可以有效发挥规模效应的积极影响，提高区域经济增长效率。从区域政策角度来说，推动城市集群化发展，注重城市群建设中的规划引导作用，突破行政区划刚性约束，应注意两个主要问题：一是注重集约化发展，在遵循城市经济发展规律的前提下，通过政策倾斜积极推动城市群合理发展，避免发展过程中由行政化指令产生的短视行为，避免"摊大饼"式的发展思路，注重城市经济发展"质"的提升。二是在城市发展过程中，遵循区域经济发展空间关联规律特征，有效推动城市间、城市群间、城市群与区域经济之间的耦合发展，各城市、城市群遵循内在的技术等级体系，强化区间分工与合作，形成高效的城市群空间治理体系。

第二，强化区际创新溢出效应。改革开放以来，区域经济的高速增长是以高投入、高消耗和高排放为代价的。各区域经济发展过程中，政府政策导向仍以资本投入为主，这种经济增长方式具有不可持续性，唯有提升区域创新能力才能推动经济增长方式由粗放向集约转变。区域创新过程中外部性的存在，可能产生两种相反的作用力，对于外围区域来说，要致力于降低创新外部性的消极影响，强化创新溢出效应的积极影响，才能正向推动经济增长，实现与创新核心区同向增长的"双赢"局面。因此，在注重区域自主技术创新能力提升的同时，要充分重视创新在组织间、区域间扩散的重要作用，提高技术扩散的效率。从企业的角度来说，为高效利用创新外部性的积极效应，应注意以下两个关键问题：一是着力推动开放式创新模式的形成，强化与区内外其他组织间的知识交流与联系，充分获取外部异质性创新要素，在资源共享基础上实现自身创新能力的提升。由于单个企业自身资源量有限，能否有效从外部获取知识对企业创新能力提升十分重要。二是致力于自身吸收能力的提高。组织间知识的高效传递是实现区内和区际创新要素共享、提升要素利用效率及创新产出的关键机制之一。企业从组织外部获取资源、实施创新的过程中，能否有效整合内外部知识十分关键。自身吸收能力直接决定对组织外部创新溢出的利用效率，因此创新主体只有本身具备一定的知识积累，才能在创新过程中有效识别和利用外部知识，进而将外部知识溢出内部化，最终形成自主创新能力的提升。与此同时，要打破企业发展过程中由路径依赖形成的"技术锁定"，破除"创新者的窘境"的约束，进而拓展发展空间。对于政府来说，应当致力于创造有利于创新要素在区域内部及区域间流动的良好政策环境，完善引导创新主体协同发展的交流触发机制，建立有利于知识传递的社会网络，并促成组织间、区域间的学习过程，从而实现知识共享，最终使知识优势转化为经济优势。

第三，提高区域空间联系网络化程度。在市场机制调控下，集聚力与扩散力的存在及其相互作用促成创新要素的空间集聚与扩散。不断调整区际空间关联模式与结构，重塑空间经济格局，这是经济自组织发展的内在机制。空间效应强度的大小，即区际相互作用程度的强弱，不仅受到区域间空间距离的影响，还与区际要素流动中的交易成本高低紧密相关。由于市场主体空间流动规模受到诸多因素的约束，如空间距离远近、转移成本与适应成本大小、政策引力等，使消费者、企业等主体的空间流动在方向选择、转移规模上具有规律性，存在明显的毗邻效应，即优先区位为空间位置靠近的区域，而且空间相互作用强度随区域间距离的增加而递减。当运输成本和交易费用较高时，企业只有进行区域迁移才能享受到核心区域创新的外部性收益，使区间经济增长差异出现扩大化；只有拥挤效应的形成并导致核心区域要素收益率下降时，区间企业迁移过程停止，非核心区域才能获得增长。

第四，完善市场竞争体制。从区域经济的角度来看，完善市场体制是要素有效配置的必要条件，有利于促进区域之间的经济分工，提高要素配置的规模经济、范围经济和区域整体的竞争力。随着中国经济不断融入全球经济，市场边界的扩大对规模经济以及基于比较优势的分工协作提出了更高要求。事实上，在经济全球化不断深化以及区域与区域之间的竞争不断增强的条件下，区域经济合作的意义已经超越了区域本身的范围，而成为全国性和全球性的，并服务于国家经济发展的长期战略。完善市场体系、规范市场竞争在很大程度上取决于制度性的安排。从区域经济关系的角度来看，市场机制的完善需要打破地方政府之间在政区上的界限，本着资源禀赋和比较优势的原则，通过市场的价格机制进行配置，实现相邻区域之间的良性竞争，尤其要重视相邻关系为"优化开发区——优化开发区""优化开发区——重点开发区""重点开发区——重点开发区"之间通过市场机制建立起的区域经济关系。完善市场体制也是地区间均衡发展的必要条件。缩小地区差距的前提是承认不同地区间的区位差异和资源禀赋差异。首先，区位因素对改革开放以来地区差距的扩大起到了重要作用，具体表现为开放性因素在不同地区之间的分配性差异，完善市场体制有利于促进区域之间的市场分工，通过区域间的产业规划、基础设施建设，整合区域资源、调整区域产业结构，形成合理的区域经济分工，有助于降低区位因素的影响。其次，由于中国各个地区的资源禀赋差异甚大，建立区域经济协调发展机制有利于中西部省区的资源使用效率。这需要理顺资源型产品的定价机制，提高生产要素价格的市场化程度，促进资源的集约化使用，增强资源型地区经济发展的可持续性，尤其是重点开发区和限制开发区的资源开发机制。完善市场体制有利于促进可持续发展，需要考虑经济增长过程中所涉及的环境成本问题。这就需要建立资源开发过程中的生态补偿机制以及生态保护的投入机制，使资源开发强度限制在环境承载力之下。此外，在地方政府政绩考核中，要完善考核标准，强化环境保护指标的权重，强化环境监管和治理方面的制度建设。

第五，促进跨区合作治理。尽管区域间存在利益博弈关系，但由于区域之间的博弈是多次重复博弈，区域之间存在着长期利益关系和合作基础。然而，区域之间的合作需要通过制度保障实现跨区治理，其重要手段就是要建立区域之间协调发展的合作机制，解决跨区公共产品的提供以及各类跨界外部性问题。跨区治理涉及两个方面：第一，区域内部各个地区之间的经济关联度。第二，地区之间的利益关系调整。前者决定了区域之间建立合作机制所产生的整体利益问题，它是由各个地区的资源禀赋以及相对的区位关系决定的，其动态变化与市场机制的建立和发展有关。后者决定了区域合作的成本分担以及区域间建立合作关系的交易成本，在很大程度上与外部的制度安排有关。在我国市场经济体制建立的过程中，行政计划型的资源配置方式逐步让位于价格机制，但是政府对经济仍然具有很强的干预能力，地方政府之间的发展经济的竞争也导致地区之间经济发展缺乏协调关系。因此，建立区域经济合作机制需要淡化行政区划色彩，强化经济区域功能，这需要形成新的政府治理理念，即从传统的由"单一的基于行政区治理"模式向"综合的基于区域经济关系的跨政区公共治理"模式转变。这种治理模式的转变并不是否认地方政府对本地区发展规划的主导性，而是加强地方政府在发展规划过程中更多考虑区域性因素的客观要求。当前，区域经济之间的协作也刚刚展开，尚未形成机制上的保证，这也制约着落后地区缩小与发达地区之间的发展差距。区域性经济合作组织对于实现跨区治理具有重要作用。区域经济协作组织的建立首先是本着自愿和平等的原则，充分考虑和发挥各个省区的主观能动性。由于区域内各个经济体的经济实力差异甚大，利益关系也错综复杂，区域性经济协作组织的建立需要平衡众多领域的差异。因此，尽管区域经济协作组织中各个成员经济体是平等的，但是，如果没有核心成员发挥主导作用，区域性经济协作组织往往无法建立。从世界上各类区域性经济合作组织的发展来看，区域性经济合作组织均是由核心成员发挥主导作用才逐步发展壮大的。

第六，优化中央协调机制。以往的区域经济发展战略主要表现为中央政府为主导，地方的经济发展在一定程度上受制于中央区域经济发展战略的设定和调整，形成了一种国家开发战略引导和地方政府竞争相结合的模式，这导致区域之间缺乏经济协调发展的机制。此外，地方领导人由于政绩驱动而采取的发展政策往往不是基于长期发展考虑，导致区域之间由于短期利益冲突而出现"合作失灵"。在这样的条件下，中央政府的协调作用在区域经济协作中发挥了重要作用。中央政府协调的功能主要体现为三个方面：① 完善政绩考核体制。改变以 GDP 增长为主的政绩考核体制，在政绩考核指标的设计上应真正体现"科学发展观"的内涵要求。在实施主体功能区方面，由于各个类型主体功能区的发展定位差异，应当对不同类型主体功能区实施不同的政绩评价体系，使得地方政府行为符合主体功能区发展目标的要求。② 完善规划体制。首先，在明确各类主体功能区的功能定位的基础上，明确各类约束性指标的权威性，尤其在生态保护、公共服务提供等领域，促使各级地方政府在发展规划的制定中避免"重经济增长、轻社会发展和生态环境保护"。其次，主体功能区发展规划具有全局性和长期性两大特点，规划编制要求科学性、全局性、长期性和稳定性。这有赖于进一步优化我国当前的规划体制，使"五年发展规划"充分体现主体功能区发展战略的内涵要求。最后，主体功能区规划要具有协调性功能，引导各个地区发展规划编制能够与国家宏观规划体系相融，实现局部利益与全局利益之间的协调，同时促进地区间的发展规划相互协调，避免地区发展规划出现的随意性和盲目性。③ 发挥财政导向作用，建立补偿机制。首先，主体功能区发展战略将对部分限制开发区以及禁止开发区的经济发展实施限制，这需要通过利益补偿对这两类功能区的发展提供激励。具体措施是，在这两类开发区加大生态投入，并引导产业向生态环境压力小的领域发展。其次，通过财政转移支付等形式提高限制开发区和禁止开发区提供公共服务的能力，逐步实现与其他两类功能区在基本公共服务中实现均等化。最后，实施人力资源开发战略，促进限制开发区和禁止开发区的人口逐步向重点开发区和优化开发区转移，降低这两类区域人口对生态的承载压力。

因此，对于政府来说，要从两方面着手：一是"软"环境的优化，降低交易成本。完善要素自由流动的市场环境，有利于降低空间交易成本，降低空间距离产生的消极影响，可以助推区域经济发展空间格局的优化调整。二是"硬"环境的完善，主要是从完善基础设施的网络化着手。从区域协调发展视角来说，政府政策着力点并不是要扭转在市场作用下形成的收益递增性导致的产业集聚，而是要通过交通基础设施、通信设施的完善及网络化，强化全国统一市场，增强要素的区际流动性，为区域产业结构调整与优化创造条件。尤其是对劳动密集型产业来说，基础设施的网络化在一定程度上能抵消因远离经济中心区域带来的成本增加，有效促进其向中西部转移，从而改善我国长期以来形成的要素禀赋与产业发展空间错位的问题，推动不同类型区域产业结构的优化。因此，通过完善基础设施网络化，进一步消除由区域间行政分割、地方保护主义等形成的约束，推动全国市场一体化进程，对于实现区域协调发展十分重要。

2 基于系统科学思想的行政区域经济治理

"系统"一词，来源于古希腊语，意思是由部分组成整体。今天人们从各种角度对"系统"下的定义不下几十种。通常把系统定义为：由若干要素以一定结构形式联结构成的具有某种功能的有机整体。系统思想源远流长，但作为一门科学的系统论被人们公认是由美籍奥地利人、理论生物学家 L. V. 贝塔朗菲创立的。确立这门科学的学术地位的是 1968 年贝塔朗菲专著《一般系统理论》的发表。系统论认为整体性、关联性、等级结构性、动态平衡性、时序性等是所有系统的共同基本特征，世界上一切事物、现象和过程几乎都是有机整体，且又都自成系统、互为系统；每个系统都是在与环境发生物质、能量、信息的交换中变化发展，并能保持动态稳定的开放系统；系统内部及系统之间保持一种有序状态。系统论意味着应当把要素和整体、个别和一般进行有效的分析与组合。要素中有重点要素与一般要素的区别，但必须注意到，各个要素又是紧密联系在一起并不可或缺的，他们共同构成了这个庞大的系统。

系统论的核心思想是整体观念，贝塔朗菲强调，任何系统不是一个有机的整体，它不是各个部分的机械组合或简单相加，系统的整体功能是各要素在孤立状态下所没有的新质（整体大于部分之和）。其基本思想方法就是把所研究和处理的对象，当作一个系统，分析系统的结构和功能，研究系统、要素、环境三者的相互关系和变动规律性，并优化系统的整体功能。所以从系统观点看问题，世界上任何事物都可以看成一个系统，系统是普遍存在的。系统论方法不仅应用于生物学领域，而且应用于各门科学。系统论是研究各种系统的共同特点和本质的综合性科学。它采用逻辑和数学的方法综合考察整体和它的各个部分的属性、功能，并在变动中调节整体和部分的关系，选取各个部分的最佳结合方式，借以达到整体上的最佳目标，比如最佳的经济效果、最佳的工作效率等。系统论是适应现代化组织管理需要、处理各种日益错综复杂的系统而出现的。因此，系统论是建立在现代科学技术基础上的综合性的理论和方法。现代系统论的研究领域已得到极大的扩展，它成为研究一切客观现实系统共同的特征、本质、原理和规律的科学。它的哲学意义在于有力地证明了马克思主义哲学关于物质世界普遍联系的原理。贝塔朗菲承认马克思的辩证法对系统论的形成起了巨大作用，并且认为系统论和辩证唯物主义是雷同的。系统论是一门跨学科的横断科学，它提供的是综合性的理论和方法，并不是一般的世界观和方法论，因此它不是哲学。但是，系统论为马克思主义哲学提供了新的思想材料，特别是极大地丰富了"统一整体"这一哲学范畴。

系统是多种多样的。系统论的任务，不仅在于认识系统的特点和规律，更重要的还在于利用这些特点和规律去控制、管理、改造或创造一个系统，使它的存在与发展合乎人的目的需要。也就是说，研究系统的目的在于调整系统结构，协调各要素关系，使系统达到优化目标。系统论的出现使人类的思维方式发生了深刻变化。以往研究问题，总是将事物分解成若干部分，抽象出最简单的因素来，然后再以部分的性质去说明整体的性质，用最简单因素说明复杂事物。这是几百年来在特定范围内行之有效、人们最熟悉的思维方法。在现代科学的整体比和高度综合化发展的趋势下，人类在面临许多规模巨大、关系复杂、参数众多的复杂问题时，就显得无能为力了。而系统分析方法却能站在时代前列。所以，系统论、信息论、控制论等其他横断科学一起提供的新思路和新方法，为人类的思维开拓了新思路，它们作为现代科学的新潮流，促进着各门科学的发展。系统论反映了现代科学发展的趋势，反映了现代社会化大生产的特点和现代社会生活的复杂性。所以，它的理论和方法能够得到广泛的应用。系统论不仅为现代科学的发展提供了理论和方法，而且也为解决现代社会中的政治、经济、军事、科学、文化等方面的各种复杂问题提供了方法论的基础。系统观念已经渗透到了每个领域。在科学基本特点的基础上，决定科学方法的要素包括研究对象、物质手段、思维形式和方法、理论工具这四个。而又知科学是系统的知识理论，从而可以得出应用系统方法的原则，包括整体性原则、关联原则、动态性原则、综合性原则、有序性原则、最优化原则、定量化原则、模型化原则。这也是科学知识理论指导下的系统思想应该遵循的基本方法，对各种复杂问题的研究有着指导性、原则约束的重大意义。

2.1   基于系统科学思想的村域经济结构优化

我国是一个农业大国，13亿人口中农民占多数。"三农"问题是我国全面建设小康社会的重点问题，也是要解决的难点问题，它关系到我国经济社会的整体健康发展，关系到全面建设小康社会宏伟目标能否最终实现。因此，"三农"问题受到了前所未有的关注。如何提高农村经济水平，改善农业生产状况，实现农民增收，成为各级政府及学术界普遍关注的重大问题。

事实上，解决"三农"问题是一项巨大而复杂的系统工程，如果仅从某个角度或仅就某个制约因素进行考虑分析，问题可能难以从根本上得到解决。从而，如何运用系统科学思想去全面剖析"三农"问题，并从中发现深层次的系统性问题，进而为最终实现小康社会提出有建设性的意见，将是一项有意义的工作。系统科学是一门总揽全局、着眼整体、综合利用各学科的思想与方法的学科。它以不同的方法、从不同的视角来处理系统各部分的配合与协调，并借助于数学方法与计算机工具规划、设计、组建、运行整个系统，使系统的技术、经济、社会效果达到最优。"三农"问题是多种主客观因素相互作用的综合性问题，其中诸多问题及其解决方法都蕴含着深刻的系统科学的哲理。本章将从系统科学的思想出发，对我国农村、县域、城域经济结构优化的基本原则、内容及方式进行讨论分析。

2.1.1   农村经济系统的现状与突出矛盾

1）农村经济系统的现状

（1）农民人均收入低。

我国人均GDP已经超过1000美元，这是我们努力迈向中等发达国家道路上的一个重要里程碑。但我们也要看到，从1978年至今，我国GDP翻了三番多，而农民的人均收入却没有得到很大的提高。这表明，中国城乡人均收入的差距正在扩大，而且这种趋势在短期内还有继续扩大的可能性。如果在计算过程中把医疗、卫生、教育、保险、失业保障等非货币因素加以考虑，差距比例会更大。中国社科院经济研究所在一项全国性调查报告中指出，中国是世界上城乡收入差距较高的国家之一。

（2）农村经济增长缓慢。

近年来，我国农村经济增长呈放慢趋势，农民收入的增长不仅远低于

GDP 的增长，而且低于城镇居民的增长，农民收入增长甚至不及城镇的一半。用收入法计算我国农村国内生产总值将得出如下结论：近几年我国农村国内生产总值的绝对数量虽在增加，但按可比价格计算，其增长率一直较低，同时，它占国内生产总值的份额也是逐年下降的。增速放缓的增长现状，使农村经济远远落后于城镇经济。

　　2）农村经济系统的突出矛盾

　　目前，我国农村经济系统出现了上述不和谐的运行状态：人均收入低，经济增长缓慢。这一状态的出现，其根本原因在于经济结构的不合理，突出表现在以下方面：

　　（1）农村人口众多，劳动力的供给远大于需求。

　　如果系统中某个元素的数量扩大超过某个临界值，系统的整体功能将下降。农村人口众多导致了农村经济系统形成不了规模经济。我国农民占多数的状况，对正在力争实现现代化的国家来说是难以承受的，如此巨大的人口压力使得农村各项资源人均占有量大大减少（比如在我国，耕地面积不算少，但人均却不足 115 亩①）。在我国农村，自中华人民共和国成立以来，人口数量大幅度增加，到了改革开放之后，农业机械化得到了有力发展，农业对农村劳动人口的有效需求明显降低，使得农村劳动力的供给远大于需求。如果劳动力和土地能达到有效配置，那么农村将至少有 1/3 的劳动力剩余。然而，乡镇企业正处于结构调整体制创新的转型时期，吸纳劳动力的能力有所下降，加之劳动力职业技能素质普遍偏低，许多城市限制农民进城务工，致使大量农村剩余劳动力得不到有效转移。大量剩余劳动力在农村的滞留，导致了人均资源占有量大大减少，严重限制了农村人均收入的增加，成为农村经济继续向前发展的负担，也使大量人力资源无法在全社会得到充分的利用。

　　（2）农产品的生产销售缺乏市场意识。

　　对于一个系统而言，其中任何一个子系统的效率没能有效地发挥作用，都将降低系统整体的运行效率。真正进入市场、占据市场的产品应该是"以销定产"、以市场为导向的。然而我国农产品的生产销售遭遇意识或观念瓶

---

　　① 1 亩≈666.6 平方米。

颈，效率低下，在很大程度上还存在传统自然经济的味道，极大地限制了农民对农产品的收益：种养殖结构单一，市场化程度较低；农产品深加工的"深度"不够，还停留在加工的表面，基本上还是初级产品；科技含量不高，管理不规范，产品附加值无法得到充分体现；农产品的生产还是一家一户的分散形式，没有形成规模效应，生产成本高、产品利润低，缺乏市场竞争力；乡镇企业及农村龙头企业对先进科学技术和管理经验的应用比较薄弱，产品特点和区域优势不明显，产品的生产销售受到技术和管理水平约束；农产品营销方兴未艾，生产、销售方式与其他类产品相比仍显得落后，农产品生产者的品牌意识较差，优质名牌产品不多，导致产品市场占有率低，经济效益不明显，对农民收入的贡献难以达到最大化。

（3）某些原有制度一定程度上已不适应农村经济的快速发展。

任何系统都处在不断地发展变化之中，绝对不变的事物是不存在的。农村现行经济体制作为农村经济系统的一部分也是一样，必须做到与时俱进。原有财税体制一定程度上加重了农民负担，造成部分地区农民收入减少，使原本收入较低的农民经济处境更为尴尬；农村税费改革初见成效，但有待进一步完善，在以往的"费改税"过程中使同一地区以不同收入为主的农民之间负担不一致；产业结构调整和劳动力自身素质的低下使农村剩余劳动力得不到有效转移，就业机会减少，农民隐性失业严重，影响了农民增收。此外，现行的土地政策使农民的土地利益得不到保障，金融制度使农村吸引投资、运用资本的能力软弱，教育制度使农村学生得不到与城市学生同等的教育。其中，对农村教育投入的不足，致使农民素质无法得到与社会需求相应的提高，农民较低的素质水平与社会较快的发展进程相互脱节，其间的距离正一点点加大。这就需要加大教育的投入力度去弥补差距，缩短距离，让农民也能真正享受社会进步带来的高质量的生活。

（4）"三农"长期以来处境孤立。

系统与环境之间总要有物质、能量或信息的交换，系统靠外界环境的支持得以存在，一旦不适应环境或脱离环境，系统就将得不到发展，继而解体、消亡。与高速发展的国民经济相比，我国农业呈现相对萎缩的发展趋势。改革开放前的30年，一直由脆弱的工业经济支撑的国民经济亟须得到发展，因此，为促进工业的优先发展，我们实际上是在实施着以"暂时"牺牲农业为代价的"工业倾斜"的战略，同时附带着待工业发展到一定程度再"反哺农业"的期待和允诺。在这个时期，工业是净流入产业，对农业的投入和关注却难以促进农村经济的快速发展。近年来"三农"问题得到了前所未有的普遍关注和政策倾斜，但要真正解决"三农"问题仍然是一项长期而艰巨的任务，它需要我们长期的普遍关注和政策倾斜，需要长期的研究与实践。

2.1.2　农村经济系统结构优化的基本原则

从以上分析来看，我国农村经济系统凸显出的矛盾不是单方面的，也不是完全出现在系统的同一层面上的，而是结构化的矛盾。对这一矛盾的解决，不能仅限于矛盾的某个方面（即使是矛盾的主要方面）或某个层面，而是要针对矛盾的特点，运用系统科学的思想，对农村经济系统结构进行优化，从根本上改变系统不和谐的运行状态。农村经济作为一个大的系统，在其结构的优化过程中，应着重体现出研究处理问题的基本原则，这是作为一门方法性学科的系统科学特别强调的，综合应用这些原则去指导实践，才能达到预期的效果。

1）目的性原则

农村经济系统是农村经济社会的实践活动，必定有它的目的。只有目的正确，有科学依据，符合客观实际，才能达到预期的效果，否则，方法手段措施越好有时就越会背道而驰，离最初的预期越远。因此，农村经济系统的优化自始至终都需要体现出明确的目的性，以发展农村经济、增加农民收入为目标，建立健全区域经济发展规划，从战略的高度统筹农村经济系统结构优化的内容及方式，使其全面服务于目标的实现。

2）整体性原则

系统科学要求我们处理问题时要着眼于系统整体，先看整体，后看部分；先看全局，再看局部；从宏观到微观，并把部分与局部放在整体与全局之中来考察，建立从全局、整体着眼的思考方式。因此，在优化农村经济结构、发展农村经济的同时，应注重系统内部的有机性，在优化经济结构时，要做到对优化的内容和方式协调进行，防止没有侧重或顾此失彼。此外，系统的内部与外部具有一定的结构或秩序，任何一个系统又是它所属的一个更大的系统的一部分。因此，在与外部的关系上，应做到社会环境和自然环境的和谐持续发展。例如，发展农村、乡镇龙头企业的同时，不污染环境，在推进小城镇建设的过程中合理规划，保护当地的生态环境，注重做到少占、不占耕地，使经济社会在一定的自然资源的基础上可以持续发展。

3）全局性原则

农村经济系统是国家整体经济发展的组成部分，农村经济的发展应服从、服务于这个大局，以国家宏观发展战略为指导，根据地区形势建立区域经济宏观发展战略。此外，系统具有环境适应性，农村经济系统离不开外界环境的支持，否则将得不到必要的发展。为了达到与外界环境的协调，应将农村经济系统纳入区域经济发展战略当中去，努力争取政策扶持，积极改变传统的城乡经济二元结构，使城市与乡村、地区与国家协调发展。

4）动态性原则

系统的平衡有时是静态的，但这种平衡总是被破坏和不断地转化，因而系统更多的是动态平衡。系统科学强调在运动和变化的过程中来掌握事物，注意系统的动态过程，而不仅仅注意系统的某一状态。随着当今社会的不断发展进步，科学技术日新月异，思想文化、思维方式都在发生着深刻的变化，目标的实现方法变得多种多样，也越来越先进。这就要求在搞农村经济系统结构优化的问题上应适应新形势、新变化，不断学习，更新观念，以不断创新的精神营造学习型的农村经济系统。时刻关注农村经济的现状和主要矛盾，及时修正经济结构优化的内容，改进优化的方式，在动态的学习中把握农村经济改革和发展的方向和实现方式。

5）协调与优化原则

制约农村经济的因素为数众多，且各个因素之间相互制约，使农村经济系统复杂多变。因此，只有组成系统的元素相互配合协作，才能使整个系统在协调的情况下运行，并能在给定的条件下达到效果最优。例如，在优化种养结构方面，应开拓思路，多角度、全方位地利用现有资源，发展立体种植、立体养殖，建设循环经济，在优化农业的同时又增加了就业岗位，促进了农村剩余劳动力的"就地消化"，缓解了就业压力。

2.1.3　农村经济系统结构优化的内容和方式

农村经济系统是一个复杂的巨系统，它包含众多子系统，各个子系统之间相互作用、相互影响，在一种矛盾运动中推动整个系统的发展。因此，农村经济系统结构优化不仅表现在子系统内部之间，还表现在系统与外部环境之间的关系上。从系统分析的结论和系统工程的工作方法来看，农村经济系统结构的优化应注重以下方面的工作。

1）优化种养结构

种植业和养殖业长期以来，乃至今后相当长的时期内都是我国农村的两大主要产业，农村经济的发展、农民生活水平的提高，都将依赖于这两种产业的进步，这就意味着对种养结构的优化是十分重要的。在农产品销售方面，安全和品质问题是现阶段市场竞争能力的一个突出表现，而这种问题70%的原因在种养殖生产环节，这就要求必须从原料和生产环境抓起，实行标准化生产，提高产品品质和产品安全性；加大对农畜产品的深加工力度和科技含量的投入力度，走精细化生产，向农业生产的深度进军；加强对农畜产品的营销，利用多种手段，使消费者产生认知，扩大产品销售的广度，打造品牌效应，以此提高产品附加值和单位产品利润；开发具有区域特点、民族特色的农产品，按照市场需求，不断增加花色品种，打破产品结构单一的局面，拓宽农民增收渠道；建立行之有效的农产品检测与控制体系，在有条件的地区积极发展农产品出口项目，扩大影响和交易范围，带动农民增产增收。

2）优化生产结构

农村生产结构的单一，使得农村经济与城镇经济的联系也变得单一而不紧密，限制了农村搭乘城市经济发展的快车的能力。为此，应鼓励村办企业及村级民办企业的发展，采取扶植或合并的方式，全力打造农村中的龙头企业，使其成为农民增产增收的一个主要的动力源。同时，抓好龙头企业建设，加大龙头企业的技术改造和资产重组的力度，采用现代化的管理方式，适时引进先进的制度体系，逐步增强龙头企业的市场开拓功能、综合服务功能和利益联结能力，以便更好地发挥龙头企业的带动作用；提供优惠政策，鼓励城市大中型企业在农村建分厂，利用农村的产品、劳动力等资源优势发展农村经济，积极采取"公司+农户"的形式，形成生产、加工、销售一条龙，改变以往一家一户的落后的生产模式，建立新型的生产模式，最终形成规模效应。

3）优化区域结构

积极发展区域经济，实现城乡统筹与互动，使得城市与农村在区域发展中相互影响、相互制约、相互促进，形成整体效应，互补发展。统筹城乡发展是一个大的系统工程，通过统筹工业与农业、城市工业与农村工业以及城乡服务业的发展，实现城乡产业的良性循环，进而推动城乡经济社会的持续协调发展。农村是城市可持续发展的广阔市场，拥有大量的剩余劳动力和丰富的自然资源，可以不断地向城市提供人力和物力支持，由城市经济带动，发挥城市的辐射效应，达到城乡两级共同发展。撤乡并镇，发挥人群聚集效应；本着"尊重规律，循序渐进，因地制宜，科学规划，深化改革，创新机制，统筹兼顾，协调发展"的原则大力推进小城镇建设。根据小城镇的自身特点，以市场为导向，以产业为依托，大力发展特色经济，培育适应农业生产的、走农业产业化经营的各类龙头企业，形成农副产品的生产、加工和销售基地。同时，发挥小城镇的区位优势，开发自然资源和人文资源，大力发展第三产业，加快农村经济向城市经济的转变。

4）优化土地结构

土地是农民赖以生存的生产资料和终生依靠的社会保障，应严控农村土地尤其是耕地占用。尽快修订现行《中华人民共和国土地法》中关于征用制度的规定，按照"保障农民权益，控制征地规模"的原则，进一步完善土地征用制度和征用程序，让农民和农村集体经济组成独立的市场交易主体，从根本上杜绝对耕地的不合理征用。大幅度提高土地征用补偿标准，在确保争取农用耕地数量最大化的同时，提高农民对被占用耕地的收益。切实完善土地流转制度，把强制性的行政征用改为交易性的市场购买，使土地使用权资本化，达到土地要素自由流转的目的。

5）优化资本结构

随着农村经济尤其是社会整体经济的持续发展，资本对于经济系统的良好运作的作用显得尤为突出。为此，应加大招商引资力度，积极吸引多种形式的资本流入农村，进一步促进农村经济的发展与市场的繁荣；采取有效措施控制农村存款流出农村的数量，规范民间信用，以工业化促进农村产业化发展。改革农村信用社，壮大农村合作金融组织的实力，使其成为为农村服务的地方性金融企业；完善农业政策性金融，强化农业发展银行的服务功能；完善农村金融体系，放宽各类商业银行在农村金融市场的准入条件，开发和发展农村资本市场，允许民间资本进入农村金融领域；建立政策性农业保险公司，对风险较大的项目进行保险，保护生产者和投资者的利益。

6）优化教育结构

促进农民增收的一个关键点是提高劳动力素质，为农村经济的快速成长提供智力支持，而劳动者素质的提高又依赖于对农村教育的投入与优化。大力发展农村教育，消除城乡两级教学水平和教育质量的差距，使农村学生享受到与城市学生同样的教育资源，这将减少未来农村剩余劳动力的数量和提高劳动力的质量；采取多种形式提高农民的科技水平和思想文化素质，鼓励大学生下基层，到中西部偏远农村进行挂职锻炼，不定期地向农民提供医疗、卫生、科技等短期服务；加强劳动力技能培训，按照市场需求，有针对性地举办多种形式的职业技能培训，为科学种田、养殖，农产品深加工提供技能技术上的支持和保障。

7）优化就业结构

加强对农村人力资源的开发，提高农村劳动力的利用率，使农村剩余劳动力在全社会得到充分的利用。采取"就地消化"和进城务工相结合的就业方式，分流农村剩余劳动力。大力发展农产品加工及深加工业和非农产业，推动劳动力向第二、第三产业转移，向小城镇转移；取消农民进城务工的限制规定，加强对劳动力的技能培训，使一部分具有一定专业技能的农村剩余劳动力流向城市，支持城市建设。还应不断开发和创造大量新的非农就业岗位和机会，将农村剩余劳动力尽量吸纳到非农就业岗位，不断提高农村就业人数的比重和数量，降低农民人均收入增长压力。

8）优化政策结构

政府应积极做好各项服务工作，通过建立优越与宽松的政策环境，引导农村经济逐步走向成熟。坚持土地的市场化导向，建立与实施切实可行的土地流转政策；改革农村现有的行政管理体制，从根本上减轻农民负担；

建立新型的农村金融体制，打造良好的投资环境，积极吸引农业外来资金和先进的管理技术，加快农业产业化进程；加大对农村教育的投入力度，完善农村教育体制，使农村享有与城市同等的教育资源，提高农民素质，增强农民参与市场的能力；繁荣农村劳动力市场，把对农民的技能培训制度化、长期化，提高其进入乡镇企业及乡村龙头企业的能力，有效转移农村剩余劳动力，使对农业的人力投入达到最小，边际产出达到最大。

2.2　基于系统科学思想的县域经济结构优化

我国历来都是一个县域的国度，而且将来很长一段时间仍是。目前，我国有 2200 多个县市，县城面积占国土面积的 90% 以上，县城人口占全国总人口的 70%，县域 GDP 占全国的 63.4%，目前仍有 80% 以上的人口在县域及其以下地域，其中包括近 9 亿农民。可见，县域经济是国民经济的重要支撑点，是承上启下的关键区域。在面对战略性发展的历史时期，我们有必要重新认识县域经济面对的新挑战，并从自身实际出发，用国际化的眼光调整我们的思路，加快农村产业结构调整步伐，推进农村的工业化和现代化，从而加快我国新世纪的全面现代化的进程。

我国当前中国社会存在着较大的工农差别、城乡差别和地区差别，这就决定了全面建设小康社会的重点在农村，难点也在农村。建设社会主义新农村是遏制城乡差距拉大趋势、实现全面建设小康社会战略的一个重要举措；是扩大农村市场需求，消化富余的工业生产能力的根本出路；是统筹城乡发展，构建新型的城乡关系的一个实际步骤。在通往全面建设小康社会新的征途中，县域经济同样也被赋予了新的时代内涵。解决"三农"问题、统筹城市发展、实现全面建设小康社会的宏伟目标，都与县域经济的发展息息相关，也是县域经济时代内涵的三个主要方面。

县域经济作为国民经济的基础性单元，在建设全面小康社会和社会主义新农村的进程中越来越受到社会各界的关注。自 2002 年中共十六大第一次提出"发展农产品加工业，壮大县域经济"以来，县域经济的概念越来越丰富，关联工作越来越多。全面建设小康社会的重点和难点是农村，县域是农村的集中区域，发展县域经济已经成为解决"三农"问题的新思维。可以毫不夸张地说："合理的经济结构是提高县域经济效益的核心。"本章以系统科学思想为视角，全面审察、论证提升县域经济结构优化水平的方法和途径，为决策者提供重要的信息支持。

2.2.1 县域经济概述

在党的十六大提出"壮大县域经济"的作用下，发展县域经济成为全面推进小康建设的重要任务。县域经济是实证性非常强的经济，正确认识县域经济的内涵，就成了做好壮大县域经济工作的首要条件。同时，发展县域经济也是解决"三农"问题的新的切入点。

1）县域经济的定义

（1）县域经济是以县级行政区划为地理空间，以县级政权为调控主体，以市场为导向，优化配置资源，具有地域特色和功能完备的区域经济。

（2）县域经济属于区域经济范畴。县域经济是一种行政区划型区域经济，是以县城为中心、乡镇为纽带、农村为腹地的区域经济。

（3）县域经济具有一个特定的地理空间，是以县级行政区划为地理空间，区域界线明确。

（4）县域经济有一个县级政权作为市场调控主体，有一个县级财政，因此，县域经济有一定的相对独立性，并有一定的能动性。温家宝同志指出"农村的发展，县委、政府是关键"。

（5）县域经济具有地域特色，这种地域特色与其地理区位、历史人文、特定资源相关联。

（6）县域经济是以市场为导向。县域经济不是封闭的"诸侯经济"，具有开放性。县域经济虽然是在县级行政区划上形成的，但它又不同于县级行政区划，随着市场经济的发展，县域经济要突破县级行政区划的约束，在更大的区域内进行资源配置，获取竞争优势。县域经济还要接受国家宏观经济政策的指导。

（7）县域经济是国民经济的基本单元。县域经济是功能完备的综合性经济体系，县域经济活动涉及生产、流通、消费、分配各环节，一、二、三产业各部门。但是，县域经济又不同于国民经济，县域经济不能"小而全"，要"宜农则农""宜工则工""宜商则商""宜游则（旅）游"，注重发挥比较优势，突出重点产业。

（8）县域经济是以农业和农村经济为主体，工业化、城镇化、现代化是县域经的发展主题和方向。

总而言之，县域经济是一种行政区划型区域经济，它具有一个特定的地理空间，是以县级行政区划为地理空间，区域界线明确；有一个县级政权作为市场调控主体并具有地域特色，具有开放性；是国民经济的基本单元；是以农业和农村经济为主体，工业化、城镇化、现代化是县域经的发展主题和方向。

2）县域经济的基本特征

县域经济以县域为中心、集镇为纽带、农村为腹地，区域广阔，资源丰富，区域经济特色明显，是我国社会经济功能较完整的基本单元。作为中国经济中一种特殊的区域经济的县域经济，在现阶段，它具有以下九个方面的基本特征：

（1）县域经济是国民经济的基础和重要力量。

（2）县域经济具有显著的区域性。

（3）县域经济具有典型的二元经济结构。

（4）非公有制经济正在或已经成为县域经济的主体。

（5）县域经济发展的不平衡性。

（6）县域经济是综合性的地域经济系统。

① 在县域综合性的经济体系中，农业往往是县域经济的基础；

② 在县域综合性的经济体系中，工业是县域经济的主导；

③ 在县域综合性的经济体系中，第三产业的地位将越来越突出。

（7）县域经济是中介性的地域经济系统。

（8）县域经济是开放型的地域经济系统。

（9）县域经济是特征鲜明的特色区域经济。

3）发展县域经济的重要性

自秦统一中国实行郡县制，县级建制一直延续至今，其重要性可见一斑。今天，县级具体解决"三农"问题，处于致富安民的第一线。古人云"治，天下安"，这也是古今治理天下之大道。县域经济是宏观经济与微观经济、工业经济与农业经济、城市经济与农村经济的结合点，是地方经济发展的基石和支撑，也是地方经济腾飞的保证。县域经济是整个国民经济的重要组成部分。如果说城市经济特别是大中城市经济是国民经济的支柱，那么县域经济则是国民经济的基石。

在 21 世纪头二十年，要实现全面建设社会主义新农村的目标，壮大县域经济就自然成为重要的一环。要扭转城乡二元经济结构，缩小工农差距和城乡差距，把县域经济作为重要环节势在必行，也是贯彻落实经济社会全面、协调、可持续发展和"五个统筹"科学发展观的必然要求。

4）壮大县域经济的时代意义

（1）发展县域经济是解决"三农"问题的现实要求；

（2）发展县域经济是统筹城乡发展、缓解城乡"二元"结构矛盾的必然选择；

（3）发展县域经济是实现"全面建设社会主义新农村"宏伟目标的战略途径。

2.2.2 我国"三喜八忧"的县域经济

1）我国县域经济的发展阶段

根据县域经济发展状态的不同，实施改革开放战略以来，我国的县域经济发展大致经历了三个发展阶段。

第一个阶段：1979—1983 年，是我国县域经济增长的启动阶段。

20 世纪 80 年代初期，以家庭联产承包责任制为标志，我国的制度创新开始起步，县域经济跨过了发展的门槛，进入了大发展时期。这一时期县域经济增长主要是由第一产业增长带动的，而其中制度创新对经济增长的贡献率要远远大于技术进步的贡献率，县域经济也从此走上了快速发展的道路。

第二个阶段：1984—1994 年，是我国县域经济的快速增长阶段。

20 世纪 80 年代中期到 90 年代中期，县域经济经历了一个快速发展阶段。这一时期乡镇企业的迅速发展成为县域经济增长的主要动力源。农村办工业的制度创新为农业剩余劳动力的"就地转化"提供了一条现实途径，农村剩余劳动力以"离土不离乡"的方式向农村内部非农产业转移，使农民从"多元化"经营中得到了单一农业经济模式难以得到的收益，也极大地促进了县域经济的工业化进程。可以说，这一时期乡镇企业的异军突起对于全国经济发展功不可没。

第三个阶段：1994—2000 年，我国县域经济进入市场经济背景下的不均衡发展阶段。

1994 年，我国一方面启动了国企、财税、金融、外贸等方面制度的重大改革，另一方面出台了治理通货膨胀的宏观政策，这标志着我国经济增长进入了中央政策主导推动阶段。1996 年，经济运行实现了软着陆，通货膨胀得到控制，但同时中国经济也进入了买方市场时代，并出现了通货紧缩的迹象。此时，被前一个经济高速增长阶段所掩盖的各种深层次矛盾开始浮出水面，并日益激化。国家将主要精力投入到解决国有企业及与之相伴相随的商业银行问题，而对农村问题的关注减少，导致农村经济发展进程受到抑制，县域经济增长放缓。

1994 年以来，我国县域经济发展态势大不如前的原因是多方面的。这固然有乡镇工业规模小、水平低、抵御市场冲击的能力弱等方面的原因，但与国家政策调整，特别是财税政策方面政策的调整也不无关系。1994 年以前的"包干制"时代，我国制度变迁总体上属于放权让利的性质，这为各级地方政府提供了更多自由发展的机会。同时，地方政府的财力也比较充实，发展地方经济的热情十分高涨，地方经济因此成为影响全国总体经济发展的重要力量，中央政府对经济发展的控制能力反而相对减弱。地方经济的"冲动性"发展导致了总体经济的盲目性扩张，重复建设愈演愈烈，也由此埋下了经济波动的隐患。

国家为了提高对总体经济发展的控制力，于1994 年开始了分税制改革，财力开始向中央政府集中，地方财力规模缩小。体制转轨时期的经济分权与政治集权，使地方政府无权决定当地的税赋，所有税种的开征均由中央政府直接控制，地方缺乏主体税种。当主体税种和转移支付不能满足地方经济社会发展的需要时，地方政府追求非税收入的动力被强化。而一旦非税收入的口子被打开，在缺乏预算约束的前提下，"三乱"①也就成为必然趋势。"三乱"既破坏了经济发展的软环境，又在一定程度上提高了县域经济的交易成本，最终导致县域经济增长变缓。

第四个阶段：2000 年至今，是我国县域经济全面发展的阶段。

进入 21 世纪，随着农村问题与农民问题在社会发展的过程中逐渐暴露

---

① 所谓"三乱"，是指农村乱建、农民乱访、农村"乱闹"。

出来的重重问题，在经历了一段时间的激烈的讨论之后，引起了学术界和政治界的密切关注。于是就出现了我们之前提到的政策性支持。2004 年 2 月，中央一号文件提出"壮大县域经济"的要求。2005 年 3 月，党的十届人大三次会议再次强调："发展乡镇企业，壮大县域经济"。2007 年中央"一号文件"中指出："继续发展小城镇和县域经济，充分发挥辐射周边农村的功能，带动现代农业发展，促进基础设施和公共服务向农村延伸"。

因此，在这一时期，我国的县域经济开始且迅速进入了全面发展的阶段。

2）我国当前县域经济发展的基本格局

当前，受自然地理、历史基础和社会人文等诸多条件的影响，我国县域经济的发展很不平衡（图 2.1），既有大尺度的地带性差异，也有中、小尺度的中心—边缘差异，中心指大中城市、交通枢纽、交通干线等，与中心距离近或有便捷联系的县域经济一般较发达，反之则欠发达。

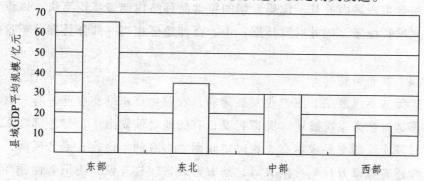

图 2.1　全国"东部—东北—中部—西部"县域地区生产总值平均规模

县域之间不仅经济指标上有量的差异，也表明他们的经济社会发展处于不同的发展阶段。各县域今后发展的目标是共同的（全面建设社会主义新农村和和谐社会），但由于"足下"的起点不一，今后"千里之行"的谋划自然有别。全国县域经济基本竞争力评价中心按竞争力将全国 2200 多个县（含县级市）分为十档。中国社会科学院陈栋生先生根据县域经济结构特征和发展阶段，又将其粗分为四种类型：

（1）第二、三产业已占主导地位的县域。

主导地位不仅指第二、三产业增加值在该类县域 GDP 中占大头，亦指第二、三产业的就业者，在县域就业岗位中占大头。这类县还有一个共同特点是，不仅本县劳动力就业相当充分，往往还吸纳了大量县外的流动劳动力，他们中有的已是国内、省内某类制造业或某类工业制品的生产基地。有的是国内、省内某类商品流通的大市场。

（2）农业强县。

这里讲的强县，不是按传统眼光以粮食总产量多、单产高来衡量，而是指市场农业的发育程度，主要表现在：① 面向市场农业结构有重大调整，畜牧水产养殖瓜果蔬菜花卉等在农业结构中已占大头，有的培育出具有地方特色的名优特新农产品；② 农副产品等在进入市场前已在县域内初步加工或深加工，提高了农品的附加值；③ 县域农产品已突破地方市场进入到大中城市市场和国际市场。

（3）通常所说的农业大县、工业小县、财政穷县。

这类县不仅第二、三产业发展缓慢，所占比重低，而且农业内部的结构调整不理想，粮食生产仍占大头，经济作物、多种养殖业等发展缓慢；属于粮食主产区内的县，优质专用的粮食品种结构调整步伐不快，以致农民收入增长缓慢，地方财政拮据；中、西部地区相当一部分县都处于这种状态。

（4）农业弱县。

这类县不仅第二、三产业发展薄弱，农业生产水平亦很低，有的自然条件恶劣，生态系统脆弱、灾害频发；有的地处偏僻山区，与外部联系困难，对外交流的交易成本高，农民增收困难，有的年份收入不升反降，县内至今还有数以万计的贫困人口，地方财政常年靠补贴，因果恶性循环使其长期走不出贫困的泥潭。

3）我国县域经济发展现状

改革开放以来，我国县域经济发展取得了显著成绩，农业产业化不断加快，非国有经济迅速发展，小城镇日益壮大，基础设施状况逐年改善。但县域经济发展整体水平仍很落后，农民增收缓慢、主导产业不清、地方财政困难、区域发展不平衡等问题仍较突出。概括起来，我国县域经济发展表现出"三喜"和"八忧"的总体特征。

4）我国县域经济发展的"三喜"

一"喜"：县域经济在全国经济发展中已经占据了相当高的份额。根据国家统计局的数据，截至2016年年底，我国超过2000个行政单位列入县域经济统计范围。全部的县域单位的国土面积约为 910 万平方千米，占全国国土面积的 95%；全部县域单位人口总数超过 9.5 亿，约占全国总人口的 73%；地方财政一般预算收入为 3000 亿元，约占全国的 1/4；县域 GDP 约占全国 GDP 的 60%；城乡居民储蓄存款余额为 47 260 亿元，约占全国总额的 40%；此外，全社会商品零售总额、固定资产投资、实际利用外资等指标占全国的 1/3 左右。

二"喜"：一些发达县域的经济快速发展，已经成为我国国民经济发展中最具活力的一个亮点。2016 年，全国百强县以超过 5 万亿元的生产总值、超过 3000 亿元的财政总收入、超过 1500 亿美元的出口总额，在全国县域经济乃至整个国民经济中占据着突出的地位，成为我国工业化和城镇化进程中的一支重要力量。

三"喜"：全国涌现出了一批县域经济发展的成功模式。总体来看，全国县域大概形成了三类富有特色的发展模式：第一类是广东模式，即依托良好的区位优势，大力发展两头在外的劳动密集型产业；第二类是江浙模式，即完全依托市场，结合市场需求，走的是大力发展乡镇企业、民营经济的道路；第三类是山东模式，山东一方面依托毗邻日韩的区域优势实施对外开放，另一方面依托专业化市场大力推进农业产业化。突出的例子就是寿光，寿光的蔬菜和水果目前在国内外都享有较高的知名度，已形成了"买天下、卖天下"的经营模式，当前北京市场 30% 左右的蔬菜都来自寿光。

5）我国县域经济的"八忧"

一"忧"：全国县域经济发展的极端不平衡性。现在县域经济发展的区域分布特征和我国区域发展的总体格局是一致的。从大的区域来看，发达县分布在东部地区，而落后县主要分布在中西部地区。百强县的分布也表现出同样的特征，主要集中在经济发达的长三角、珠三角和环渤海三大经济圈内。全国百强县有超过 80 个分布在三大经济圈内，大多数西部省份没有百强县。

二"忧"：县域经济产业层次和劳动力素质的极端低下性。目前，全国县域经济的一产比重是 25% 左右，而在 2016 年全国 GDP 中一产比重接近 10%。因此，县域经济整体上表现出"农业大县、工业小县、财政穷县"的总体特征。目前，县里面要进行经济结构调整实际上大多局限在种植业和养殖业这个层次，根本谈不上战略性调整。另外，目前，县域劳动力的素质明显偏低。据统计，目前县域单位 6 岁以上的人口，平均接受教育的年限是 7 年多一点，在全国县域人口中，小学文化程度的人口占了近 30%。

三"忧"：县域范围内产业发展的高难度性。目前，我国大多数县域经济发展面临着产业要素的极端缺乏。有人形象地描述县域发展存在"四大抽水机"：第一个是土地，土地是农村、农业、农民最宝贵的资源，也是发展县域经济的最大资本，近年来，随着中心城市和大量开发区的圈占，农民失地、失业、失利的情况非常严重。第二个是农业产业化，目前来看农业产业化还处于初期阶段，农产品增值部分主要在城市完成，农民未能直接受益。第三个是中央对农民的补贴，由于层层截留没有真正发到农民手里。第四个是信贷金融的缺失，四大国有商业银行从农村的退出，农民缺乏必要的金融支持，与此同时，邮政储蓄等揽储业务的渗透加剧了农村资金的外流。由于上述原因，大多数县域发展经济心有余，力不足。

四"忧"：县乡财政问题的突出性。据统计，现在全国平均每个县的赤字是一个亿，全国赤字县占全国县域的比重为 3/4 左右，赤字总量占这些地方财政总量的近 80%。因财政硬缺口大，县级政府调控手段虚无，县级财政基本上是"吃饭财政"。

五"忧"：农民增收的极端困难性。这些年城乡增收的差距越来越大，由于县域广大农民缓慢，还有一部分农民生活困苦，农村市场消费偏冷的问题比较突出。

六"忧"：工业化和城镇化推进过程中的诸多盲目性。很多县级地方政府单纯地把发展工业化理解为上项目、建工厂、建开发区，把发展城镇化理解为上广场、建楼房。这种加快发展的心情是可以理解的，但盲目推进的后果是资源浪费、环境污染、大量低水平的重复建设以及有限财力的低效率投入，同时也极大地损害了"三农"的利益。

七"忧"：县级政府权利和义务的非对称。从体制上看，近年来，县级行政单位出现了事权下放、财权上收、好的事权上收、差的事权下放的倾向。一方面，县级政府原有权利削弱，动用各方面力量发展经济，进行经济调控的手段明显弱化；另一方面，县政府承担了越来越多的义务，如义务教育补贴、安全生产等，给县级政府带来了很大压力。

八"忧"：中央及省市对县域经济发展投入的非合理性。目前，中央财政还没有直接针对县域经济发展的专项资金，国家财政支农资金总量不足，按行业部门分散投入的体制存在诸多不合理之处。此外，国家对县域经济结构调整的支持力度明显缺乏。

2.2.3　河南省县域经济系统的突出矛盾

河南省作为我国中部崛起的一个代表性省份，在高速发展的过程中，较全面地显露出县域经济所存在的种种问题。以下将以河南省为例，来深入分析其县域经济的现状和突出矛盾，来为后面优化县域经济结构的内容和方式的提出，提供现实依据。

河南县域经济虽然取得了长足发展，但仍存在一些困难和问题：

（1）人口多、总量大、人均低、实力弱的特点十分明显。

（2）资金、技术、土地等生产要素聚集困难，成为当前县域经济发展面临的最大障碍，在不少地方，甚至出现生产要素大量流失，增长乏力。

（3）县域经济发展不平衡，强县与弱县之间发展差距较大。

（4）整体而言，河南省县域经济的发展水平仍然较低，结构性矛盾还比较突出。

（5）政府职能转变滞后，管理体制不顺。多数县级政府在思想观念、管理公共事务水平上与沿海地区有很大差距。习惯于运用行政手段处理公共事务，缺乏运用经济、法律、市场的手段处理问题的经验，对经济、社会事务管得太多、统得过死。经济发展中形式主义、花架子、政绩工程等在一定程度上还依然存在。就行政管理体制而言，县级政府管理权限过小，有相当部分经济、社会管理权限在省辖市和省里，县级政府没有最后决定权。同时，上级垂直机构过多，县级政府缺乏有效手段协调，也在一定程度上束缚了手脚，不利于充分发挥其积极性和创造性。

（6）发展活力有待增强。多种所有制成分千帆竞发、百舸争流的氛围还不够浓厚，特别是非公有制经济的主体地位有待进一步加强。非公有制企业存在自主创新能力弱、生产集中度不高、产业协调水平低、经营管理落后，传统产业多、高新技术产业和现代服务业较少等问题。非公有制经济发展的潜力有待进一步挖掘。

（7）多数县财政状况不佳，债务负担沉重。有相当一部分县本级财政收入不足以维持县乡政府的正常运转，主要靠上级转移支付资金过日子。县乡政府负债问题严重，有的已存在严重的债务危机。有的乡镇财政实际已经"破产"，历年滚存债务已相当于本年度财政收入的几倍，个别乡镇甚至达1亿元。县乡财政供养人员过多，加剧了财政困难。多数县没有与其应履行的职能相匹配的充足财力保证，上级财政对县乡经济社会发展的支持力度不够，农村基础设施建设滞后。

2.2.4 县域经济系统结构优化的基本原则

从以上分析来看，河南省乃至我国的县域经济呈现出的矛盾不是单方面的，也不是完全出现在系统的同一层面上，而是结构化矛盾。对这一矛盾的解决，应不只限于矛盾的某个层次或方面（即使是矛盾的主要层次或方面），而是要针对矛盾的特点，运用系统科学的思想，对县域经济结构进行优化，从根本上改变系统不和谐的运行状态。

县域经济作为一个大的系统，在其结构的优化过程中，应着重体现出研究处理问题的基本原则，这是作为一门方法性学科的系统科学所特别强调的，综合应用这些原则去指导实践，才能达到预期的效果。

1）目的性原则

县域经济是国民经济的基础性单元，县域经济系统是经济社会的实践活动，必然有它的目的。只有目的正确，有科学依据，符合客观实际，才能达到预期的效果，否则，方法手段措施越好有时就越会背道而驰，离最初的预期目标南辕北辙。因此，县域经济系统的优化自始至终都需要体现出明确的目的性，以"发展县域经济、壮大县域经济、提高县域竞争力"为目标，建立健全区域经济发展规则，从战略的高度统筹县域经济系统结构优化的内容及方式，使其全面服务于目标的实现。

2）整体性原则

系统科学要求我们处理问题时要着眼于系统整体，先看整体，后看部分；先观全局，再观局部；从宏观到微观，并把部分与局部放在全局之中来考察，建立从全局、整体着眼的思考方式。因此，在优化县域经济结构、发展县域经济的同时，应该注重县域经济系统内部的有机性，在优化其经济结构时，要做到对优化的内容和方式协调进行，防止没有侧重或顾此失彼的情况。此外，系统的内部与外部具有一定的结构或秩序，任何一个系统又是它所属的一个更大的系统的一部分。因此，在研究一个县域的经济系统与外部的关系上，应该做到社会环境和自然环境的和谐持续发展。例如，发展县域经济、乡镇龙头企业的同时，不污染环境，在推进小城镇建设的过程中合理规划，保护当地的生态环境，注重做到少占、不占耕地，使经济社会在一定的自然资源的基础上可以持续发展。

3）全局性原则

县域经济系统是国家整体经济发展的组成部分，县域经济的发展，应该服从、服务于这个大局，依托国家宏观发展战略为指导，根据地区形势建立区域经济宏观发展战略。此外，系统具有环境适应性，县域经济系统离不开外界环境的支持，否则将得不到必要的发展。为了达到与外界环境的协调，应该将县域经济系统纳入到区域经济发展的战略当中去，努力争取政策扶持，积极改变传统的区域经济二元结构，使城市与乡村、地区与国家协调发展。

4）动态性原则

系统的平衡有时是静态的，但这种平衡总是被破坏和不断地转化，因而系统更多的是动态平衡。系统科学强调在运动和变化的过程中来掌握事物，注意系统的动态过程，而不仅仅注意系统的某一状态。随着当今社会的不断发展进步，科学技术日新月异，思想文化、思维方式都在发生着深刻的变化。这就要求在搞县域经济系统结构优化的问题上应适应新形势、新变化，不断学习，更新观念，以不断创新的精神营造学习型的县域经济系统。时刻关注县域经济的现状和主要矛盾，及时修正经济结构优化的内容，改进优化的方式，在动态的学习中把握县域经济改革和发展的方向和实现方式。

5）协调与优化原则

制约县域经济发展的因素为数众多，且各个因素之间相互制约，使县域经济系统变得复杂多变。因此，只有组成系统的元素相互配合协作，才能使整个系统在协调的情况下运行，并能在给定的条件下达到效果最优。例如，在优化种养结构方面，应该开拓思路，多角度、全方位地利用现有资源，发展立体养殖，建设循环经济，在优化县域的同时又增加了就业岗位，促进了县域剩余劳动力的"就地消化"，缓解就业压力。

2.2.5　县域经济系统结构优化的内容和方式

县域经济系统是一个巨大而复杂系统，它包含众多子系统，各个子系统之间相互作用、相互影响，在这种矛盾运动中推动了整个系统的发展。因此，县域经济系统结构优化不仅仅表现在子系统内之间，还表现在系统与外部环境之间的关系上。从系统分析的结论和系统工程的工作方法来看，县域经济系统结构的优化，应该注重以下方面的工作。

1）优化种养结构

种植业和养殖业长期以来，乃至今后相当长的时期内都是我国农村的两大主要产业，农村经济的发展、农民生活水平的提高，都将依赖于这两种产业的进步，这就意味着对种养结构的优化是十分重要的。在农产品销售方面，安全和品质问题是现阶段市场竞争能力的一个突出表现，而这种问题70%的原因在种养殖生产环节，这就要求必须从原料和生产环境抓起，实行标准化生产，提高产品品质和产品安全性；加大对农畜产品的深加工力度和科技含量的投入力度，走精细化生产，向农业生产的深度进军；加强对农畜产品的营销，利用多种手段，使消费者生产认知，扩大产品销售的广度，打造品牌效应，以此提高产品附加值和单位产品利润；开发具有区域特点名组特色的农产品。按照时常需求，不断增加花色品种，打破产品结构单一的局面，拓宽农民增收渠道；建立行之有效的农产品检测与控制体系，在有条件的地区积极发展农产品出口项目，扩大影响和交易范围，带动农民增产增收。

2）优化生产结构

农村生产结构的单一，使得农村经济与城镇经济的联系也变得单一而不紧密，限制了农村搭乘城市经济发展的快车能力，为此，应鼓励农村办企业及村级民办企业的发展，采取扶植或合并的方式，全力打造农村中的龙头企业，使其成为农民增产增收的一个主要的动力源。同时，抓好龙头企业的建设，加大龙头企业的技术改造和资产重组的力度。采用现代化的管理方式，适时引进先进的制度体系，逐步增强龙头企业的市场开拓功能。综合服务功能和利益连接能力，以便更好地发挥龙头企业的带动作用；提供优惠政策，鼓励城市大中型企业在农村建分厂，利用农村的产品、劳动力等资源优势发展农村经济，积极采取"公司+农户"的形式，形成生产、加工、销售一条龙，改变以往一家一户的落后生产模式，建立新型的生产模式，最终形成规模效应。

3）优化区域结构

积极发展区域经济，实现城乡统筹与互动，使得城市与农村在区域发展中相互影响、相互制约、相互促进，形成整体效应，互补发展。统筹城乡发展是一个大的系统工程，通过统筹工业与农业、城市工业与农村工业以及城乡服务业的发展，实现城乡产品的良性循环，进而推动城乡经济的持续协调发展。农村是城市可持续发展的广阔市场，农村拥有大量的剩余劳动力和丰富的自然资源，可以不断向城市提供人力和物力支持，有城市经济带动，发挥城市的辐射效应，达到城乡两面三级共同发展，撤乡并镇，发挥人群聚效应；本着"尊重规律，循序渐进，因地制宜，科学规划，深化改革，创新机制，统筹兼顾，协调发展"的原则大力推进小城镇建设。根据小城镇的自身特点，以市场为导向，以产业为依托，大力发展特色经济，培育适应农业生产的、走农业产业化经营的各类龙头企业，形成农副产品的生产、加工和销售基地，同时，发挥小城镇区位优势，开发自然资源和人文资源，大力发展第三产业，加快县域经济向城市经济的转变。

4）优化土地结构

土地是农民赖以生存的生产资料和终生依靠的社会保障，应该严控农村土地尤其是耕地占用，尽快修订现行《中华人民共和国土地法》中关于征用制度的规定，按照"保障农民权益，控制征地规模"的原则，进一步完善土地征用制度和征用程序，让农民和农村集体经济组成独立的市场交易主体，从根本上杜绝对耕地的不合理占用。大幅度提高土地征用补偿标准，在确保争取农用耕地数量最大化的同时，提高农民对被占用耕地的收益。切实完善土地流转制度，把强制性的行政征用改为交易性的市场购买，将土地使用资本化，达到土地要素自由流转的目的。

5）优化资本结构

随着县域经济尤其是社会整体经济的持续发展，资本对于经济系统良好动作的作用显得尤为突出。为此，应加大招商引资力度，积极吸引多种形式的资本流入农村，进一步促进县域经济的发展与市场的繁荣；采取有效措施控制农村存款流出农村的数量，规范民间信用，以工业化促进农村产业化的实力，使其成为县域服务的地方性金融企业；完善农业政策性金融，强化农业发展银行的服务功能；完善农村金融体系，放宽各类商业银行在农村金融市场的准入条件，开发和发展农村资本市场，允许民间资本进入农村金融领域；建立政策性农业保险公司，对风险较大的项目进行保险，保护生产者和投资者的利益。

6）优化教育结构

促进农民增收的一个关键点是提高劳动力素质，为县域经济的快速成长提供智力支持，而劳动者素质的提高又依赖于对县域教育的投入与优化。大力发展县域教育，缩小城乡两级教学水平和教育质量的差距，使县域学生享受到与城市学生同等的教育资源，这将减少未来县域剩余劳动力的数量和提高劳动力的质量；采取多种形式提高县域居民的科技水平和思想文化素质，鼓励大学生下基层，到中西部偏远县域进行挂职锻炼，不定期向县域居民提供医疗、卫生、科技等短期服务；加强劳动力技能培训，按照市场需要，有针对性地举办多种形式的职业技能培训，为科学种田，养殖，农产品深加工提供技能技术上的支持和保障。

7）优化就业结构

加强对县域人力资源的开发，提高县域劳动力的利用率，使县域剩余劳动力在全社会得到充分的利用。采用"就地消化"和"进城服务"相结合的就业方式，分流县域剩余劳动力，大力发展农产品加工、深加工和非农产业，推动劳动力向第二、三产业转移，向小城镇转移；取消农民进城服务的限制规定，加强对劳动力的技能培训，使一部分具有一定专业技能的县域剩余劳动力流向城市，支持城市建设，还应该不断开发和创造大量新的非农就业岗位和机会，将县域剩余劳动力尽量吸纳到非农就业岗位，不断提高农村就业人数的比重和数量，降低县域居民人均收入增长压力。

8）优化政策结构

政府应该积极做好各项服务工作，通过建立优越与宽松的政策环境，引导县域经济逐步走向成熟。坚持土地的市场化导向，建立与实施切实可行的土地流转政策；改革县域现有的行政管理体制，从根本上减轻县域居民负担；建立新型的县域金融体制，打造良好的投资环境，积极吸引农业外来资金和先进管理技术，加快县域产业化进程；加大对县域教育的投入力度，完善县域教育体制，使县域享有与城市同等的教育资源，提高县域居民素质，增强县域居民参与市场的能力；繁荣县域劳动力市场，把对县域居民的技能培训制度化、长期化，提高其进入乡镇企业及乡村龙头企业的能力，有效转移县域剩余劳动力，使对县域的人力投入达到最小，边际产出达到最大。

9）优化管理体制结构

"管理无处不在"，决定了管理体制时时存在。而作为县域优化经济结构还要全面改革和创新管理体制。我们都知道："一个企业在市场上的竞争力，表面上是产品质量、生产成本、售后服务在参与竞争，最终都归结为整个企业的管理水平、管理体制的竞争"。如果把一个县域看成是一个企业的话，就不难理解县域经济的发展还有一个关键的瓶颈是这个县域系统的管理水平、管理体制。而管理水平、管理体制的全面改革和创新需要有一批"懂管理、懂经济、懂创新"的高素质人才来补充到县域系统工作的前线中去。通过定期、定向培养一批"大学生村官"、由政府倡导定期开展"农村基层管理干部培训班"、重点落实"驻村干部"事宜等方法和途径，来补充基层管理人员知识的贫乏、促进管理体制的深化改革和创新。同时，管理体制结构的优化是一个系统工程，需要长期的不懈努力和坚持。

县域经济已经成为我国国民经济的基层经济、基本单元、基本支柱和统筹城乡经济社会发展的重要环节。发展壮大县域经济，对解决中国的"三农"问题，推进国家的经济和社会发展的现代化进程，全面建设社会主义新农村和构建和谐社会具有十分重要的战略和现实意义。

2.3　基于系统科学思想的城域经济结构优化

城市是社会经济发展到一定阶段的产物，是社会进步和人类文明的标志。自中华人民共和国成立以来，我国城市建设取得了巨大的成就。随着我国国民经济的快速发展和社会的全面进步，我国城市化进程明显加快。从 1978 年到 2016 年，城市的数量由不足 200 个增加到超过 700 个，其中地级及以上城市近 300 个，市镇总人口由 1.7 亿增加到超过 6 亿人，占全国人口的 50% 左右。城市经济在国民经济中的作用也逐步加强。城市不再是传统意义上的商品交换基地，而是逐步发展成为政治、经济、文化中心。

城市的发展推动着城市经济规模的日益扩大并不断朝新的发展方向延伸。人口、财富和经济活动在空间上不断集中，经济活动朝更加广阔的方向扩展。同时，城市经济的壮大反过来又推动着城市化进程的发展。党的十六届三中全会把"统筹城乡发展、建立有利于逐步改变城乡二元经济结构的体制"作为完善社会主义市场经济的一项重任，这对于城市经济的发展提出了更高的要求。大力发展城市经济，协调城乡关系，用先进的技术装备武装农村，推动广大农村的现代化进程，建立城乡之间的平等互利关系，最终消灭城乡差别，这是发展城市经济的重任，也是全面建设小康社会的要求。

城市经济作为国民经济的重要组成部分，在我国社会主义现代化建设中起着主导作用。在我国城市经济快速发展过程中，城市经济结构不合理问题已经成为阻碍城市经济发展的主要障碍之一。优化城市经济结构，合理配置资源是城市经济发展过程中的一个首要因素。本章运用系统科学思想对当前我国城市经济结构中存在的问题进行了系统分析，结合我国城市经济结构的现状给出了优化城市经济结构的方法和途径，为城市经济的更快更好地发展提供了参考依据。

2.3.1　城市经济概述

1）城市经济的涵义

1988 年出版的《中国大百科全书》经济学卷将城市经济定义为："工商业等非农业经济部门聚集而成的地区经济"。从内涵看，现代城市经济是以现代城市作为存在与发展空间，以各种要素的高度聚集，各种经济活动的频繁开展并能取得高聚集效益和规模效益为特征的非农业性产业、公共经济、消费经济、土地经济、生态经济、管理经济等经济的有机综合体。它反映的是城市一切部门及其经济联系与经济活动的总和。

城市经济结构是决定城市经济功能和城市性质的内在因素，也是推动城市经济增长的基本要件。随着经济的高速发展，在高科技的推动下，经济结构发生了根本性的变化，即以先进的电子信息技术、光导纤维、生物工程、海洋工程、新材料和新能源等为基础的产业蓬勃兴起，逐步取代了传统的钢铁、汽车、纺织、橡胶、造船等产业，继而成为推动经济增长的主导力量。把握城市经济结构的状态，找准调整结构的切入点对于优化城市经济结构，促进城市经济更好、更快发展具有重要的战略意义。

2）城市经济的基本特征

现代城市经济的基本特征主要反映在以下方面：

第一，要素空间分布的高聚集性。每一座城市都占据一定的地域空间，这就意味着城市内各要素要在有限的空间内分布。要发挥城市经济的巨大作用，就要利用好每一寸城市空间，促进城市各要素空间分布的高聚集性，使各要素紧密结合、互相联系，共同实现城市资源配置的最优化。

第二，经济活动的高开放性。城市是物流、资金流、信息流的中心。随着经济全球化发展的趋势，区域空间内的物流、资金流、信息流已经不能满足城市经济发展的要求，这就促使其向更加广阔的空间发展。城市经济活动的开放程度与市场规模成为决定城市地位和发展水平的要素。

第三，投入与产出的高效益性。效益最大化是现代市场经济活动追求的目标，城市经济作为国民经济的重要组成部分当然也脱离不开这一目标。通过社会化大生产中的分工协作、发达的基础设施与先进的管理手段，可以实现以较少的投入获得较高的产出的目标，达到城市经济活动的高效益性。

第四，外部环境的高外在性。城市主体在享受城市经济给其带来的种种好处的同时也在遭受城市经济活动带来的负面影响，如生态环境污染、交通拥挤、住房困难等。

第五，经济社会结构的系统性和多样性。由于现代城市经济社会结构有多种要素构成，构造极为复杂，因此要调整经济社会结构就要综合采用多种手段。同时，现代城市经济社会结构又是一个综合系统，各构成要素相互联系、相互影响，这就要从整体出发，统筹规划、协调发展。现代城市经济的协调发展程度决定着城市经济发展的效益、速度、内在质量和稳定性。

现代城市经济研究是综合性、战略性和前瞻性的研究。现代城市的发展，要求加深对城市经济的研究，而这种研究的不断深入，又能动地推进城市发展到新的阶段。尤其是自我国确立了建立社会主义市场经济体制的目标以后，城市化速度和城市经济水平呈现出持续提高的趋势。这种趋势在今后将进一步得到加强。

3）城市经济系统的现状

城市自产生至今，由于环境变化和各种因素的影响，正在逐步朝更加合理化的方向发展。随着城市数量的增多和城市规模的不断扩大，城市建设日趋完善，城市经济也得到快速发展，各种城市群和城市带相继产生。然而，在城市经济发展的背后，城市经济结构不合理的问题也逐渐显露出来，这些问题集中起来突出表现在以下方面：

（1）经济结构不合理，地区之间的经济发展差距不断扩大。

地区经济结构不合理突出表现在产业结构趋同，重复建设严重。据测算，目前我国东、中、西部城市工业结构的相似率仍然很高，甚至省内地市间的产业趋同化现象也很严重。

（2）产业内部结构存在偏差。

当前，城市产业结构中工业仍然占很大比重，第三产业比重虽然呈现持续增长趋势，但比重仍然较小，而且，第三产业内部结构不合理、效益偏低，还处于数量扩张阶段，没有出现集约化增长的趋势。

（4）消费率偏低，投资率偏高。

据国家财政部企业司统计，当前我国的消费率为 45%左右，低于国际平均水平二十个百分点。这表明我国消费率的提高仍有很大的余地。从长远看，消费率提高和投资率降低是经济发展的必然趋势。

（4）所有制结构还存在不合理和不完善的地方。

虽然目前我国非公有制经济（含外资）创造的增加值已占全国 GDP 的 65%左右，但与经济发展的要求相比，该比例仍然不高。非公有制经济在市场准入、融资等方面仍然受到许多不公正和不平等待遇，非公有制经济的发展仍有巨大潜力可挖。另外，所有制结构在不同地区仍有明显的差异。

2.3.2　城市经济系统结构优化的基本原则

系统科学作为一门方法性学科，综合利用各学科的思想与方法，从不同方法和视角来处理系统各部分的配合与协调，从而使系统的技术、经济、社会效果达到最优，这一过程特别强调研究处理问题的原则和概念。城市经济系统作为现代城市系统的一个有机组成部分，在对城市经济结构进行优化的过程中也要从这些原则出发，寻找优化城市经济结构的思路。

1）目的性原则

城市经济是国民经济的重要组成部分，城市经济系统是人类社会的实践活动。发展城市经济必然有它的目的，只有目的正确，有科学根据，符合客观实际，才能建立和运转具有预期效果的系统。否则，如果目的不正确，方法手段措施愈好有时就会背道而驰，离预期目标就愈远。尽管城市经济发展的道路是多种多样的，但不管选择哪一条发展道路都有一个共同的发展目标，那就是推动国民经济持续、快速、健康的发展，促进人民生活水平的提高。

2）整体性原则

系统科学要求我们处理问题时要着眼于系统整体，先看整体，后看部分；先观全局，再观局部；从宏观到微观，并把部分与局部放在全局之中来考察，建立从全局、整体着眼的思考方式。因此，在优化城市经济结构过程中，我们要统筹兼顾，协调好城市经济发展、社会稳定与生态平衡三者之间的关系，防止在优化的过程中顾此失彼。此外，系统的内部与外部具有一定的结构或秩序，任何一个系统又是它所属的一个更大系统的一部分。城市经济的调整与发展离不开农村经济的支持，在优化城市经济结构的过程中要协调好城市与农村经济系统之间的关系，实现城市带动农村，农村支持城市共同发展的和谐局面。

3）全局性原则

城市经济是国民经济的重要组成部分，城市经济的发展应该服从和服务于这个大局，以国家宏观发展战略为指导，因地制宜，发展特色经济。此外，系统具有环境适应性，城市经济离不开外界环境的支持，否则将得不到必要的发展。为了达到与外界环境协调的目的，应该将城市经济系统纳入到区域经济发展的战略当中去，积极改变传统的城乡二元经济结构，促进城乡经济的协调发展。

4）动态性原则

系统的平衡有时是静态的，但这种平衡总是被破坏和不断转化，因而系统更多的是动态平衡。系统科学强调在运动和变化的过程中来掌握事物，注意系统的动态过程，而不仅仅是注意系统的某一状态。随着科学技术的不断发展和科技的不断进步，城市经济系统中物流、能流和信息流处于不断的运动当中，城市经济结构的优化调整也要与之不断进行更新与调整，准确把握城市经济系统的现状和矛盾，对经济结构优化的内容和方式不断进行调整，在动态中促进城市经济系统朝更加合理的方向发展。

5）协调与优化原则

城市经济系统作为一个复杂的整体由众多的组成部分构成，这些部分相互影响、相互制约，共同作用引导着城市经济的发展。各部分之间只有协调一致才能发挥部分大于整体的优势，促进城市经济的快速发展。在城市经济的发展过程中要正确处理好产业结构、消费结构、劳动力结构、技术结构等之间的关系才能充分发挥城市经济的发展潜力，保证经济系统的高速发展。

2.3.3 城市经济结构优化的内容和形式

城市经济结构是城市经济的组成要素相互联系、相互作用的内在形式和方式。由于人类的一切经济活动体现为生产力和生产关系两个方面，所以，城市经济结构是城市生产关系结构下面又分别包含着低一级系统的结构，如图 2.2 所示。

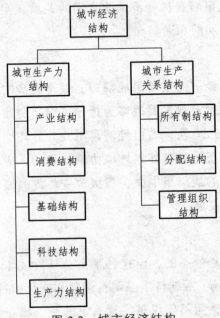

图 2.2　城市经济结构

其中，城市生产力结构可分为产业结构、消费结构、基础结构、科技结构、生产力结构等，城市生产关系结构可分为所有制结构、分配结构、管理组织结构等。因此，要对城市经济结构进行合理的优化，从以下方面展开分析。

1）优化产业结构

城市经济的快速发展必然伴随着第一、二产业在国民经济中的比重逐渐下降，第三产业比重逐步上升并成为主体；第二产业内部结构由劳动密集型、资本密集型产业向技术和知识密集型产业转化，由高新技术尤其是信息技术改造传统产业，从而赋予传统产业新的活力。城市可持续发展对产业结构的要求主要包括以下四个方面：① 产业结构合理化；② 产业结构高度化；③ 产业结构能够发挥资源比较优势；④ 发展环保产业。产业结构调整的目标是实现结构优化和产业升级，加速工业化进程，以信息产业为主导，跨越重化工业阶段，向高加工度化和高附加值化迈进。对大、中、小城市的产业结构和东西部城市的产业结构，制定出不同的发展战略和政策，结合地区特点，发挥地区优势，避免产业同构现象，实现资源配置的最优化。

2）优化消费结构

随着经济发展的加快，我国城市居民在生活质量得到全面提高的同时，消费结构也趋向合理化。2016 年城镇居民恩格尔系数近 35%，交通通信、文教娱乐、医疗保健等发展性和享受性消费的支出大幅度增加，所占比重稳步提高。城市居民的消费结构随着改革的深入，收入水平的提高走上更加合理化的道路。对于进一步优化消费结构可以采取以下措施：

（1）提高居民收入和消费者素质，促进消费结构优化。提高居民收入，特别是提高中低收入阶层居民收入，是启动消费最直接、最有效的办法之一。提高消费者素质是优化消费结构的关键。

（2）不同消费群体实行分层引导。鉴于中、高、低收入居民消费存在不均衡这一特征，促进居民消费应根据不同消费群体的特点制定相应的消费政策，并调节收入分配关系以达到刺激消费增长的目标。

（3）逐步扩大中等收入者比重，缩小收入差距，进而实现共同富裕是全面建设小康社会的重要目标。这将在抑制收入差距扩大和提高居民整体消费能力的基础上，有效促进居民消费的增长。

（4）优化消费环境，推动经济发展，促进社会和谐。针对居民消费水平的提高和消费观念的转变，加强对信息产业、第三产业的总体规划和管理，使之与整体经济发展水平相适应，满足居民物质生活需要，为居民消费结构向更高层次发展提供条件，推动经济发展，促进社会和谐。

3）优化基础结构

城市基础设施是保证城市社会再生产和居民生活能够正常运行的最基本物质条件，也是增强城市经济发展后劲的重中之重。城市要获得长足发展首先要完善基础设施建设，促使其逐步发展并形成产业化。因此要解放思想，合理规划，建立科学的决策、管理体制，把城市基础设施建设产品视为商品，推动城市人流、物流、资金流、信息流的运动；建立健全社会投资机制，通过政府负债融资、吸引外资、启动民间资金鼓励民间投资等手段提高城市基础设施的运营效率；开拓思路，建立城市基础设施产业化的"公私合作伙伴体"等多种形式。

4）优化科技结构

城市是产业中心，也是科技创新基地，具有人力资本雄厚这一资源禀赋的最大比较优势。这就要求城市在经济发展过程中必须突出技术创新，推动技术进步，着重加强技术开发和转化为生产力的能力。依托本地高校，逐步建立起以企业为主、产学研相结合的技术创新服务体系，大力发展高新技术产业，并运用高新技术改造传统产业和武装第三产业；政府要进一步优化投资环境，吸引境外技术转移，并努力动员、引导已落户本地的外资企业将技术开发机构转移过来，推动技术创新，建立健全面向小企业的技术服务系统，为量多面广的中小企业提供全程式的技术服务，鼓励发展民营科技企业；采取政府支持、企业分担、资本市场筹集等多种渠道相结合的办法，建立风险资本，并探索风险资本转出的可行途径，为科技创新提供有力支持，促使经济结构加快优化升级。同时，推动城市技术扩散，不断提高区域产业、产品技术含量，带动整个城市经济区域的经济结构趋向高度化。

5）优化劳动力结构

劳动力结构是综合反映社会经济面貌的重要指标之一，也是决定经济发展的一个重要因素。劳动力结构的合理化，是国民经济健康发展的必要条件。我国是一个人口大国，劳动力资源丰富，但我国劳动力供给的突出特点是量大质低，普通劳动力供大于求，中高技能人才供不应求。为了适应经济结构调整对劳动力素质的要求，应该做到：转变职业技能培训观念，从思想上重视培训工作，将职业技能培训提高到"全面建设小康社会，开创中国特色社会主义新局面"的战略高度。从思想上重视对劳动者职业技能培训的技术性研究，为提高劳动者素质奠定思想基础；以市场需求为导向，准确把握劳动者培训需求。一方面客观分析市场需求；另一方面分析劳动者当前技能水平，将市场需求与劳动者实际情况结合起来制定合理的培训计划，建立完善长效的培训机制，从制度上保证培训质量。各级劳动者要积极参加劳动技能培训，通过各种途径来提高自身素质，适应日益提高的技术需要。

6）优化所有制结构

城市所有制结构调整一方面为城市市场经济奠定基础，另一方面也为解决城市就业、拉动城市经济增长起到重要的作用。实现城市所有制结构优化就是实现其整体功能最优化。为此，要深入贯彻党的十七大报告关于促进非公有制经济发展的"两个平等"①的论述，积极探索促进公有制经济发展的实现形式，鼓励和引导非公有制经济的发展，同时实现多种所有制经济之间的平等竞争与共同发展，这不仅有利于资源转移到更适合生产力发展的所有制和企业中创造出更多适销对路的产品，淘汰落后的生产方式和企业，而且从公有制企业之间开展竞争来看，也能促使其注重经济效率。因此，为了完善城市所有制结构，必须创造良好的社会环境，实现多种所有制经济平等竞争和共同发展的结果。

7）优化分配结构

调整城市不同层次居民收入分配结构，一是在对合法收入予以保护的同时，引导先富起来的人们富而思源，增强社会责任感和使命感；二是对低收入阶层和困难群体，政府要给予应有的保障和救助，同时要通过修改税法等途径促进社会慈善事业的发展；三是提高中等收入群体的比重，这应该是调节城市不同层次居民收入分配结构的重点，它将为经济增长的转

---

① 两个平等：法律上的"平等保护"和经济上的"平等竞争"。

型培育出强大而稳定的消费主力军。此外，有专家提出"三次分配"①的解决方案：初次分配一定要讲效率，让那些有知识、善于创新并努力工作的人得到更多的劳务报酬，先富裕起来；二次分配要讲公平，政府应当利用财政、税收等手段来帮助弱势群体，建立全面、系统、适度、公平和有效的社会保障体系；三次分配要讲社会责任，富人们应当在自愿的基础上拿出自己的部分财富，帮助穷人改善生活、教育和医疗的条件。

8）优化管理组织结构

在市场经济条件下，城市经济结构的调整优化，主要靠市场机制发挥作用。然而政府的适当干预也很重要，管理组织还要加强。政府要摒弃计划经济时代的旧思路、旧办法，着眼于为市场机制发挥功能作用，提供有利的市场环境。在微观层面上发挥市场的基础性作用，运用规划指引、政策引导、经济诱导、工作协调等手段，并辅之以必要的行政手段与法制手段，进行管理与调控。加强规划管理，强调以城市经济区域为出发点，着眼于经济结构的调整优化，突破一城、一地的局限，制定城市中长期发展规划及其配套的措施，建立起各个层面正常的工作协调机制，引导资源在更大范围内优化配置，克服区域聚集经济规模不足的问题；改善宏观调控，把总量调控的宏观经济政策与结构调整的产业政策结合起来，把短期的调控政策与中长期发展目标结合起来。总量政策必须考虑结构的承受能力，而产业政策则要着力提高结构对经济增长的承受能力；完善管理手段，强调产业计划调节方式与产业市场调节方式的有机结合，不断提高管理组织的技术含量，形成完整的产业结构演化调节机制，确保结构均衡效益，争取城市经济结构升级的层次效益。

2.3.3 河南省南阳市经济结构优化思路

南阳位居鄂西北、豫西南、陕东南三省接壤地，是三省交界经济协作区的地理中心，在武汉、郑州、西安三大城市组成的三角形中，南阳居中心位置，具有无可取代的区位优势。从全国来看，南阳又是我国东部、中部和西部三个经济带的结合点，在我国经济自东向西演进与发展中、在南北经济对流中发挥着沟通、支撑和中转站的作用。对南阳城市经济结构优

---

① 学者把"慈善事业机制"称为"第三次分配"机制。

化问题进行研究能在一定程度上为我国当前城市经济结构优化提出解决的思路与方法。

1）优化产业结构

为了实现三次产业结构由"二一三"向"二三一"转变，在农业结构调整方面，要按照绿色、生态、安全的标准，突出优质粮食、棉花、畜牧、药材、林果、烟草、蔬菜、食用菌、水产等农产品基地建设，推动农业区域化布局、规模化经营和标准化生产。工业结构调整方面，坚持用高新技术和先进适用技术改造提升传统产业，进一步扶持天冠、金冠、新纺集团及河南石油勘探局、乐凯集团第二胶片厂等 5 家进入全国重点企业行列和中光学集团、防爆集团等 6 家进入省百户重点企业行列的企业，突出重点，发挥其引导作用，推动南阳工业发展。随着南阳市热电一期锅炉水压试验成功及鸭电二期工程全部并网发电，南阳将有充足的电力能源支撑本市经济的发展。在第三产业上，针对南阳旅游资源丰富这一特点，将分散的旅游资源进行整合，以"大宝天曼"品牌为重点，大力发展旅游业。此外，要积极推动乡镇产业的发展，如镇平县贾宋小商品市场、邓州市穰东服装市场、镇平玉雕大世界等。南阳市由麒麟园区、溧河园区两部分组成、总面积 21.96 平方千米的高新技术开发区的建成将成为加速南阳市高新技术产业发展，促进高新技术成果商品化、产业化和国际化的基地，对促进南阳产业结构向更加合理化、高度化的方向发展也将产生重要影响。

2）优化消费结构

为进一步优化消费结构，政府部门要从根本上拉动经济增长，提高居民收入和消费素质的同时通过各种方式进行宣传消费知识，倡导居民建立合理的消费观念；对不同的消费群体要进行分层引导，提高高收入家庭的消费品位，引导中等收入家庭增加即期消费，对低收入家庭通过税收、补贴等方式进行补助，完善社会保障制度；逐步扩大中等收入者比重，缩小收入差距，实现共同富裕；进一步优化消费环境，创建和谐社会，从而提高居民整体消费能力，有效促进消费增长。

3）优化基础结构

南阳市中心城区要按照建设豫西南区域政治经济文化中心、重要交通枢纽、历史文化名城、山水园林城市的目标科学规划。在城市基础设施建设中打破旧有模式，将基础设施进行商业化经营或运作，提高其运营效率。此外，要进一步建立健全社会投资机制，通过政府负债融资、吸引外资、启动民间资金等多种方式筹集资金加快重点市政工程建设进度；完善城市排水管网，提高污水处理能力；合理规划城市路网；合理配置环卫设施，提高垃圾无害化处理；健全城市停车场、集贸市场的分布；明确城市管理范围，发挥城市基础设施的整体功能和综合效益，从而建立城区管理的长效机制。提高"城中村"的改造与建设速度，加快高新区企业园区的建设，进一步搞好基础设施建设，完善城市功能，建设成为鄂、豫、陕毗邻地区具有较强辐射带动能力的大型中心城市。县城和小城镇建设，要因地制宜，科学规划，突出特色，加快建设。

4）优化科技结构

南阳处在国家实施西部大开发战略承东启西的重要位置，可通过提高福利待遇等措施积极引进东部的技术和人才，同时对本地高校的优秀毕业生提供良好的工作环境和待遇，留住更多的人才为南阳经济的发展做出贡献。此外，依托本地高校，逐步建立起以企业为主、产学研相结合的技术创新服务体系和由政府投资引导、民间科技创业人参股、市场化运作，为中小企业提供技术服务的行业技术创新体系，完善城市信息网络，填补技术交易市场空白。

5）优化劳动力结构

南阳市劳动力资源丰富，但劳动者技术水平比较低。政府部门要从思想上重视培训工作，以市场需求为导向，准确把握劳动者培训需求，建立健全多层次、多方位、多形式的劳动者科技文化培训体系，加大人才培训力度，提高劳动者素质。此外，要合理配置农村劳动力资源，促进劳动力由第一产业向第二、三产业转移。进一步搞好劳务输出，积极拓展与区外、省外和国外的劳务合作领域。规范职业中介活动，建立健全就业服务网络，促进培训与就业有机结合。加强执法监管力度，维护劳动者的合法权益。

6）优化所有制结构

在工业所有制结构调整上，南阳市要强力推进国有企业改革扫尾工作，工业企业全部实现股权多元化，进一步引导私营企业进行现代企业制度改造，促进民营经济健康发展，达到民营经济占经济总量的主体。积极探索公有制的多种有效实现形式，鼓励不同所有制企业之间的投资、融资、参股，发展混合所有制企业。深入贯彻党的十七大报告关于进一步促进非公有制经济发展的精神，把发展非公有经济作为新一轮的经济增长点，在一般竞争性行业对非公有经济参股股权比例不作限制，实现多种所有制经济之间的平等竞争与共同发展。

7）优化分配结构

南阳市不同层次居民之间经济收入差距仍然很大，要调整不同层次居民的分配结构，首先要从根本上通过发展经济来提高居民收入，缩小收入差距。其次，对合法收入要进行保护，保障居民的合法权益的同时引导先富起来的人们富而思源，增强社会责任感和使命感。此外，对于困难和弱势群体政府要给予应有的保障和救助。对于消费支出，政府要进行合理的引导，保障居民生活所需的基本供给的同时，进一步提高居民的消费水平。

8）优化城市组织结构

按照机构层次分明、职责明确的原则，健全市、区、街纵向社区建设管理组织体系，改变以往街道办事处、居委会几十年不变的组织结构。合理规划小管理辖区，按照民主管理的要求建立居委会自治组织，明确居委会管理服务的职能，按照责、权、利统一的原则实行管理重心下移，把市直职能部门管不了、管不好的工作交给居委会，激活城市管理的基层细胞。把城市社区建设与管理纳入南阳市目标任务。建立具有权威性的市级社区建设领导机构，对街道和社区进行标准化建设，完善基础设施和配套服务等。

3　区域经济治理与政策选择

中华人民共和国成立以来，我国区域发展战略先后经历了均衡发展战略、非均衡发展战略和协调发展战略三个阶段，同时，对于我国区域经济关系的认识也是在理论和实践的基础上不断深入的。理论研究表明，在一国范围内构建协调的区域经济关系对于在分工基础上发挥各区域的比较优势，整合国家的整体实力，增强国际竞争力都有着深远意义。要实现我国国民经济的健康运行、社会发展的良性循环和现代化战略目标，克服区域经济失衡及各种区域问题的显性化是十分棘手而重要的课题。

3.1　区域经济治理存在的问题与要求

治理，特别是区域经济治理，是当前社会科学研究领域流行的一个核心概念。不少学者用"治理"或"区域经济治理"一词来描述地方政府在经济事务管理中的活动。随着改革的深入和经济社会的发展，新的社会矛盾和问题不断出现，传统的地方治理模式显得力不从心，已经不能适应地方治理的需要。

3.1.1　区域经济治理存在的问题

1）地方政府缺乏正确的治理理念

区域经济治理理念是地方政府对治理活动和运行模式规律性和价值性的认知。作为区域经济治理的基础，正确的政府治理理念是区域经济治理成功的前提条件。因此，只有在合理正确的治理理念下，才能够准确界定地方政府的职能与边界。由于我国地方政府长期以来都以自身所具有的权力和权威集中对社会各种资源进行强制掌握和控制，也就是采用管制型治理模式进行区域治理，从而形成"单中心"的治理理念。虽然该治理理念能够将社会各种资源快速集中在　起，但是，在这种权力控制的休制下，地方政府权力逐渐出现越位、错位、异化等现象。在传统治理理念的诱导下，管制型地方政府无法向公民提供优质高效的公共产品和公共服务，使个别地方政府在发展、实现和维护人民群众根本利益问题上打折扣，不符合新时期政府治理的目标要求。

2）区域经济治理体制存在缺陷

区域经济治理必须在满足法制和政策要求的前提下，将权力与地方资源集中管理，而区域经济治理体制改革是政府重新调整权力和界定职能的过程。从当前区域经济治理现状来看，我国还未形成有序的区域经济治理体制。在权力分配方面，不仅政府职能转变的载体未被确认，而且地方社会团体组织的作用也未充分发挥。同时，受现行政府管理体制的束缚，尤其是相关法规的缺失，地方政府在治理模式改革上的积极性、主动性和创造性受到抑制，地方政府在结合区域发展实际进行治理体制创新上存在局限性。

3）区域经济治理目标错位

区域经济治理目标是推动社会治理价值取向与行为模式发展的关键因素。受长期的"单中心"的治理理念引导，个别区域经济治理目标与政府治理的总体目标存在偏差。例如：区域经济治理必须坚持以人为本的治理理念，目的是不断满足人民群众日益增长的物质文化需求。满足人民物质文化需求首先要发展好地方经济，这是基本前提，也是正确选择。但问题是地方政府在追求自身经济利益最大化的过程中，过分注重效率，导致地方政府陷入经济至上的误区，从而使效率和公平之间的关系严重失衡，区域经济治理目标与经济社会发展的终极目标不协调。

4）区域经济治理缺乏足够的力量支撑

区域经济治理除了依靠政府组织的力量外，非政府组织和公民的作用也不容忽视。然而，当前区域经济治理中，由于市场经济体制不完善、一些非政府社会组织自主管理能力不足，导致政府与市场职能模糊，无法将社会组织真正融入公共治理领域。除此之外，在当前区域经济治理过程中，因受到多方面因素的影响，社会公民对地方治理的参与意识不强。即使公民参与激情较高，也因相关制度的缺失，公民参与地方治理的渠道有限等问题，使得区域经济治理的力量依旧薄弱，从而严重影响地方政府的有效治理。区域经济治理模式创新的策略选择随着社会主义市场经济的发展而变化，政府治理模式只有与时俱进、不断开拓创新，才能适应时代需要，满足人民的诉求。

3.1.2　区域经济治理的创新要求

区域经济治理模式是指地方政府为了有效行使区域经济社会文化管理职能所采取的一系列手段或方式，包含区域经济治理理念、治理制度和治理方式等方面。目前，政府治理模式分为三种类型：传统的统治型模式、近代的管制型模式和新型的服务型模式。在我国公共行政管理体系中，地方政府占据着基础与中间环节，区域经济治理主要承担着领导和决策、计划和组织、控制和监督等职能，这不仅是区域经济治理任务和目的，而且是地方政府公共行政治理的运行方向。区域经济治理模式的科学性和合理性，特别是对当地经济、社会、文化发展的适应性，关系到人民群众的切身利益，直接影响到人民群众心目中对政府的印象。在社会转型的历史时期，社会力量不断增强，新兴阶层陆续兴起，人民的民主意识和法制意识进一步加强，传统的自上而下的管制型区域经济治理模式已经不能完全满足区域经济社会可持续发展的需要。新的历史时期，我国经济体制改革的目标是建立社会主义市场经济体制，政府的主要任务是团结带领各族人民为全面建成更高水平的小康社会而努力奋斗。

1）治理理念的创新

在市场经济体制下，地方政府在治理过程中，为了能够更好地执行公共管理职能，地方政府必须在信任市场、企业的基础上建立新的经济理念、竞争理念、合作理念和服务理念，为地方市场经济构建良好的外部条件的同时，也要直接融入市场经济运行中。这样一来，既保证了社会公共产品和服务的供给，又能满足维持经济稳定和发展目标的需要，消除了自然垄断，促进了市场自由竞争。因此，地方政府各级管理者必须在熟知市场规律和规则的基础上，改变以往的治理理念，由地方市场和企业直接完成市场资源高效配置，地方基础设施、文化、教育建设等方面直接由政府负责。同时，由于政府的自利性倾向会导致政府部门间出现利益的争夺和对经济的越权干预，从而使地方市场秩序出现混乱。因此，为了加快地方经济可持续发展，必须对政府自利倾向进行约束，从治理理念上"急人民之所急，想人民之所想"，创造良好的区域经济发展环境，加快推进地方经济科学发展。

2）治理体制的创新

治理体制的创新是地方治理的根本，为了实现行政区经济与区域经济的合理有效对接，必须切实转变政府职能，建设服务型地方政府。地方政府建设必须适应社会主义市场经济的客观要求，由传统的管制型政府向服务型政府转变，为社会提供市场失灵状态下不能有效提供的公共产品和服务，制定规则，加强监管，确保市场竞争的公平性和有效性，确保市场配置资源的基础性作用得到有效发挥；要为社会各阶层提供良好的制度环境，实现科学有效的治理而不是强力统治；要在就业、教育和社会保障方面积极作为；要致力于政府与市场、社会、企业和公民之间互动状态的构建和实现，尤其要规范社会组织，增强社会组织的自我管理和服务能力。

3）治理方式的创新

治理方式的创新是区域经济治理模式创新的重要内容，科学高效的治理方式是规范和明确治理发展道路的关键所在。当今是知识化时代和信息化社会，电子政务建设已经成为政府治理能力建设的重要组成部分，地方政府的电子政务建设是区域经济治理模式创新的有效方式，也是区域经济治理主动适应区域经济社会发展的重要手段。首先，要提高政府公务员对电子政务在区域经济治理中的重要性的认识；其次，要加强地方政府公务员信息化技能的培训；最后，把电子政务建设与地方政府体制变革有机结合，对地方政府传统的职能配置、组织结构、行政流程进行调整，使政府治理模式的创新紧跟现代化潮流。

4）治理制度的创新

健全行政法规体系，展示法制政府形象。首先，明确规定地方政府相关职能部门和公务人员的职责权限，尤其是政府部门领导人员的职权，避免出现政府领导的言行和意志不受法律约束的现象，使其做到严格按章办事。其次，明确政府部门设置与撤销所应具备的法律审查规定。任何一个政府部门的设立和撤销，都必须有明确的法律规定，必须符合相关行政法律法规的要求，以确保行政管理按照行政法律法规来执行，充分体现现代行政管理的法律化、规范化和理性化。除此以外，目前多地政府颁布的地方性规章在某些方面与中央政府法规相抵触。因此，必须尽快健全行政法规体系，修正地方行政法规，将这些"抵触"给予清理和修正，制定出与中国特色社会主义市场经济、市场规则相符合的地方政府行政法规和规章，做到地方法规与宪法、法律和行政法规相统一。地方市场经济健康运行的灵魂在于法治精神得到弘扬。规范化的公共行政必须纳入法治框架，政府对市场经济的调节和监管同样需要严格依法依规，"法无授权不可为"就是对政府行为的基本要求。对于地方政府而言，要真正做到依法行政，需从两个方面着手：首先，在政策法规的创制上必须依法而出，既要符合地方实际，又要符合法治精神；其次，在地方治理实践中，鼓励制度和机制创新，但所有创新行为都要有法律依据，做到有法必依，执法必严，违法必究，真正实现依法行政。

3.2　区域经济政策的功能与实施

3.2.1　区域经济政策的功能

区域经济政策，应该说是区域经济协调发展政策或地区经济协调发展政策的简称。国内外诸多的理论探索和实践都表明，区域经济政策的功能不是简单地促进一国某一区域的资源有效配置和经济发展，而是要缩小区域之间过度的、不适当的经济差距，并进一步缩小各区域居民在人均收入、就业机会、社会保障福利乃至教育水平等方面的不适当差距，促进各区域经济协调发展，以避免区际过度发展差距下的社会矛盾和冲突。对于像中国这样一个地区差异悬殊且面临着诸多复杂区域问题的发展中大国来说，制定并实施科学有效的区域经济政策，将是国家经济政策的重要组成部分，也是国家调控和协调区域经济发展，优化资源空间配置的重要手段。我们通常所述及的区域经济政策的目标，指的是该类政策的应然功能，即通过实施该类政策，应该达到什么样状态的政策效果。如一些专家学者认为，区域经济政策目标，就是要改进当地福利水平，消除要素流动障碍，塑造区域发展的长期动力。而其在实施过程中所达到的效果，体现了实然层面的功能。就国内而言，区域经济政策的最终目标可归结为"最终实现各地区人民共同繁荣富裕的目标"，或进一步促进全面建成小康社会、和谐社会，这个最终目标与国内区域经济政策的最广泛意义上的功能相对应。也有研究文献指出其与市场机制在区域经济资源配置中的角色关系，如"区域经济政策是纠正市场机制在资源空间配置上的失灵，抑制区域差距的过分扩大，降低空间社会交易成本，维持必要区域公平，实现资源空间上的优化配置"。此外，对于一些多民族的大国来说，如中国、英国等，区域经济政策还凸显民族地区与其他区域协调发展、共同繁荣的作用，以增强民族凝聚力、维护领土完整和国家统一，应对非传统安全等特别功能。区域经济政策也有其特殊背景下的巩固国防功能、巩固边防功能和相应的目标，如计划经济下的苏联，计划经济时期中国的三线建设时期，就是这种情形。即使是市场经济背景下，某些区域经济政策也有巩固国防、增强军队实力的部分功能。对欧美成熟国家区域经济政策的功能做归纳，甚至还能发现减少区域人口和大城市交通过度拥挤的区域经济政策内容，当前我们治理雾霾和环京津贫困带，可从中汲取经验。上述的分析无疑表明，区域经济政策总体功能和分项功能，对应其总目标和各分项目标。根据区域经济政策所具有的各项功能，制定并采取合适的相关政策，就可以实现各项目标，特别是缩小各区域居民生活水平的过大差距。我们需要打破区域经济政策功能仅限于经济领域，而不扩展到社会、民族、国防等领域的狭隘功能观，特别是就我国这样的多民族国家情况来看，由于民族区域经济政策同样是"党的民族政策和国家经济政策的重要组成部分"，因而，促进民族地区这样的特殊区域的经济发展政策，就更事关各民族团结和共同繁荣的国家大战略，需要受到足够的重视。当然，过度强调其中的一部分功能，而忽略其他功能的政策观点，肯定也是有偏误的。

3.2.2　区域经济政策的类别与性质

1）区域等级视角下的区域经济政策类别

由于区域经济发展中的问题和矛盾，是区域经济政策作用的对象，因此，根据区域经济政策的对象，可以先把区域经济政策划分为地方区域经济政策和中央（宏观）区域经济政策两类。同样是两类，研究国际理论的人士则划分了国际区域经济政策和国家区域经济政策，即"区域经济政策分化为两种类型：超国家层次的区域经济政策和国家层次的区域经济政策"。超国家层次的区域经济政策，指的是区域性组织制定的涉及该组织内部成员国经济发展的相关政策，如北美自由贸易区、欧盟、东盟经济圈等的有关政策。超国家层次的区域经济政策涉及关税、货币发行、外汇管制、移民限制等多方面的政策。国家层次的区域经济政策，主要是指一国各级政府为解决本国各区域体系之间经济发展的关系而制定的经济政策，只涉及国家内部的区域公平发展、产业合理分布和地区利益协调等，并从全国各地区的发展需要出发，制定一系列指导性的产业、投资、科技、劳动、环保等方面的政策。如此看来，仅从区域所涵盖的范围大小来看，可认为存在三等级区域经济政策：超国家的国际区域经济政策、国家区域政策以及地方区域政策。而那种将地方区域的等级扩展到省、市、县、乡、镇的更细化的区域形式，无疑增加了丰富而复杂的区域经济政策的类别。

2）政策工具视角下的区域经济政策种类

上述主要从区域空间范围的大小和管理等级，划分了区域经济政策的种类。针对某特定的"问题区域"，还需要说明区域经济政策工具究竟存在哪些问题，存在哪些区域经济政策工具，能够实现其功能或达到其政策目标。这需要放眼国际，特别是从市场经济发达国家的区域经济协调发展历程中，去找寻并归纳总结。一个共识是，世界上大多数国家都存在区域经济发展失衡的问题，美、日、韩等市场经济发达国家亦不例外。但是，美、日、韩等市场经济发达国家由于采取了正确有效的区域经济政策，克服了原先国内区际经济发展的过大差距问题。以美国为例，与中国长期存在的东中西部经济发展不平衡，区域经济发展差距大的情形相似，美国也在建国后面临落后的南部、西部和发展较好的东部地区之间经济状况极不平衡的困境。但是，对美国区域经济政策的相关研究表明，美国政府通过实施成功的区域经济政策，在西进、南部振兴等区域战略持续推动下，实现了本国区域经济发展的整体协调。它所采用的政策工具，主要是先识别划定发展不平衡的地区，尤其是经济落后地区等"问题区域"，然后采用财政补贴、财政转移支付、差别化的区域税收政策、以交通为代表的基础实施投资倾斜政策以及针对"问题区域"设立专门的区域经济管理机构、制定针对性法律法规等区域经济政策工具，破解"区域问题"。为了促进本国区域均衡发展，市场经济发达国家如日本、韩国等，在采用相类似的政策工具的基础上，政府的积极引导功能还体现在：有针对性地制定持续促进本国区域经济均衡发展的全国性发展规划。通过数十年的努力，美日韩等市场经济发达国家，因成功地实现区域经济协调发展的目标，理应同时称得上是区域经济政策成功的国家。国内的理论探索方面，有学者将区域经济政策种类概括为区域分工政策、区域布局政策、特殊问题区域政策、区域调控与管理政策四类；有学者提出区域经济政策手段包括"区域投资政策、区域财政政策、区域金融政策、区域产业政策、区域布局政策、区域开放政策等，但最重要的是前三者"的观点；也有专家学者认为，"根据比较流行的区域经济分析理论，可以从基础设施、工业化政策、人力资本投资、城镇体系与增长极、农业发展措施、激励措施、分权化与地方财政等方面，分析欠发达地区区域经济政策的主要内容以及调控手段。"相应的调控手段自然也就成为某类区域经济政策，而各种区域经济政策则构成区域政策框架，如各有侧重的区域发展政策、促进生产要素在各区域间自由流动的政策、区际公共服务均等化政策等。不过，从美、日、韩等国区域经济协调发展的经验，可大致认识到一些基本的区域经济政策工具：确定问题区域、制定相关法律、设立相关机构、公共财政和税收补贴、以交通为代表的基础实施倾斜政策、有针对性的区域规划乃至国家规划等。这些工具对国内区域经济发展来说，无疑具有较大的借鉴意义。

3）区域经济政策的性质

这里要着重阐明的区域经济政策的性质，意指其根本性质，而不是一般的属性。前面所罗列的多种类区域经济政策，其根本性质是什么？按理，应该在阐述区域经济政策的功能、制定实施主体之前交代其政策性质。但是，由于对区域经济政策性质这个理论基础问题还缺乏充分的解读和共识，故此，在概览国内外区域经济政策的功能、制定实施主体后再探讨其性质，更有利于达成共识。无论是市场经济发达国家、新兴工业国家，还是发展中国家，区域经济政策的根本性质都应该是公共性。之所以如此，主要是由区域经济政策的制定实施主体和政府职能决定的。政府是区域经济政策的制定实施主体。既然区域经济政策的制定实施主体是政府，那么经济学、政治学或公共管理理论的一个共识便是，政府作为公共部门而存在，其职能就仅是提供公共服务和公共产品。所以，如果由政府来制定实施某种区域经济政策，这种政策就必然作为一种公共政策而存在，而且更确切地说是一种公共经济政策。否则，就会出现逻辑上的矛盾和冲突。区域经济协调发展国家所采取的相关政策工具也支持区域经济政策的公共性性质。正如上文所归纳总结的，区域经济协调发展成功国家所采取的一些基本的区域经济政策工具，无论是确定经济发展失衡的问题区域、制定相关法律和设立相关管理机构，还是供给公共财政和税收补贴政策，以交通为代表的基础实施倾斜政策以及有针对性的区域规划乃至国家规划等等，都有力地证明了多种类区域经济政策的公共性这一本质特征。国内而言，宏观当局对政府必须履行"市场调节、政府监管、社会管理、公共服务"的职能界定，经济界对政府需要担当"保护产权、加强立法、维护稳定"的政府职责的阐述，以及公共服务型政府的发展定位，都决定了由政府制定的区域经济政策，其本质在于公共性，从而有别于一般商业企业所制定的发展政策的私有性。那种认为美国是市场主导下的区域经济政策，而主张中国政府不需要重视制定区域经济政策的观点是错误的。制定区域经济政策是绝大多数国家政府履行其职能的基本要求之一，中国概莫能外。但是，不严格遵循区域经济政策的公共主导性，把那些直接干预区域内企业经营、直接干预生产要素在区域内或区域之间自由流动，把公共性的政策色彩异化为私有性、商业性的倾向，同样是错误和有害的，这会形成新的坚硬的区域市场壁垒或行政壁垒，妨碍全国统一的大市场和国内经济一体化大格局的形成。

3.2.3 区域经济政策的制定和实施主体

一些关于制定区域经济政策重要性的理论阐述，就隐含了有关区域经济协调发展政策的制定主体。例如，"由于区位地缘、历史基础和社会人文等诸多因素的影响，区域之间的发展存在不小的差距。要实现区域经济的协调发展，既要充分发挥市场配置资源的基础性作用，又要根据不同区域的实际情况采取不同的区域政策，促进区域经济的发展，实现地区间的共同繁荣"。显然，上述这段话中，与市场主体对资源配置的角色相对应，另一个"又要根据不同区域的实际情况采取不同的区域政策"的主体，无疑是政府。并且，就中国特色的政治权力机构而言，这里的"政府"实际上是大政府体系，即国内的区域经济政策，是"党和政府有关宏观区域经济的政策"。从区域经济政策的功能以及各国区域经济政策的实践历程可知，政府的确是制定和实施区域经济政策的主体。对政府是区域经济政策的制定实施主体予以专门的强调，似乎是多余的。实际上，只有深刻理解和把握"政府是制定实施区域经济政策的主体"这一概念，才能对区域经济政策究竟包括哪些种类、全面系统地认清其性质等关键问题做到心中有数，并且对国内那些打着缩小区域经济差距旗号的所谓的"区域经济政策"给予清理归并。国外的情况，以美、英为例，美国经济开发署负责对"问题区域"进行援助并确定问题区域框架，经济分析局负责区域分析和区域划分；英国则由贸工部负责鉴别受资助地区和企业，劳工部负责这些地区就业者的再培训。在国外，"传统区域政策时期"主要是中央政府制定政策，中央政府和地方政府在"新区域政策时期"，逐步开始共同制定和实施区域经济政策。在国内，中央层面的区域经济政策制定由国家发改委负责，实施主体是各产业各领域的经济管理类部委。但是一些研究指出，应尽快组建更高级别的国家区域政策委员会，下设东北、中部、西部、东部办公室，根据发展需要还可相应地在这些办公室下，细分若干经济圈办公室。认识到政府体系是区域经济政策的制定实施主体还不够，还需弄清楚：是否各层级政府和诸多政府组成的部门，都可以制定并实施区域经济发展政策；各层级政府和政府部门制定的区域经济政策之间的逻辑关系是什么等问题。深刻而彻底地认清这些看似简单而并未系统阐述过的理论问题，对促进国内区域经济政策的科学化，乃至发展中国特色区域经济政策体系，都是非常必要且尤为关键的。由于我国地域广阔，诸多省级政府管辖的地域范围与世界上不少其他国家的疆域等同，不但东、中、西部三大地带之间的发展极不平衡，就连省际经济发展乃至一些省内各局部区域之间的经济发展差距也较大。鉴于此，至少需由中央、省级两级政府制定区域经济政策，相应的政府主管部门也应担负起执行政策的职责。当然，一些地市、县乡级政府有制定适合本行政区域的经济政策的诉求和冲动，并冠之以县域、镇域区域经济政策，上级政府对此不能简单地予以否定，而需要全面而客观地对待。例如，甘肃省民勤县作为生态危机重灾区，温家宝同志曾对此有"决不能让民勤成为第二个罗布泊"的期待与要求，那么，促进甘肃省内市县经济社会与生态协调发展的目标，具体到民勤县，是否该县政府就只能是旁观者或配角，而主要让中央、省级两级政府唱主角？这似乎是值得深入思考的命题之一。的确，中央层面的区域政策的导向，是地方政府制定本辖区经济政策的重要风向标，但是中国疆域广阔、各地情况差别大，在遵循根本原则的前提下，也应提倡自主探索差异化的地区经济政策，即通常的因地制宜的地区经济政策。不过，因地制宜的"地"，其区域和等级到底定位在什么边界上，的确还需要学术界和行业界的深入研究和争鸣。但是，基本可以肯定的观点是，国内区域经济发展差距突出而需要政府来调节的问题，大部分集中在省级区域乃至跨省的多省市区域。需要指出的是，对区域经济政策实施效果的监督评价，是区域经济政策实施的重要环节，也是促进其政策效果的必要手段，因此，各级人大、审计监察机关也应以适当方式参加区域经济政策的制定实施，并作为广义的政府组成部分，归入区域经济政策制定实施主体内。另外，在新公共管理运动中孕育而生的政府绩效考核制度安排，内在地要求政府公共政策制定与实施，需吸纳社会公众参与，这无疑表明了社会公众在区域经济政策的制定领域也是更为广义层面上的制定者和政策实施过程中的监督者。因此，我们可以形成这样一个共识：政府体系是区域经济政策制定和实施主体，社会公众所扮演的主要是政策制定过程中有效参与、依法依规监督的角色。

3.3　区域经济治理的困境与要件

中共十八届五中全会提出了"创新、协调、绿色、开放、共享"的五大发展理念，这是我们对社会经济发展规律认识的深化，是对科学发展观认识的新突破，是对中华人民共和国成立以来特别是改革开放以来社会经济发展经验和教训的总结，是新的历史条件下解决社会经济发展新问题的综合思路。创新是发展的基本动力，立足于当代科技进步和产业升级。创新包含改革，是创新的改革，改革的创新。创新立足于摆脱墨守成规，摈弃形式主义，是谋求发展质量的要求；协调是科学处理发展的各方面、各领域、各区域发展关系的要求；绿色是时代对发展的必然要求，也是解决多年来发展中积累的问题和矛盾的根本思路，是谋求可持续性发展的要求；开放是当代社会经济发展的基本体征，也是我国几十年社会经济发展的保障，更是应对全球化趋势的必然选择；共享是贯彻以人为本的发展要求，从根本上回答发展为了谁、为谁而发展的问题，特别是最终实现社会主义共同富裕发展价值目标的必然选择。

3.3.1　区域经济治理与区域协调发展——基于整合的视角

1）区域整合治理的含义

区域整合是两个或两个以上的区域在经济、空间和制度上联为一体，参与区域及更高一级区域实现经济、社会和生态效益最大化的过程。区域整合的概念应涵盖四个方面的内容：一是区域合作，二是区域联动，三是区域融合，四是区域统筹。合作往往是自觉自愿的，但现实中这种自愿的合作总是缺乏动机而导致合作流于形式；联动是需要相关政策和外在要求的，但在现实中往往缺乏强有力的政策或制度保障；融合是你中有我、我中有你、密不可分的一种状态，但在现实中，由于地理、行政、现实条件等因素限制，这种融合状态也较难出现；统筹就是通盘考虑经济、社会、生态的全面发展问题。所以需要用整合的方法，即通过政策、市场、制度、战略规划等方面的硬性约束和利益激励方法推进区域整合发展，以利于实现促进区域经济、社会、生态协调发展的目标。可以看出，区域整合实际上是一种宏观政策措施，是一种综合协调区域发展的措施，是一种推进区域合作、联动、融合、统筹的总体制度安排。《中共中央关于制定国民经济和社会发展第十三个五年规划的建议》针对社会治理领域存在的突出问题，就加强和创新社会治理做了全面部署。治理的理念超越于传统的管理理念，是根据经济发达国家及学术界多年来的新探索，在新的历史条件和日趋复杂的环境下，通过合作、平等、协同、沟通、制度等方式解决社会经济问题的思路。整合治理要求治理主体多元化，治理方式立体化，治理手段制度化，治理目标精确化，治理过程程序化。它对转变政府职能，调动各方面有序参与的积极性，实现可持续发展的环境构建意义重大。区域整合治理的条件应该来自两个方面：一是硬驱动，二是软驱动。前者是中央政府的政策规划要求的驱动，比如各种区域一体化政策措施；后者是地方政府利益的驱动，比如区域经济合作利益、生态治理利益、跨区域公共问题协同利益等。

2）以往区域合作存在的局限性

以往的区域合作政策和措施取得的成绩是不可抹杀的，但其存在的局限性也是显而易见的：一是区域合作政策行政角度的要求多，区域合作关系的规范化、科学化不够，形式上的规定多，实质性的约束少；二是区域合作始终未能摆脱从道义上的约束，利益机制的激励少；三是强调政府主导，但忽略和轻视了各种社会组织的有序参与；四是区域合作的相关配套政策供给不够，使地区间的竞争关系和协作关系出现了严重的不对称；五是区域政策未能根据区域经济发展的新情况及时予以调整，应对措施不够；六是区域合作仅考虑经济因素，忽略了社会、生态和经济的统筹发展。

区域整合治理是一种立体式的系统工程。从纵向看，包括区域政策系统的整合，区域社会、生态、经济问题的统筹，区域行政区划的动态调整，区域综合改革措施的互动等；从横向看，包括区域社会组织与政府的配合、区域合作模式创新、区域协调战略、区域间优劣势的整合与再分工、区域产业结构转移型调整、区域人力资源的柔性流动等。从区域经济角度来说，区域经济整合是在经济规律和区域生产力配置最优化目标的基础上，将两个或两个以上不同发展水平的区域，通过政策要求、制度安排、规划实施，使经济、社会、生态总体统筹，实现区域经济合作、发展联动、优势互补、利益融合的整体效果的过程。区域经济整合是区域整合思路在区域经济发展中的应用，区域经济整合比起传统的区域经济协调，更强调政府主导性、行为主动性、措施综合性、多主体联动性和过程动态性。

3）区域整合治理的特征

从公共管理的角度来看，区域整合治理的特征是政府主导的公共治理。区域整合的主体是中央政府、地方政府、企业，以及本区域与相关区域的各种社会组织；区域整合的客体是区域合作规划、产业集群重组、经济社会功能区划分、跨区域开发区、跨区域公共问题治理等；区域整合采取的手段一般是政策法规、行政协调、利益共享、地方合作、制度机制等，比如中央的区域发展规划、跨区域合作项目、跨区域开发区、跨区域环境治理、跨区域利益补偿机制。中共十八届三中全会指出，经济体制改革是全面深化改革的重点，核心问题是处理好政府和市场的关系，使市场在资源配置中起决定性作用和更好地发挥政府作用。这就对区域经济整合提出了要求，即区域发展要依存于市场规律，在市场决定作用下，阻碍市场决定的管理体制、行政区权限、地方利益障碍必须破除；同时，更好地发挥政府作用，要使各级政府在区域发展中立足长远，肩负起跨区域资源、产业、企业、技术、人才以及与经济发展有关的公共问题的治理，发挥在生态环境、社会管理、交通协同、教育资源、卫生医疗、文化旅游等方面的整合功能。

3.3.2　区域经济整合治理的主要障碍

1）自然地理条件与经济发展水平

自然地理条件包括影响一个地区发展的自然环境、资源禀赋、交通条件等。自然环境作为人类生存环境的先天因素，如土地、气候、水等，作用于人类的日常生产和生活，自然环境优越与否一定程度上影响开发与利用的努力成本，贫瘠的土地、恶劣的气候和长期水资源匮乏是遏制地区发展和导致地区贫困的重要影响因素。资源禀赋是指影响地区发展的市场、资本、技术、人才、管理等生产要素的丰裕程度，资源禀赋差异影响地区内部的产业结构、对外贸易类型以及投融资环境等。资源禀赋条件并不是不变的，随着区域经济发展的变化，区域资源禀赋条件也会或好或坏地发生变化。交通条件构成区域经济发展的重要因素，作为区域间经济转移的重要工具，良好的交通网络和畅通的交通工具能够用时间代替空间，快速实现生产条件之间的要素整合和优势互补，是经济社会发展重要的生命线。四大区域在自然环境、资源禀赋和交通条件方面的差异形成了迥然不同的经济类型和特征，这些特点在长时间的发展过程中逐步累积强化，呈现出不同的发展程度、发展模式、发展速度。自然环境对区域发展的先天约束的突破，区域资源禀赋和交通条件的改善需要大量资金投入、政策支持、理念转变和长时期的调整。就目前状况而言，自然地理条件和区域发展水平差异仍然是形成区域经济整合机制的重要障碍。

2）行政区划与地方保护主义

现有行政区划体制下，基于本地区利益考虑，各个城市和地区之间存在激烈的非合作博弈，部分政府在行政区域内实行地方保护主义，造成了市场的分割，限制了生产规模的扩大，同时也限制了总需求的扩大。一些地方实际上划分了自己的市场范围，对外资采取积极引进的态度，但对内资尤其是外地的产品则采取歧视、限制的措施。在市场竞争加剧的情况下，地方政府所采取的这种保护主义不但不能形成全国统一的市场，而且使区域性的市场也难以形成。地方保护主义不仅不利于大市场的形成，而且也不利于统一的市场竞争机制的形成，导致了产业结构的趋同化和消费结构的趋同化，限制了产业升级和消费升级，从而也限制了有效需求质量的提高。地方保护主义保护了地方局部利益和某些既得利益，破坏了市场秩序，损害了消费者的权益，抑制了消费欲望，从根本上损害了本地的长远利益，影响了地方经济的发展。因此，地方保护主义所形成的分割性市场严重抑制了内需，也就从根本上阻碍了区域经济整合与协调发展。

3）GDP 政绩观与短期行为

地方分税制度与政府官员考核方式导致了以地方政府竞争和短期绩效为导向的政绩观，使得一些地方政府部门和官员追求短期效应、创建形象工程、重复提供过剩公共产品，造成资源环境破坏、要素市场价格扭曲以及产能过剩等矛盾，影响社会经济整体发展。GDP 政绩观使他们极有可能采取机会主义的做法，即履行职责的一切行为以经济增长为取向，重视经济规模和速度，忽视经济增长的资源环境代价与质量，从本地区、本部门眼前利益出发，忽视了长远目标和全局利益，导致区域经济主体为了追求自身利益而采取不利于甚至有损于其他区域甚至整个社会整体利益的措施，造成局部利益偏离区域均衡利益最大化目标的情况。同时，为了增加GDP 数量，不顾实际情况和群众需要，创建劳民伤财的形象工程，重复投资人民并不需要的公共产品，造成公共产品产能过剩而人民真正需求无法满足的矛盾，成为区域经济整合与协调发展的又一障碍。

4）对区域优势和劣势的非科学判断

对区域优势和劣势的科学判断是地方政府区域定位决策的重要依据。任何地区都有自己的特点，有优势也有劣势，有的地区有资源优势但存在交通运输劣势，有的地区有潜在的市场开发优势但缺乏人力资源优势，有的地区有优质农产品优势但缺乏产业化发展优势等。在现实中，为什么会出现产业雷同和小而全大而全的区域经济格局？为什么会出现大量重复投资建设和资源浪费？为什么会出现一哄而上、一哄而散的发展局面？除了扭曲的政绩观和行政短期行为之外，一个很重要的原因就是，对本区域的优劣势缺乏实事求是的、科学冷静的长远战略思考。经济发展热衷于跟风，经济规划热衷于完美，经济决策热衷于长官意志，不能够一切从实际出发、从本区域的特点出发。缺乏对本区域优劣势的科学准确判断，无视区域差异和现实条件，无视经济规律和生产力布局原则，这种武断的思维模式和盲目行为成为区域间合作的　障碍。

3.3.3　区域经济整合治理的要件

区域整合与区域经济协调发展存在强正相关性，区域整合是区域经济协调发展的必然要求。实施区域经济开发、促进区域经济协调发展，就必须构建有效的区域经济整合机制。

1）动力机制

区域经济整合的本质是利益调整，因此利益调整是形成区域经济整合机制最重要、最核心的支撑和力量。所谓利益整合，就是通过对不同利益主体之间的利益矛盾和冲突的协调，实现个体利益与共同体利益的有机统一。在以往的发展中，已有的区域经济格局形成了稳定均衡的利益结构，新的发展阶段和发展形势造成了新的利益诉求和利益分化。利益整合就是打破东中西原有的利益格局，重新调整和分配利益，形成区域间新的利益均衡，利用利益指挥棒调动企业、个人等利益主体的积极性，通过有序参与的要求调动各种社会组织积极参与区域发展政策和区域合作项目，使它们主动投入到振兴区域经济发展的活动中。在此前提下，着力解决区际的互补整合，提升中西部地区资源开发和利用水平，挖掘中西部地区消费市场潜力，加强中西部地区对东部地区的能源和市场支持。同时，东部地区调动先进的市场机制、资金、技术和管理，培育中西部地区内生经济发展能力，加强区域之间的沟通、交流和学习，形成优势互补的良性循环机制。以区域项目整合推动区域经济协调发展，通过专业化分工与合作共同承建跨区域重大经济项目：一方面，通过对这些重大的基础性项目、新兴产业项目的合作共建和开发，打破封闭的地方经济，连接不同区域的产业链条，用市场经济的内在联系构筑区域合作的稳定平台；另一方面，在项目的具体规划实施过程中，根据区域比较优势，制定能够充分发挥各方优势的方案，强化分工合作，从而形成分工合作灵活互动的动力机制。

2）协调机制

区域经济协调发展涉及不同个体、地区和领域，形成不同区域和利益主体之间的政策协调机制、人力资源协调机制和行政协调机制，对于区域经济协调发展具有重要的政策性和工具性作用。首先，"区域经济合作政策是中央发布的规定和规范区域经济合作关系的权威性的指令或指示。它的使命是引导区域合作向纵深发展，并实现区域合作关系的规范化、有序化、制度化"。政策协调机制要实现创新，减少地方保护主义和政府之间的不良竞争，构筑多赢的合作模式。要明确政府和市场的职能边界，政府对区域经济合作只进行适当的政策引导和宏观发展环境与法律制度环境的维护，不干涉微观经济运营。其次，形成人力资源协调机制。适度放松和取消户籍限制，促进人力资源自由流动，为支援落后地区发展建设的人才搭建平台，给予物质支持解决他们的后顾之忧，加强不同部门和地区之间人力资本的培训和交流学习，实行人才跨区域跨行业轮岗，培养全面性人才。最后，实行行政协调机制。构筑信息交流共享机制，减少区域经济发展中信息不对称问题，加强政府间的经验交流与合作，发挥政府在经济社会中的凝聚力和驱动力，协调行政目标，提高行政效率，形成协调合力，促进区域经济发展过程中的行政体制改革与完善。

3）约束机制

"为了防止区域经济合作中的机会主义行为，保障区域经济合作关系的健康发展，需要建立一种区域合作的行为约束机制"。约束机制包括事前的制度安排约束、事后的评估约束以及贯穿全过程的人事约束。约束机制要兼顾现实要求和环境变化因素，规范不同主体的行为，明确合作规则、评估标准和奖惩要件，形成能进能退、能上能下、有奖有惩的氛围。为了防止区域经济合作中的机会主义行为，保障区域经济合作关系的健康发展，需要建立一种区域合作的行为约束机制。这个机制的构成要件有：区域合作章程中明确的行为责戒条款，包括区域合作各方在合作关系中应遵守的规则，在违反区域合作条款后应承担的责任，对违反区域合作规则所造成的经济和其他方面损失应做的经济赔偿规定；建立一种区域合作冲突的协调组织，负责区域合作中的矛盾和冲突的裁定；中央政府通过相关的政策和法规对区域合作关系进行规范，对区域合作中的非规范行为做出惩罚性的制度安排。同时，应当支持和鼓励各种社会组织对区域发展政策和行为进行监督和问题反馈，形成社会治理格局。还可以考虑通过政府绩效指标来建立一种区域整合的约束机制。政绩评价指标实际上是一种行为导向，它引导着各级政府的决策。在现有的行政管理体制下和干部制度下，政绩评价指标实际上是各级领导施政目标和工作重点的指示器。在这种情况下，改变或调整现有的政绩评价指标，将区域经济合作成效作为政府政绩评价指标之一，如采用经济发展区域相关率指标、对内开放度指标、区域合作项目指标等作为评价政绩的必要标准，有利于从根本上形成区域合作的激励机制，鼓励各级政府将扩大对内开放，加强区域联合作为重要的工作目标，从而有效地推动区域合作关系。

4）补偿机制

按照博弈论的观点，作为制度交易博弈的行为主体，各方关注的都是自己一方的现实和未来利益。由于我国传统计划经济体制是一个囊括全社会的巨大的层级组织，制度变革或改革的要求往往是自上而下，区域合作的要求首先来自中央，各区域又首先是行政区域的利益优先，然后才考虑经济区域的特点，这样就形成了三边博弈关系，中央或上级主管部门、区域合作甲方、区域合作乙方。区域合作各方实际上首先要和中央或上级组织进行利益博弈，区域合作双方之间还要进行一轮利益博弈，这就使得区域合作关系变得十分复杂，变数很多。仅靠合作中的诚信是不能维持长期合作局面的，因此，需要有一种促进合作的利益补偿机制。应该做出一种制度安排，把区域合作建立在中央对地方、一区域与另一区域的利益互补的基础上。凡中央或上级组织要求建立的区域合作关系，中央或上级组织就应有相关利益补偿的政策供给；凡一区域与另一区域建立的合作关系，就应让合作双方本着互惠互利的原则商议利益补偿问题。我国东西部之间、落后地区与发达地区之间的合作，由于优势不对称，这种合作关系中的动力必须来自中央或上级组织利益补偿的政策供给。

3.4　区域经济治理的政治资源与开发

3.4.1　区域经济治理的政治资源

我国区域发展遵循着渐进式改革的发展路径。先重视区域经济的发展，在区域经济发展到一定的程度时，关注区域政治及其他因素的发展，即在区域现代化进程中重视区域发展的整体性，实现区域经济、政治以及其他要素的融合发展。我国区域经济与政治发展的结合，或者说区域的整合发展，是指利用政府和非政府的力量实施区域发展战略，区域地方政府和社会承担制度供给和制度创新的发展任务，同时注重区域内各发展要素的相互作用，以形成各具特色的区域开发和管理的发展形势。新时期，推动我国区域经济发展的政治资源有以下内容：① 区域经济发展主体能够有效地利用社会资源和治理结构，以制度供给和制度创新的形式推动经济发展；区域经济增长和财富积累能够有效地缩小地区发展差距和消除两极分化；区域经济力量能够解除民众政治参与的外部束缚，并能为民众提供个性化的消费品。② 区域政治系统和组织结构获得了制度化和法制化的发展，初步实现了民主化目标。地方政府拥有更加有效的治理能力，因而也更加富有发展意愿和责任感；区域发展主体能更有效地界定和行使权力，也能为区域经济发展提供各种政治资源和制度环境；区域内民众的民主和参与意识更加强烈，把参与区域经济发展作为自身全面发展的一部分。③ 区域发展的治理结构和治理规则更加成熟，积极容纳了民间的力量。以政治权力和政策制定为中心的正式规则和制度约束，依然是区域发展的制度安排的主体，但以区域文化传统为主要表现形式的非正式规则逐渐成为区域治理规则的一部分。社会中介组织和民间力量发展创新了区域发展在新形势下所需的规则、规范，多种形式的治理规则和制度安排在促进区域经济发展、维护社会稳定等方面起到了积极的作用。④ 社会分化和民众的个性化发展。新时期，我国区域发展最大的特点是突出人的全面发展和个性化发展；以组织和社团划分的阶层社会转化为以职业和个体兴趣为依据分层的社会，社会的高度分化和专业化，促进了自治性社区的成长，新兴利益群体成为社会发展的主流，这壮大了市民社会的力量，使社会制约权力成为可能。⑤ 各具特色的区域文化的激励功能更加突出，这既是区域经济发展的一种有效手段，也是区域文化发展的一种创新路径。我国区域整合发展已经在不知不觉中展开了，这从我国区域经济发展所体现的政治意义，或区域政治发展的经济后果中都能看出整合的种种迹象，并取得初步的成果。如我国目前以缩小地区发展差距为核心的西部大开发战略，注重中央与地方、国家与区域、政治与经济、生态与社会等方面的协调与整合，初步显示了我国区域经济发展的意义和方向。可以这么说，区域整合发展将是我国区域发展的必然发展路径，它在消除地区差距和贫富两极分化，促进区域非均衡协调发展、社会全面进步，以及国家整体现代化方面，都将具有重大的发展意义。

3.4.2 我国区域经济治理政治资源

区域经济整合发展是我国区域经济治理的制度创新，是新形势下的区域发展路径。在形成我国区域整合发展的制度环境和发展路径的过程中，应着重采取以下措施来开发政治资源。

1）健全区域发展政策的立法体系

健全区域发展政策的立法体系，加强区域开发和管理的法制建设。我国开始了以国家扶持战略为契机的区域开发和治理，国家在战略规划和宏观政策指导的层面上实施区域发展战略，而具体的实施细则由各级地方政府遵照国家的战略规划分别制定，形成各区域的开发和发展方案。但现阶段，我国缺乏区域发展的具体法律指导和制度约束。这容易造成区域发展中的政策分割、各自为政，不能很好地实施国家的区域发展战略，达不到区域协作发展的宏观意图。因此，在借鉴国外经验的基础上，我国必须健全区域发展政策的立法体系，区域发展的立法必须适应我国区域发展的现实情形。

2）创新区域开发和管理的组织模式

在区域开发和管理的过程中，我国展开了跨区域的基础设施和工程的建设，如青藏铁路、西气东输、西电东送和南水北调；面临治理生态和环境保护等区域发展问题，如黄河流域的治理与利用，长江流域的水源保护、开发和利用，长江上游的生态保护，西北沙漠的防沙治沙等。这些是我国西部大开发的重大战略性工程，直接关系到我国区域发展战略和国家整体现代化的实现，又是区域发展的重大现实问题，要打破区域界限和分割，要有协调统一的开发和管理模式。因此，必须在区域发展的组织和管理模式上进行制度创新，设立负责区域发展的专门机构来实施跨区域的开发与治理，实现区域间的协作与联合，把在不同区域的开发与治理权集中于统一的区域开发与管理机构，避免各地方在区域开发与治理中的各自为政现象。随着我国区域开发与治理的深入，我国也重视区域发展的管理体制和组织机构的建设。

3）强化地方政府的发展职能

地方政府是区域发展的主要承担者和责任者，地方政府必须在区域发展中承担更大的责任。首先，地方政府必须处理好与中央政府的关系，负责执行中央政府的区域发展政策，使区域发展目标与国家发展目标相一致。其次，形成有效的行政管理和政府治理的规则，形成合理的区域发展的治理结构，履行本区域的社会、经济、政治以及文化等方面的管理职能。最后，处理好地方政府与民众之间的关系，鼓励民众参与政治，引导民众积极参与区域的发展建设。鼓励各区域民众参与区域政策的制定和实施，能够充分吸收社会及民间团体的意见，补充和完善地方政府的正式发展议案。地方政府对本地区民众关系以及负责任的程度决定着权力下放能否达到预期的效果，即更有效、更负责任的服务以及更大的地方自治权能否在区域发展中发挥更大的作用。

4）重视公共政策的区域效应

国家的区域政策并不是针对某一特定区域制定的，它的实施对各个地区所产生的影响和政策效果也是有所不同的，这种具有区域差别的政策效果，被称为公共政策的区域效应。如国家财政政策、金融政策以及产业政策就有着不同的区域效应。公共政策的不同效应对区域经济和社会发展有极大的影响，它涉及区域政策的适应性和政策的实施效果，这对区域发展起到了指导作用，如区域发展方向的选择、区域发展的定位、区域功能区的形成以及区域特色等。同时，它对区域发展差异也有重要的影响。如我国 20 世纪 50—70 年代的区域发展战略和政策就对我国区域发展产生了深远的影响，并影响到后来国家制定新的区域政策和实现区域的转型发展。因此，重视公共政策的区域效应和发展效果，实际上就是重视国家以什么样的公共政策来指导区域发展。在这方面，国外的区域公共政策的制定和实施的经验是值得我们借鉴的。如美国的做法是：缩小地区差距，平衡区域经济发展是制定区域公共政策的出发点；中央对地方建立法制化和规范化的财政转移支付制度；针对区域问题制定有明确目标的区域发展政策，如田纳西河流域的开发政策、阿巴拉契亚山区开发政策等等；将区域发展政策纳入法制化的轨道。从美国的经验看，区域发展政策的出台，必须经历开发方案的设计和论证、方案的立法程序、设立开发管理机构和财政拨款制度的立法程序等过程。各项区域发展政策的变动也必须有相应的立法程序来完成。此外，欧盟的区域政策还成立了相应的负责执行的专门行政机构。在欧盟委员会下设专职委员主管区域政策的制定和实施，负责从共同体的角度确保成员国区域政策与共同体在落后地区的优先发展项目的协调。后来又成立了欧盟区域政策委员会，协调各成员国的区域发展政策并管理欧盟的区域发展资金。从区域政策、管理区域发展的专职机构以及区域发展的专项资金等方面，欧盟协调了各成员国的区域公共政策，并实现了公共政策的区域效应。我国目前的区域政策还被视为国家宏观政策的自然延伸，并没有将其作为公共政策的专门部分加以制度化和法制化。国家区域政策的制定和实施还未重视区域效应对区域发展的影响，区域政策的出台也并未全部经历立法讨论的过程。因此，我国区域发展政策必须有法律的制度安排，制定区域政策的法规和制度已成为我国区域发展的当务之急。

5）动员区域民众的参与积极性

多元政治和基础广泛的民众参与正迅速成为现代国家治理模式的政治特征。以民间社团为代表的非政府组织和公民参与加入到区域社会、经济和政治发展，表明区域民众对政府施加影响并促使政府做出政策反应的作用不断增强。民间社团和民众的政治参与对区域发展的意义在于：广泛的非政府力量，如民间团体和民众的政治参与，不仅促进了区域的政治发展，而且也是区域经济发展的积极力量，有利于地方政府探索快捷高效的治理结构和发展政策，以形成具有代表性和开放性的区域政府管理结构和管理方式；区域发展必须吸纳参与力量逐渐增强的民间组织和民众的加入，发展政策必须体现他们的意愿和利益，实现区域公共政策与民众的发展、心理、需要和预期的结合，区域发展政策才更具有代表性和生命力，区域发展也才更具有区域特色；中央及地方政府不得不同社会各阶层接触和谈判，应对来自不同方面的要求和压力，争取民众认可其在区域发展中的主导作用和发展业绩以获得存在的合法性；民间社团和民众的意见和压力，促使地方政府与民间非政府力量在区域发展中通力合作，使得地方政府更加尽职尽责，形成更加有效的关于区域发展的治理规则。

3.5　区域经济治理结构与区域经济发展

3.5.1　区域经济治理结构与组织间的功能替代

在经济学意义上，组织的作用是聚合生产资源以追求一个或数个共同的目标。作为组织，其运营状况要受到监控，以看其是否达到预期目标，这个过程实际上就是组织的治理过程。与各种组织相匹配，市场面临着市场治理问题，企业面临着企业治理问题，作为政治组织的政府面临的是政府治理问题。缘于组织通常包含的复杂互动关系，不论是市场治理、企业治理，还是政府治理，都追求建立一个高效的治理结构。对政府治理结构，按照世界银行专家丹尼尔·考夫曼等人的看法，它是决定如何在一个特定国家中行使权力的传统和机构。政府治理机构包括：① 选择政府、政府行使职责、监督政府及政府更换的过程；② 政府有效管理资源，并制订、实施和强制执行健全的政策和法规的能力；③ 公民和政府对管理他们之间经济和社会的制度的尊重。我国学者李惠则认为，政府治理结构是指有效促进经济发展的公共权力和权威的运行方式，政府设计、规划和实施公共政策以及政府履行职能的方式。前者的定义比较宽泛，包括政府权力的来源、实施、监督及与社会的互动；后者则仅将其看作公共权力的实施及运作。我们认为，分析政府治理结构，除在既定政治格局下考察政府运用公共权力、有效管理资源、制订政策法规以及履行政府职能的能力外，更为重要的是在此基础上，着重考察政府与市场、企业间的互动，而不只单方面分析政府行为，即理解政府治理结构必须理解组织间的互动及由此所形成的制度安排。市场经济中，政府、市场与企业是功能上互补、边际上替代的各个组织。市场的功能是维持自由平等的竞争，并通过价格机制低成本地确定要素的稀缺程度及要素的相对价格；企业的功能体现为在一定的技术水平条件下，组织劳动、资本等要素进行生产，获得利润最大化；政府组织的功能则在于向社会提供具有规模优势的公共产品，促进社会资源整体优化配置。各组织功能的实现与发挥是一种奇妙的结构，在引入资产专用性、交易成本、外部性、公共物品性等范畴后，一般认为当资产专用性弱、财产公共性低、交易规模小时，易由市场发挥作用；当资产专用性较强、财产公共性较高、交易规模很大时，易由企业发挥作用；进而当资产专用性很强、财产公共性很高时，易由政府发挥作用。因而，经济运行中的各组织都有其内在的行为边界。功能上的互补包涵着它们间的边际替代。在考察企业的性质时，科斯得出了企业是对市场的一种替代的观点，即企业是为了节约频繁或有风险的市场交易的成本而创造出来的经济组织。在诺斯看来，国家则是在公共物品提供上具有规模暴力优势潜能的组织。但现实中，准确区分他们之间动态意义上的边界是困难的，组织间的互动在经济活动里持续长期地存在，而且，作为公共权力代表的政府，具有因政治意愿而建立，但后来可强迫别人与他们交往的性质，因此，在与市场、企业的功能替代及互动过程中，政府往往较为主动且难以被其他组织抵制。

可见，政府治理结构是在既定政治格局下，政府管理资源，提供公共产品，促进经济发展过程中，运用公共权力制定、实施和执行政策法规，履行政府职能，与市场、企业间形成的持续互动相互依存的组织结构状态。区域经济治理结构则是地方在一定的事权财权下，运用公共权力从事上述活动所形成与市场、企业间的互动依存关系，它反映了三类组织各自的行为边界和经济活动功能的排列组合。显然，在经济转型过程中，这种互动依存存在于经济生活的方方面面。价格作为市场信号，其形成机制反映了市场的发育程度。在价格形成上，政府定价范围越广，政府对市场替代也越大，而且企业的垄断定价也反映了地方的企业势力——垄断程度。在投资活动中，从政府投资、企业投资、外来投资占地方投资总量的比重大小不难看出经济运行的主导力量，如果政府投资比重大，则可认为政府在经济运行里对资源配置起着相当的主导作用，相反，就可以看出政府已经适当地缩小其活动领域，让市场投资主导资源配置过程。

3.5.2 区域经济治理结构优化的关键在于地方政府

区域经济治理结构所界定的政府与市场、企业间的角色定位、功能分工及互补，对于经济的健康运行至关重要，它们之间的行为边界界定不清或混乱会引发整个经济运行的混乱。而政府与市场、企业之间的互动分工及边界定位是否有一个恰当合理的界限，关键取决于政府对其职能功能是否有恰当的定位。因为，现代市场体系是依赖于各种规则来明确三者的行为边界及定位的，而适应市场经济的规则的制订过程，对我国来说，是从计划体制下的规则向市场体制下的规则的转变过程，即一个制度替代另一个制度的过程。在制度变迁进程中，政府、市场与企业是两类制度主体（政府主体与非政府主体）的代表，他们之间的互动博弈，贯穿于制度变迁的始终。由于政府在制度供给中具有规模优势，制度性公共物品由政府来提供更为经济，因此，政府的重要功能之一就是生产提供足以激励经济主体活力、创造力的制度。地方政府在区域经济发展中，处于区域性制度供给主体的地位，在区域里，它是地区所需要制度的强制供给者，同时，对市场或企业追求潜在利润而引致的诱致性制度变迁进行默认、支持或事后认可。所以，区域经济治理结构中政府、企业与市场的行为边界与功能的排列组合中，政府起着主导性的作用。较完善的区域经济治理结构，能合理地安排政府、企业与市场的行为边界，并设定一些规则，对政府行为进行自我约束，而治理结构的恶化，往往代表权力横行对企业、市场行为功能的侵蚀，并诱发了保护一些妨碍增长的制度安排。现有制度安排表明了现存的一种静态均衡，即政府、企业与市场的依存组合，经济运行中潜在利润的出现可能打破现有的均衡状态，引起政治组织（地方政府）所决定的与企业、市场间的新的互动，形成新的治理结构，并取得可能的区域经济发展绩效。一定的区域发展绩效同时又会作用于现有的治理结构，促使地方政府根据经济发展态势在一定的利益格局下进行反馈和动态调整。

比如，在目前，我国正处在关键的社会转型期，传统意义上的社会资本的确在资本积累和促进人员流动等方面发挥了巨大作用。但是，由于传统经济学意义上的社会资本存在着局部过密，或过度与政治权力相联系的问题，往往会对市场化进程的不断深入产生许多负面影响。如企业特别是个别私营企业的家族化管理，既不利于现代信用机制的建立，又严重地影响和制约了企业规模的扩大，现代企业制度在这种情况下很难建立；在农村中，家族势力的影响与复苏，不仅严重影响了公民意识和民主参与精神的有效形成，而且也制约了农村民主化进程。创新社会资本的培育方式，促进区域经济的发展，必须做好以下两点：第一，有效发挥传统社会资本的积极作用，科学改造和培育现有社会资本。用历史的眼光来审视，中国传统文化具有相当程度的开放性，既是一种兼容诸子百家的文化形态，又是一种不断与外来文化撞击、冲突、交流和整合中获得生存和发展的文化形态。然而就经济文化而言，它既是一种具有生活能力、保持伦理与道德的秩序文化，又是一种依存于科学与技术的发达的进步文化，存活于社会秩序之间。因此，只有将本土的伦理道德与外来的科学技术整合在一起，才能形成良好的社会秩序，才能促进经济的发展。与此同时，在市场经济形成和发展的过程当中，需要创设良好的法治秩序。我国传统的社会制度不是构建这一秩序的障碍，在传统文化基础上建立的、植根于深厚道德基础的法治秩序才是市场经济需要的法治秩序。社会资本这一非正式制度理应成为法治的弥补，而在非正式制度基础上形成的正式制度，才能促进市场主体的有效运作，理顺人与人之间极其复杂的交易关系。因此，从传统社会资本中挖掘有价值的因素，进一步检讨和发展传统的非正式制度，在此基础上为构建全新的社会资本优势，无疑将发挥意义深远的作用。第二，积极利用制度创新，加速社会资本培育。非正式制度的变迁是一个极其缓慢而又渐进的过程，一方面，政府对非正式制度的投资应该主动、积极、有效，发挥其主体作用。其中包括投资于意识形态教育。科尔曼曾经指出"就有目的的行动而言，许多社会资本具有的公共物品特征是社会资本与其他形式资本最基本的差别。社会资本是影响个人行动能力以及生活质量的重要资源。因此，人们尽力创立这种资本。但是，创立社会资本的行动往往为行动者之外的人带来利益，因而，创立社会资本成为不符合行动者利益的行动"。必须依靠政府的有效介入，由政府主动提供并维护有效的社会资本。另一方面，就目前我国市场经济正在形成和不断完善的特殊背景而言，特别需要政治权力积极、有效和合法地介入，以此构建全新的社会资本，为社会资本的培育创设合适的制度环境。政治权力的有效参与，不仅赋予了新生社会关系的法律地位，而且为其创设了稳定的制度背景和有效的制度激励，与社会资本相得益彰，并可以运用法律手段和制度机制调节不同社会资本之间的冲突或矛盾。政治权力还可以借助自己的合法地位建构总体的社会资本。应该适度减少对区域经济体系内部自发社会经济秩序的管制、控制和压制，营造宽松与扩展的制度环境。政府应该促进公民社会的培育，在落实公民权利的前提下，切实维护公民权利，积极塑造公民意识和有效培育公民精神。只有有效结合传统非正式制度和社会资本各自的优势，通过积极创造和培育新的资本优势和制度优势，才能实现有效促进我国区域经济的持续发展和社会的全面进步。

3.5.3　区域经济治理结构与区域发展的内在关系

众所周知，在计划体制下，市场的力量被完全限制，尽管存在企业，但企业在很大程度上也是政府的行政附属机构。因此，计划体制下的政府可以说实现了对企业、市场的完全替代，这种替代反映出的是一种大一统的治理结构。当然，这种治理结构已经证明是低效率甚至无效率的，它无助于政府组织功能的实现，也窒息了经济的内在活力，造成资源配置的低效率。因此，我国经济体制改革的一个重要思路就在于还权于企业，实现政企分开，还权于市场，让市场在资源配置中发挥基础性作用，以实现政府、企业、市场这三类组织功能的新的排列组合，即新的政府治理结构。地方政府在转轨进程中的一个重要任务就是结合地方实际，有创造地进行政府治理结构的重构，促进治理结构的不断完善与优化，让市场、企业与政府在经济活动中各司其职，推动地方经济发展。

1）区域经济治理结构决定了区域经济微观基础的活力

在发达的市场体系中，以价格机制为媒介，市场是由高度分工的商品市场、要素市场，包括具有活力的企业与独立的中介机构所组成的自组织。在分散决策机制下，市场以具有弹性的价格传达市场信息，通过要素的自由流动，促进分工的日益细化，最终使产品能够按消费者的偏好安排生产，实现资源的最佳配置。我国经济转轨之初市场极不发达，表现在：价格由于管制具有刚性，市场信息闭塞，经济要素不能自由流动，专业分工粗糙，产品不能满足生产、生活的需要。经济的转轨对区域经济治理来说一个重大挑战在于减少对市场的干预与替代，增强市场的功能，发展经济不可或缺的市场，即完善价格形成机制，减少政府定价的范围，培育地方商品市场、要素市场，增强要素流动的自由度，培育各类中介组织，为市场流通提供完备的交易场所和服务。同样，在计划经济体制下，政府办企业，国有国营，政企合一，企业事实上是各级行政管理机构的附属物，是某种意义上的等级组织，这与市场经济体制下的企业应具有的特性相距甚远。因而，改革国有企业，不断催生新的企业，使企业以利润为目标，通过竞争组织要素分工，发掘要素与资源的经济价值，将社会资源配置到最能体现其价值的地方，实现资源的优化配置，也是地方政府的当务之急。所以，政府由对市场、企业的完全替代向培育市场、发展企业的转变，既是治理结构的优化，也是经济运行微观基础的重构，这将焕发经济体系中蕴藏着的活力，推进区域经济的发展。

2）区域经济治理结构决定了区域经济运行中的制度成本

区域经济治理结构所折射的政府、企业与市场的互动与组合，在转轨条件下，是由全能政府向有限政府的转变，是市场从无到有的转变，是企业从无自生能力向具有自生能力的转变，这些转变，与体制转轨同步，是计划体制向市场体制的制度变迁。也就是说，区域经济治理结构归根到底是动态的制度结构的反映。我们知道，在既定的制度安排结构下，经济运行中的制度成本也被确定。不同治理结构内生出不同的制度成本，制度成本与治理结构呈反向关系，完善的治理结构与经济运行中较低的制度成本相对应，当政府治理结构最优时，经济运行中的制度成本会最小，而治理结构的不完善，会引致制度成本的递增。因此，区域经济治理结构与区域发展的关系，以制度成本为媒介得以确定。治理结构趋优时，制度成本降低，受此激励，各经济主体能够低成本地追求并实现经济运行中潜在的经济机会，从而区域经济创新活动活跃，经济要素流动速度加快，组合不断优化，资源得到高效配置，最终使经济增长接近潜在增长速度，推动区域快速发展；反之，治理结构恶化，制度成本大幅增加，制度成本的高昂，使经济主体失去重组资源寻利的动机，资源的配置效率下降。在这种情况下，即使地区有丰富的资源和人力，区域发展也难以实现，会造成经济的停滞，甚至可能引起负增长。可见，经济发展缓慢与不健全的治理结构密切相关，而较完善的治理结构会促进经济的发展，在区域发展上，完善的治理结构至关重要。

3）区域经济治理结构决定了区域经济运行中的不确定性水平

经济运行中不确定性往往与信息不完全性或不对称性有关。经济主体在交易活动中，在处理、加工和储存信息方面存在能力不足，因而难以准确推断出交易方的交易动机，从而使风险直接转移到个人身上。这样，经济主体就会产生机会主义动机，通过不诚实或欺骗来达到更有利于自己的目的，如假冒伪劣、虚假广告等，这样就会破坏市场的正常运行，引起市场失灵，需要政府加以监管。另一类不确定性是由政府产生的，即政府制定的政策、法律缺乏稳定性、透明性，政府在解释、执行时随意性大而引起的不稳定性预期，即政府可以凭借自己的解释权、执行权来干预市场、企业所引起的不确定性。因此，政府应把市场能够解决的交由市场解决，企业能够完成的交由企业来完成，自己主要监管市场，保证市场的正常竞争秩序；监管企业，防止垄断与过度竞争；提供市场或企业无力解决的公共产品，并协调各经济主体间的利益冲突，使政府的作用与其能力、功能相符。这样的治理结构，既能较好地降低市场本身带来的不确定性，也能抑制自身给经济运行带来的不确定性，给经济主体以稳定的预期，约束其机会主义行为，最终促进区域经济的繁荣。

4）区域经济治理结构决定了区域经济主体的生产性行为的努力程度

区域经济主体的生产性行为决定着区域生产可能性边界的拓展。在区域经济中，如果政府与市场、企业的行为边界模糊，政府在管理资源，运用公共权力的过程中不以其自身功能为依据，而让权力进入市场与企业，使权力本身体现出其市场价值，那么，区域经济主体的生产性行为将被抑制，非生产性（分配性）努力将被激励，经济主体会通过寻租行为来获取利润。这样，权力的寻租行为与经济主体的寻利行为就紧密结合起来。显然，在区域经济运行中，如果对财富的分配性努力的激励程度强于对生产性努力的激励程度，那么，区域经济发展将难以持续。因此，治理结构的优化，将提高区域的生产性行为的努力程度，而治理结构的恶化，则提高对社会分配性努力的激励。而在一个分配性努力得到极大激励的区域，经济是不可能快速发展的。

3.5.4　优化区域经济治理结构，促进区域经济发展

我国改革的渐进特征要求政府逐渐退出经济领域，在渐次退出的情况下，政府的行为及其边界不可能在短期内完全实现从计划经济的定位转向市场经济的定位。但在我国已经基本建立起社会主义市场经济的体制框架并努力完善市场经济体制的情况下，政府仍然过多地和不适当地干预市场、企业，就成为突出的问题。而且，当前区域经济运行中所表现出来的一个突出矛盾就是，由于政府参与配置资源而所得利益的强化使部分单位和个人成为既得利益者，他们力图将直接参与资源配置的行为合理化、长期化，这严重影响了我国区域经济的健康运行。因此，优化区域经济治理结构，必须先治理政府。

1）切实转变政府职能，控制政府规模

政府职能转变是治理政府的重要一环。要切实解决政企不分，政府对市场直接干预过多、过深，而公共产品和服务又严重不足的状况，把政府经济工作的着力点转到创造与市场经济相适应的体制、政策和法律环境上来，转移到完善市场秩序，促进公平竞争上来，全面提高政府效率，形成市场机制更好发挥作用的条件，给投资者、创业者以稳定预期。同时，在政府职能转变的同时应控制政府规模，因为在政府规模与市场规模之间存在着此消彼长的关系，只有缩小政府规模，才可能真正解决政府占有资源过多，政府干预面过大，市场空间和市场机制的调节范围被抵制的问题。否则，市场和竞争就不能得到充分发展，市场在资源配置中起基础性的作用就难以真正实现。

2）真正做到依法行政，规范政府行为

市场经济是法治经济。如果说公民在法律面前是法无明文规定即可为的话，那么，对政府机构和政府官员来说，则是法无授权就不可为。地方政府要树立依法行政的观念，真正做到依法办事，杜绝行政超越法律的现象。一方面，政府制定的各种条例、命令、规定要合法，其内容不能与现行的法律相抵触，在我国加入世贸组织的条件下，还要符合我国政府加入世贸组织的各项承诺；另一方面，政府在依法行使社会经济管理职能时，要做到有法必依，执法必严，违法必究，坚决杜绝政府在社会经济管理活动中的任意处置权，克服主观随意性。同时，要建立起科学的政府决策机制，使政府行为科学化，改变政府任意根据自己的偏好和判断进行决策的现象。

3）坚决约束政府自利倾向，建立服务政府

建立社会主义市场经济体制，本质上是权力结构和利益格局不断调整变革的过程。在权力与利益的调整过程中，一些政府部门和官员往往打着政府干预解决市场失灵或保护国家利益之名来行谋取部门利益和个人利益之实，以权力介入经济生活，干预企业的经营活动，妨碍市场的运行。可见，政府的自利，其实质是政府官员的自利。因政府自利引致的权力干预经济，必然带来权力寻租问题，导致市场秩序混乱，经济活动凋零。同时，政府的自利倾向，还使政府各部门产生"有利益的事争着管，无利的都不管"的行为，引起政府职能的越位与缺位。为促进区域经济发展，当前必须坚决约束政府自利的倾向，建立服务型政府。一是改革行政审批制度，割断权与利之间的联系；二是要打破行政垄断，防止以特权谋利，主要是在一些可以引入市场机制的公共物品的提供上，引入竞争机制；三是切实加强对权力的监督和制约，加大对以权谋私，损公肥私的官员的惩罚力度。从而使政府真正成为最广大人民利益的代表，做到没有私利，不与市场争权，不与企业争利。

4　区域经济治理的关键要素分析
——基于产业和资本的视角

4.1　产业集群与民间资本的关联概述

产业集群（尤其是中小企业集群）的成长道路一直以来都较为艰难，政策的约束、融资渠道的狭窄等都是限制它顺利成长的瓶颈。而在全球金融危机的强烈冲击下，中小企业的生存和发展遭受到了巨大的威胁，处境更为艰难：资金断链、产品滞销、出口受阻等。吴敬琏指出，我国中小企业在技术创新方面的贡献率超过 70%，而得到的资金支持却不到这个数字的七分之一。

因此，在危急关头，产业集群更迫切的需要来自政策和资金等各方面的关注和帮助，尤其希望国家 4 万亿投资计划产生的乘数效能够给产业集群的发展带来新的动力。

据测算，民间资本储量超过 15 万亿元，但其中绝大部分处于休眠或半休眠状态。让政府投资更好地撬动民间资本，使其加入到振兴经济的行列中，是当前应对国际金融危机的又一策略。

而真正的经济复苏，还必须让民间资本恢复活力后才能体现，所以今后国家还将陆续出台一系列政策鼓励民间资本的投资行为。很多行业今后还应放宽准入管制，要让民间资本进来，这样经济才会有活力，发展才会有更强劲的动力。

近年来，随着网络和信息技术的飞速发展，各种资本的跨国、跨区域流动在规模和速度方面都形成前所未有的上升趋势。同时，在经济全球化和全球经济化的大背景下，"区域"在经济增长和社会进步中的地位和作用与传统时代相比，显得更为突出，产业集群的兴旺以及民间资本的繁荣就深刻表明了这一点。在产业集群的带领下，世界经济以其特有的能量培育和维护了一大批优秀的企业和产业，比如，温州柳市低压电器厂、美国的硅谷电子产业、加利福尼亚的多媒体产业等。这些产业或企业，无论是由民间资本自发形成的产业集群，还是在政府的主导下建立起来的开发区以及由外商投资所形成的产业聚集地，在发展过程中都表现出极大的竞争优势，为区域经济发展做出了巨大的贡献。

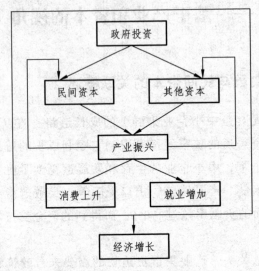

图 4.1　民间资本与经济增长的作用

　　作为一种根本的生产要素投入，资本在产业集群的形成和发展中发挥着重要的作用。民间资本是我国经济转型期的一种特殊资本形式，由于种种原因，它与我国产业集群中的绝大多数中小企业有着天然的密切关系。20 世纪 80 年代，我国最先发展起来的中小企业的成长模式几乎相同，即它们几乎都是以民间资本为初始资本，并在此基础上逐步发展起来的。究其原因可知，乡镇企业，"个体户"是我国早期产业集群的培育基石，民间资本和与民间资本相关的社会资本成就了产业集群中的中小企业的事业，为其实现了资本和资源的原始积累。这种模式的产业集群在我国不胜枚举：浙江江苏常州的服装集群、温州的打火机集群、福建晋江的灯饰集群、广东东莞的灯饰集群等等。同时，有关数据表明，产业集群中的中小企业无论是在生命周期的哪个发展阶段，都与民间资本的介入和退出紧密相关，民间资本已成为继国有资本、跨国资本以外的主要资本力量。

近年来，我国各级地方政府在发展地方经济的指引下，通过各种优惠政策吸引高新技术企业和外资企业的进入，而值得关注的是，土生土长的正在崛起的具有民间特色的产业集群却在默默的推动着地方经济的发展，产业集群也从以前"开发区内大量企业成群扎堆，产业结构趋同严重，过于依赖计划和政策推动，没有形成具有专业化分工和产业网络的集群经济，造成了资源的极大浪费"的不良发展模式，转变为集群中企业分工明确、供应链敏捷、结构合理、资源节约的良好发展态势。虽然在以往的经营和管理层面上，我国有大量由民间资本发展起来的产业集群在不同程度上受到了不公平的待遇，甚至遭到忽视和扼杀，但随着国内、国际市场竞争的加剧和金融危机的深刻影响，民间资本在推动产业集群及区域经济发展方面的作用被前所未有的高度重视起来。众所周知，我国民间资本储量巨大，如果能够有效使用并发挥其优势，将能更好地实现资本增值，促进区域经济发展，这种双赢局面的打开便指日可待。因此，研究民间资本投资产业集群的方式和产业集群如何吸收民间资本等问题，对我国产业集群和区域经济的发展会产生非常积极的影响。

通过研究可以发现，我国内生型的产业集群基本是由非公有制中小企业组成的。在我国产业集群相对发达的江浙一带，由于国有企业所占比重相对较少，更多的企业都是私营的，以一家一户作为基本的生产单位，而某个区域集中生产某种特定产品，就出现了自发性的市场。在中国特定的环境中，这种自发性的市场从地摊式的市场形态逐步发展到较大规模的生产形态，由此出现了集群形式。正如前文所述，民间资本的投资行为对产业集群生命周期的不同发展阶段都具有重要的意义，在很大程度上对产业集群的推动和制约作用也是相当明显的。反过来，由于民间资本的注入，产业集群在最基本的资本形态的培育下逐步壮大，进而形成成熟的集群产业，直到集群衰退为其他产业形式或从市场中绝对退出。在这一过程中，民间资本不但完成了追逐利润的使命，也实现了资本形态的巨大转变，由民间资本形态逐步向社会资本形态和其他资本形态转变。这从壮大后的产业集群开始投资于国家基础设施建设，参与铁路民航的运行、公立学校的建立、环保产业的开发等现象可见一斑。同时，民间资本在推动产业集群和区域经济发展方面的作用没有完全显现出来，有效使用并且发挥其优势，是实现资本增值，以及促进区域经济发展这一双赢局面的良好途径。由此可见，研究民间资本投资产业集群的方式和产业集群如何吸收民间资本等问题，对我国产业集群和区域经济的发展会产生非常积极的影响。这将在一定程度上指导决策者在产业集群的不同发展时期合理有效的利用民间资本，同时对产业集群进行规模和性质上的优化，从而为地方经济做出更大的贡献。

图 4.2　民间资本与产业集群的生存状态

此外，现阶段在金融危机的影响下，一是急需资金的产业集群，二是适时而动的民间资本。寻找两者结合的切入点，分析在两者的相互作用下产业集群的成长路径和民间资本的获利信息，是对当前社会普遍关注的中小企业融资和民间资本启动的现实把握。

4.2　产业集群融资行为分析

作为可以为区域经济贡献力量的经济体，产业集群的成长和壮大是决策者和经营者应该时刻把握的重点，因而如何解决困扰中小企业的融资的瓶颈问题一直备受关注。据相关资料统计，到 2016 年年底，全国中小企业中歇业、停产、倒闭的大约占 7.5%，城镇就业更加困难，2500 万左右的农民工返乡。据人民银行浙江分行一季度企业家问卷调查显示，小型企业的经济景气指标指数比 2008 年下降 18 个百分点。《国家发展改革委关于印发促进产业集群发展的若干意见的通知》指出，要加大对产业集群财政和金融支持力度。相关政府部门要统筹政策手段，形成扶持产业集群发展的合力。要求现有各项财政专项资金要向产业集群公共服务平台和龙头企业倾斜，有条件的地区可设立产业集群发展专项资金，重点用于产业集群发展环境建设。进一步加强产业集群与各类金融机构的对接与合作，搭建产业集群新型融资平台。充分发挥国家开发性金融在县域经济发展中的作用，完善对外投资、进出口信贷和出口信用保险等支持措施。开展以产业集群中小企业发行集合式企业债券等方式进入资本市场的探索。而就在近日，多部委集体表态继续大力解决中小企业融资难的问题①，这让困境中的经营者看到了一线曙光。

4.2.1 产业集群的融资渠道

产业集群融资渠道包括内源融资和外源融资两种。其中，内源融资是集群不断将自己的"储蓄"转化为投资的过程。融集到的资金是指通过产业集群的经营活动产生的资金，属于集群内部融通的资金，它的构成主要是留存收益和折旧。内源融资对集群的资本形成具有自主性、低成本、抗风险和原始性的特点，是产业集群得以生存与发展不可或缺的重要资金组成。

在发达国家或发达的市场，内源融资是企业首选的融资方式，是企业所需资金的重要来源。从某种意义上说，它是集群自我组织与自我调剂资金的活动。

外源融资的筹资渠道与内源融资明显不同，它通过一定方式向企业之外的其他经济体筹措资金，实现不同资金持有者之间的资金融通。产业集群外源融资的资本包括权益性资本和债务资本，比如银行贷款、企业债券、股票等。此外，集群之间的商业信用、融资租赁等标识和行为，在一定意义上说也属于外源融资的范畴。外源融资对集群的资本形成具有灵活性、集中性、大量性和高效性的特点。

企业的融资模式和融资渠道如图4.3和4.4所示。

从融资的渠道看，虽然内源融资成本低，但资金来源有限且不稳定，若集群仅仅依靠内源融资，将集群做大做强会受到很大限制。集群要实现其潜在增长率，进一步放开束缚以及拓展发展空间就必须依靠外源融资。然而对于产业集群来说，由于内部企业存在资产规模相对较小，经营不确定性较大，抗风险能力弱等制约因素，使其融资环境远远不如大企业宽松。其结果是，我国中小企业在融资渠道的选择上，更多地依赖于内源融资；

---

① 2009年6月6日在北京钓鱼台国宾馆，银监会、科技部、工业和信息化部三部委负责人向在座的五大行以及其他中小型银行的负责人，以及中国所有的中小型企业做出的集体表态。

事件背景：工业和信息化部部长李毅中部长说，2009年的前3个月，全国信贷规模总量增加了4.8万亿，其中中小企业贷款增加额度只占不到5%。

在外源融资方式的选择上，集群更多地依赖于债务融资。具体表现为以下几种方式：

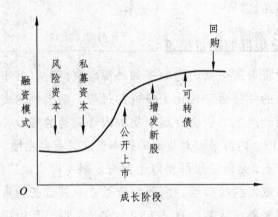

图 4.3　企业融资模式

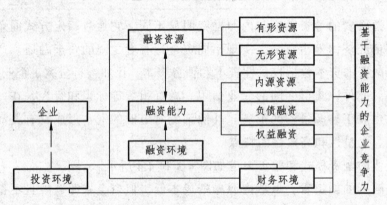

图 4.4　企业融资渠道

1）民间借贷

作为区域内普遍存在的借贷现象，民间借贷对区域内中小企业的发展起着非常重要的作用。民间借贷是个人与个人之间、个人与企业之间的一种形式简单的融资方式，如亲朋间的私人借贷、企业内部集资、个人捐赠等。因借贷双方多为亲朋、好友、乡邻，彼此了解和信任，如有足够资金供给，只要贷款人立据后即可取得资金，有的甚至口头约定便可。民间借贷的优势是：实效性强，手续简便快捷，无需抵押担保，而且期限性强，其中多以一年或一年以上为主，对于企业的经营活动有很多好处。

例如，截至 2016 年，温州市有中小企业超过 10 万家，所需资金由自有资金、银行贷款、民间借贷三部分构成。2016 年年末，三项资金的比例为 57∶37∶6，民间借贷上升 4 个百分点，少数企业上升 10 个百分点左右。

表 4.1　我国沿海某县企业间借贷及其所占比例（2016 年）

年销售额 /万元	企业数 /家	企业间借贷				合计
		借款	联营	租赁	补偿贸易	
100 以下	25	—	—	—	—	—
100～300	48	4.17	—	2.08	2.08	8.33
300～500	65	4.62	3.07	—	1.54	9.23
500～700	78	2.56	3.85	2.56	3.85	12.82
700～900	69	1.45	5.80	2.90	1.45	10.14
900 以上	58	—	8.62	3.45	3.45	15.52
合计	343	2.33	4.08	2.04	2.33	10.50

浙江省苍南县 10 家企业短期借款余额 18 159 万元，其中民间借款 2929 万元，占总资金需求的 16.2%。据中国人民银行温州市中心支行调查，截至 2004 年年末，温州民间借贷规模约为 420 亿元。虽然民间融资在产业集群中很普遍，但是民间融资缺乏最基本的法律保障，只能在关系密切、相互了解和信用关系良好的个人或企业之间进行。同时，由于民间借贷利率一般都高于同档次银行利率，致使风险集中，不利于正常的金融秩序。另外，有些民间借贷缺乏担保、没有违约责任，一旦借款人丧失诚信，不归还借款，将产生一系列不良的后果，这还将在一定程度上对社会和谐产生负面影响。

表 4.2　某集群内源融资的其他形式及其占流动资金的比例（%）

流动资金/万元	内部集资	员工持股	员工保证金	合计
40 以下	6.50	—	7.50	14.00
40～80	7.33	5.46	6.40	19.19
80～120	8.62	6.23	7.23	18.19
120～160	9.24	6.45	6.12	20.81
160～200	10.23	—	4.12	14.35
200 以上	8.44	1.24	1.22	21.88
合计	8.92	2.76	7.69	18.90

而作为内源融资的典型形式，在产业集群的形成初期，除可以通过民间借贷筹措资金外，企业还可以通过员工内部集资、员工持股和交纳保证金等形式获得资金。

2）银行借贷

中小企业在融资方面普遍存在着单次融资量少、需求频率高、需要简单快捷的服务等特点，但这与金融部门为了安全起见，必须要有一套安全的融资手续相抵触。因为这种融资手续相对于中小企业简单的生产经营方式而言，显得烦琐、耗时、耗力，在一定程度上难以满足中小企业对融资方式简单快捷的要求，而且，更让中小企业为难的不是借贷的繁琐手续，而是金融机构从自身效益和安全性原则出发，倾向于将大量信贷资金用来支撑需求量大和信誉良好的大中型企业，使得中小企业贷款处于明显劣势，取得贷款非常困难。再者，企业向银行间接融资必须要有资产担保，对企业的规模和固定资产有一定的要求，这样又有一些企业由于规模和资产问题被排除在外。

3）股市融资

企业可以发行股票向社会筹集资金来进行生产经营活动。这是目前各地广为流行的一种重要的融资方式选择。而我国对公司上市的要求较严，上市门槛过高，大部分中小企业根本无法达到上市要求，这种融资方式让中小企业"望洋兴叹"。

4）地下钱庄

地下钱庄的存在符合某些个人和组织的利益，它以营利为目的，为了逃避国家的监督、管理，地下钱庄的经营运作常常以秘密的、不公开的方式进行，主要从事的是游离于现有金融体系之外的金融活动。

表 4.3　某集群内民间融资在不同企业中所占比重（%）

年销售额 /万元	企业数 /家	民间集资		民间借贷		
		合伙集资	内部集资	个人借贷	企业间借贷	社会借贷
100 以下	25	8.00	—	100.00	—	12.00
100～300	48	20.83	8.33	77.09	8.33	12.5
300～500	65	30.76	10.23	58.46	9.23	6.16

续表

年销售额 /万元	企业数 /家	民间集资		民间借贷		
		合伙集资	内部集资	个人借贷	企业间借贷	社会借贷
500~700	78	23.07	14.10	26.92	12.82	8.98
700~900	69	8.70	20.29	20.29	10.14	15.94
900 以上	58	—	20.69	27.59	15.52	15.52
合计	343	16.03	13.99	47.45	10.50	11.95

通过表 4.3 可知，集群的融资方式基本都选择内部筹集的方式，吸收不到更多的外部资金是当前中小企业集群发展的一个严重瓶颈。

4.2.2　产业集群融资优势分析

虽然处于集群内的中小企业获取外部资金相对较难，但其独特的集群环境也使得群内中小企业在融资方面拥有一些群外企业所不具备的优势，具体表现为以下几点。

1）信用优势使中小企业能够相对容易地取得银行借款

根据国外中小企业融资的主流理论和实践，中小企业融资的有效性，在很大程度上取决于基层信贷经理的能力和努力。集群内的企业由于存在密切的关联、较低的交易成本和较高的制度收益，继而能够产生巨大的集群效应，带来巨大的竞争优势。这些信息较之标准的企业性指标（财务报表、抵押担保等）来说，对形成和促成正确的中小企业融资决策作用很大。这种信用优势使银行对企业的融资条件变得更加宽松，能够促进企业交易行为的顺利进行，使资金周转达到良性循环状态，而同样重要的是，在企业可选择的融资方式中，银行借款的低成本有利于企业更好地利用财务杠杆，相对地提升获利空间。

2）良好的供应链生产模式向银行传递了正面的信息

中小企业集群这种特殊的产业组织形式，使供应链的选择方式从企业内部转移到企业之间，即原本属于企业内部的生产分工变成了企业间的分工。这种分工的专门化和专业化导致了专门技术和专有设备的应用，从而大幅度降低了生产成本，更容易取得规模经济效益。集群内企业这种独特、良好的生产模式向银行传递了企业蓬勃发展的良好信息，提高了融资的信用能力。此外，这种高效率的产业组织形式改进和增强了中小企业的融资能力。因为产业集群以即时生产方式为主，在完整的生产链条的作用下，企业现金管理、应收账款管理和存货管理的成本可以降到最低，从而促进中小企业融资能力的增强。

3）自身实力的增强使融资有了保障

作为一种产业组织形式，产业集群创新优势的发挥要通过国家宏观经济环境，集群和群内企业的相互联系、相互作用来实现。面对不断变化的外部环境，中小企业在研究和开发方面要做到以下三点：缩短研发时间，降低研发成本，分散研发风险。在这些方面，我国的中小企业做得很出色。在我国，99%的中小企业为国家 GDP 贡献超过 60%，税收超过 50%，提供了近 70%的进出口额和 80%的城镇就业岗位。中小企业同样是我国自主创新的一个重要力量——66%的发明专利、82%新产品开发都来自于中小企业。中小企业已经成为繁荣经济、扩大就业、调整结构、推动创新和形成新的产业的重要力量。因此，创新能力的增强提高了产业集群的运行效率，效率的提高又直接导致中小企业竞争力和自有资金的提高。

4.2.3　产业集群融资劣势分析

我国产业集群内中小企业由于受到来自外部融资环境和集群自身因素的制约，尤其在 2008 年爆发的金融危机的影响下，这种融资的困境更显得突出。

1）融资渠道狭窄，集群内企业投资不足

我国中小企业集群的运行资本主要是通过民间融资和内部融资获得。据统计，浙江产业集群内民营企业的创业资金 70%以上是通过个人资金的原始积累、家族资产、私人借贷和民间组织获得的。而民间借贷的成本往往较高，使得中小企业融资成本和风险加大，会给整个中小企业集群的发展带来不利影响。而作为中小企业最重要的外部融资渠道——银行贷款，却有超过半数的中小企业很难从中获得贷款。目前，中小企业集群发展的资金供应渠道还没有被真正建立起来，中小企业集群融资机制、还贷机制还不健全。这些内外部因素加在一起，使中小企业普遍缺乏长期稳定的资金来源，难以及时进行设备更新、技术研发，不能持续提高产品和服务的质量来满足多样化的需求。比如，台州缝纫机集群中的很多企业还在使用20世纪八九十年代国有企业淘汰下的陈旧设备。而且，由于集群内企业之间大都具有较强的相关性，如果某个企业对生产的投入不足，则企业对相关产业的需求也会相应萎缩，对供应链上的企业带动作用也会减弱，致使企业间的互动创新机制发育迟缓，这将严重影响集群的良性发展。而企业一旦因投资不足而衰败，就会通过价值链传递到相关企业，最终可能引发集群的退化，甚至整体退出市场，这样的信号对集群的发展是致命的。

2）中小金融机构发展受限

由于绝大多数集群内中小企业从事的是简单粗加工的制造工作，技术含量相对较低，劳动力密集型企业居多，这样使得他们对小额、短期的资金需求大。再加上资产规模有限、抗风险能力差、不确定性高等因素，使其在大型金融机构进行融资的可能性偏低。而中小民营金融机构在各地分散较多，对当地的中小企业比较熟悉，取得信息容易且运作灵活。因此，从长远的视角看，这些中小金融机构势必会为中小企业开辟新的融资渠道，解决燃眉之急。但目前我国民营金融机构的发展却受到重重限制。虽然法律没有禁止民间资本进入银行业，现阶段也有一些由民间资本成立的金融机构开始服务于中小企业[①]，但准入审批制度仍然严格；而民营金融机构的经营范围也有着严格的限制，例如民营金融机构除了部分可以开展结算功能和开展银行卡业务外，主要的业务还是集中在传统的存贷款。此外，民营金融机构的营业网点和经营范围也只能限于本地。上述诸多受制有待进一步打破，否则将严重影响民营金融机构的竞争力。

3）担保体系不完善

建立中小企业信用担保体系是缓解中小企业融资难、担保难的重要举措，是世界很多国家扶持中小企业的通常做法。目前，我国中小企业信用担保体系试点陆续展开，很多地区中小企业担保机构也已经初步建立，但数量少、实力弱、担保额度低，一时难以满足中小企业对资金的旺盛需求。一方面，信用担保体系覆盖范围小，主要集中在省级或市级区域，县及县

---

① 比如，面对中小企业缺乏有效抵押物的现实，浙商银行从2008年下半年开始就已经在试行"联保"业务，由5家企业组成一个联保体，共同申请贷款。这在一定程度上有效地解决了中小企业融资难的问题。

以下的小企业基本被排除在外；另外，现有的贷款担保机构的资金规模及业务量有限，累计担保责任仅为可运用担保资金额度的 3 倍左右，没能起到应有的放大和衍生作用。而世界各国担保机构运作的通行便准是：担保资金的放大倍数一般都在 10 倍以上。另外，国外的产业集群一般都由行业协会进行融资担保，但我国行业协会在企业融资中的作用并不明显。

4）吸引外资能力差

产业集群作为一种很好的项目孵化器和企业孵化器，在产业集群内创办企业的进出成本都相对较低。因此，中小企业集群具有很好的吸引外部直接投资的优势。而随着中小企业集群的发展壮大，其在国外资本市场进行融资也有望成为可能。通过观察发现，世界上很多经济发达的区域都是通过这种方式形成的，但我国产业集群实际利用外资的数量和质量都不甚理想。例如，在大量中小企业集群集聚的浙江省，根据 2016 年民营科技企业的调查数据，分布在临安、富阳、西湖、江干、高新滨江、萧山等地的137 家民营科技企业中，外部引资的仅占 10.9%。

4.2.4　产业集群的融资策略与建议

1）完善信贷管理，加强信贷服务

通过建立完善的信用评估体系，权威专门的资信评估机构和高效的信用信息系统，实现企业、银行、其他金融中介机构等各参与实体之间的信息资源共享。通过开发和完善银行信贷登记咨询系统，建立健全信用监督体系，在政策扶持、各方注资的情况下，建立和健全中小企业信用担保机构和相应的风险补偿机制和银行风险联动机制，进一步分散风险。最终实现担保机构和贷款银行风险共担的良好局面。

2）发展资本市场，拓宽融资渠道

在加快集群内达到主板市场上市要求的企业上市步伐的同时，为不能达标的企业设立"创业板"或"二板市场"，通过风险投资中介机构的建立和相应风险投资法律规定的出台，为中小企业吸引风险资本创造宽松环境。在国家和政府投资的带动下，进一步激活民间资本，建立起以创业板市场和风险资本为主渠道的中小企业直接融资模式，拓宽中小企业融资渠道。

3）建立区域主办银行

我国的《商业银行法》规定，任何商业银行不得在境内向非银行金融机构和企业投资。这一规定严重阻碍了主办银行相应制度的建立和施行。有学者曾建议建立区域性试行契约型主办银行的模式，即商业银行选择几个优秀企业（资质好，偿债能力强的企业）优先贷款，成为这些企业的主要债权人。而问题的关键是，主办银行需要与关系企业建立长期稳定的合作关系，加强企业和银行之间的信息交换与沟通，将信息不对称程度降至最低，同时降低中小企业因披露重要经营信息而产生的风险、银行信贷风险和中小企业的融资成本，当然，这些工作实施起来是困难的。

4）完善金融法律体系

优化产业集群的融资方式需要相应法律的规范。即在完善金融体制的同时，应该健全企业和金融法律法规的设立和修正，加快直（间）接融资的法律调整，进一步修订《商业银行法》《担保法》，加强中小企业融资的法律保障。

根据波特教授的论述可知，国家竞争优势来源于区域竞争优势，区域竞争优势在一定程度上来源于区域内集群的竞争优势。通过上面的分析可以得出以下结论：地方政府与金融机构以及行业协会的广泛合作，深入研究区域发展战略和产业集群中长期战略规划，是促进企业、金融机构之间信息共享和沟通交流，建立以合作为特点的融资体制，改善中小企业融资方式的基本出发点。

4.3 民间资本投资行为分析

多年来，以市场经济为取向的改革，为我国社会创造了大量财富，集聚了大量的民间资本。但民间金融没有得到政府的认可，大部分仍以非法的形式存在，民间资本没有和其他资本一样获得它应有的增值能力。与此同时，民营经济的发展得不到所需的资金供给，造成了资金供求的严重失衡。进一步发展民营经济，必须重视发挥民间资本的作用，实现民间金融正规化、合法化，加速发展民营金融，加强对民营金融的规范和监管以使民间资本发挥出应有作用。

4.3.1　民间资本的投资特征

对于民间投资，如果按投资的资金来源划分，政府投入的财政资金用于建造和购置固定资产的部分为政府投资，其余部分扣除外资（包括港、澳、台投资与外商投资）后为民间投资。也可以按投资主体划分，政府或代表政府的国有企业（单位）建造和购置固定资产的投资，不论其资金来源如何，均为政府投资，其余部分扣除外资后为民间投资。后一种定义比较符合我国的实际情况。因此，本章将民间投资界定为：非国有经济投资扣除外商投资的部分，包括集体经济、联营经济、股份制经济、个体经济和其他经济类型的投资。按照这种广义的民间投资概念，目前我国的民间投资已经超过国有经济投资，在全社会固定资产投资中所占的比重也越来越大，并且表现出了以下特征。

1）民间资本投资逆向运行

民间资本投资中，呈现出固定资产投资低迷与总投资高速增长并存的状况，这说明民间资本的投资机制和投资方式的多元化。这是因为，固定资产投资的低迷不完全是民营经济投资意愿的反应，新兴投资领域的竞争、刺激投资总量扩张的措施等在可能带动固定资产投资上升的同时，也可能将其分流到新兴的投资领域，从而降低了固定资产投资的增长。经过多年的改革和发展，民间资本的投资领域、投资渠道和投资方式都出现了很大变化。投资领域逐步扩大，现除传统的固定资产投资、流动资产投资外，还囊括了金融资产投资和无形资产投资等投资形式，并且金融资产投资和无形资产投资的比重也在所有投资行为中进一步加大；投资方式的多元化还使民间资本广泛投资于金融企业、证券、企业产权等方面，在这些方面的投资，实际是一种介于投资行为和储蓄行为之间的中性投资，他们虽然都不会直接增加固定资产，但可以间接获得相应的产业能力。从大量的事实可以看出，这些非固定资产投资方式对民间资本更具吸引力。由此可以看出，民营资本对固定资产投资的低度运转，只是表明固定资产投资在总投资中比例的下降，因为大量投资被转移到了其他更具吸引力的投资领域。

2）民间投资筹资渠道单一

民间投资的主要资金来源是企业的自我积累。根据相关部门的统计分析，2016 年民间投资的所有资金来源中，国家预算内资金占 3.1%，自筹资金和其他资金约占 85%。从这些数据中可以看出，民营企业资金的自我积累能力很强，占到了所有资金中的绝大部分比重。但也反映出民营企业的资金筹集渠道狭窄，外源融资的能力差，尤其利用外资的能力显得更弱，同时我们不得不承认，国家对民营企业的预算资金过少，只有 2.4%。因此，尽管近几年来我国民间资本呈现出了良性的发展趋势，投资热情、投资数量、投资方向都较之于以往有了很大改善，但投资的平均规模仍然较小，对经济的拉动作用没能更好地显现。下面的数据能够说明这一点：2016 年我国城镇计划总投资 1000 万元以上项目中，国有及国有控股投资项目平均规模为 5584 万元，外商投资为 9742 万元，民间投资为 2129 万元。从民间投资的项目规模分布来看，3000 万元以下的项目达到 82%。

3）民间投资以传统产业为主

虽然我国民间投资在投向上出现种种新趋势，但就分布面而言，仍主要集中在传统产业。在全社会分行业投资中，我国民间投资比例超过 50%的行业主要为农林牧渔业和制造业、建筑业、餐饮业等老牌行业。投资比例低于 20% 的行业主要有采掘、水务、保险等，这些行业内国有经济所占比例较大，国有及控股投资所占的比例都在 80% 以上。在对制造业的投资中，民间资本主要集中于劳动密集型的行业，这些行业绝大部分是传统制造业，对技术的要求低，市场进退机制灵活，获利水平也低于其他行业；相对于科技含量高、资本密集型的行业，民间投资的比例不仅远低于国有及国有控股投资，也低于外商投资。这能够说明某些行业对民间资本的进入依旧设置壁垒，同时也反映出民间投资在自身条件和资质方面尚不具备大规模进入技术和资金密集型行业的条件。

4.3.2　民间资本的投资优势

虽然我国民间资本总额庞大，但是由于缺少有效的投资渠道，大量的民间资金处于限制状态，从而大大降低了资金的使用效率，而众多的中小企业又十分缺乏发展的资金，这"一冷一热"的局面，极大困扰着政策的制定者和实际经营者。目前可用于产业集群内中小企业发展的民间资本，主要表现为以下几种方式。

1）用于产业转型的民间资金

经过多年的沉淀，不少的民营企业家通过兴办传统实业（加工、制造等行业）完成了对资本的原始积累。但随着科技的进步和消费习惯的改变，以及国家对产业政策和产业结构的持续调整，致使传统产品和服务不得不面临激烈的市场竞争，设备的老化、产品的过时、技术的陈旧等一系列亟待解决但又难以解决的问题将这些企业和企业所在的集群带入了衰退期。此时，这些民营企业家们迫切需要突破传统的经营方式，寻找新的盈利模式，积极转化经营方式。

2）用于"天使投资"的资金

有些中小企业在积累了一定的资本之后，退出了原来的行业，重新进入了新的投资区域。也有一些企业主通过在股票市场等一些证券领域的发展中积累了一定的财富，还有一些港澳台以及海外华人华侨自带资金回到祖国来进行创业和投资等，这些企业和个人都在积极寻找投资的良机，对投资规模小、成长性好的中小企业有独特的青睐。由于这种投资大多是个人行为，被称之为"天使投资"①。

3）成立民间担保公司

在我国现阶段，虽然以民间资本为主的创投基金或民营股份银行数量不多，但民营全资的担保公司却在全国各地蓬勃兴起②，占担保公司总量的60%以上。这些担保公司由于资产规模小、信誉程度高或低、法规约束弱或强等原因，主要是为当地中小企业融资提供担保服务，这在一定程度上就解决了中小企业向银行贷款时缺乏有效抵押物的难题。建立担保机构与银行的战略伙伴关系。在民营担保公司发展初期，银行一般会要求100%的保证金，担保机构担保责任余额与担保机构自身实收资本的比例是1：1。一些担保公司的实践表明，在信用积累的同时，发展与银行的战略伙伴关系，可以更有效地扩大这一比例，实现中小银行、中小企业和民营担保公

---

① 天使投资（Angel Investment）是自由投资者或非正式风险投资机构对原创项目或小型初创企业进行的一次性的前期投资，天使投资是风险投资的一种，是一种非组织化的创业投资形式。而投资规模为十万元量级、最多百万元量级的天使投资，对于难以获得银行信贷支持的初创期小企业而言，说至关重要毫不为过。可见这一在发达国家非常普遍、成熟的股权融资形式，在我国却面临着极为尴尬的境地。

② 以温州为例，温州当地相当活跃的担保公司已成为民间资金集结借贷的重要载体。根据温州市经贸委统计，截止到目前，温州担保公司逾100家。

司多方共赢。

此外，利用民间资本做权益融资具有以下优势：

第一，相对于创投基金的投资必须经过严密的审查程序，操作成本高，单一项目的投资规模较大的特点，民间资本的投资操作程序较简单，成本低，投资规模偏小。

第二，相对于管理创投基金的创投机构操作规范，周期较长，资金调动比较呆板，对创业企业要求较高的特点，民间资本往往是个人或小团队行为，没有层层审查，融资速度快，资金调动方便，门槛也较低。

第三，依托地方中小银行为民间企业融资服务。地方银行属于股份制商业银行，一般由地方政府、地方企业及个人参股组成，这种产权形式为地方银行提供了有利的增资扩股条件，易于吸收优质和稳定的客户群体。而且地方银行建立的初衷就是促进地方经济的发展，最大股东是地方财政，客观上具有地方政府对它的政策倾斜这一优势。另外，地方银行总部及分支机构设在地方，对促进中小企业的发展有国有商业银行所不能替代的优势。中小企业通过向地方银行贷款，接受种种必要的审批，对规范企业的财务程序，健全企业的财务制度有着极为重要的促进作用。

第四，中小民间金融机构可以公开化、合法化。允许并鼓励建立中小民间金融机构，迅速使其公开化、市场化，能够填补我国县及县以下金融机构的短缺，为中小企业提供合法的融资渠道。国家依托地方中小银行，鼓励并积极发展中小金融机构，不但能有效缓解中小企业融资难的问题，而且有利于规范和监管民间金融机构的运作和民间金融市场经济规律运行，便于开展竞争，防止高利贷的产生，也有利于国家有关部门了解民间资本的流动。建立以中小企业、企业经营者、中介机构为主体，以信用登记、信用征集、信用评估和信用发布为主要内容的信用制度，让市场中的金融机构能够清楚地判断中小企业的贷款风险，将大大缓解中小企业融资中的信息不对称问题。

4.4 产业集群吸收民间资本分析

以台州市为例，改革开放 30 多年以来，台州工业从无到有，现已基本形成了 30 多个产业集群，其中规模较大的制造产业集群有 9 个。目前台州共有工业企业 2.8 万余家，2007 年九大主要产业集群总产值占全部工业总产值的 52%以上，已发展成为台州具有地方特色的主导产业，具有较强的市场竞争优势，有力推动了台州经济的快速发展。

民间资本的组织化促使了台州资本密集型产业的崛起。在台州，汽车、摩托车、家用电器、缝纫设备、医药化工等资本密集型产业的兴起，并不是因为单体资本的积累已经达到了很高的程度，而是因为产业分工实现了民间资本的组织化和规模化。例如，吉利控股集团在轿车项目创办之初，就邀请其他民营企业加盟，其数亿元的配件设备投资就是通过这种办法解决的，并在短时间内不靠国家贷款奇迹般地建成了巨大的生产线。台州的摩托车、缝纫设备等其他行业也是如此。

可见，台州产业集群的发展，主要是民间力量推动的结果。

民间资本注入产业集群，相对银行信贷和其他融资方式而言，具有融资效率高、融资成本低以及诚信约束强等比较优势。但这种状态也不是一成不变的，随着产业集群生命周期的更迭，会显现出不同的优势和束缚。在产业集群的形成初期，基本完成了对民间资本能量的初始积累，产业集群初具雏形，并为下一步的深层发展和扩散打下了基础。随着产业集群的影响和收益不断放大，产业集群由萌芽期向成长期转移，其获利机会和投资边际收益逐步指向最优的规模；此时，产业集群对民间资本的吸收效应达到最大化的程度，民间资本对产业集群的作用不可或缺，是产业集群最主要的支撑资本。在产业集群渡过成长期，向更加稳健的成熟期转移时，产业集群的获利能力更强，而其利润却降为行业的平均利润，并在成熟期后逐步下降；此时产业集群吸收民间资本的能力开始逐渐减弱，先行完成能量初次积累的民间资本开始寻求新的产业结合释放路径，进入生产要素要求更高、投资边际收益更大的中高级产业。处于成熟后期、衰退前期的产业集群，在融资方式上也变得多样化，从萌芽期的简单依靠民间资本，转化为将吸收民间资本作为其进一步发展的普通融资方式之一。而以追逐利润为唯一目的的民间资本必将逐级攀行，最终推动整个社会产业结构不断升级。

此外，产业集群在民间资本的持续作用下逐步发展壮大，开始了强有力的生命周期的运行。在民间资本注入初期，由于资本的放大和衍生作用，能够使产业集群以较快的速度和爆发力迅速成长，在这种势头迅猛的成长过程中，民间资本的继续挺进，可以使产业集群的发展达到繁荣的程度。

　　从群落生态学的角度讲[①]，任何有机体的生存都不是孤立的，同种个体之间既有竞争也有互助。在自然界的范畴内，任何物种都与其他物种存在着相互依赖的关系，互利共生是其中常见的现象。在动植物群落里，如地衣中菌藻相依为生，大型草食动物依赖胃肠道中寄生的微生物帮助消化，以及蚁和蚜虫的共生关系等，都表现了物种间的相互依赖。这种关系使生物群落表现出复杂而稳定的结构，即生态平衡，平衡的破坏常可能导致某种生物资源的永久性丧失。根据生态学第二定律（此定律又称相互联系原理）：每一事物无不与其他事物相互联系和相互交融。比如，非洲草原上不同种群的猎手会共同围猎一只角马，栖息在热带雨林中不同种群的猴子会发出吼声提醒其他种群危险将至。集群的存在也说明了这一点。基于群落生态学的民间资本对产业集群的作用机制如图4.5所示。

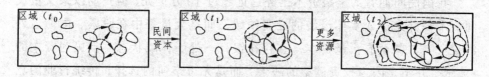

图 4.5　民间资本对产业集群的作用机制

　　图中的区域里，封闭的不规则区域代表企业。在时间 t_0，区域内的若干企业以某种方式试图联合，并对某些资源进行共享；在时间 t_1，这些相互关联的企业在民间资本的作用下，组成最初的产业集群，但是集群的规模较小，形态低等；在时间 t_2，随着民间资本的继续跟进，众多独立经营的民间资本进入这一领域，企业之间的配套体系也在市场交换过程中开始形成，协作关系不断得到深化。这种深化过程同时又创造了同质资金和同质劳动力，这种同质要素容易在同一区域内交换，交换的过程客观上实现了技术的交流和扩散，从而发挥了资金、劳动力、技术和管理等要素在同一区域内的有效作用，推动了产业集群的形成、发展和进一步的发展壮大，区域的共享也进一步加强。

---

① 把群落作为研究对象的学科。群落结构大致分为物理的和生物的两方面。前者如群落的外貌或生长型、空间结构、时间结构、群落的边界和交错区。后者有群落的物种组成、物种——多度关系、多样性。

4.5 民间资本投资产业集群分析

在全球金融危机面前，虽然各种投资风险有所加大，但对长期以来缺乏投资空间的民间资本而言，却也是个良机。同时，充分发挥民间资本的作用，对于保证我国经济平稳持续发展具有重要意义。

2016 年"中国民间投资论坛"指出，金融危机下，民间资本投资迎来新的良机，其有三方面的原因。一是商机多了，由于民间资本具有天生的灵活性，决策快，成功的几率就高；二是成本低了，受金融危机的冲击，各种资产、资源价格下跌，如土地、原材料，劳动力价格都会随着经济大盘的下跌而下调，这就造就了低成本创业、低成本扩张的大好局面；三是迎来了"走出去"的大好时机。比如，在"一带一路"战略的影响下，必然带动更大规模的民间资本投资。

我国民间拥有的金融资本已经远远超过 10 万亿元，但长期以来大量民间资本却并未进入实体经济的投资领域，而是大量集中在股票、国债、外汇投资上，甚至有大量资本一直存在银行，处于休眠状态。但民间资本的"休眠"并不是因为投资欲望的缺乏，而是无可奈何的选择，传统行业的竞争日渐白热化，效益回报已显疲态，投资空间有限；而有发展前景、高回报的产业垄断门槛高筑，民间资本很难分得一杯羹。所以，金融危机肆虐下，如果能够充分利用好巨大民间资本的力量，引导民间资本进入各种实体经济投资领域，这对于解决投资资金不足、内需难以扩大等一些问题都有着重要的意义，从而对保证我国经济平稳、持续、较快发展也将会有很大的帮助。

产业集群作为实体经济的有效支撑，无论在集群生命周期的哪个发展阶段（尤其是初创和成长阶段），都需要民间资本的持续投资，并带动更多资金形式和资源形式共同扶持和促进集群的健康快速发展。同时，和其他资本的性质一样，追逐更高收益和分散投资风险是民间资本投资于产业集群的内在和外在动力。

在产业集群的形成时期，民间资本注入其中，完成资本能量的初始积累。当产业集群初具雏形，影响和收益不断放大，产业集群开始逐渐吸收其他类型的资本形式，当产业集群由萌芽期向成长期转移时，集群的获利机会和投资边际收益逐步指向最优的规模，民间资本投资于产业集群的动力和收益也达到最大化程度，成为产业集群最主要的支撑资本。

当产业集群更加成熟，集群的利润降为行业的平均利润，并在成熟期后逐步下降时，民间资本投资产业集群的热情和动力就会下降，从追求利润的角度出发，民间资本开始逐渐从产业集群撤出，寻求新的投资领域。

在产业集群的衰退期，民间资本完全撤离，或者在产业集群衰退机制的作用下，改变了其资本形态，成为其他类型的资本，服务于更新的领域。但由于产业制度、投融资制度的限制，民间资本在产业集群的能量释放路径并不顺畅。部分能级较高的民间资本转而流向银行系统、或者回流到中级产业甚至是低级产业中。这就是我国民间资本在产业间的能量释放路径和流动规律。

此外，在能量积累与能量释放的逐步升级过程中，民间资本与国有资本的竞争在空间上开始由经济发达地区，向欠发达地区和落后地区扩散。在产业上，民间资本与国有资本两者之间的竞争也由最初的低级产业逐步向中级产业和高级产业升级。因此，应该降低民间资本进入产业集群的条件，放开民间资本的进入范围，更好地发挥民间资本对产业集群的推动作用。

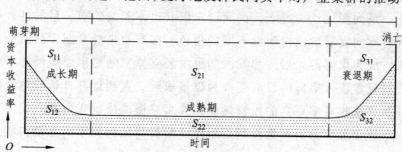

图 4.6　产业集群对民间资本的作用机制

注：图中阴影区域表示产业集群个阶段民间资本对资本结构的贡献，
　　分别用 S_{12}，S_{22} 和 S_{32} 表示。

2008 年至今，社会各界人士担忧政府为经济刺激计划配套资金的能力，同时政府投资能否持续拉动经济增长也备受关注。在今年财政收入下滑的背景下，为拉动经济持续增长，政府在加大财政投资的同时必须激活民间资金跟进，出台政策措施减少民间投资负担，开放民间投资领域。

如何拉动民间投资服务当前经济发展，民间资金缺乏投资渠道与中小企业融资难的悖论如何解决，一直是理论界和实践者普遍关心的问题，为此，应由政府牵头，为民间资金提供相关信息，并提供专业咨询和指导，为民间闲置资金和中小企业融资搭建一个高效的联系平台。

激活民间资金对中小企业集群的发展具有重大意义，不仅能够保持较高的投资水平，还能够促进居民消费，对缓解当前就业压力也具有重大意义，因此，为让民间资金发挥其应有的作用，政府应该健全中小企业服务体系，包括信息、融资、专利、法律等各种服务。政府应加大垄断行业改革，让民间资本得到充分释放，让产业集群得到更好的发展。

4.6   生命周期框架下的民间资本与产业集群的互动机制

产业集群与民间资本之间存在一种双向式的互动，即产业集群优化了民间资本，民间资本加快了产业集群化的步伐，使产业集群这种组织形式更加健全完善。通过前面的分析可知，处于生命周期不同阶段的产业集群，其融资方式是不同的，从萌芽期的以融资民间资本为主，到衰退期民间资本的完全撤离或者改变资本形式，产业集群吸收民间资本的形式和数量都会发生一系列变化；反过来，民间资本以其追逐利益的唯一目的性，在产业集群的不同发展阶段扮演着不同的角色。在产业集群早期，民间资本强势注入，成为集群得以形成和发展的最主要支撑，随着集群规模的不断增大，民间资本注入集群的目的便成为以量取胜，直到集群日趋成熟，民间资本开始寻求收益率更高的投资领域，并最终撤离或改变资本形式。下面笔者以产业集群生命周期为视角，对产业集群与民间资本的互动机制进行细致分析。

4.6.1   产业集群萌芽期与民间资本的互动机制

1）民间资本对产业集群的作用

在产业集群的萌芽期，集群内企业资金的来源主要是民间资本，其他类型的资本如外商投资、银行借款等都因种种原因未能介入。当集群规模开始变大、产品销售半径逐渐扩宽、市场空间结构使集群向更快的发展道路发展时，企业所需资金的数量也开始不断增加。为了满足紧迫的资金需求，融资难度很大的集群（或集群内的企业）只能借助民间借贷这种最直接、最快速的融资方式。而民间资本在投资产业集群以期获取较高收益的同时，也要承受因集群初创而伴生的较大风险。产业集群就是在这种资本环境下，吸收了民间资本促进了自身的发展。

2）产业集群对民间资本的作用

在产业集群的萌芽期，集聚效益尚不明显，那些闲置的民间资金、技术和设备首先通过集群的"引力"投身进来，取得了一定的经济效益，产生了较大的社会影响。在经济效益的吸引下，更多民间资本和其他资源逐步投入到核心产业的生产经营活动中。然而，对于处于起步阶段的产业集群，虽然增长较快，但是其经济总量不大，还不能改变整个区域的经济状况。民间资本虽然获取了部分较高的原始收益，但集群的高风险也需要民间资本一起承担。

3）产业集群萌芽期和民间资本的互动模型（图 4.7）

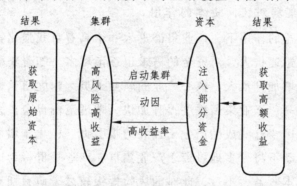

图 4.7　产业集群萌芽期与民间资本的互动

从图 4.7 可知，在产业集群的萌芽期资金需求紧迫且融资渠道单一，由于是初创时期，集群的市场风险和收益都处于高位；在较高收益的驱动下，部分民间资本开始注入产业集群，同时要抵御来自集群内部和外部的不同风险，这样才能在集群初具雏形并继续向前发展的过程中获取持续的收益。而此时的集群资本市场内民间资本是主体，在没有其他资本竞争的前提下，民间资本成为集群发展的最有利支撑点。

4.6.2　产业集群成长期与民间资本的互动机制

1）民间资本对产业集群的作用

经过一段时间的发展和积累，一些具备核心技术和较好管理模式的企业逐渐壮大起来，一些实力薄弱不适应集群生存的企业被淘汰出局，集群步入快速成长阶段。但此时集群在一定程度上还依靠核心企业的帮助。与此同时，更多民间资本的介入，有利于提高技术创新的力度，改善中小企业技术创新或转化能力的不足，又能够避免不同规模、不同技术层次的企业之间的过度竞争，使产业集群内的中小企业数量和质量都得到优化，使集群的规模优势逐渐体现出来。这个时期，由于资金需求旺盛，集群风险逐渐减弱，融资难度逐渐减小，民间资本的注入动力和数量也呈上升趋势。这使得企业集群中小企业与大企业在生产、经营、资本、技术多方面展开的协作大大增强，集群产品被不断分工改进，形成多种产品构成的产业链。由于网络外部化作用的存在，集群规模会达到临界，民间资本的作用也被发挥到极致。

2）产业集群对民间资本的作用

在集聚效益的作用下，产业集群进入一个具有自我强化特征的成长阶段，集群规模迅速扩大，对资金的需求也逐渐增多。随着集群达到临界规模，企业数量增加到最大，核心产业的就业人员大幅度增长，在区域中的重要性迅速提高，产业集聚程度提升加快，地理范围也会扩大，成为产业发展的新兴地区，这些成绩产生了强大的吸引力，极化作用显著，民间资本在利益的驱动下将更多地投资于产业集群，产业集群将为民间资本继续提供较高的资本收益，不过，此时的风险等级较之于萌芽期有所下降。这一时期，集群的区域实力还非常脆弱，还存在一定的投资风险。如果不进一步完善区域网络和区域创新系统，形成强大的核心竞争力，集群就容易止步不前，甚至直接走向衰退，这对民间资本来说是巨大的威胁。因此，防范风险、与集群一起抵御成长压力是民间资本在考虑收益的同时要重点考虑的另一个内容。

3）产业集群成长期和民间资本的互动模型（图4.8）

从下图可知，成长期资金需求量很大，并开始发展其他的融资渠道，集群的市场风险和收益都有所回落；在集群良好发展前景的影响下，更多民间资本逐渐注入产业集群，此时的民间资本将产业集群看作最主要的投资对象之一，在其他资本竞争压力较小的情况下，获取的收益达到最大化。

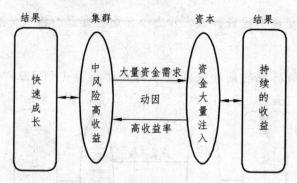

图 4.8　产业集群成长期与民间资本的互动

4.6.3　产业集群成熟期与民间资本的互动机制

1）民间资本对产业集群的作用

该时期，产业集群的各类配套设施——包括"硬件设施"和"软件设施"——逐渐完善，企业之间的信息和资源流动更加顺畅，企业间也建立起适应其产业的规模效应。由于这个时期的集群发展相对稳定，前景广阔，较之于集群发展的较低阶段，除民间资本外的其他资本往往很少对集群产生投资意愿（国家或地方政府的政策性扶持除外），此时的集群融资难度大大的降低了。在集群的成熟期，在稳健获利的驱使下，更多种类型的资本开始向集群转移，其中包括银行资金、外商投资等。随着其他类型资本的介入，民间资本对产业集群的作用也将逐渐减弱，从萌芽期的资本支撑开始转变为可有可无的资源。同时，群内企业通过"竞合"的方式维持着集群的产业链，在动态的稳定中不断优化着产业的"生态系统"，处于买方市场下民间资本只能与其他资本一样获取行业的平均利润。

2）产业集群对民间资本的作用

在成熟期，随着集群集聚程度的进一步提高，区域内的市场竞争加剧，专业化程度和协作分工的意识也更加强烈，集群依赖供应链的优势，开始实现大规模定制，从而获得了多品种、低成本优势，致使集群的风险程度降到了生命周期中的最小值。随着集群风险的降低，其单位资金的获利能力也随之减弱，加上资金市场转变为买方市场，民间资本的议价能力也落在集群之后，从萌芽期卖方市场的霸主沦为不受眷顾的普通资本。对于其收益，则与行业的平均水平无异。而根据追逐收益的资本本性，民间资本开始寻找收益更高的投资领域，并力争在集群衰退前将资金撤出，转变投资方向。

3）产业集群成熟期和民间资本的互动模型（图 4.9）

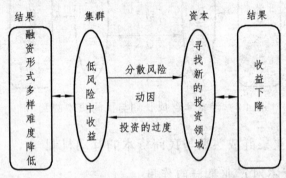

图 4.9　产业集群成熟期与民间资本的互动

从图 4.9 可知，在产业集群的成熟期，资金需求和资金供给都呈现出多样性，更多的融资渠道被开发和利用，由于集群已经度过了成长期，集群的市场风险和收益都回落到了行业的平均水平；由于资本的性质使然，也由于集群的收益下降，部分民间资本开始寻找更适合投资的新领域，此时民间资本将产业集群看作下一个投资策略的过度，在其他资本竞争不断加剧的情况下，单位民间资本获取的收益达到最小。

4.6.4　产业集群衰退期与民间资本的互动机制

1）民间资本对产业集群的作用

一般来讲，产业集群的衰退有两个原因：群内核心企业因为其他企业普遍存在"搭便车"现象，且感觉集群化生存成本过高而被迫迁徙出集群区域；集群整体从事的产业受宏观经济或自身生命周期的影响出现全行业的衰退。这与前文提及的产业集群衰退的四种类型相对应。无论何种形式的衰退，在这个时期，产业集群的生态机制瓦解，中间层组织的迁出致使集群网络关系破裂，由于缺乏必要的总体约束，集群内问题出现的可能性大大增加，此时，群内优秀企业在内外部压力的共同作用下，依据其现有的相对优良的资源和能力更多地选择迁出原来区域或进行重组，结果群内剩余的多数为资质低，生命力差的企业，这对集群回复生机是不利的。当大批企业难以为继，企业数量骤减，产业链发生多处断裂，集群在较短时间内便会回复到发展的初期阶段或完全解散。在这个过程中,民间资本的作用是不可低估的,它的存在,加剧了集群的衰退。原因是,当集群聚拢的各类资金纷纷逃离时,风险抵御能力相对较低的民间资本也不例外,它的迅速撤出让这种恶性循环几乎不可收拾,从而加快了集群的衰退或衰退为其他产业形式。

2)产业集群对民间资本的作用

集群衰退的表现是多方面的:经济增长放缓,企业效益下滑,亏损增加,核心产业投资回报率降低,企业数量减少,合作程度减弱,产值下降等。随着风险投资部门撤出而转向其他的投资领域,一些核心企业也迁出该区域,集群创新速度减慢,集群即群内企业不得不从依靠投资提高竞争力的生存方式转变为降低成本减少亏损的努力——实力差的企业宣告破产,实力较强的企业纷纷裁员。民间资本收紧资金投放力度的同时,已经寻找到更适合投资的领域,而在其他资本出逃的同时,民间资本已经将资金转移,从而避免了遭受不必要的损失。

3)产业集群衰退期和民间资本的互动模型(图4.10)

从图4.10可知,在产业集群的衰退期,资金需求模糊难辨,资金供给犹豫观望,更多的融资渠道关闭,由于集群已经度过了成熟期,集群的市场风险和收益又回落到初始水平;民间资本将资金撤出集群,转投到已经选择好的投资新领域,又一轮的投资和融资循环即将开始。

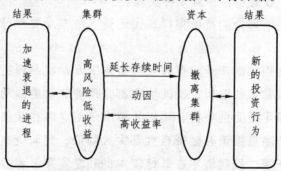

图 4.10　产业集群衰退期与民间资本的互动

4.7　全生命周期产业集群与民间资本互动机制

由于在产业集群生命周期不同的发展阶段,集群存在着明显不同的阶段性。为此，应分阶段地采取相应策略，以推动集群的有序发展，有效提升集群的竞争能力并延长其生命周期的长度（尤其是成熟期的长度）。通过前面的分析可知，无论是在集群的哪个发展阶段，它与民间资本的关系是非常紧密的，其相互作用机制一方面表现为产业集群在民间资本的作用下由弱变强，又由强转弱；另一方面表现为民间资本投资于产业集群的收益由高转低，又由低转无，最终退出产业集群，投资到其他领域。

民间资本与产业集群的相互作用是多方面的。民间资本能够影响和推动产业集群的成长，其存量和增量决定着产业集群的初始规模和发展速度，即在其他影响因素不变的条件下，民间资本存量越大起点越高，产业集群的发展速度就越快；反过来，集群所处的社会背景决定了该区域内民间资本的初始存量，服务于同一产业的民间资本增加越快，产业对外部就更具有吸引力，即任何产业或企业都更倾向于集聚在该产业具有较高的民间资本存量并容易获取的区域中。

此外，在集群生命周期的不同阶段，由投资产业集群产生的民间资本的收益是不同的，由收益程度决定的民间资本对产业集群的影响程度也存在差异。在产业集群的萌芽期，随着产品交易、信息交流的日趋增加，民间资本的需求呈几何级数增长，边际效益为正；当经过成长期达到成熟期时，边际民间资本降低为零，此时产业集群对民间资本的需求饱和。随着集群向衰退的边缘滑动，负边际民间资本随之产生。可见，集群的边界与民间资本的边际收益也存在着某种关联。

基于生命周期理论的产业集群和民间资本的互动关系可以通过下面集成的模型来表示。

从基于生命周期的产业集群和民间资本的互动机制模型可以看出，在集群的萌芽阶段和成长阶段，民间资本都是产业集群的原动力之一，同时民间资本也获得了较高的收益，实现了资本价值；当产业集群步入成熟期时，产业集群的融资渠道和融资难度都大大降低，民间资本的对产业集群的贡献也逐渐下降，民间资本在其他资本的残酷竞争下收益降至最低，并开始寻找其他投资领域；当集群开始衰退，民间资本和其他资本一起加速了其衰退的进程，在集群衰退的迹象开始表明之前，在其他投资领域或许已经开始了由民间资本主导的新的投融资历程。总之，产业集群与民间资本之间的双向互动，一方面说明民间资本加快了产业集群的发展，使产业集群这种组织形式更加健全完善；另一方面，产业集群的成长无形中优化了民间资本，同时进一步发展了民间资本。

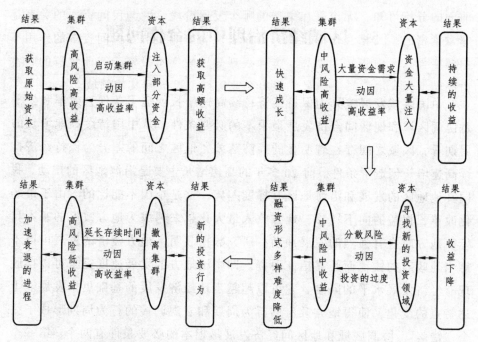

图 4.11 全生命周期产业集群与民间资本互动机制

当然，如果能够针对产业集群与民间资本的互动话题以及相关问题进行深入挖掘并加以论证，应该能够得到更多更有意义的结论，这主要表现在以下方面：

产业集群与其他资本形式的互动机制，其他资本有外商投资、银行贷款、债券融资、政策性投资等，如果能够就这些方面展开讨论能够对本章的研究起到很好的辅助作用，也能够丰富和完善这一研究领域。

民间资本与中小企业的互动关系。若除去集群的框架，单独分析企业与资本的投融资关系，这对于寻求民间资本的投资领域、运转模式，破解当前被广泛关注中小企业融资难问题，一定会得出更具有实际意义的结论。

5　区域经济治理中的合作问题

中国区域发展差异为保持经济持续高速增长创造了条件，效率和公平是协调区域和地区间经济发展最根本的必要条件。从中国持续高速增长的周期看，区域之间存在着明显的经济落差，地区之间的差异为保持经济持续高速增长创造了条件。前 20 多年的高速增长主要是沿海地区的拉动，我国其他地区的发展和沿海地区有梯度差异，这是小国不能比的。由于市场化改革，权益的向下转移，地方收入最大化越来越成为地方政府的基本目标。地方政府有强烈的发展冲动。研究数据表明，地方经济的发展可以不靠当地政府的钱，而是靠招商引资。即中国地方的发展速度完全可以摆脱现有经济发展水平的限制，它可以超越当地经济发展的基础更快发展。上述特点的变化，使得地方政府的行为周期和宏观调控的行为周期形成了一个"错落"。协调区域和地区间经济发展最根本的必要条件有两个：第一个条件是效率。中国经济高速增长已经到了必须转变增长方式的阶段。增长方式转变的根本是效率，中国区域经济持续高速增长，必须以效率的提高为主要动力。但效率引发的根本问题是损害公平。第二个条件是公平。在中国的区域经济发展中，最难处理的问题，最需要创造的社会条件就是在区域发展中效率和公平兼顾的问题。不兼顾各个地区之间的发展，很可能会影响竞争的效果。

5.1　区域经济合作治理中地方政府管理的问题与成因

转变经济发展方式和经济结构调整的关键在于充分发挥市场机制自身的调整功效，在市场机制不足以调整的领域辅以政府督导以实现政府公共治理目标，区域经济合作与协调治理机制的本质是国家经济意志渗透进入经济运行的各个环节和各个层面，这是现代市场经济条件下统筹公有部门、企业部门和社会部门的企业化治理方法。区域经济结构调整中经济法的任务包含有三个层次：其一，明晰政府管制的范围与企业经济自由的限度，界定政府管制机关和经济活动主体之间的责、权、利。其二，充分发挥经济活动主体自身的创造力和活力，通过政府督导，不断校正经济活动主体的行为以实现政府的政策目标。其三，具体经济结构调整政策实施之后，通过问责制保障政府管制机关决策和经济活动主体行为的科学化和法治化。

5.1.1　区域经济合作治理中地方政府管理存在的问题

1）重复建设，产业结构趋同

区域经济合作的价值在于，区域内各个地方能够根据自身特点和优势以及区域整体利益的需要，定位自身在推动区域经济发展中的角色，以实现区域内各地经济发展的共赢。但在现实中，由于地方政府对经济发展的关注更多地表现为对本辖区经济指标的关注，因而地方政府往往对那些热线产业具有强烈的投资冲动，而忽视宏观的经济效益。只顾眼前的盲目投资带来的是区域内产业结构的严重趋同，从而使得区域合作优势变为空谈。2016年我国长江三角洲地区15个城市三次产业结构趋同现象尤为突出。长三角地区除舟山市外，其他14个城市地区的结构相似系数大部分在0.97以内，其中上海、南京、杭州、苏州、无锡等五个城市相互之间的结构相似系数最大，绝大部分在0.98以上。地方政府重复建设所带来的所谓市场繁荣、高速增长只能是暂时的、虚假的，而其留下的危害却是长期的、严重的。一方面，跨区域的大型基础设施和公用设施不能适应区域经济合作的要求；另一方面，区域资源整合协调的能力严重不足，各自为政，低层次的竞争、重复建设、资源浪费问题突出。这种矛盾得不到有效解决，将极大阻碍区域经济合作的顺利进行。

2）地方保护主义盛行，统一市场分割严重

近年来盛行的地方保护主义愈演愈烈，地方政府间的原料大战、价格大战、市场封锁现象时有发生，国内市场被严重分割。从表面上看，地方保护主义提高了本地企业的生存能力，增加了本地政府的财政收入，有利于本地区的社会稳定。但从长远看，因地方保护主义导致的市场分割对国民经济发展产生的危害是极大的。首先，从微观经济角度看，地方企业在地方保护伞的庇护下畸形发育，缺乏成长过程中正常的竞争环境，这种

在温室中发展起来的企业很难在竞争激烈的全国市场以及国际市场中立足。其次，从宏观经济角度看，由地方保护主义产生的各种不同区域间的贸易壁垒大大增加了地方间的贸易成本，严重阻碍了区域经济一体化的进程，不利于区域及国家整体实力的提高。最后，区域经济合作的主体是企业，而不是政府。只有市场一体化，才能实现各种要素的自由流动，实现资源的合理配置，实现各区域之间的协调发展和各类经济主体之间的互惠互利。地方政府对微观经济行为的行政性介入使区域间交易费用增加，从而与区域经济合作的主旨背道而驰。

3）政府间恶性竞争，区域公共服务缺失

区域一体化、社会信息化、市场无界化的迅速发展，使很多原属各地方政府内部的社会公共问题和公共事务变得越来越外部化。良好的区域公共服务是整个区域经济、社会和文化正常运行和健康发展的重要保障，伴随着区域公共服务问题的出现，如何生产和供给此类服务自然提上了日程。由于区域公共服务具有一般公共物品的两大特征，即消费的非竞争性和非排他性，所以区域内各地方政府也同样会有"搭便车"心理，没有动力甚至采取规避心态去对待区域公共服务问题。但另外，这些区域公共物品还有着高度渗透性和不可分割性的特点，因此区域内各地方政府又不得不去解决这些问题。因此，以往由区域内某一地方政府进行的单边公共行政已力不从心，无法应对大量的区域公共服务问题，而由双边或多边的省级政府追求的合作行政或联合治理便提上了议事日程。在区域公共服务的提供方面，我国区域经济合作中的地方政府做得并不尽如人意。在诸多区域公共服务问题中，区域基础设施建设问题显得尤为突出。譬如，在港口建设方面，长江三角洲地区拥有沿江、沿海的天然建港资源，如果协调得好，可以充分发挥各地所长，提高港口利用效率和投资效益，也有利于上海航运中心地位的确立。但是，上海建设航运中心，把港运中心从内河迁到海外，在小洋山投资 300 亿元建大型海港，这使作为长江港口的江苏诸港缺少了整合力量，而浙江的宁波港受影响更重。与此同时，在一些单个地方政府难以独自处理的诸如人口流动、环境保护、传染病预防等问题上，由于联合与协作的缺乏，也无法从根本上解决，从而制约了整个区域经济的顺利发展。

4）区域公共物品供给不足与供给过剩并存

由于政府具有"暴力潜能"和规模经济优势，可以解决公共物品消费上的"搭便车"问题，因此公共物品通常由政府提供。但对于区域公共物品而言，即使由政府提供，由于区域公共物品跨越不同行政区，具有供给与需求主体的复杂性和多样性，因此同样也会存在消费上的"搭便车"问题。随着我国经济社会的发展，不同地区之间的社会交往、经济联系越来越密切，跨地区公共物品供给不足，区域内各地方政府各自为政，区域公共事务治理失灵的问题日益凸显。例如近年来出现的"住在长江边没水喝""淮河治污越治越污""太湖、巢湖蓝藻事件"等生态危机，实际上就是对我国传统的以行政区划、以地方治理为单位提供公共物品的体制提出了挑战。与区域公共物品供给不足相对应的则是区域公共物品供给过剩的问题。由于政府间缺乏沟通和协调，一些地方政府抱着"肥水不流外人田"的心理，在区域基础设施建设中大量投资、重复建设。例如，在以上海为中心的不足 300 千米的范围内，除了建有浦东国际机场、南京禄口国际机场、虹桥国际机场、杭州笕桥机场等大型豪华机场外，临近的各地级市也陆续建起了气派不凡的民用机场。其中面积只有 10 多万平方千米的江苏，机场多达 7 个。但是，每个地方都试图追求自身利益的最大化而不考虑他方利益和区域整体利益，结果恶性竞争，陷入了"囚徒困境"，不是共同获益，而是多方利益受损，造成了资源的严重浪费。

5）行政区经济

我国由于特殊的历史文化背景和现实的体制、机制原因，行政区划对区域经济的发展具有重要影响，区域经济运行往往带有强烈的地方政府行为色彩，行政区划界限如同一堵"无形的墙"一样对区域经济联系产生刚性约束，使得生产要素跨区域流动严重受阻，区域经济合作受制于行政区划而遇到各种有形无形的障碍。我国在计划经济条件下，以"条条"为主的区域经济管理模式，造成"条块"分割，区域经济结构趋同，"小而全"的地方工业体系加剧了工业布局的分散化，这为行政区的经济发展奠定了基础。改革开放以后，地方日益成为相对独立的利益主体，经济发展指标成为衡量地方政府官员政绩优劣的重要依据。在这样的背景下，追求地方财政收入最大化成为地方政府介入经济活动的强大动力。于是，地方政府在地方财政收入最大化以及与官员职务晋升密切相关的政绩最大化的激励之下，发展经济的积极性被充分调动起来了，但同时又不断强化了地方政府的地区本位意识，使得地方政府只关注本地局部利益而忽略区域发展的整体利益。权力对市场微观主体的过度干预，政企不分，企业对政府的依附关系未能从根本上打破，司法机构、金融机构管理的"属地化"等，又为行政区经济的发展提供了现实条件。行政区经济是直接造成我国重复建设、地区保护、市场分割现象屡禁不止的重要根源。

5.1.2　我国区域经济合作治理中地方政府间关系不协调的原因

1）行政性分权带来的利益分化

中华人民共和国成立初期，我国实行中央高度集权的计划经济体制，最大限度地集中了有限的国力搞经济建设，起到了很好的效果，为我国工业化的成功起步、迅速建设工业体系创造了前提条件。但是，过分集权的中央政府是不利于现代化的。1978 年以来，中央政府开始实行分灶吃饭的财政大包干制，对地方政府进行了以下放财政权、税收权、投融资权和企业管辖权为核心的行政性分权，大幅度地扩大了地方政府的经济权限，从而在市场竞争格局和市场利益主体方面形成了两个独特的层面：企业主体和地方政府。但在改革开放初期，由于市场刚刚发育、企业尚未成为真正的市场主体，为了有效促进国家经济发展，只有强化地方政府的主体地位，以形成地方政府与地方政府的竞争格局，事实证明也确实如此。但地方政府利益主体地位强化的另一后果是，地方政府在进行利益关系选择的时候，首先要考虑的往往就是自身利益的得失，而置其他地方利益于不顾。这样看来，在利益分化已成为我国区域经济合作中地方政府间关系不协调的原因的同时，也见证了地方政府间关系不协调作为我国经济政策产物，具有一定的合理性和必然性。

2）地方政府职能转变滞后

转变政府职能，就是要将政府的经济职能从微观管理转变为宏观管理，从直接管理转变为间接管理，从主要依靠行政手段转变为以经济手段为主，以法律和行政手段为辅的形式。政府职能的转变，有助于资源在市场配置下自由流动，有利于区域大市场的形成，从而让地方政府从相互之间的不协调中解脱出来。一般认为，改革开放以来政府对经济的管制范围是不断缩小的。事实上，这一判断只对中央政府来说是符合实际的，而省级政府对本省区的管制没有缩小反而有所扩大。地方政府对微观经济活动的过分介入，使其自身陷入到了不同地区企业利益的纠纷当中，地方政府为了维护或实现自身利益，不惜动用各种行政强制手段，搞土政策、封锁市场、保护本地企业，可以说地方政府职能转变滞后是造成我国区域经济合作中地方政府间关系不协调的根本原因。

3）利益分配不平等

地方政府利益主体地位的加强，使得各地方政府参与区域经济合作与否在相当程度上取决于其能否通过依靠自身的比较优势参与区域合作从而得到额外的比较利益。也就是说，解决区域经济合作中地方政府间关系不协调的最重要手段，就是让所有参与到区域经济合作中来的地区均能获得利益报酬。然而，这只是一种理想状态。在现实的区域经济中，不同地区间的不平等交换和发展机会的不均等，导致这种因分工形成的经济利益在部门和地区之间的分配往往是不平等的。落后地区参与区域经济合作的目的在于快速促进本地经济发展。但在资源自由流动的区域经济大框架下，如果没有一个好的协调机制，因为其自身在投资环境和经济实力上的先天劣势，落后地区的资金和人才往往反而会流向发达地区。这样就会形成一种富者愈富，穷者愈穷的马太效应。同样的情况还表现为，发达地区依靠自身的先天优势，产业升级快，逐渐地把一些传统的相对附加值较低的产业排挤到落后地区，使得落后地区在区域经济合作中较发达地区获利更少。这些因利益分配不平等引起的地区间矛盾，是导致地方政府间关系不协调的又一重要原因。

4）现行地方政府官员政绩考核制度不合理

政绩考核制度对地方政府经济行为有着很大的导向作用，作为政府行为执行者的政府官员在进行各种经济管理活动时，往往会先把自身行为纳入到政绩考核制度的框架中。在经济权力下放和市场化的过程中，地方政府的合法性基础也发生了相应的变化。在这种新的制度环境下，经济发展成为考核地方官员业绩最重要的指标之一。斯坦福大学的周黎安博士运用了一个委托代理的模型，对 1980 年至 1993 年间我国 26 个省（除西藏、海南、台湾、香港和澳门）的数据进行了实证检验，结果显示各省的经济绩效与地方官员的晋升之间呈现出高度的正相关性。这种政绩考核标准迎合了我国求经济发展、人民盼生活水平提高的要求，但存在着很大的弊端：本区域经济发展状况成为地方官员升迁的关键，这必然会导致地方政府首脑只关心本地经济发展，强化资源配置本地化和保护本地市场。在区域经济合作过程中则表现为，一旦遇到有损本地经济发展的情况，不管是否存在大区域整体利益的最优化或本区域长远利益的最大化，都会采取消极策略。因为，任期内最快的发展本地经济才能使他们得到升迁机会。显然，地方政府政绩考核制度的不科学性已成为阻碍区域经济合作顺利进展的制度性障碍。

5）地方政府间竞争机制不完善

中央向地方放权，目的在于促成地方政府间竞争的格局，激发地方政府发展本地经济的积极性，从而促进国家经济的快速发展。但科学、有效竞争机制的缺乏，使得原本美好的愿望转向了其有害的一面。各地方政府为了在这场声势浩大的经济发展锦标赛上获取胜利，不惜打造各种政策洼地来吸引外资，制造各种贸易壁垒抵制外地商品进入本地市场，制定各种土政策保护本地企业，种种不科学的竞争方式，扰乱了生产要素在市场中的自由流动，使得各种生产要素无法在一种最富效率的方式下进行配置，从而影响了区位间的经济交流与沟通，损害了市场的健康发育。

5.2　区域经济合作治理及其价值

区域经济合作与协调法治化的目标是保障中央和地方政府产业促进政策的实现，一方面需要中央政府的宏观经济政策、产业政策布局和公共投资的拉动；另一方面则需要地方政府之间协调重大生产力布局，支持和帮助经济欠发达地区发展经济，增加流动性要素的潜在边际生产力，吸引流动性要素的进入，进而改善区域的产业结构，促进全国各地区经济协调发展。

5.2.1　区域合作治理的产生背景

在区域经济一体化不断发展的背景下，我国区域政府间合作的意愿已经日趋强烈，各地方政府纷纷采取措施不断加强彼此之间的行政协调与合作。但总的来说，目前我国的区域合作主要还是一种浅层次的合作，基本上停留在事务性、局部性合作的阶段。地方政府的行为取向主要还是以地区为本位，行政区行政模式仍然占据主导地位。随着我国区域经济的深入发展，由区域经济一体化所引发的行政区划内大量公共问题日益"外溢化"和"区域化"，恶性竞争、产业雷同、地区保护、市场分割、区域公共物品供给不足、区域公共事务治理失灵等问题的大量存在，对区域经济合作的进一步发展构成了严重障碍。地方政府囿于地方局部利益，对区域公共事务和公共问题采取"不作为"态度，甚至在追求地方财政收入最大化和官员晋升政绩的激励之下还以邻为壑，不惜损害区域整体利益，这样不仅使得已有的区域公共问题难以有效解决，而且还进一步侵害了区域经济一体化内在的互利互惠原则，造成区域公共问题持续滋生的恶性循环。因此，要解决层出不穷的区域公共问题，规避形形色色的地方保护主义，变恶性竞争为良性互动，实现区域公共事务的良好治理，构建有效的区域公共物品供给机制，为区域经济合作的深入发展创造条件，就迫切需要区域政府有所作为，全方位、整体性地在政策、制度安排方面作出深层次调整，进一步转变政府职能，建立良好的信息沟通及双边、多边协商机制，实现政府治理理念、治理形态的转变，由行政区行政走向区域合作治理。所谓区域合作治理，就是在"复杂性社会"生态环境下，区域内多元主体通过多中心混合治理模式提供优质的公共服务，为实现区域公共利益最大化而进行的治理制度安排。区域合作治理是顺应经济全球化和区域一体化的潮流，为解决区域公共问题，实现区域公共事务的良好治理，保证区域合作健康发展而出现的一个新的治理机制。在管理的价值理念上，区域合作治理以区域整体利益为依归，以区域公共问题的有效解决和区域公共事务的良好治理为行为取向，摒弃了行政区单边行政的固有弊病，奉行"区域性行政"和"合作治理"的哲学观，把跨越行政区划的"外溢性"公共问题和"区域性"公共事务纳入自身的管理范围，由此实现社会公共事务的分层和细分治理。在管理的主体上，区域合作治理的主体是多元化的，既包括代表官方的政府组织，也包括代表非官方的民间组织和私营部门，是区域政府与公民社会、私营部门等多元主体共同治理区域公共事务的"多中心"治理体制。在公共权力的运行向度上，区域合作治理依赖的是多元、分散、上下互动的权威，彼此之间是合作网络与交叉重叠的关系。它主要通过合

作、协调、谈判、伙伴关系、确立集体行动目标等方式来实施对区域公共
事务的联合治理。这种联合治理的实质在于它是建立在市场原则、公共利
益和认同之上的相互合作。在公共事务的治理机制上，传统的科层制机制
面对区域公共问题的挑战，已经显得力不从心。因此，针对不同层次、不
同类型的区域公共问题，必须借助科层制、市场机制、合作机制、组织间
网络、自组织制等混合机制来治理，形成一种组织间网络的区域公共问题
治理新机制。合作、协调、伙伴关系、共赢成为这种混合治理机制的精髓。
区域经济合作的发展是区域合作治理兴起的重要前提，而区域经济合作的
健康发展，又依赖于区域合作治理给予保障和支持。

5.2.2　区域合作是实现区域经济一体化的必然选择

区域经济一体化是指相邻的两个或者两个以上的国家或地区按照自然
地域经济内在联系、商品流向、民族文化传统以及社会发展需要而形成区
域经济的联合体。它也是实现资源在区域内优化配置，推动区域经济整体
协调发展的过程。区域经济一体化能够给区域内的各地区和部门带来共同
利益，能从整体上提高区域经济竞争力。区域经济一体化包括基础设施建
设一体化、产业布局一体化、生产要素市场一体化、环境保护一体化和区
域城市发展一体化等多个方面。区域经济一体化有国际区域经济一体化和
国内区域经济一体化之分。无论是国际区域经济一体化还是国内区域经济
一体化，两者追求的目的一样：通过逐步取消阻隔各国或地区生产要素在
区域内自由流动的障碍，建立一个包括商品、资本和劳动力在内的统一市
场，充分发挥各国或地区生产要素的优势，实行区域内生产要素的优化配
置，促进区域内专业分工，协作生产，发挥规模经济效益，从而促进区域
的共同繁荣。就国际区域经济一体化而言，最大的三个组织是欧洲联盟、
北美自由贸易区和亚太经合组织。其中，欧盟一体化是目前国际区域一体
化中最成功的典范，其成功经验对世界其他国家和地区推进区域一体化有
重要的借鉴意义。国内区域经济一体化的类型和数量就更多了，在我国，
区域经济一体化的基础是打破计划经济时期形成的"条块"分割，使区域
内各城市间和区域内外之间的生产要素得以自由流通和优化组合，发挥各
自的优势，形成合理的分工体系。但在区域经济一体化进程中面临着诸多
障碍，如产业结构趋同，缺乏有效分工与整合，重复建设现象较为严重的

现象；区域内生产要素的自由流动仍受到很大的限制，特别是一些短缺要素如资金、人才、技术流动受到种种不合理限制；区域内各城市之间在发展战略上缺乏统一协调，在城市职能分工上没有进行统筹规划等等。这些问题的存在已经影响到区域经济的整体协调发展和区域经济潜力的充分发挥。为解决这些问题，迫切需要地方政府在更宽广的视野下思考行动方案，使得协商与合作成为各地方政府集体行动的内在逻辑。区域合作是指一定区域内的各地方政府基于共同的利益追求，经过磋商与沟通，将资源在地区之间进行优化组合，以获得最大的经济效益和社会效益的活动。这一概念包括以下内容：一是区域合作的组织形式包括高层联席会议、城市政府联合体、政府倡导下的非政府组织合作论坛、跨经济区的地方政府联合、区域一体化发展咨询委员会、区域协调联合会、区域一体化促进会等组织。其中，成效显著的地方政府间合作组织主要有粤港澳合作联席会议、长江三角洲经济合作区等。二是区域合作是区域内的地方政府在平等、自愿的基础上，经过磋商沟通，形成合作协议作为行为依据。三是区域合作的目标是实现区域间的经济效益和社会效益的最大化。四是区域合作在本质上是地方政府关系的一种调整，其核心在于利益共享。加强区域合作，有利于打破区域内部各地区之间的贸易壁垒，强化区域整体发展观念，使区域内不同地区的生产要素能自由流动，以形成区域发展的统一大市场，实现经济利益上的互惠共荣。区域合作也是协调地方政府间利益冲突、走出"公用地悲剧"和"囚徒困境"的必然选择。一个内部经济协调发展的区域可以使区位、生产要素和产业结构不同的各级各类城市通过合理分工、相互协作而承担不同的经济职能，克服单个城市在资源、空间等方面的不足，形成规模经济和集聚效应，优化资源配置，实现共同发展。有学者认为，研究现阶段我国区域经济的发展与区域合作，需要从政治经济学的维度切入，通过对政府结构、政府的决策程序及其微观基础的考察和审视，推进问题的解决。因为，实现区域经济一体化的主要障碍，即地方保护主义的根源在于现行的体制和结构。在市场机制尚不完善、法治还不健全的情况下，仅仅依靠民间经济交往这一自下而上的市场力量，显然难以冲破这一体制性障碍。而通过构建一个强有力的区域政府合作机制，依靠政府间的合作积极推动区域经济一体化，是在现行体制下实现我国区域经济一体化发展的理性选择。在日益激烈的市场化竞争中，我国要在国际经济的舞台上胜出，必须走区域合作的道路，凭借整体的力量、依靠区域综合优势参与全球经济竞争，而不是"单打独斗"。事实上，由于资源禀赋的差异和越来越多跨区域公共问题的凸显，各地区之间通过互利合作来实现利益最大化的需求也越来越迫切。目前，我国在实践中已探索出了一些区域公共治理的模式，但治理工具比较单一，治理的内容主要局限在经济发展方面，较少关注和涉及其他区域公共事务和公共问题，区域公共协调机制尚不健全而且缺乏制度化，区域的无缝隙衔接也缺乏制度的配套。

5.2.3　区域合作治理在协调区域经济发展中的作用

随着区域经济合作的发展，我国各地区间的经济联系日益紧密，区域合作治理在协调区域经济发展、指导区域经济合作方面的作用也会越来越突出。

1）区域合作治理为区域经济合作提供制度框架

制度作为一种规则，是一种公共物品，在其适用范围内对所有成员都具有约束力。制度的提供和维持有赖于公共权威强制力的保证。受制于传统的行政区行政治理模式，地方政府对区域公共事务和区域公共问题往往采取消极态度，以至于在区域公共事务的管理上出现了权力真空和治理盲区，区域公共事务难以有效治理。有效的协调沟通机制是区域合作有序运行的重要保障，目前我国的区域协调机制主要还是一种非制度化的组织协调机制，特别是在行政力量过强的条件下，这种合作协调机制难以摆脱地方政府的控制，在某些方面还必须借助地方政府的政治权威来推进和加强这种组织协调工作。这样，区域合作协调机制实际上很难承担起真正的管理协调职能。因此，建立在多元主体合作治理基础之上的"区域合作治理"已经成为政府应对区域经济一体化的有效回应和必然选择。通过制度建设、制度创新，区域合作治理可以为区域经济合作提供一个可靠的制度平台，为区域经济合作的利益相关主体提供具有普遍约束力的规则体系，规范和协调合作各方的行为，为生产要素的自由流动创造条件，为市场主体提供可靠的预期，为区域内的经济生产活动提供一个具有稳定性的框架。

2）区域合作治理可以降低区域经济合作的交易成本

区域经济合作是经济发展的必然结果，而不断降低交易成本则是不断推进区域经济合作的重要前提。地方政府在区域分工和区域经济合作中的角色定位应当是公共物品和公共服务的提供者、区域交易活动正常进行的维护者。但在行政区行政的背景下，地方政府不仅具有实现自身利益最大化的动力，而且具有实现自身利益最大化的手段。地方政府通过实施地区保护、行政垄断等方式阻止短缺产品流出，禁止与本地企业有竞争关系的产品进入，阻碍统一的区域市场体系的形成等，人为增加了区域经济活动的交易成本，阻碍了区域经济合作向纵深发展。在当前我国既有的体制条件下，区域合作中各种问题的解决主要还是依靠政府间的横向协调机制自行解决，然而由于目前政府横向协作的法制基础薄弱、地区政府间利益博弈的客观存在以及区域公共问题的"外溢性"和区域公共物品消费上的"搭便车"心理，许多具体问题只能诉诸具有直接共同管辖权的上级政府来协调处理，但上级政府在协调各地方政府冲突时，往往又因为缺乏足够的决策信息而处于"理性无知"的局面，因而难以从根本上解决问题。因此，在区域经济发展过程中，要避免非必要交易费用的过高增长，就必须进一步规范地方政府的行为，创建良好的制度环境，引入"新公共管理"理念，创新区域合作治理制度和体制。区域政府应该通过一体化的区域合作治理制度供给，加强区域的规划统筹以及区域间的沟通与协商，逐步取消一切阻碍区域市场一体化的制度与政策规定，取消一切阻碍商品、要素自由流动的地区壁垒和歧视性规定，以促进区域统一市场的发育和完善，将外部溢出效应内部化，为市场主体的活动创造良好的制度与政策环境，降低区域经济合作的交易成本。

3）区域合作治理是实现区域内资源优化配置的重要前提

区域经济发展中的地方保护主义、市场分割、重复建设等使得劳动力、商品、技术和资本等生产要素不能在区域内自由流动，不能实现资源的优化配置和经济效益的最大化，这既不利于当地经济的长远发展，也阻碍了区域经济的长远发展。因此，必须采取措施打破地区保护、市场分割状态，实现生产要素在区域内的自由流动。区域合作治理可以深化区域内不同主体之间的合作关系，通过区域合作组织的协商决策，制定区域统一的经济政策和规章制度，排除地方保护主义，消除各地区阻碍生产要素流动的行政性壁垒，形成区域统一市场，使各种生产要素能够按照市场规律在区域内统一流动，实现资源的优化配置，增强区域经济的竞争优势。我国市场经济建设的一个重要任务是培育和发展统一、开放、竞争、有序的市场体系，构筑全国统一的大市场，不同层次的区域共同市场则是全国统一大市场的重要组成部分。区域共同市场的构建离不开区域合作治理的支持。我国目前区域之间的联系还不够紧密，地方政府各自为政，片面追求地区利益，忽视了宏观的、跨行政区域的经济效益和社会效益，人为造成了地区间的条块分割。这种分割不仅严重阻碍了生产要素在区域内的自由流动，阻碍了社会资源的优化配置，同时也严重危害了社会主义市场经济体系的建设，阻碍了区域共同市场的形成和发展。因此，区域政府需要通过一体化的共同政策打破地区封锁，消除人为壁垒，实现要素的自由流动。区域内各地区要正确定位，错位发展，实现产业链的合理布局，把区域作为一个整体协调开发，通过区域政府的协同管理，从规划、制度、政策和措施等方面实现共同化、一体化建设，实现资源共享、优势互补。

4）区域合作治理可以提高区域公共物品的供给质量

在区域经济发展过程中，传统"内部"公共问题与公共事务变得越来越"外部化"，如跨行政区划的环境保护、资源利用、人口流动、传染疾病控制、区域发展等区域公共问题的大量出现，以往那种地方政府各自为政的单边行政已难以应对，双边或多边的区域政府追求合作共治的区域合作治理便提上议事日程。对于跨地区公共事务的治理，美国学者奥斯特罗姆夫妇在总结世界范围内成功的治理案例后提出了多中心治理理论，他们认为在解决跨多个决策中心（如跨行政区域）开展公共事务治理问题时，一个基于跨多个决策中心或行政区域建立起来的多中心自主治理结构将会是有效的。目前我国的区域合作治理制度和区域公共物品供给制度还缺乏公平的合作体系，区域政府间在区域公共物品供给和公共财政支出方面责任划分不清，单个的行政主体过度关注行政区内部的公共事务及公共物品的供给，造成区域内公共物品供给不足和供给过剩并存的现状以及公共事务治理失灵的局面，这不仅浪费了区域内的公共资源，而且不利于区域经济的整合与发展。通过区域合作治理可以使原来各地方政府单独提供公共物品的外部利益内部化，消除区域内各地方政府"搭便车"的倾向。区域内各地方政府形成利益共同体，在合作协调一致的基础上根据区域整体利益最大化的原则进行决策，提供区域性公共物品，按照收益大小分摊成本，这样就可以增强各地方政府供给区域性公共物品的积极性，在兼顾地方政府利益和区域整体利益的基础上，有效改善区域性公共治理的状况。

5.2.4 国外区域经济合作治理的经验与借鉴

区域经济结构调整一般是指国家运用经济的、法律的和必要的行政的手段，改变现有的区域经济结构状况，使之合理化、完善化，进一步适应生产力发展的过程。比较世界各国的区域经济合作与协调调控模式，概括而言主要有如下几种模式：

1）中央政府主导下的区域经济促进模式

政府直接设立企业实体，从事区域特定产业和相关产业的经营，以美国田纳西流域管理局（简称 TVA）为典型。根据《田纳西河流域管理法案》的规定，田纳西流域管理局有权为开发流域自然资源而征用流域内土地，并以联邦政府机构的名义管理。河流的自然属性使得跨流域水利工程及其产权必然出现共同占有、难以分割的特征，如果被非自然的分段管理，将会造成所有的分河段都不对河流的整体效益负责的情况。目前在我国中西部地区河流上密布的中小型水电站已经造成严重的环境危机，为了争夺水资源流量肆意蓄水、排水，片面追求个体利益最大化的结果是环境恶化的成本由整个社会承担。

2）区域间经济合作协调委员会模式

萨斯奎哈纳河流域面积 27 510 平方英里[①]，《萨斯奎哈纳流域管理协议》是美国区域经济合作与协调的联邦法律。根据该项法律，萨斯奎哈纳河流域管理委员会成为具有流域水资源管理权限的流域水资源管理机构。作为一个州际间的流域机构，在《萨斯奎哈纳流域协议》的授权下，该委员会有权处理流域内的任何水资源问题，并负责制定流域水资源的综合规划。在美国，类似的区域经济管理机构还有特拉华流域管理委员会、俄亥俄流域管理委员会等。

---

① 1 平方英里 ≈ 2.589881 平方千米（km^2）。

3）特定项目区域经济合作协调促进模式

通过特别的政策性立法确保区域政策目标的实现，是大部分国家区域发展实践所证明的。巴西政府为了协调东部沿海地区与内陆地区的经济发展颁布了《4239 号法令》，规定在西部地区开发建设项目，可免征所得税的 25%，并在国家宪法中明文规定向落后地区的投资额不得少于联邦财政预算的 30%。意大利政府为了促进南方与北方的协调发展，通过法律具体规定了在南方和岛屿办企业所享有的多方面的税收优惠，还专门成立了南方公共事业特别工程基金局筹措了 1 万里拉作为扶持开发基金。及时立法，改善法律环境对促进落后地区的迅速发展，缩小地区差距，促进区域经济合作能够发挥显著的作用。

5.3　我国区域经济合作与跨域治理的政策思路

通过以上分析，可以看出地方政府在区域经济合作过程中发挥着极为重要的作用。面对在区域经济合作条件下地方政府管理出现的一些问题，能否采取正确合理的措施使这些问题得到及时解决，已经关系到区域经济合作的成败。因此，如何打破地方保护主义，构筑区域经济的总体优势，已成为当前我国政府和学界共同关注的焦点之一。

5.3.1　我国区域经济合作治理的政策思路

1）转变政府职能

政府职能转变滞后是我国市场化进程面临的主要矛盾。政府转型是新一轮改革的中心和重点。地方政府要加速向服务型政府转变，各行政区政府应树立新的区域观，把经济区一体化作为地方发展的战略目标。当前我国一系列改革已进入新的攻坚阶段，将把政府管理体制改革作为重中之重。跨行政区区域经济格局变化将直接冲击传统条块分割的行政管理构架，市场统一必将带来跨地区规划管理事务的增加，由此可能引发行政机构的调整或合并，也将给政府职能转换工作增添新的内容。我国幅员辽阔，可以说地区差距将是绝对的、长期存在的，协调是相对的，是要追求的目标。总的来说协调发展至少要包含三个不可或缺的要素：① 地区优势得以发挥；② 政府能在公平和效率间平衡；③ 各地人民得到大体相当的公共服务和福利，生活水平普遍提高。那种片面追求缩小地区间 GDP 总量和人均水平差距的做法与区域协调发展是南辕北辙的。如何逐步实现区域协调发展？要坚持三大原则：① 坚持市场配置资源基础作用，但不可忽视政府宏观调控。要最大限度地发挥有限资源的效益，以最小的投入，获得最大的产出。但是，市场经济条件下，市场的作用倾向于扩大而不是缩小地区间的差距。离开政府的调控，区域协调发展是不可能的。② 坚持因地制宜，发挥地区比较优势。政治、文化生活存在多样性，同样经济生活也存在多样性，不同的人对享受有不同的要求。我们并不能要求西藏、贵州走上海、北京的经济发展道路和发展模式。只要是符合当地特点，最大限度地发挥地区比较优势的发展方式，就是最优化的地区发展之路。③ 坚持以人为本，把普遍提高和改善人民生活水平和质量作为出发点和根本宗旨。区域政策着重解决的是消除区域发展机会的不平等、发挥区域优势，使得不同经济发展水平地区的人民获得相对均等的社会公共服务和福利，生活水平和质量得到普遍提高。

2）更新观念

受传统计划经济体制以及中华人民共和国成立初特殊时期工业布局的影响，各地方政府逐渐形成了各自为政、各成体系的习惯。与此同时受利益的驱使，各地方政府不愿面对市场经济中的正常竞争，转而采取各种地方保护措施，阻碍了区域合作的进程。如今，随着我国市场经济深入发展，政府传统的管理方式与理念已不能适应时代的要求，这就需要政府及时更新观念，以推动区域经济合作的不断发展。此外，各地方政府应树立加法意识、共赢意识，逐步淡化行政区意识，树立经济区意识，这有赖于对区域经济合作发展的科学认识。美国著名区域经济学家弗里德曼认为，区域经济一体化的进程分为四个阶段：① 缺乏等级结构的独立地方中心阶段，这一阶段的各地区基本上没有什么合作；② 单个强有力中心阶段，这时出现了一个处于支配地位的城市，外围地区开始形成，但外围经济停滞不前；③ 单个全国性中心和外围地区次级中心形成阶段，在这个阶段，受到经济中心的辐射与拉动，外围地区经济开始向前发展；④ 一体化阶段，至此，良性的区域经济互动一体化最终形成，区域整体竞争力得到提高。因此，地方政府应开阔思路，将眼光放远，而不是紧盯眼前利益不放。只有这样，各地方政府才能增强相互间的信任，相互合作，发挥各自优势，不断促进区域合作的发展。

3）制度化的途径

为了有效地实施区域政策，适应市场经济的发展和规范政府的职能定位，必须制订一部政府间关系法。市场经济是法治经济和规律经济，各地方政府对于区域内经济活动和社会活动的干预需要有法律作为依据和保障。要实现区域协调发展的目标，由中央政府对各地区之间的利益关系进行调节是不可或缺的。只有以严肃而又严密的法律条文将中央与地方的关系以及中央协调地方利益的方式和方法予以明确界定，才能避免地方政府和中央政府讨价还价现象的出现。同时，政府间关系法必须为区域内地方政府间的合作提供一个科学有效的框架，这有助于地方政府之间在发生冲突时有可供依据的矛盾化解机制，也为打破地方分割、建立全国统一的大市场，实现各地方主体之间的公平竞争提供法律依据。完善区域管理的核心内容是区域管理制度基础建设，主要包括两个方面，即明确"谁管"和"管谁"。在"谁管"的问题上，有很多中央政府部门涉及对地方的管理，但几乎无一部门具有立法意义上的区域政策与规划资源。中央部门间不断产生冲突，甚至将冲突延伸至地方。因此应当把管理职能集中起来，成立一个在国务院直接领导下的权威的区域管理委员会，专门负责协调区域合作与冲突的问题。只有机构的地位足够高，才能发挥这个机构的作用。区域经济合作组织的出现对于协调地方政府间矛盾、加强相互间协作、推动我国区域经济一体化进程有着诸多积极意义。近年来，区域合作组织也呈现出逐步健全发展的态势，但仍然存在许多的不足与缺陷。地方政府关系中的地方政府职能定位一方面要求下放和分解其不应承担的职能，另一方面则是强化其应当担负的职能。加强现有地方政府间经济协作机构的职能，实行对区域经济的无缝隙管理是当前加强地方政府间横向合作的重要途径。此外，当前地方政府合作组织无论是在合作内容上还是在合作形式上都呈现出单一化、肤浅化的态势。如果单从区域经济发展的角度来考察当前的政府合作，其在内容上仍以经济、技术领域为交流与合作的主要领域，从前面阐述的政府合作的现实形式中可以直接得到论证。而在合作形式上也不够深入和多样化，当前存在的也只是所谓的经济协调会、高层论坛、联席会议等，合作的正规程度不能满足现实经济社会协调发展的需要。当然，关注区域内跨地区的企业组织之间、非营利组织之间的合作并且为其合作创造必要的政策与法律条件是地方政府的一项重要任务。众所周知，现代社会的良性运行深深得益于政府与社会的有效互动，两者相辅相成，缺乏任何一方都无法保证另一方功能的充分发挥。正如社会发展必须要有政府的积极推动一样，地方政府间的有效合作也必须以良好的社会及其社会组织的充分发育作为外在条件。从某种程度上说，不同地区社会及其组织间的有效沟通与交流为地方政府合作提供了强大的动力源。评价地方政府间合作的发展程度要从地区间社会组织的合作程度着眼。为进一步推进当前地方政府的合作，必须拓展各种跨地区的社会合作组织形式。

4）建立统一协调机构，完善竞争机制

区域经济合作的阻力多来自地方政府间的利益纷争，这与其以行政区为单元的区域经济利益有着直接关系。如何协调和兼顾各方利益成为区域合作取得成功的关键。这就需要中央政府发挥其掌握大量资源配置权的作用，成立一个超脱于所有区域利益之外的机构以协调各方关系。由于我国机构改革相对于区域经济发展的滞后性，目前中央政府还没有建立专门的区域协调机构，这与区域合作的基本原则和发达国家的一贯普遍做法是完全相悖的。如此大国没有一个专门的区域协调机构在全球来看是少见的。但值得注意的是，利用中央政府的权力建立统一协调机构以加强区域协调的方式，很可能会造就新的强有力的行政利益主体，损害地方利益，从而削弱地方的积极性。因此，如何做好对协调机构的监督也是一个不容忽视的问题。尽管政府间不正当的恶性竞争会干预市场机制的正常运行，不利于区域经济合作的发展，但这并不能成为全盘否定竞争的理由。政府间的良性竞争有利于区域内发展环境的改善，促使政府提供更优质的服务，从而推动区域经济合作的不断发展。其次，还应在地方政府管理中引入竞争机制。市场经济的竞争性决定着政府在市场经济环境下进行经济管理活动就得按照市场规律办事，而市场最大的规律就是通过竞争适者生存。现在，传统的政府管理方式再也不能适应社会经济快速发展的要求，在自然垄断的公用事业和一些准公共产品领域以及政府机构内部引入竞争机制，有助于政府办事效率的提高。

5）完善制度和体系

我国现行的政绩考核标准过于单一，迫使部分地方官员无暇关注本地区经济之外的事务，对区域经济合作也往往采取消极态度，甚至为了本地区经济发展而采取地方保护措施，为了自身利益的最大化而忽视全局利益，从而导致地方政府活动的不协调，成为区域经济合作顺利发展的一大障碍。基于这点，中央政府应制定更为科学的政绩考核制度。首先，在评判地方官员政绩时，除了考核其任内辖区经济发展成绩之外，还应把官员任内成绩放到其任前地区现状和任后地区发展的整个过程中去，以引导地方官员抛弃急功近利的思想。其次，除了考核地方官员发展经济的能力之外，还应更加注重对其在社会管理、发展教育、社会保障、环境治理等工作中成绩的考查，以引导其注重社会的协调发展。最后，也是与推进区域经济合作关系最紧密的一点，就是要综合考核地方官员对本区域经济和区域经济合作两个方面的贡献，以防止地方保护现象的出现。政绩考核的完善是要引导地方政府做正确的事，而法治体系的完善则是要防止地方政府做错误的事。市场经济是法治经济，法律应明确禁止地方政府用行政手段干预微观经济活动、搞地方保护、分割市场的行为，通过宪法诉讼、行政诉讼的方式依法对政府直接干预市场运转或企业活动造成的经济损失追究相应的法律和经济责任。只有这样，地方保护主义才能得到根除，国家统一市场才能逐渐形成，区域经济合作才能得到强有力的支撑。

6）尊重社会多元利益，完善公共政策咨询制度

公有制并非铁板一块，完全可能存在不同的利益诉求。经济法的各类主体，都是博弈主体，都存在着相互依赖且相互制约的关系；要实现其协调共存，必须有效地兼顾各方主体的不同利益，要避免国家的宏观调控或市场规制出现了零和博弈或负和博弈，就应当通过经济法的有效调整，实现各类主体的合法权益，并推动其良性运行和协调发展，以实现正和博弈。公众参与作为现代民主政治的一个范畴已被广泛接受，虽然理论层面上吸收公众参与各种与他们有关的决策已不成问题，但在实践中公众参与的具体制度设计就是一个复杂的问题，也是直接影响公众参与效果的关键问题。区域经济合作与协调的核心就是处理和协调国家利益与地方利益以及地方利益与地方利益之间的关系。在我国，科学民主决策正在逐步制度化完善，

长三角、东三省、珠三角的省际立法协作模式，以及区域行政首长联席会议制度便是很好的制度探索。公共政策咨询制度是科学民主决策制度体系的重要一环，它不仅能够使决策主体统筹考虑各方利益，做到公正、公平和公开，而且能够帮助廓清各种似是而非的认识，使发展尽可能符合实际。区域经济合作与协调的公共政策咨询委员会可以由行政机关代表、立法机关代表、行业管理专家、技术专家、经济学家、法学家、厂商、公共投资者等经济活动主体代表组成，不强调编制和隶属关系，而着眼于信息共享和交流机制，为决策机关提供商议咨询。为了保证公共政策咨询委员会工作的顺利和成功，各省市人大常委会应有相应的专门机构，如人大常委会法工委与之密切呼应。此后凡是有关区域经济合作与协调的法律法规全部须经由公共政策咨询委员会制订或审定，这将减轻各省市制定法规草案的工作量，最大限度地发挥立法资源的作用，同时提高立法工作的质量和效率。可以考虑在全国人大财经委员会设置一个区域经济合作与协调委员会，其成员由中央代表和来自各省市区的代表组成，每一省级政府只有一个代表。其主要职能包括：一是中央的财政资源分配，也就是涉及财政转移支付问题的投票；二是中央投资资源的分配，涉及国家计划及重大项目的投资，特别是跨区域性的投资的分配；三是重大的、关系到全国的公共政策的制定，如特区设置及特区政策制定等。

5.3.2 跨区域经济治理的特征与体制障碍

1）跨区域经济治理的特征

区域经济共同体是一个比较熟悉的概念，更多是指国际区域经济关系方面的含义，如东北亚经济共同体、欧洲经济共同体、西非经济共同体、东盟经济共同体等，意指在相邻地区内的不同国家之间，通过协议的形式，构筑的跨国界多边合作体系，旨在实现关税一体化和市场一体化。根据现有文献研究发现，国内对这一问题的研究成果比较少，到底什么样的区域才称为区域经济共同体，尚没有统一的界定。潘悦学者指出，区域经济共同体是建立在平等互利背景下的诱制性制度变迁。跨区域经济共同体不是一个国际层面的区域经济共同体概念，而是针对中国市场经济转型过程中，随着城市区域化和区域城市化发展而出现的国内次区域单元，是一个富有具有中国特色的区域单元。这也就决定了，共同体成员之间不存在国界下的封闭管制措施，没有关税这一显著的经济壁垒，与国际层面的区域经济共同体相比，具体而言，本书所指的跨区域经济共同体具有如下几个特征。

（1）地理空间的相邻性和跨界性。

一般而言，经济共同体的范围可大可小，大到国际层面，小到一个国家的乡镇级别。笼统地说，全国 34 个一级政区也是一个经济共同体，但为了更具指向性和政策方案的可行性，本书所指的跨区域经济共同体，是一个在地理空间上相邻的不同地区组成的功能性单元，大约围绕中心城市300-500 公里的范围，同处于一个经济辐射区域内。这一区域有可能是跨多个省级行政区界限的区域，如长三角、京津冀、珠三角等跨省都市圈地区，以及天水——关中经济区、淮海经济区等；也有可能是不跨省但跨市的区域，如江苏省的苏南地区甚至苏中与苏南之间的地区、福建的厦漳泉地区等。总之，地理相邻，跨越不同级别行政区划界限的功能地域，是跨区域经济共同体的首要特征。

（2）经济互补共享与社会融合性。

经济相关程度，反映了跨区域经济共同体的核心指标和内涵所在。一个真正的跨区域经济共同体，虽然各成员之间在形式上分属不同政治单元或受不同政府的管辖，有各自的个体利益，但从区域利益或国家利益的角度看，或者从更重要的经济外部性和范围经济来说，这一地区各成员之间是一个"经济互补、一荣俱荣、一损俱损、利益共享、风险共担"的紧密整体，谁也离不开谁，谁也无法替代谁，都是"被需要"的要员。同时，基础设施互联互通，社会流动频繁，在经济、社会、文化、社会组织等方面呈现高度的跨地域社会融合趋势。

（3）城市政府的高地理密度性和共同责任性。

地理密度也就是在一定地域范围内的政府数量。以往的研究告诉我们，像在美国的大都市区，数量众多的碎片化的政府单元，在经济融合发展时期，限制了大都市区经济的一体化发展。因此减少数量、组建新的大都市区政府，往往成为改革者的选择之一。但不可否认的是，在一个区域内，政府单元数量的多少，决定着合作机会可能性的大小。研究表明，一个区域经济共同体内，政府数量的增加使政府间合作存在更多的机会，大量的地方政府表明有大量的潜在服务供给者。从这个意义上说，一个跨区域经济共同体，不可能是一个无限制、统一的区划合并单元，至少是一个包括各类政府（以城市政府为主）的政府地理密集区域。这些政府将成为跨行政区治理的多元主体之一。更重要的是，真正的跨区域经济共同体，需要每个成员城市政府，除了关心自己辖区的经济和社会利益外，更要对整个区域的发展负责。

2）跨区域经济治理的体制障碍

根据上述跨区域经济共同体的特征来看，国内有很多地区可以称得上是跨界区域经济共同体，如范围较大的东北地区、中部地区、珠江三角洲、长江三角洲、京津冀地区等。近几年来，在国家和地方政府的共同努力下，也开创了一些富有特色的跨区域管理体制，如长三角地区的城市经济协调会、京津冀协同发展领导小组等，在某种程度上，推动了区域之间的互动与发展。但从经济共同体"经济风险共担、经济利益共享"的要求看，国内这些典型的跨省经济区域，仍存在利益的争夺和风险转移或转嫁的情况，例如在社会联系已经很发达的长三角、京津冀等跨省大都市圈范围内，还无法实现城市交通卡的完全互通互用，更无法实现电信通讯的同城化，以及社会保障的跨省无缝隙转接等，尤其是近年频频出现的京津冀和长三角地区的严重雾霾天气，更考量着不同政区单元之间环境的跨界治理能力和水平。尽管国内外学术界对跨区域经济同共体内部各成员之间的集体行动困境已经做出过非常完善的理论分析，包括集体行动、囚徒困境、区域主义等理论，这些理论对中国跨界区域发展具有重要启示。从中国国情看，我国跨区域经济共同体建设中，各方之间"口头热、行动冷"实际上已成为一种常态，这主要是因为存在以下三方面的制度瓶颈。

第一，行政区划固有的权力空间属性，造成了"想象"的行政边界，在促进有序性的同时，对跨区域范围内本身连续的有机生态系统形成了阻隔态势。行政区是一个旨在实现国家统治的政治边界，更是一个权力边界和法律边界，人为划分的主要目的在于实现管理更加有序。但不可避免的是，只要权力边界存在，就无法避免权力边界与跨区域范围内大气、河流、草原、森林等生态边界之间的不耦合现象。在各自为政的行政管理体系下，势必会造成空气污染、河流污染、生态退化等区域性问题，实际上，这也是一个人类社会面临的全球治理性问题。从这个意义上来说，如果想要通过管理创新来解决空气污染、河流污染、生态退化等跨区域问题的话，一定需要从生态单元出发，实行一元化的管理，否则在各自为政的管理下，永远无法从根本上解决这些有机性跨界问题。

第二，在经济型政府和中国地方官员"晋升锦标赛治理模式"下，非合作倾向、地方保护、重复建设成为地方政府的理性选择，本地化考核和单线拨款方式，更无法实现跨区域共同体的利益共享和风险共担。对此，周黎安教授进行过系统深入的研究，认为地方官员"晋升锦标赛"这一独特的治理模式，既是创造中国经济增长奇迹的一个内在动力，也是造成跨区域经济诸多问题的原因所在。

实际上，更重要的原因在于，在对地方官员的绩效考核过程中，所有考核的因素都来自本辖区范围的要素，并不参考跨越行政辖区范围以外或邻近辖区的任何要素，即没有隶属关系的邻近政区之间官员的考核晋升没有任何相互影响或相互制约关系。因此，作为一个地方政府官员，千方百计促使自己辖区利益最大化，成为一个必然选择。还有一点，我国现有的财政经费划拨方式，是一对多的关系，即一个中央政府对多个省市自治区，然后沿着省——地——县这一条线上下来往。这种经费划拨机制本身，关注的是省区经济利益，缺乏对跨界区域共同利益的考虑，一些跨区域的重大公共设施或公共服务，要么缺乏应有的经费投入，要么出现重复建设的现象。还比如，在当前司法、环保等领域实行"以块为主"的管理体制下，当地地方法院院长、环保局局长无法摆脱当地地方政府的干涉，自然也就逃不出"地方保护"的怪圈。

第三，中央体制安排本身存在利益部门化抑或相互竞争的态势，直接造就了地方层面区域之间的利益竞争与分割，阻碍了跨区域一体化发展的进程。举一个最简单的例子就可以说明这一点。例如在京津冀地区的一卡通难以实现互联互通，除了技术上存在一定的难题以外（技术上问题总是比较好解决），重要的还在于体制瓶颈，这主要是由于中央部委中存在"交通卡多头管理"的问题，正如有报道所称："虽然京津冀一卡通互联互通由交通部门主导，但住建部也掌握着一个'全国城市一卡通互联互通'大平台"。截至目前，交通部和住建部两家中央部门，还在各自发布各自的技术规范和标准，并制定各自发展规划，如 2014 年 4 月交通部宣布，到 2020 年基本实现全国范围内跨市域的公共交通一卡通互联互通，全国联网。2014 年 6 月起，由住建部颁布的《城镇建设智能卡系统工程技术规范》工程建设国家标准也已正式实施。截至 2016 年 10 月，已有 60 个城市加入住建部的"全国城市一卡通互联互通"大平台，全国发行互联互通卡达 1.2 亿张。据悉，全国累计已有 460 多个城市建立了不同规模的 IC 卡应用系统，其中按照住房和城乡建设部行业标准统一进行项目建设的城市有 180 多个。类似这样，源于中央层面的部门利益交叉和政策打架，自然导致地方层面无法实现一体化，相反成为了一体化的障碍。

5.3.3　区域经济跨域治理的创新思路

制度的功能在于能将复杂的交往行为过程变得更为容易理解和清晰预见，从而能够最大限度地降低区域协作中产生的冲突并显著降低协调交易成本。从这个意义上讲，无论是跨域联合治理困境的突破与超越，还是跨域联合治理政策的实施与推进，都有赖并依托于一系列相应制度的设计与选择、完善与匹配。

1）创新组织体制，搭建跨行政区域的地方政府间合作组织

就当前我国跨域经济区规划与建设现状而言，为了从体制上保证行政区局部利益为经济区全局利益让道，建议由中央牵头或授权建立由不同省份政府发改委牵头、跨域各合作方政府共同参加的跨行政区域的地方政府间合作组织。这种合作组织的职能包括以下几个方面。一是研究制定跨域经济区统一发展规划和统一政策。在推进区域经济一体化过程中，秉持弱化行政区概念、强化经济区概念的原则，做到规划先行、统筹考虑。制定出超越现有行政区划和覆盖跨域经济区内各等级城市、各行政主体以及各功能大区域的规划；消除市场壁垒和产品流动障碍，形成统一的市场体系；发挥各地区比较优势，形成合理分工的产业一体化；建立完善、协调的交通物流网络，推进基础设施一体化；加强对户籍、住房、就业、医疗、教育、社会保障制度等方面的协调与管理，联手构建统一的制度架构和实施细则；在招商引资、土地批租、外贸出口、人才流动、技术研发、信息共享等方面，营造无特别差异的政策环境，实现区域制度架构的融合统一。二是公平公正地仲裁跨域经济区经济纠纷。从世界范围看，成功的区域一体化国家联盟如欧盟、海合会等组织以及世界贸易组织等地区和国际组织，在其成员国发生经济和贸易纠纷或成员国之间采取贸易保护主义政策时，

都会通过专门权威机构进行协调及仲裁，以确保区域经济一体化进程不受影响。从国外发达国家看，为了确保区域经济一体化的顺利推进，必须设立权威的协调及仲裁机构。如德国的区域联合体、美国的区域开发委员会、加拿大的大都市区政府都是扮演着协调及仲裁角色的跨域合作组织。我们应在借鉴国外先进做法的基础上，结合国情，创建跨行政区域的地方政府间合作组织。该组织以独立、客观、公正的第三方身份，秉持促进区域经济一体化、实现区域整体利益的宗旨，积极协调并公平仲裁各成员政府之间的摩擦与矛盾，确保跨域地方政府之间合作的顺利进行。

2）构建及时高效的问题磋商机制，尝试引入企业董事会制度

在西方发达国家府际合作制度中，加拿大是最早实行类似企业董事会制度协调机构的典型国家之一，这其中又以大温哥华地区董事会为典型代表。众所周知，位于加拿大西南部太平洋沿岸的大温哥华地区城市群是加拿大经济最发达、人口集中程度最高的地区。为了有效经营并治理该城市群，温哥华地区于 20 世纪 60 年代率先采取了一条与其他国家和地区不同的区域治理协作制度——企业董事会制度。该制度明确规定：大温哥华地区的董事会是由该城市群的 21 个市、区选举出来的代表组成，任期二年，每年召开一次例会。该制度的主要职责涵盖了以下几个方面：为整个城市群的可持续发展提供一个整体规划与发展框架；为整个城市群和各成员城市提供高效经济的公共产品和公共服务；开发与保护公园、林荫道等绿色用地；建立设施完善的社区，确保辖区居民的优质生活空间；城市空间的科学规划、交通线路的合理布局及出行方式的选择等。该董事会的目的是通过协调这个城市群的规划与发展，使其成为一个自然环境优美绝伦、居民文化宗教多元、人类与自然协调发展、居民生活衣食无忧的城市群。透过大温哥华地区董事会的起源与运作不难看出，平等的地位、权责一致的功能、尊重彼此间利益、重视组织成本效率、透明化的决策模式、专业化的运作经验是确保大温哥华董事会成功运行的关键因素。这对我们很有启发与借鉴意义，仿效大温哥华城市群董事会的运作模式不失为一种更好的选择。但基于历史制度的惯性和中国国情的考量，跨域经济区不可能直接跨越到董事会这种模式。因此，可以考虑通过先实行双轨制再逐步向董事会制度的最终演进。未来跨域经济区区域协调董事会应由各成员城市组成，

每个城市的具体名额可根据该城市的地位、级别、人口、经济实力等综合因素确定，董事会主席由所有成员经民主协商推举产生。该董事会的职责是负责制定并落实经济区跨域发展的战略规划、产业结构调整、经济升级转型、生态环境保护、民生福祉的实现、人文交流与合作等方面的事宜，最终使各个跨行政区域成为具备较强整体竞争力、经济一体化程度较高、在中国经济大格局中拥有一席之地的地区。

3）建立有效的政策支持机制，设计科学的干部绩效考核体系

首先，要明确政府官员考核的价值导向。政府官员考核体系必须以忠实于跨域公共利益为重要前提，这也符合公平公正、服务于民众的公共行政精神的实质与内涵。因此，在地方政府绩效考核与评价体系中，其指标和依据不仅包括地方经济发展的程度、规模和水平，而且包括与其毗邻地区经济合作的程度。各级政府在招商引资、产业布局、生态治理、人文交流方面都要建立通盘发展而非独赢发展、互利合作而非恶性竞争的跨域协同治理的先进理念与思维。其次，要科学设定政府官员的考核内容。跨域府际合作的核心是各地方政府成员利益的重新调整与分配，但长期以来传统的官员绩效评估指标体系往往使一些地区只管本地发展而对临近地区进行市场封锁，或设置投资障碍，或转嫁污染等行为，因而难以催生跨地区政府间合作的真正动力。因此，必须设计一套科学、可量化的干部政绩考核指标体系，该指标体系不仅要有跨域性质的经济发展、社会就业、疾病控制以及社会秩序与安全等可以量化的"硬指标"，还要包括跨域性质的生产要素流动、文化旅游发展、生态环境治理、政府服务质量、社会文明水平、公民社会建设状况以及国土空间规划与开发等"软指标"。最后，要构建具有广泛代表性的跨域考核主体。为了保证对政府官员考核评估活动动机的纯正性以及评估结果的客观性和公正性，就必须构建独立、多元、多层次、多渠道的跨域考评主体。应成立一个全方位涵盖跨域政府官员、社会组织代表、企业代表、专家学者、社会媒体、社区居民代表等组成的综合性政府服务绩效评估委员会；或者委托跨域第三方或中介组织，让其全面负责并开展指标制定、信息收集整理、评估鉴定以及综合协调等工作，全程、全方位地独立评价跨域协同治理的绩效。这样才能更为客观、公正地再现政府官员施政绩效，并使评估过程本身接受社会的监督。

4）完善地方政府间合作的政策执行制度，尝试推行区域内行政管理管辖权的让渡

在区域经济一体化进程中，地方政府间的合作尚存在一些难以克服的障碍，主要体现在行政区经济与区域经济一体化之间的矛盾上。之所以出现这样的区域合作治理困境，主要是因为行政区行政往往具有内敛性、闭合性、切割性和有界性等特点。从根本上说，行政区行政模式是一种画地为牢、各自为政的模式。这显然与开放性、流通性、竞争性的区域经济一体化的趋势与特点背道而驰，必然会导致生产分割、流通不畅、恶性竞争不良局面的形成，区域经济的蜂窝化和碎片化现象也在所难免。要想有效破解这对矛盾与问题，尝试行政管辖权的让渡就成为一种现实可行的选择。其目的在于通过打破行政管辖权的界限分割，实现行政管辖权之间的互动，从而克服行政区行政缺陷，实现区域经济一体化，有效推动跨域协同治理的进程。如何使跨域经济区行政管辖权的让渡更具操作性和时效性？跨域经济区可以积极向国家申请成立一个跨省的权威的功能性特区。在不改变既有几个省行政边界的前提下，尝试实行上述地区行政管辖权的让渡，把本来属于几个省的行政管辖区由所设立的功能性特区统一行使。需要进一步说明的是，该功能性特区的设立主要是针对资源的有序开发利用、产业的错位发展、生态环境的恢复与保护等问题。其职能主要包括协调该区域利益冲突及提高资源共享效益。功能性特区可以集中资源、调动各方力量、分摊行政成本、分散发展风险，从而实现区域经济一体化进程。总之，跨域经济区协调治理涉及多个城市与部门，权力关系网错综复杂，如果在认识及理念上存在分歧，很容易造成该区域各地方政府间的冲突与摩擦。因此，在目前各地方政府都有特定上级管辖法定权的背景下，完全可以通过将地方政府的部分行政管辖权让渡或赋予给功能性特区，以有效解决跨域公共问题的治理难题。

5）健全地方政府间合作的保障制度，实现区域经济协同发展的契约化

奥尔森指出，一个集体要想实现一致行动，就必须同时或者至少具备以下两个条件：集团人数较少；有强制性措施作为保障。否则，作为"经济人"的个体在寻求个人利益最大化时往往有搭集体便车的意念及行动，而这必将有损于公共利益的实现。倘若人人都秉持这种理念及行动，集体目标的实现则根本无从谈起。公地悲剧就是一个很好的佐证。这也很容易解释为什么行政管辖权互不隶属的地方政府间合作屡屡受困：因为在地方政府协作过程中，每个成员方都极力追求自身利益最大化而忽视了整体利益，因而合作受阻不可避免。这就意味着只有通过构建比较完善的经济区合作规则，实现区域经济发展合作的契约化，方能确保政府间合作的顺利推进。契约是一种建立在社会理性交往过程中的约束方式，是限制不作为、鼓励不作为、规范承诺双方行为的一种重要方式。为了保障跨域协同治理的顺利推进，应双管齐下，积极构建刚性契约机制和柔性契约机制。一方面，为了避免地方政府间合作过程中出现因交易成本过高而使部分合作方利益受损的情况，继而可能会出现一些地方政府为了有效规避风险以致铤而走险，置法律于不顾，从而对合作另一方及区域整体利益造成连带损伤的情况。跨域经济区应根据自身的现实状况，积极借鉴美国、日本、欧盟等发达国家的经验。在现有法律法规框架下，加快出台《跨域政府间关系法》《区域合作法》等一系列区域合作的法律法规，以使地方政府间合作有法可依，同时也可确保对不遵守法律一方进行司法仲裁与惩戒。另一方面，由于建立在信任与名誉基础上的柔性契约机制对于降低包括谈判、交流及监督等方面的交易成本的作用也是显而易见的，所以，在当前区域经济一体化进程中，为了避免由于府际合作法律法规的缺失，加上第三方监督与执行机制的缺位所带来的跨域合作失灵情况的发生，依靠柔性契约的方式进行地方政府间跨域合作显然成为一种经济、高效、可行的合作方式。虽然作为"经济人"的地方政府具有自利性的一面，但建立在以诚信为担保与承诺、以法律为保障与约束基础上的跨域协同治理必将获得重大突破。

6　区域经济一体化治理

在经济全球化和区域一体化加速发展的国际背景下，当代中国的区域经济一体化进程也初露端倪，形成了诸如长江三角洲、珠江三角洲等区域集群发展的态势。但是这些区域内部都不同程度地存在着诸多治理难题，如重复建设、地方保护主义、恶性竞争等，最终损害了其健康发展和竞争力。为有效化解区域一体化发展进程中的治理困境，研究者主要提出了三种思路：其一，是实现从行政区行政向区域行政的转变；其二，是实现从行政区行政向区域公共管理的转变；其三，是实现区域行政的制度化。但是，通过对 20 世纪 90 年代末以来长江三角洲与珠江三角洲演化的深入考察，从实践来看，尽管区域行政在相当程度上促进了区域经济一体化的发展进程，但诸多深层次的问题并未得到解决。因此，区域行政的发展还不足以担当推进区域经济一体化的发展重任，未来中国区域经济一体化的发展道路应该是实现从区域行政向区域治理的转型。

6.1　区域经济治理的一体化模式

良好的区域经济环境是一国经济增长的强大引擎和赢得国际竞争优势的关键，世界各国都很重视区域经济发展，我国也不例外。早在 20 世纪 80 年代初期，国务院就提出了跨地区经济联合的思路。然而，在我国行政分权体制的影响下，地方政府出于对本地经济增长和社会发展负责的目的，各自为政，使得各地的经济只能在一个较小的市场范围内发展，制约了分工的深化。区域经济发展要求冲破行政壁垒，促进生产要素的自由流动，实现区域资源配置的帕累托最优，这就产生了地方政府间合作的现实需要。改革开放以来，中央和地方政府都发挥各自的积极性和创造性，探索出了多样化的合作模式。概括起来可以分为科层制、市场化和网络化治理三大类。

6.1.1 科层制模式

所谓科层制模式，就是在区域内建立一个统一的权威机构来自上而下地推动地方政府合作。这是我国地方政府区域合作中最早采用的一种模式，上世纪 90 年代以前我国大都采用此种模式，至今仍彰显出一定的生命力。在实践中，这一模式主要有三种典型的表现形式。

1）由上级政府组建跨行政区的合作机构

即由上级政府在不改变原有行政区划和行政管理体制的前提下，针对特定区域设置跨行政区的组织机构，推动区域合作。如上世纪 80 年代初，国务院设立上海经济区规划办公室，就长三角经济区的合作作出整体性规划与安排。本世纪以来，国务院又根据不同时期的战略重点先后成立了西部地区开发领导小组办公室、国务院振兴东北地区等老工业基地领导小组办公室和国家促进中部地区崛起工作办公室等机构，负责协调区域经济发展。近年来，在不跨省区的区域经济合作中，一些省级政府也建立了此类组织机构来推动区域合作，如湖北省推进武汉城市圈领导小组办公室、长株潭经济一体化协调领导小组办公室等。这类区域合作组织虽然具有相应的人员编制和职权范围，但并不是独立的政府层级，也不具备独立的行政主体资格，只能算是上级政府的一个办事机构。从职能定位上看，主要负责区域规划方案的制定和区域一体化的协调工作。这种做法的实质是将区域内地方政府之间的竞合关系转化为上级管理部门与所辖地方政府之间的行政关系，试图以行政的统一来化解区域矛盾。作为上级政府的一个工作部门，这类机构不能对下一级政府进行直接的领导指挥，由于既没有人事任免权，也没有财力，因而在强烈的地方利益需求面前，其协调与监督的作用十分有限。当上级机关发出的行政指令与地方利益不谋而合时，地方政府会不遗余力地执行；但当统一指令与地方政府的实际利益需求发生冲突时，上级机关就会面临"上有政策、下有对策""打擦边球""曲解规则"和阳奉阴违的风险。

2）调整行政区划

即通过行政区的直接合并或兼并等方式打破原有的行政区域限制，扩大区域中心城市的边界，由其对区域的经济社会事务进行集中统一管理，推动区域整合。本世纪以来，我国许多区域的行政区划调整都体现出了这一思路。例如：2011 年东莞的行政区域调整工作也重新启动，对 32 个镇街进行调整合并；2011 年扬州撤销县级江都市，设扬州洪都区，将邗江区的 5 个镇并入广陵区，撤销维扬区，将其行政区域并入邗江区。在我国中部地区：同年，安徽省撤销地级巢湖市，将其所辖的一区四县行政区划分别划归合肥、芜湖、马鞍山三市管辖。行政区划调整强化了区域中心城市的经济辐射功能，扩大了市场运作的空间，有利于在更大区域范围内统筹安排产业布局和基础设施建设，优化资源配置。但该手段在推行过程中面临两个突出且现实的问题：一是体制上的障碍。行政区划调整是对现有行政体制的巨大挑战，涉及行政系统的权力与责任的重新分配，在实施过程中遇到的政治阻力非常大。二是管理上的障碍。区域经济中心的辐射范围有不断扩大的趋势，而行政区域却不能无限地扩大，因为随之而来的是管理幅度的增加和内部管理成本的上升，致使行政区域与经济区域很难保持完全统一。

3）组建地区联合党委

2004 年 12 月，新疆维吾尔自治区党委在不调整乌鲁木齐和昌吉回族自治州行政区划的前提下成立乌昌党委，作为自治区的派出机构，对乌昌地区经济社会发展负领导责任。乌昌党委的机构设置包括乌昌党委书记、副书记、常委、秘书处和工作组，其主要任务是统筹乌昌地区的经济社会发展，负责统一制定并组织实施乌昌地区经济社会发展规划、城市整体规划、产业发展规划，研究解决乌昌地区经济社会发展中的重大问题。乌昌党委享有较大的人事任命权，该地区县级党政"一把手"人选由乌昌党委决定，报自治区组织部门备案；地厅领导干部选拔任用，由乌昌党委考察后上报自治区党委决定。由于被赋予了较大的人事权，乌昌党委形成的各项决定具有较大的权威性和约束力。乌昌模式实质上是绕过了建立一级正式区域政府面临的法律障碍，以党代政，在现有的地方政府之上加设了一层区域性的组织，并凭借党委的组织人事权所构成的约束力来对整个区域实施统一规划与管理，有力推进了区域经济的发展。尽管这种颇具中国特色的低成本——高回报的政治动员模式在乌昌经济一体化建设中取得了显著的成效，但其是否具有广泛的推广意义还有待商榷。因为乌昌地区有其特殊性，所涉及的区域合作的成员数目和成员层级数都非常少，管理幅度小，行政指挥链短，监督中信息不对称的问题不突出，因此执行效率高。但如果涉及的成员数量以及成员的层级数目增加时，其实施效果就有可能受到影响。概括起来，科层制模式的优势主要有以下五个方面：一是权威性。在等级制的组织内部，下级要服从上级的领导与指挥，上级政府做出的合作安排对下级政府具有权威性和约束力。二是公正性。中央政府或较高一级的地方政府在低一级地方政府的利益冲突中处于超然地位，能够较为公正地进行仲裁，协调全局利益与局部利益的冲突。三是信息的全面性。在等级制组织内部，上级政府掌握的信息更加全面，能够做出更为合理的政策安排。四是治理外部效应的有效性。在诸如湖泊治理、传染病防治等具有较强外部效应的区域性公共物品的供给中，上级政府能从更高层次采取干预措施，矫正下级政府决策中可能出现的偏差，减少"搭便车"现象。五是社会成本低。尤其是在市场经济改革初期，由于长期计划集权体制下形成的路径依赖，等级制模式容易被各方接受，这不失为一种现实有效的资源动员方式。但值得注重的是科层制合作模式优势的实现有一定的前提条件，即假设上级政府是完全理性的，掌握全面的信息，能够摆脱地方利益集团的干扰，做出合理的政策安排并拥有绝对的权威，能随时发现地方政府的阳奉阴违行为进而对之加以惩罚等。然而现实中上述前提条件很难同时具备，首先，上级政府的信息主要来源于自卜而上的层层填报，下级政府可以利用自己的优势地位将于己不利的信息过滤掉，导致上级政府的信息失真，既可能影响决策安排的科学性，也无法及时发现并纠正下级政府在区域政策实施中的偏差，从而使其政策安排的权威性和约束力大打折扣。其次，即使上级政府能获取完全信息，也不能保证其决策安排的完全理性，现实中有些地区之间的利益矛盾恰恰是因为上级制度安排的不合理才发生的。再次，科层制自上而下的命令指挥与层级制难以适应区域环境的瞬息万变，难以对地方政府间的合作关系做到适时掌控。最后，这一模式未能有效照顾到各个地方的实际利益需求，当上级政策与地方利益出现矛盾时，容易引发政策执行走样的问题。

6.1.2   市场化模式

所谓市场化模式，是指地方政府自愿通过平等协商，凭借交易的方式来协调彼此的行为，化解区域之间的矛盾，推动区域合作。这一模式在 20

世纪 90 年代后被大量地使用，其表现形式主要有两种：一是跨行政区非制度性协商，二是签署行政协议。

1）跨行政区非制度性协商

这是由区域内地方政府自发建立起来的一种区域合作机制，不具有独立的行政主体资格，既没有常设机构和独立人员编制，也没有固定的职权范围，仅为合作而进行磋商、沟通和议事，表现为"座谈会""政府联席会""协调工作会议"等多种形式。最早可以追溯到 1986 年成立的环渤海地区经济联合市长联席会，后被长三角、珠三角等地区加以发展。如长三角地区的非制度性协商主要有三个层面：一是副省（长）级别的"沪苏浙经济合作与发展座谈会"。该座谈会始于 2001 年，每年召开一次，按浙江、江苏、上海的顺序轮流承办。会议主要议程包括报告一年来区域合作情况、协商下一年度经济合作工作重点、研究推动区域经济合作的重要措施等，会议所达成的共识是城市市长会议应当贯彻的精神。二是长三角城市市长级别的"长江三角洲城市经济协调会"，其前身是 1992 年成立的长三角经协（委）办主任联席会议，1997 年升格为市长级联席会议，至 2013 年 4 月，共召开了 13 次会议。三是长三角各城市政府职能部门之间的协调会，即部门联席会议。非制度性协商与设立专门的组织机构相比，不涉及体制的障碍，组织成本较低。通过定期和不定期的协商，有助于地方政府负责人交换意见，增进彼此的理解，树立合作意识；协商达成的共识对区域内各地方政府下一步的行动安排具有一定的指导作用；沟通和交流的过程对地方政府而言也是一个获取信息、相互学习的过程，有利于提高地方政府的创新能力。但这类协商组织目前面临两大问题：一是缺乏管辖权力，上级政府或同级政府没有给其明确的行政授权，通常以协调地方关系、促进区域合作为主要职责，只有对区域性公共事务的部分协调权和部分决策权，没有监督权；二是属于临时性组织，未纳入地方政府机构编制系列，没有正式的配套内设机构和专门人员，没有固定的经费来源，组织活动的费用大都由各方协商分摊，执行力较差。

2）签署行政协议

行政协议是行政机关之间就公共事务在平等协商基础上达成的公法性契约。它是我国区域一体化实践中孕育成长起来的一种地方政府间合作形式，在长三角、珠三角和环渤海等区域已焕发出蓬勃生机。从协议文本形式上看，一类是正式的跨地方服务协议，这类协议文本内容相对具体、完整和具有可操作性。另一类是非正式协议，如《泛珠三角区域合作框架协议》、《长江三角洲地区城市合作协议》、《环渤海地区经济联合市长联席会协议书》等，这类协议的签署、履行程序比较随意，内容较为抽象和模糊，用合作意向书来表述可能更加准确，目前这类协议所占比重较大。从协议调整内容来看，往往涉及各区域在城市功能定位、产业整体布局、基础设施、科技文化、商务贸易、环境保护、人才开发和卫生防疫等多个领域。当前行政协议已逐渐成为推进区域合作的一种重要方式。行政协议的优势在于：第一，实现了自律与他律的结合。在协议商订过程中，任何地方政府都不能肆意妄为，必须兼顾其他成员的利益并维护区域整体利益，在不断沟通、对话中调整自己的预期，方可达成共识。一旦协议达成，地方政府就必须履行自己的承诺，不能单方面变更协议内容。第二，实现了灵活性与规范性的结合。与行政区域调整和构建功能性的管制机构相比，行政协议更为简便、灵活，更能够及时应对复杂多变的区域问题。与此同时，行政协议的缔结和履行过程相对严格，内容具有确定性，缔结后对各方都具有约束力，增强了区域成员合作行为的稳定性和可预期性。第三，能够体现对合作主体意愿的充分尊重。行政协议是区域内地方政府之间主动、平等、自愿展开的合作方式，是合作主体意思自治的体现，区域内地方政府既可以选择是否缔约和与谁缔约，也可以决定缔结什么内容的协议，对意愿的尊重有助于减少后期执行的阻力。然而，行政协议的履行需要相应的法律保障。在西方国家，地方政府间行政协议的主要内容、缔结程序、协议纠纷的解决等均有明确的法律依据，如在公私法不分的美国，行政协议被视为合同，应当具备合同法所要求的条款，而且受到宪法中禁止违反契约义务的法律制约；在西班牙，行政协议是一种公法协议，受《西班牙公共行政机关及共同的行政程序法》的制约，相关法律在约束行政协议的同时，也为其法律效力提供了有力的保障。而在我国，行政协议的缔约主体是谁，包含的必要条款有哪些，如何履行，拒不履行行政协议应该承担何种责任，出现纠纷如何解决等问题均没有明确的法律规定，导致行政协议缺乏约束力，实施效果不佳，经常沦为"一纸空文"。从总体而言，市场化模式将竞争和协调较好地结合在了一起，一方面，市场化模式充分肯定了地方政府在当地公共事务中的行政管理权限和独立利益主体地位，使得地方政府能够通过竞争来改善当地环境、促进经济发展以及更好地满足当地居民的公共需求；另一方面，市场化模式打破了公共服务供给的地域边界，通过交流与商讨，将不同地方政府联结在一起，降低了公共服务的单位供给成本，实现了规模经济。在该模式中，地方政府合作需要的产生并非源于上级政府的外部压力，而是来自于地方经济社会发展的内在需要；在商讨过程中，各方都可以平等、充分地表达自身的利益诉求，最后形成的协议往往能照顾到各方的利益，使得地方政府在合作协议执行过程中的自觉性有所增强；合作的内容可以根据环境变化而调整，并随问题的解决而自动结束协议义务。在市场经济体制下，由于该模式充分调动了合作主体的积极性、主动性和创造性，在实践中受到了地方政府的欢迎。但从交易费用理论的视角来看，这一模式也有其局限性：第一，当合作涉及地方重大经济政治利益并存在利益冲突时往往会出现相持不下、"议而不决"的现象；第二，随着合作主体数量的增加，达成协议所需的信息成本和缔约成本会不断攀升；第三，当涉及诸如共同边界上自然资源开发等产权划分不明晰的问题时，交易难以达成；第四，受自利动机的驱使，合作各方所达成的协议虽能实现参与者的共赢，但相对于更高层次的区域来讲，可能会产生明显的负外部效应。

6.1.3　网络化治理模式

该模式引入的治理理念，扩大了府际合作主体的范围，其倡导建立一种全方位的包括政府、私营部门和非营利部门在内的自愿性合作治理过程来促进区域的发展。该模式综合了网络的优势和治理理论与民主行政理论等观点，代表了区域府际关系演进的趋向，得到了国内学术界的广泛认同。在我国长三角、珠三角地区，各级政府、企业和社会三个层面相互联动的区域合作模式已初显端倪。在国内泛珠三角地区，一年一度的"泛珠三角区域合作与发展论坛"上，有中央政府相关部委的领导、地方政府的行政首长和部分企业界、学术界知名人士的共同参与，就如何推进泛珠三角区域的合作与发展展开广泛讨论。与论坛一起召开的"泛珠三角区域经贸合作洽谈会"为企业的跨区域经济合作搭建了有效的平台。在《泛珠三角现代物流发展合作协议》中，专门提出要发挥行业协会的作用。在长三角地区，除了以各种联席会为代表的政府间合作平台外，以政府为引导的企业自主参与合作机制已经形成。目前，企业的合作项目已涉及工业、农业、旅游、基础设施、人才等多个领域。在社会层面，从2008年开始，长三角地区在国内率先尝试组建若干个区域性行业协会，为区域合作搭建第二平台。网络化治理的优势在于：第一，突破了单一中心的有限理性。政府以外的各类市场和社会主体的加入，大大拓展了地方政府获取信息的能力，缓解了地方政府的有限理性问题。第二，有助于实现效率和规模经济。网络为区域成员提供了分工机制，允许网络成员在推进各自专业化生产的同时又与其他网络成员结为伙伴，提供整体性的公共服务，减少成本，提高效率，实现规模经济。第三，减少了不确定性和机会主义行为发生的概率。网络中成员持续的、多渠道的信息沟通和交流既加强了各类成员对区域决策的认同，又降低了监督中信息不对称的风险，有助于抑制"搭便车"等机会主义行为的发生。第四，实现了运作的灵活性和回应的快速性。网络借助良好的知识管理工具和多向度的沟通，帮助地方政府获得社会公共需求的最新信息，绕开了科层制下的刻板程序，使得地方政府能够迅速有效地回应公众需求。第五，减少了交易费用。网络中的频繁互动与合作能给成员提供有效信息、重复交易等好处，从而降低了交易费用。

当然，网络化治理也面临一定的困境。归纳起来主要有五个方面：一是网络利益与国家整体利益的矛盾。网络成员关注的是区域利益的最大化，可能会与全国整体利益相冲突。二是开放性与封闭性的矛盾。合作网络要求保持一定的封闭性，以便在有限成员的重复交往互动中建立起相互信任的关系，但这会将落后行业锁定在网络中，同时也会妨碍新伙伴（如其他地方政府或朝阳行业）的加入。三是原则性与灵活性的矛盾。原则性要求成员遵守共同的网络管理规则，但日益复杂的相互依赖关系会随时改变成员之间的互动关系，破坏管理规则。四是责任与效率的矛盾。网络模糊了公私界限，有助于调动各种社会资源来促进合作，但也可能导致责任不明，为合作主体相互推卸责任提供口实。五是制度供给不足。网络的核心机制是基于长期合作与信任而形成的社会资本，当前我们缺乏以"社会信任、公民参与和互惠规范"为主要内容的社会资本，合作网络所形成的自组织秩序也缺少法律保障。

综上所述，科层制、市场化和网络化治理三种合作模式各有利弊，在特定的环境条件下也都有成功的案例，但地方政府合作模式并非千篇一律，其需要根据各区域的经济结构、政治文化传统和社会成员构成情况等众多因素，选择阻力较小、最具可行性的模式。上述三种模式效用的充分发挥都离不开相应的制度环境支持，唯有进行相关法律制度、组织制度、利益协调制度和监督约束制度的创新，才能促进我国地方政府合作向纵深发展。此外，考虑到现有模式存在的不足，未来理论界和实务部门还需要积极探索新的合作模式。

6.2　区域经济一体化背景下的合作治理与障碍

在经济全球化和全球治理的背景下，区域经济一体化已成为我国经济发展的巨大引擎，并进一步加快了我国区域合作治理的步伐。目前，区域合作治理体制、机制的建立与完善，已成为我国推动区域经济一体化，实现区域经济与区域政治衔接和互动的制度保障。在大力推进我国区域经济一体化的进程中，政府必须尽快建立和完善与经济一体化相配套的区域合作治理体制和运行机制。首先，要在中央政府的引导下，以省级政府为主导，以区域合作城市为主体，以立法为先行，加快区域合作治理的长远规划与制度环境建设。其次，要以省级政府为主导，以区域合作城市为主体，加快区域合作治理机构的建立与完善工作。再次，以市场为导向，以省级政府为主导，以区域合作城市为主体，加快区域基础设施、资源配置、产业布局一体化的步伐。最后，以区域安全、和谐治理体制、机制为保障，加快区域资源整合，为区域经济一体化提供良好的制度环境，实现区域经济一体化与区域治理一体化之间的有效衔接和良性互动。

6.2.1　区域经济一体化背景下的合作治理

改革开放以来，我国党和政府顺应了经济全球化与区域经济一体化的潮流，积极引导区域成员在推动区域经济一体化的进程中实现合作共赢。随着我国区域经济一体化步伐的加快，从区域治理体制和运行机制上完善区域治理，以实现区域经济与区域政治的良性互动，已越来越引起了党和政府的高度重视。在社会主义市场经济的背景下，发展基于社会合作与政府有效整合的合作治理模式是我国构建社会主义和谐社会的必然要求，而基于区域合作治理基础上的区域经济一体化，是进一步完善社会主义市场经济体制和运行机制，建设现代市场经济国家的重要引擎。作为协作治理发展的一种高级形态，合作治理是各种社会主体以相对平等的身份，就国家和社会公共事务而进行合作共治的社会治理模式。区域合作治理的前提应是区域内各政府间彼此存在信任的因素。信任是真诚合作的前提，有了诚信才会有彼此间的真正合作。"所谓诚信，是在一个社团之中，成员对彼此常态、诚实、合作行为的期待，基础是社会成员共同拥有的规范，以及对个体隶属于那个社团的角色"我国区域经济一体化一度裹足不前，在很大程度上是因为基于经济人理性的区域各城市之间缺乏对彼此的诚信与互信。在社会主义市场经济的背景下，诚信应成为各种社会主体的一种生活形态或生活习惯。从某种程度上讲，社会主义市场经济应是一种诚信经济，而对应的和谐社会也应是一个信任社会。信任必然导致合作，而合作中也必然包含着信任；合作能进一步增强信任；信任既是合作的前提，也是合作的基础。在合作社会中，信任可以成为一种增量资源，它能够在人们彼此合作中减少摩擦、降低交易费用，并增进区域社会的和谐。由此可见，信任是区域社会合作治理的起点，区域城市之间只有有了信任，才会有彼此间真诚的合作，才会自觉在实现经济一体化与政治一体化有效衔接和良性互动中促进区域经济可持续发展和区域社会的稳定、和谐与进步。

6.2.2 我国区域经济一体化中的合作治理现状

从目前来看，区域经济一体化已成为我国社会主义市场经济体制下基本的经济发展模式之一，并在区域经济一体化的过程中，呈现出区域经济发展多层次化、区域合作治理化、经济一体化与治理一体化在竞争中合作互动的现象。同时，我们还必须清醒地看到，我国在区域经济一体化中推进区域合作治理一体化，以区域合作治理一体化加快区域经济一体化发展的过程中还面临着很多困境与障碍。首先，以长三角为代表的区域内各市域的产业关联度低，缺乏明确的支柱产业和主导产业。目前，长三角地区中的浙江和江苏两省都在积极接受上海的辐射，期望通过上海的产业转移来拉动本地区的经济发展，而两省之间的合作则较少。即使是作为国际大都市的上海，与世界其他大城市相比，其产业结构的转换、调整力度与转移力度都还不够。长期以来，上海技术领先、关联度高的主导产业和支撑产业缺乏，制造业仍是上海目前的产业基石，这些产业向周边城市转移的力度并不大。而浙江、江苏两省产业环境相近，产业发展以加工工业为主，主要依靠两头在外的发展模式，产业结构趋同现象严重。因此，在长三角区域内，城市的竞争性远远高于合作性。这种"倾销式"竞争，不但没有使区域内部形成一个统一体，反而人为地阻挠了各种商品和生产要素在区域内的自由流动，严重制约着区域经济一体化的进程和区域社会生产力的解放与发展。其次，区域内部成员城市各自为政，缺乏具有强制力的合作治理体制与合作运行机制。在传统观念与思路的支配下，地方经济的发展就是完全以行政区为单位的经济发展。在缺乏科学眼光而没能进行整体调控与整体规划统筹的前提下，区域内形成了"诸侯经济"式的发展模式也在所难免，并形成了很强的路径依赖。目前，长三角地区经济合作基本上还停留在非制度化阶段，一些区域性组织的协调仅表现为地区领导人之间的一种承诺，缺乏法律效力和刚性约束。再加上个别城市之间的合作毕竟有别于区域一体化，缺乏对整个区域的统筹规划。这样，区域内低水平重复建设和资源浪费仍无法从根源上解决，这也是限制长三角区域经济一体化发展的一个不可忽视的因素。因此，如果没有一个具有强制力的"共同机构"来强制推进区域一体化，受到损失的城市将很难放弃短期利益而主动融入区域经济一体化。以长三角为代表的我国跨省域的区域经济圈还没有从区域合作治理的高度构建区域合作治理的体制、机制以实现区域经济发展与区域合作治理的衔接和互动。

6.2.3　当前制约区域公共治理发展的制度性障碍

1）"政绩合法性"主导下的地方干部考核制度

在经济权力下放和市场化的过程中，地方政府的合法性基础也发生了相应的变化。在这种新的制度环境下，经济发展成为考核地方官员业绩的最重要指标之一。"地方官员具有双重特征：他们一方面是'经济参与人'，即像任何经济主体一样关注经济利益；另一方面也是'政治参与人'，关注政治晋升和政治收益。"所以地方政府的领导人通过发展地方经济，推动GDP的增长，一方面可为自己赢得上层的肯定，另一方面通过为辖区内的人民提供广泛的社会福利，又可获得地方人民的支持和认可，地方政府的政治统治基础开始发生了转变，形成了所谓的"政绩合法性"。在这种政绩的指挥棒下，地方政府更注重自己利益的最大化。有学者指出，在中国现行政治制度下，越来越出现一种倾向，即地方政府官员的提升与当地的经济发展成正比。因为现行的干部考核制度特别是对地方干部政绩的评价与考核过分强调了与所辖地方经济发展业绩直接挂钩，而这种业绩又主要以上了多少项目、建了多少企业、经济增长速度多少等指标来进行简单量化和比较。这样，就必然导致各行政区首脑或部门干部强化资源配置本地化和保护本地利益。再加上地方官员频繁的地区间调动，更使地方政府在经济竞争中急功近利，寻求短期经济行为，从而使区域合作下的公共治理缺少可持续性和战略性。

2）科层权力结构运作形式

从公共权力运行的向度上看，我们一贯的行政模式强调政府管理权力运行的单向性和闭合性。根据科层制所内含的层级分设和层级节制的基本法则，政府公共管理权力在行政单元内部的日常运作是自上而下的单向度，由此形成单一权威中心的"金字塔"式闭合结构。它强调的是"下级服从上级，地方服从中央"的政治原则，使按行政区划分的政府，很难生成一种"地方政府→区域公共治理共同体←地方政府"的协调合作制度安排。一旦涉及地方政府间的关系问题，级别差异就成了绕不开的障碍，这使得政府间横向的合作比纵向的协调更困难。

3）压力型体制

压力型体制指的是"一级政治组织（市、县、乡）为了实现经济赶超，完成上级下达的各项指标而采取的数量化任务分解的管理方式和物质化的评价体系"。压力型体制是在现代化和市场化压力下出现的，它将经济上的承包责任制引入了政治生活，用物质刺激来驱动政治过程。在我国目前的政治结构和政府体制下，压力型体制嵌套和表现于各级地方政府过程中，各个区域中地方政府的首要任务是完成上级下达的发展经济指标。从组织行为学的层面看，下级政府在压力型体制下所原生的发展目标与区域发展目标之间出现冲突和不兼容的矛盾。结果，地方政府总是选择原生目标而放弃或打折完成区域公共治理责任。

6.3　关于区域经济均衡与非均衡发展理论的阐释

6.3.1　理论阐释

新古典经济学关于区域均衡发展的基本理论是在市场经济体制下，资本、劳动力与技术的自由流动，将推动区域经济协调发展。比如，索罗-斯旺经济增长模型的核心思想是"如果地区之间生产要素的流动不受自然环境或者法律或者政府的限制，劳动力将从资本缺乏、收入低的地区迁居至资本密集的地区，而资本密集地区的资本将转移至资本稀缺的地区"。我们可从索罗-斯旺经济增长模型中得出这样的结论：在生产要素自由流动与开放区域经济的假设下，随着区域经济增长，各国或一国内不同区域之间的经济差距会缩小，区域经济增长在地域空间上趋同，差距会呈收敛之势。美国经济学家威廉姆斯也认为，在要素具有完全流动性的假设条件下，区域收入水平随着经济的增长最终可以趋同。然而，自从 20 世纪 20 年代末一场席卷资本主义世界的经济危机爆发以来，以市场为导向调节国家经济协调发展的"看不见的手"无法按照预期调节区域间经济差异，实现经济均衡发展。尤其是 20 世纪 50 年代开始，随着许多资本主义国家内部以追求经济高速增长为目标，把国内大量资源、资金、技术及人才集中投入到经济发展较好的区域，从而使这些经济基础本身比较好的区域经济再次获得快速发展，国民生产总值也得到快速提升，但对于经济基础较差的区域，经济不但无法保持与全国速度同步增长，反之，经济差距越来越大。这种与古典经济理论相悖的现状之所以产生，主要是由于在古典经济理论构建的区域经济均衡发展模型中，忽视了区域空间的一个主要特征，即克服空间距离需要运输费用。而在当代生产规模日益扩大、生产技术日益精密的历史背景下，任何一个企业要获取原材料、销售产品都需要耗费大量的人力、物力和财力。所以，具有一定规模的工业企业往往会选择交通、信息和消费市场等较发达的区域，从而减少运输成本，增加企业利润。这种单个企业的理性选择，最终会形成企业的群体理性，而这种企业的群体理性会导致整个社会发展的非理性，导致经济发展所需的各种资源向经济发达区域聚集，从而使区域贫富差距增大。区域经济发展差距拉大与贫富两极分化现象的出现，导致传统的经济学关于区域经济发展问题论述的失效，也推动了区域非均衡发展理论的产生。经济学家内纳·缪尔达尔提出了著名的"循环累积因果理论"，他认为，在一个动态的社会过程中，社会经济各因素之间存在着循环累积的因果关系。某一社会经济因素的变化，会引起另一社会经济因素的变化，这后一个因素的变化，反过来又加强了前一个因素的变化，并导致社会经济过程沿着最初那个因素变化的方向发展，从而形成累积性的循环发展趋势。从这一意义上讲，区域内有生命力的增长点的出现，会通过乘数效应而逐步扩展，并创造出新增长点，就像滚雪球一样越滚越大。所以，要保持区域经济的协调发展，必须加大政府宏观调控的职能。艾尔伯特·赫希曼提出了"核心-边缘理论"，他认为，经济进步并不同时出现在每一处，经济进步的巨大推动力将使经济增长围绕最初的出发点集中，增长极的出现必然意味着增长在区域内的不平等，是经济增长不可避免的伴生物，是经济增长的前提条件。同时核心区的发展会通过涓滴效应在某种程度上带动外围区发展，但同时劳动力和资本从外围区流向核心区，加强了核心区的发展，又产生扩大区域差距的极化效应。而要想缩小区域差异，就必须加强对欠发展区域的援助和扶持。

20世纪60年代，弗里德曼将"中心-外围"的概念引入了区域经济学。他认为，资源、市场、技术和环境等区域分布差异是客观存在的，这种客观存在决定了任何国家的区域系统都是由中心和外围两个子空间系统组成的；当某些区域的空间聚集形成累积发展之势时，就会获得经济竞争优势；未获得经济竞争优势的地区就处于外围落后地区，外围地区依附中心地区缺乏经济自主，从而形成了空间二元结构；政府的作用和区际人口的迁移能够影响要素的流向，这种流向的变化会促进市场的扩大、交通条件的改善和城市化的加快，从而促使中心与外围的界限逐步消失，推动空间经济逐渐向一体化方向发展，从而实现区域经济的持续协调发展。以上关于区域经济均衡与非均衡理论的阐释，可以给我们两点启示：一是区域经济非均衡发展是市场经济发展过程中不可避免的现象；二是在市场经济发展过程中政府的调控功能是十分重要的。政府应从本国国情出发，采取有效措施，在保持国家整体经济适度发展的同时缩小区域间经济发展的差距，以期推进经济的可持续发展。

6.3.2   我国区域经济均衡与非均衡治理历程的考察

在发展中国家，一般采用经济指标来衡量区域经济差异，我国也不例外。下面列举的经济指标能较客观地反映着我国区域经济非均衡发展的情况，又能使我们的系统分析成为可能。变异系数是衡量资料中各观测值变异程度的另一个统计量。当进行两个或多个资料变异程度的比较时，如果度量单位与平均数相同，可以直接利用标准差来比较。可见，变异系数是相对差异的测量方法之一，它是用变数的标准差除以平均值来显示该变数的离散程度。因此变异系数与区域发展不平衡性成正比，即变异系数越大，区域发展不平衡性也就越大。下面结合不同时期区域发展战略，对近50年来我国区域经济均衡与非均衡发展历程加以理性分析。

首先，中华人民共和国成立后的三十年，我国一贯坚持平等、公平的原则，推行了以"内地发展"为中心的均衡发展战略。建国初期，中央政府针对工业布局不均衡状况，将国家投资的重点放在内地，在内地建立起国家重点工业基地。在六十年代至七十年代期间，出于国防、"安保"的考虑，国家基本建设项目建立和转移到内地，特别是"三线地区"，促进了工业布局的整体均衡。这一时期，除了人口指标以外，其他相对差距系数明显下降。货运量变异系数也有着类似的变化。这些表明，改革开放以前我国推行的区域发展政策，基本上改变了工业布局不平衡的状态，但在客观上也限制了发达地区的优势发挥，从而影响了国民经济整体的发展速度。

其次，进入20世纪80年代年代，中央政府开始强调"高效率"，并实施了以"沿海发展"为中心的非均衡发展战略。为此，首先指定"经济特区"，稳步推进了局部对外开放，并实施以一些减免税、信贷、投资和吸引外资等方面优惠政策，投资布局也向东部沿海倾斜。同时采用多种形式的"财政包干"政策，允许和鼓励一部分区域先富起来。其目的是以沿海发展为先导，逐步向内地扩散，以"富"来带动"贫穷"。结果，东部沿海经济得益于国家赋予的区域优惠政策，获得了空前的高速增长，国民经济整体实力也由此明显提高。然而，东部沿海的发展未能带动中西部地区的经济发展，却诱发了区域间的不平等竞争，导致了东部与中西部间经济差距扩大。这种区域发展的不平衡性，严重影响着国民经济的良性运行和社会的稳定发展。

再次，从20世纪90年代开始，中央政府针对区域发展所面临的问题和以往的政策缺陷，实施了以"全方位开放"为导向、"西部开发"为重点的区域间协力发展战略。与此同时，重点扩充内地基础设施，特别是设立

"欠发达区域支援资金""扶贫基金"项目，大力扶持西部地区经济发展。其结果，90 年代后期区域间相对差距明显得到了抑制。货运量变异系数也有着明显下降趋势。需要指出的是，尽管 90 年代后期区域间相对差距明显得到抑制，但区域经济非均衡发展情况却已经十分严重，区域间绝对差距仍在扩大，这些问题严重影响着国民经济可持续发展。

最后，进入 21 世纪，促进区域协调发展更加凸显。党的十六届三中全会明确提出，完善社会主义市场经济体制所要坚持的"五个统筹"，即统筹城乡发展、统筹区域发展、统筹经济社会发展、统筹人与自然和谐发展、统筹国内发展和对外开放。党的十六届五中全会通过的《中共中央关于国民经济和社会发展第十一个五年规划的建议》，具体提出了区域政策的四个支柱：一是西部大开发，进一步加强基础设施和生态建设，还要增强当地的自我发展能力；二是东北老工业基地的振兴；三是促进中部崛起；四是东部沿海地区要率先发展。这是从一个更突出的高度为解决我国经济发展面临的诸多现实问题提供战略构想。借用胡鞍钢的观点，"发展是硬道理，全面协调可持续发展更是硬道理。增长是手段而不是目的，增长是发展的手段，发展的真正含义是以人为本的发展。十六届五中全会强调促进区域协调发展凸显了建立和谐社会的科学发展理念。"由此可见，解决区域经济发展问题，构建和谐的区域经济关系仍然是当前经济发展战略安排的重点。

综上所述，进入 21 世纪，国家加大了统筹区域经济发展的力度，启动了东北等老工业基地再开发，由此我国已开始进入实施统筹区域协调发展战略的新阶段。值得注意的是，区域经济发展自然受到区域经济要素的影响，但更重要的是，这与中央政府选择何种区域发展战略有关。目前西部地区远远落后于东部地区，有些地区仍然因投资环境恶劣、人口和资本的流失而加剧了脱贫难度。对此，作为公共权力部门政府应加强调控力度，构建协调区域经济关系，促进区域协调发展，以期实现社会主义共同富裕。

6.3.3 区域经济整合治理的要求

区域经济协调发展对于全面建成小康社会具有重要作用，区域经济整合是区域协调发展的重要途径，了解区域整合的意义以及制约区域整合的因素，旨在寻求可行的区域整合途径。

1）跨区域整合指标

设置加快区域整合和区域协调发展的指标体系和监督体系，提高区域整合绩效。建立涵盖区域合作、文化交流、行政协调、社会建设、生态共建在内的全面的参照和考核体系，在大的目标体系下建立具有可操作性、实效性的子目标，将区域整合程度和效果纳入综合评价指标之中，敦促地方政府放弃狭隘的地区利益和短期行为，以区域合作实现全局利益和长远利益。整体目标要明确，具体目标要能够反映整体目标的内容和要求，要考虑经济条件、地区发展差异、生态环境影响、区域优势和劣势对比、项目涉及范围等综合因素，制定符合区域发展水平的指标，避免不顾及发展情况的盲目工程、重复建设等浪费现象。建立监督目标实施进度和情况的跟踪指标，使各项指标落到实处。

2）跨区域捆绑式发展

捆绑发展是指为了实现生态、经济和社会"多赢"目标，通过一对一、一对多、多对一和多对多等形式，采取政策捆绑、措施捆绑、资源捆绑和市场捆绑等手段实行资金扶持、联动开发、整体规划和联合营销等措施，实现"一业兴，百业兴"的联动效应，以促进区域全面协调可持续发展。中西部地区生态环境脆弱，政策制定要将经济社会发展与生态环境保护相结合，不能因为经济发展而造成生态环境不可修复的损失，经济起飞要以保护生态环境为前提。将自然资源丰富但开采程度较低的地区与自然资源稀缺但科学技术先进的地区捆绑在一起，实现资源优势与开发能力的互补，提高资源开发和利用的效率。统筹规划全国市场和区域市场，共同开发资源，创新产品，开拓市场，打造市场竞争优势。通过政策规定与扶持、资源开发与保护、地区帮扶与合作、市场开拓与联合，促进区域经济协调发展。

3）跨区域延伸帮扶

扩大对内开放是中部崛起、西部开发以及东中西协调发展的关键，要充分发挥东部地区领先和帮扶作用，延伸合作与交流链条，构筑东部牵引中部、中部连接西部、东中西协调发展的互助网络。促进中部地区崛起和对外开放水平，推进中部地区流通领域体制改革，加快市场体系建设。支持中部地区发挥承接东西、贯通南北的区位优势，建立现代物流体系，加快形成一批商品集散地、出口商品基地和商品交易中心。中部地区要抓住机遇，更好地承接国际产业和东部沿海地区的产业转移，借助外力加快自身发展，同时对西部地区实行渗透和扶持，发挥纽带作用，开拓和连接两个市场，深入西部地区的对外开放，助推西部各省之间的经济技术合作和科学文化交流，促进西部地区的市场空间对外延伸，强化市场吸附能力，提高市场配置资源的效率，促进西部经济的发展。全面推进西部地区对内对外开放，打通陆路开放国际通道，打造重庆、成都、西安等内陆开放型经济战略高地。积极推进宁夏、新疆、甘肃等省、自治区同中亚、中东国家的经贸合作，促进东西部地区互动合作和对外开放，实现以点带面、点面结合的联动机制，促进区域协调发展。

4）跨区域功能互补

不同区域的自然资源禀赋不同，发展战略和规划要有所差别。事实表明，目前在我国特定的政治经济环境下，地区间各自为政对区域经济的发展和基础设施建设有着明显的刚性约束。各省市在规划地区经济发展时，往往以中心城市及中心城市的周围地区为中心，而忽略了边际城市及省市交界地带的发展。即便省区交界地带拥有丰富的自然资源，但因为不同的开发主体所需利益不同，缺乏整体观念，容易造成资源的不合理利用或利用不充分等。产业结构的雷同，区域特征的忽略，不能因区域制宜，是多年来区域经济发展的痼疾。区域经济整合，就是要通过区域政策，突出和强调区域功能差异，把区域的优势和劣势梳理出来，通过区域整合的办法扬长补短，实现互补，将区域的主要功能和次要功能划分开来，将本区域非优势的产业依托于其他区域，如将制造、服务、物流、旅游等产业在区域上适当分工，实现跨区域的功能互补，从而有利于打破小而全、大而全的区域发展格局。

5）跨区域连片责任

区域整合的各个地区之间形成利益共同体和利害关系人的关系。为了使地区之间结成利益共同体和利害关系人的关系，区域经济主体在联合开发和利用资源、市场等生产要素的同时，要明确与经济合作、技术交流、市场开发相关的责任的义务，开发商与被开发地共同承担开发的风险，共同承担开发造成的后果，开发商不再是与被开发地毫不相关的局外人，而是共同体利益的一部分，一起承担经济发展和保护环境的责任。政府要建立与资源开发利用相关的责任机制、奖惩机制和补偿机制，按照谁污染、谁治理、谁破坏、谁补偿的原则，依照市场经济方法，承担保护生态资源的责任。

6）跨区域合作特区

可以考虑试行设置区域经济合作特区制度。区域经济合作区可以有两种选择：一种是"嵌入式区域合作区"，另一种是"地缘式区域合作区"。前者是指在中央政府的周密决策下，选定某些经济发达省区，直接接管欠发达省区的个别县区，接管时间 30 年左右。后者是指在中央的统一协调下，在几个行政辖区的接壤地建立和一定产业相关的合作开发建设区，以此推进区域经济联合。这种合作区的实验有可能成为拉动区域合作，推动区域经济互动的有效力量。问题在于，这种特区的建设，最大的障碍就是现行行政管理体制。多年来的大部制改革，就是想突破这种碎片化分割治理模式。在一个省区内的跨区域合作特区的设计和实施，必须由省级政府牵头，跨行政省区的合作特区则必须由中央政府牵头。

7）跨区域生态共建

生态问题往往是由自然生态环境受损引发的问题，而自然生态环境问题总是和行政区划不一致。众多生态环境问题超过了一个或多个行政或经济区域，这就要求我们从区域整合的角度看待生态问题。在区域经济整合方式下，结成区域生态共建同盟这样一种跨区域生态解决方案，在环境饱和治理、生产力配置、产业结构安排等问题上，整体性地统筹考虑生态保护与建设，需要上级政府提出约束性的政策措施，或区域地方政府通过行政协议，共同设立组织，建立多功能大行政区等方式，以从区域整合视角出发，解决跨区域经济发展过程中的生态问题，保障经济发展与生态建设相协调，实现区域经济的可持续科学发展。

8）跨区域问题共商

在发展过程中，出现了许多跨区域的公共问题，如环境污染、流域治理、基础设施的连片利用、大型项目的外部性影响、公共卫生、人才流动和劳动力转移等。这些问题都不是一个地方政府能解决的。跨区域问题共商，是指将一些跨区域的发展问题和棘手问题，由不同区域政府联手商议解决。这种整合方式是通过磋商、沟通、共谋来实现的，具体包括联席会议和区域间访谈两种形式来实现。区域经济合作分周边合作与远距离合作，由于地理位置的限制，区域合作必须通过定期不定期的、区域性的或全国性的、领域性的或全面的、高层的或具体合作领域的聚会形式来实现。会议的地点、议程、文件都要有参会各方本着平等互利的原则协商定夺。区域合作会议是区域合作意向、章程、问题磋商、平等对话、交流信息、沟通感情的平台。区域间访谈是一种重要的区域合作形式，包括不同层次和规模的会晤、会见、回访、谈判、磋商、拜会、看望等。其层次高低、时间长短、规模大小、透明程度、正式或非正式都表明了经济合作关系发展和巩固的程度。区域访谈的功能有：增进交往、化解隔阂、交流信息、沟通感情、拓展友谊等。

9）跨区域政府合作

现实中有许多跨区域的公共问题，需要通过跨区域的政府合作来解决，这就是外部性治理问题。如跨区域的污染治理、相邻城市间的道路修筑、火灾救援、自然灾害防治、公共卫生防控、治安管理等。在这些跨区域的公共问题的处理上，如果相互推诿，各自为政，就会贻误问题解决的时机，使许多问题陷入无力解决、蔓延、无人担责的僵局，使公共问题处于肆意发展的状态中。通过政府有效的政策、资源、利益、权力、管理的整合，有利于实现责任共担，问题共摊，措施共议，利益共享。在具体操作中，须建立一种跨区域公共问题的政府合作治理机制，对责任、权益、绩效、法律、信誉设置一系列科学的制度安排。

6.4　区域经济一体化治理的实现路径

当前，世界经济全球化、区域经济一体化治理的深入发展推动着区域合作实践的发展。以合作共赢为目标的区域经济一体化推动着区域合作治理的发展，而区域合作治理体制和运行机制的建立与完善，可为区域经济提供可持续发展的有效平台，是实现区域经济一体化与区域政治一体化有效衔接和良性互动的制度保障，也是加快区域经济一体化、构建社会主义市场经济国家的理性要求。

6.4.1　政府主导是当前推进区域经济一体化的最优选择

区域经济一体化治理的途径是分工与合作。分工主要依靠市场机制作用，发挥区域比较优势，促进资源优化配置和区域间优势互补，而合作则是以地方政府为主体。纵观国外区域一体化程度较高的地区均建立了有效的跨行政区政府合作机制。当前我国出现的"行政经济区"是政府主导区域经济发展的必然结果，然而阻碍区域经济一体化的根本原因并不是行政区划，而是政府未能适应我国市场经济的发展转变到位，对主动加强合作的思想认识仍未到位。在现行体制和机制下，政府主导区域经济一体化具有内在稳定基础，是现行制度下的最优选择。

1）行政区划调整难以实现一体化发展

行政区划是基于一定自然、地理条件的政治、经济和社会综合体。行政区划一旦划定便具有法律地位，在一定历史时期和社会条件下，一国行政区划相对稳定，行政区划的频繁调整不仅会造成大量社会财富的浪费，而且调整的成本很高，会降低行政效率，对社会、经济、政治的发展产生诸多不良影响。由于我国政府对经济发展的干预程度过深，且区域间的界限是永远存在的，如果不加快推进政府职能转变以减少政府对区域经济发展的主导，单靠行政区划的调整解决行政区划与区域经济一体化的冲突是不切实际的，其结果必然陷入行政区划调整——新的行政区划与区域经济一体化冲突——行政区划再调整的恶性循环。因此，行政区划的调整并不能彻底解决行政区经济所带来的问题。

2）政府主导有利于推进专业化分工与协作

专业化分工能有效提高生产效率，是在资源优先条件下创造出更多社会财富的必然选择，是区域经济一体化的本质内涵。专业化分工具有历史性和阶段性，需要在一定的法律性规则和完善的市场机制保障下才能实现。当前我国正处于社会主义法律体系和社会主义市场经济体系的建设和完善阶段，政府主导和推动区域经济一体化，能有效提高区域间专业化分工水平。一方面，由于目前跨行政区合作缺乏必要的制度保障，跨区域合作的违约成本较低，政府主导和推动的区域一体化，能加速完善区域相互认同的法律法规，提供推动专业化发展所必需的契约保障，以此降低区域间合作的交易成本。另一方面，区域经济一体化要以市场一体化为基础，而目前我国市场一体化的程度较低，当前重点是要打破市场分割、取消行政壁垒，实现商品和要素的自由流通，这都需要各级地方政府加强协调与合作，共同推进市场环境、基础设施环境和市场秩序等制度和设施建设。

3）政府主导有利于提高市场交易效率

制度经济学认为，在不存在市场失灵的情况下，市场交易效率的高低取决于交易费用的大小。当前我国正处于体制转轨过程中，各种行政审批制度在具有立法权的行政区域内存在着较大差异，相关市场规则和设施建设缺乏充分协调，导致了不同行政区划范围内的交易费用不同。政府主导的区域经济一体化，可以通过协调区域发展规划，推动基础设施、发展规划、交通运输、社会事务、地方法规等的对接，降低商品和要素流通的成本，为相关微观主体跨区域配置资源提供了可能性；通过明确区域功能定位，引导各行政区错位发展和互补发展，规避区域间产业同质竞争带来的资源配置效率的损失；通过建立相对统一的行政审批和服务程序，推动社会事务和地方法规对接，有利于降低一体化区域内寻租费用，减少整个社会的交易成本。

6.4.2　整体性治理是政府推动区域经济一体化的有效模式

我国的区域经济一体化从本质讲是一个政治问题，涉及的是如何通过有效的组织模式实现政府之间行政权的协调，以此消除因行政区划分割而导致的行政壁垒和歧视性政策等地方保护主义行为，从而实现资源要素的合理流动和有效分工。有效的政府组织形式取决于社会经济的形态。我国的经济社会管理建立在中央政府与地方政府的委托代理关系基础上，行政权力由中央政府授予或委托地方政府以及由高层级地方政府授予或委托低层级地方政府，高层级政府在经济管理事务中具有绝对权威，对低层级政府采取的通常是结果的考核和控制，政府组织形式相应的表现出典型的官僚式科层结构特征。科层组织模式是在工业化大生产条件下，以生产和管理功能为导向的公共行政组织方式，此种模式下的同级地方政府之间的竞争要大于合作，这必然会导致存在上述服务视野狭隘、政策目标与手段相互冲突、价值取向分散化、资源重复浪费等弊端。从公地悲剧理论、囚徒困境理论和集体行动逻辑理论来看，为避免非理性的集体行动导致的损失，必须加强同级政府的协调，通过制度化、有效的"跨界"合作增强区域总体利益。这就必然要求建立新的政府组织治理模式，这种模式的核心是要重新设计政府服务体系，加强行政权的协调，形成以市场化和竞争为手段的竞争性扁平化多元治理的政府组织模式。区域整体性治理是现有体制下，引导政府加强协作的有效模式，与传统科层治理模式比较具有明显特征。在治理结构方面，强调构建扁平化的动态网络状治理结构，整体性治理的治理结构既不是以权威和行政命令为协调手段的科层制，也不是完全依靠市场机制的合同制和契约关系的市场组织，是一种介于两者之间的治理模式。在目标取向方面，区域整体性治理强调以任务目标为导向，将特定问题的解决作为相关利益主体一切活动的逻辑起点，强调利用各参与方的资源禀赋和比较优势，通过对相互独立的区域资源要素进行整合来实现目标协调合作，实现互利互惠。在运行机制方面，区域整体性治理强调以相互认同和信任为基础，通过建立沟通、协商、谈判以及整合机制，协调各参与方利益。实现区域性治理的关键是要建立政府协同机制，通过各行政区的相互协作，实现由独立的相互竞争关系向联合发展的转变，以节约交易成本，获取规模经济效益，享受分工带来的好处。建立政府协同机制要做到以下两方面：一是要识别协同机会，正视当前区域经济发展中政府间竞争大于合作的实际，以各方共同感兴趣的领域为合作重点和加强合作的突破口，大力强化经济融合共生，使各方逐步成为利益共同体。二是要推行战略协同，制定统一的区域发展战略规划和区域政策，成立跨区域的协调管理机构，制定协调区域发展战略的制度规则，以区域规划和法律来规范政府竞争行为，保证地方政府在追求自身利益时不对区域共同利益产生消极影响。

6.4.3 建立利益协调机制是区域整体性治理和一体化发展的核心

我国在加快推进城市群和经济区发展过程中，多数地方政府已充分认识到加强合作对于促进区域经济发展的重要性，相继成立了省际、市际、县际等不同层级的区域协调机制来协调跨行政区重大事项。这种协调机制在城市群或经济区发展初级阶段和区域总体发展规划启动实施阶段确实能起到一定的宏观协调作用，但进入规划具体实施阶段，其不规范、不完善、不稳定等弊端就会暴露无遗，尤其面对地方政府之间纷繁复杂的利益纠纷时，就更显得形同虚设，难以起到有效的协调作用。造成此种问题的起源在于忽视了市场经济条件下地方政府也具有"经济人"特性，其行为往往受利益驱动并以自身利益最大化为目标。这种地方政府对"个体理性"的追求，最终导致难以实现区域整体性治理。区域经济一体化的目标是实现区域利益最大化，而利益融合是区域经济融合的前提。从这一点讲，区域合作的逻辑起点仍然是"经济人"理性。因此，利益协调关系是跨行政区政府间关系的本质所在，推进区域经济一体化道路在于实现区域整体性治理，其核心是要建立以分配和分享为核心的利益协调机制。围绕利益分配、共享、补偿等一系列问题进行制度创新，是实现区域整体性治理的前提条件。构建利益协调机制的重点是要从利益分配协商、利益分享与补偿、利益争端调解等方面进行制度设计。

1）要建立利益分配的协商机制

市场是配置资源的最为重要和有效的方式，但在当前行政对经济干预程度较深的情况下，区域利益分配主要通过同级政府间协商以及上级政府的调解与裁决来确定，且上级政府成为利益分配的决定性因素，而企业、居民等其他利益相关者难以有效参与区域利益的分配。因此要通过构建区域利益分享机制实现区域整体性治理目标，进而实现区域经济一体化。要实现区域经济一体化必须充分考虑到区域内各主体的利益诉求，规范各主体利益分配行为，防止利益分配不公和寻租行为。这就要求摒弃传统科层制的整体组织框架，改为正式组织与企业、居民及其他相关利益主体相互连接的区域网络治理结构，为区域利益相关者提供制度化参与区域治理的有效渠道，通过周期性的协商达到追求共同目标、解决共同关注的重大利益问题的目的。

2）要建立利益分享和补偿机制

利益协调是核心利益的分享和补偿。各地经济发展情况不同，利益索求也各有差异，由于缺乏利益分享和补偿机制，区域经济发展过程中各区域主体往往采取"利己主义"和"排他主义"，区域之间的竞争多于合作，导致总体利益的损失。在区域整理性治理的组织框架下，通过契约的形式建立利益分享和补偿机制是解决此问题的有效方式。区域利益的分享机制应突出效率优先，通过获取由区域分工带来的"比较利益"而分享分工合作的成果和收益，使地方政府获得自己应得甚至更多的利益，从而实现区域合作的利益倍增效应。而区域补偿则应突出公平，通过财政跨区域横向转移支付、税收分成、招商引资过程中的成本分担等方式对地方利益进行再分配，使区域合作的利益损失方也获得自己应有或更多的利益。

3）要建立利益争端的调解机制

由于区域合作问题涉及多方利益相关者，区域合作过程中的利益纠纷不可避免，这就要求建立相应的利益争端调解机制。其中最为重要的是在区域整体性治理框架下，制定各方一致认同的区域一体化发展条例、区域合作框架协议等具有法律效力的区域公约或区域规则，按照权利和义务对等的原则，将利益共享与利益补偿机制制度化。

6.4.4　创建良好的制度环境，完善制度基础与改革体制

按 L. E. 戴维斯和 D. C. 诺斯的理解，制度环境"是一系列用来建立生产、交换与分配基础的政治、社会和法律基础规则""政府间关系实际上有静态和动态两个方面，静态的关系主要体现为政府间的法律关系和制度关系，动态的关系则体现为具体的政策关系，人际关系和行政调控关系"。鉴于此，我们应着重加强制度建设。首先，建立完善的制度保障。区域政府公共治理机制的建立需要良好的制度环境，这在很大程度上取决于中央政府的制度创新能力。基于市场经济基础上的区域政府公共治理机制离不开法律制度的规制，要求中央政府积极推进法治建设，完善相应的法律制度。我国区域内缺乏一致性的规则，各地区在技术开发、信息共享、环境保护、地方规范、公共服务等方面的政策存在很大的差异，没有规范区域发展的统一法规。这个问题不解决，区域公共治理就缺乏必要的制度保障。因此，区域政府间对区域整体发展所达成的共识，必须要以制度性的规则来保证。这种区域公共治理规则应达到两个基本要求：一是为合作行为提供足够的激励；二是对违反"游戏规则"者和机会主义者予以充分的惩罚使违规者望而生畏，用制度化的方式维护区域公共治理规则。其次，区域合作规则的形成和有效运作，必须要有与之相适应的新型"区域利益分享和补偿机制"。区域政府合作的出发点是地方政府通过合作来共享整体利益，而打破传统"小而全"的治理体系。但合作结构中总有优势一方，可能发生地区

利益从劣势一方流向优势一方的问题。这就需要合作优势一方给予劣势一方以必要的补偿，构建这一制度变迁机制，改变原博弈格局下的"囚徒"困境，让地方政府无论在任何情况下选择"合作"策略所获得的收益都超出"非合作"策略的收益，使"合作"策略成为区域内地方政府的理性选择，区域内所有地区都共享合作的收益。因此，区域合作规则想要有效发挥作用，取决于能否达到各方利益的平衡，实现合作双方或多方的双赢或共赢。这就需要有一个与此相适应的"区域利益分享和补偿机制"。所谓区域利益分享和补偿机制，指的是各地方政府在平等、互利、协作的前提下，通过规范的制度建设来实现地方与地方之间的利益转移，从而实现各种利益在地区间的合理分配。最后，重视制度设计和整体设计，通过制度设计，对政府治理模式、运作机制等带有根本性的问题，形成目标共识，这样对区域问题展开的协调一致的战略治理工作，就有了制度保证。

6.4.5　创立制度化的区域公共治理组织机构

区域公共治理是通过区域公共治理组织进行的，区域公共治理组织本身的出现是制度创新的产物，它使区域利益主体的获利空间得以扩大和延伸，能将原来对立的利益转化为一致利益，而且这种组织的安排方式是动态调整的。从我国实际情况和西方国家区域合作的实践来看，区域政府合作机制要得以真正建立，必须在中央政府、地方政府和市场中介组织三个层面上形成制度性的组织机构，实行多层面的协调互动，建立跨行政区的公共治理机构。"有理由以积极态度看待区域性机构，因为它们是一种学习工具，能够使政府官员和一般公众了解区域问题的实质，以及在协作基础上解决问题的必要性。它们有助于创建一种区域社区感，并提供了一系列过去缺乏的服务"。地方政府是区域公共治理的主要参与者，因此，如何发挥各地方政府的积极性，建立一个反映各地方政府意愿、能获得区域内各政府普遍认同的、具有民主治理结构的跨行政区的协调管理机构，是区域公共治理机制能够真正建立的关键。我们可以参照国外的经验，例如美国的区域委员会是由县、自治市以及特区等组成的自愿性区域组织，主要目的是加强地方政府之间的交流、合作与协调，以解决美国大都市区所面临的一些区域性问题。美国全国委员会协会（NARC）对区域委员会界定为"由地方政府创立的多重目的、多重管辖权下的公共组织，它们将多个层级的政府成员聚集在一起进行总体规划，提供服务，并培育区域合作精神"。综上所述，区域公共治理，就是在中央政府良好政策的引导下，依靠区域内地方政府间对区域整体利益所达成的共识，运用组织和制度资源去推动区域经济一体化，从而塑造区域整体优势，高效率地解决区域公共事务。我们也必须意识到，在一个缺乏普遍的法治规则、统一的市场秩序和完善的区域政策的国度里，要真正构建起一个行之有效的区域政府合作下的区域公共治理机制，绝非一朝一夕。近年来，以长江三角洲和珠江三角洲为代表的经济区域内，各级政府通过实质性的合作所表现出来的区域公共治理的绩效，使我们有足够的理由相信，构建一个行之有效的区域公共治理机制，是区域经济治理的必然选择。

7 区域经济治理的路径选择

7.1 我国区域经济均衡发展的路径选择

随着我国经济总体规模的不断扩大，基于产业结构、技术创新的区域经济布局不断得到优化，并且以年均近 10%的速度增长，已经成为国民经济的重要支撑因素。而在这事件的背后，不同区域发展的差别化现象却越来越明显。即虽然我们持续实施了一系列具有针对性的政策措施，比如西部大开发战略的深入推进，东北老工业基地的全面振兴，中原崛起战略的适时实施以及以东部优先发展带动其他区域共同取得进步等，都先后取得了较为明显的政策效果。但是，外界的强烈影响不期而至，2008 年开始的金融危机对中国区域经济的均衡发展和国家区域经济战略的实施产生了深刻的影响，原来的区域经济格局发生了重大改变。原有的"东高西低中平稳"跷跷板式的经济脉络发生了严重逆转，并进一步加强：东部经济运行疲软，中部势头强劲，西部和东北地区后来居上。可见，金融危机对我国区域经济的均衡发展造成的巨大冲击是前所未有的。本章首先分析了金融危机前后我国区域经济格局的转变，讨论了区域经济发展不均衡与金融危机之间的因果关系，最后从建立有效补偿机制、加快外来资本的培植、构建区域经济合作机制和强化政府支持力度和方向等角度，给出了促进我国区域经济均衡发展的对策和建议。

7.1.1 金融危机前后我国区域经济格局的转变

1）金融危机之前我国区域经济的发展格局

第一，自 20 世纪 80 年代以来，我国经济的几何重心就开始了移动，移动方向为向南偏西，这个方向即为珠江三角洲地区，以这一地区为中心的南部沿海区域在 20 世纪 80 年代得到了前所未有的快速发展。而自 20 世纪 90 年代起，我国区域经济的几何重心继续快速向南移动，与此同时，移动的方向也由以前的向南偏西转向向南偏东，这个方向即为长江三角洲地区，该地区在 20 世纪 90 年代的经济增速和经济总量都得到了迅速的提高。而随着市场化改革的深入，我国东部沿海地区在社会进步和经济发展等方面都明显领先于其他地区。至此，该类地区已经进入到了工业化的中期或中后期阶段。尤其是在我国于 2001 年加入世界贸易组织以后，我国经济逐渐走入了世界经济的轨道，两者之间的联系越来越紧密。作为全球重要的制造业基地，我国的珠江三角洲地区和长江三角洲地区已经成为国际制造供应链的重要组成部分。

第二，在西部大开发战略、东北老工业基地振兴战略和中部崛起战略相继实施的同时，我国东南部沿海地区的各种要素投入成本全面上涨，经济增速也在诸多压力下逐步放缓，与之相对应的是，我国中西部地区和东北地区却后来居上，经济增幅逐渐加快。从上个世纪末开始，东部地区的京津冀地区和山东半岛城市群异军突起，其经济增速跃居珠三角和长三角两大区域之上；而中部地区的经济发展速度已经居于四大主流区域的首位。由此一来，在一快一慢的交错步伐下，我国区域间的经济增长差距开始放缓。而到 2006 年，我国东北地区、西部地区和中部地区全社会固定资产投资年均分别增长 34.6%、26.5% 和 31.1%，而东部地区年均增速仅为 19.2%，为东北地区的一半左右。到 2007 年，东北地区、西部地区和中部地区的国内生产总值较 2006 年分别增长 14.1%、14.5% 和 14.2%，而东部地区的增幅也只有 14.2%。可见，四大主要区域的增速已经非常接近，并且西部地区的增速已经超过了东部地区。进一步地，从人均国内生产总值的角度来看，中西部地区和东部地区之间的相对差距也在逐年缩小，而近几年西部地区崛起的鄂尔多斯的多项经济指标都已经在全国领先就是一个很好的证明。

2）金融危机条件下我国区域经济发展格局

第一，从宏观角度看，全球金融危机对我国东部地区的影响最为明显，从 2008 年下半年开始，我国东部地区（尤其是珠三角和长三角地区）因其具有明显的外向型经济特征，受到冲击的幅度最大，经济增长也因此呈现出下降的趋势，尤其面向美欧市场进行商品出口且相对依存度较高的地区，经济的下滑趋势更是明显。在该年，东部地区的进出口贸易增长了 16%，而中部地区、西部地区和东北地区分别以 35.8%、34.7% 和 22.5% 的增长率分列前三，远超东部地区的增长速度。并且在东部地区，外向度高的城市在经济增长方面也同时显现出了低迷的态势。

第二，在政策方面，我国中西部地区和东北地区在近一段时间以来，持续受到中央政策的倾斜，大区域战略的部署和实施给这些地区带来了快速发展的契机。一个明显的事实就是，区域经济的优先发展需要大量的基础设施投入，这将进一步加快该类区域第二和第三产业的发展。而在产业组织方面，金融危机使我国产业梯度转移的步伐和规模明显增强，大量企业尤其资源密集型和劳动密集型的企业，为了最大限度地降低成本，正从东部地区向中西部地区进行产业战略转移，这极大地促进和带动了中西部地区的工业化与城市化进程。在这一过程中，相关地区的固定资产投资规模得到加强。

7.1.2 区域经济非均衡发展与金融危机之间的关联

1）经济政策的滥用加重了区域经济发展的失衡

在区域经济发展失衡的条件下，尤其是经济发展落后的地区，地方政府通常有运用宏观调控手段加速其经济增长的冲动，这为金融风险的产生和积累创造了有利条件，同时，这种干预在某些时候已经成为一种普遍的策略。所有的政策指向中，由政府发起的投资行为又成为带动地方经济的主要力量。然而在市场经济条件下，或者按照克鲁格曼的经济学理论，任何投资需求与经济增长都应通过私人投资来实现，以政府为代表的公共投资只能作为一种辅助性的手段加以实施，而任何以主体身份出现的形式都被视为对市场经济的背叛。如果单纯为了经济增长而不顾忌市场和社会的反应，试图通过扩大政府投资所带来的乘数效应维持和促进区域经济的良性增长，不但无法实现预期的目标，而且最后可能连最初的经济状态也无法维持。尤其在经济发展水平相对落后的地区，民间投资的匮乏和政府调控经济能力的制约，这一风险将最终演化成现实，危机的出现将无法避免。我国目前真实的情况恰恰如此——经济发展越是落后，政府对经济的干预就越明显，而这正将区域发展的非均衡性引向深入。

2）区域经济非均衡发展使金融体系更加脆弱

根据金融学的风险理论，金融体系的脆弱性主要是由信息缺陷和金融主体的非理性行为造成的。区域经济发展的失衡降低了市场机制的效用，从而使信息缺陷得到加强，而这又将进一步导致主体非理性行为的发生。由此一来，金融体系的脆弱性就在所难免。在我国当前区域经济发展的脉络上，东部地区渴望继续保持其领先的经济地位，而以往经济相对落后的中西部地区和东北地区更具有强大的发展后劲。从一段时间来的实践可以看出，在金融深化与创新和金融全球化理论的支撑下，地方政府乃至中央政府都渴望并最终采取了相关行动，而这极有可能导致多方面的金融风险甚至经济风险。

3）区域格局失衡致使经济增长不可持续

受全球经济形势的影响，我国经济的增长承受着巨大的压力。在这种情况下，如果不能增加一国以内的需求，即有效增加内需的数量，国民经济和区域经济的滞涨将难以避免。而这样的危险局面是一簇激发的，一旦宏观经济出现异样波动，政府就极有可能因鞭长莫及而无能为力，作为区域经济主体的企业便有可能陷入经营困境。因此，这些企业大多存在创新能力意愿不强、创新能力不足的倾向，尤其在我国一些经济发展水平相对落后的地区，企业经营效益的好坏大多要资金找原因，而对自身存在的问题却自负的不愿过问，这又加重了这一风险发生的可能性和发生后的破坏力。

区域经济的非均衡发展与金融危机之间的关联如图 7.1 所示。

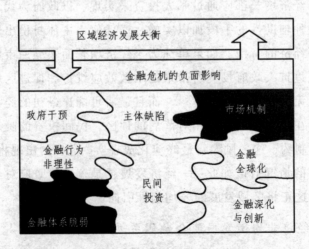

图 7.1　区域经济非均衡发展与金融危机之间的关联

7.1.3   促进我国区域经济均衡发展的对策和建议

1）建立有效的补偿机制

从国家层面上来讲，促进我国区域经济均衡发展的主要对策之一，就是要加强宏观调控的方向和力度，适时改革和完善财政税收体系，将中央与地方的财权和事权进行明确的划分，进一步加强对中西部和东北地区经济发展的引导和政策倾斜，加大对该类地区的资金投入和智力投入，同时要逐步建立起包括全国范围内的区域经济协调机制，对经济发展中出现的注入地区经济垄断等现象要进行严厉查处，维护地区的经济和社会稳定。从区域之间的关系来讲，就是要做到统筹兼顾、抓大不放小，发展较快的省份要积极协助其他地区的发展，并且在区域和流域之间，通过协商、谈判和合作等多种方式，建立起长效的经济补偿机制，避免因无序开发导致资源环境恶化和更为严重的后果。此外，区域本身的发展可以考虑将原本独立，但社会影响相对突出的邻近地区纳入发展规划，进行统一协调和统一管理。

2）加快外来资本的培植

这次金融危机对我国的影响首先表现在进出口贸易上，国内产品的出口受到了明显的冲击。在这种情况下，各区域政府应该适时转变战略方向，重新制定相关政策，并对现有的政策进行有针对性的调整，比如加快生产方式的转变，将原有的劳动密集型和资源密集型产业向技术密集型和自主创新型产业进行转变等。同时，区域经济的发展不能闭门造车，以往独立、松散的区域关联状态应该被相互之间的合作取代，使合作的可能多于竞争，区域政府在其中扮演的角色非常重要，该角色不但要充分重视自身资源的种类和数量、生态环境的承载能力，还要因地制宜，将区域经济发展和区域间的发展趋势进行统筹安排，实现区域经济社会持续健康发展。而在这一过程中，一味地抵制外来资本、单纯地扶持本地企业只能适得其反。所以，在对待外来资本的问题上，要在一开始就将外来外资进行根植化和本土化，将其与区域的长远发展联系起来，尤其对那些金融性资本和产业资本，对其采取有效措施加以控制是发展区域经济的又一良方。

3）加强区域经济合作

在应对金融危机的过程中，各区域应最大限度地发挥其比较优势，以最高的经济效率参与市场竞争。为此，各区域政府之间要在区域经济共同发展的目标指引下，积极参与区域经济合作机制的建立和完善工作，以此来保证区域合作的矛盾和冲突能得到快速有效的解决。而在区域经济合作的组织形式选择方面，项目合作和市场机制有两种主要的运作形式，此外还可选择非政府组织的合作形式等；在区域经济合作的方式与手段的运用上，行政干预和市场化手段是两种截然不同的方式，两者可以分开进行，只选取其中一种，也可以将两者结合，合并使用。一个明显的趋势是，随着市场经济的不断深入，政府在区域合作中的地位和作用将被逐渐削弱，取而代之的主体为市场。

在这场全球性的金融危机中，我国经济基本实现了平稳的着陆，这与政策制定者长期以来高度重视区域经济的均衡发展有直接关系。因此，在金融危机的背景下，为了进一步巩固发展的成果，还应该始终走区域经济优先发展和均衡发展的道路，根据区域的特点确定相应的发展思路，并且在具体做法上，要积极加大基础设施的投入力度、优化和调整产业结构，使经济发展和环境保护融为一体；同时，以科技普及和教育优先发展为契机，加强人才培养和科技成果的转化等，将金融危机对区域经济的非均衡破坏降到最低程度。

7.2 基于空间统计分析的河南省区域经济增长差异

作为一种新兴的分析方法，空间统计分析以新的思维模式观察和分析事物，通过新的技术手段处理数据资源，这是对传统统计分析观念和统计分析方法的根本性改变。空间统计分析不仅能够对具有空间坐标变量的空间特征进行分析，还能够完成过程模拟、空间自相关分析等相关计算。一般认为，空间统计分析主要应用于城市研究、商业研究、社会网络、经济均衡性、环境和气候变迁、医疗卫生、犯罪行为和社区服务等社会学领域。在实践研究中，众多研究者对空间关联模式给予了广泛的关注，以此来认识区域间潜在的经济关联。截止到目前，我国关于区域经济活动空间统计分析方面的研究才刚刚起步，合适、合理的空间统计分析框架尚未完全建立，诸多工作还处于初级阶段，需要不断地修正和完善。因此，需要认识和地理位置相关的数据间的空间依赖、空间关联以及空间自相关，将此作为空间统计分析的核心工作来对待，并能够借此建立起数据之间的统计关系，给出一定的管理信息。近年来，随着地区之间的竞争日益加剧，区域经济的空间统计分析得到了前所未有的关注。本章以河南省为对象，对其区域经济的增长差异进行空间统计分析，结果表明，河南省各地区的经济增长表现为空间相似值之间的空间聚集，这一结果对分析河南省区域经济的空间结构形态具有一定的现实价值。

7.2.1　空间统计分析及其方法概述

1）空间权重矩阵

在空间分析领域中将空间权重矩阵引入进来，是空间探索分析的基础性工作。一般来讲，要定义一个二元对称矩阵来表示 n 个位置的空间邻近关系，这一矩阵便是空间权重矩阵 W，其形式如下：

$$W = \begin{bmatrix} w_{11} & w_{12} & \cdots & w_{1n} \\ w_{21} & w_{22} & \cdots & w_{2n} \\ \vdots & \vdots & & \vdots \\ w_{n1} & w_{n2} & \cdots & w_{nn} \end{bmatrix}$$

式中：w_{ij} 表示区域 i 和区域 j 之间的邻近关系，往往通过邻接标准或者距离标准进行度量。

此外，空间权重矩阵的建立规则有多种，邻接规则和距离规则是常用的两种。

（1）临近规则。基于邻接规则的空间权重矩阵可以定义为：当区域 i 和 j 相邻接时，$w_{ij}=1$，否则 $w_{ij}=0$。

（2）距离规则。基于距离规则的空间权重矩阵可以定义为：当区域 i 和 j 的距离小于 d 时，$w_{ij}=1$，否则 $w_{ij}=0$。

2）全局空间自相关

由 Moran（1950）提出的空间相关指数"Moran I"常常用来检验区域经济增长过程中是否存在空间自相关性。Moran I 的公式表达如下：

$$\text{Moran I} = \frac{\sum\limits_{i=1}^{n} \sum\limits_{j \neq i, j=1}^{n} w_{ij}(Y_i - \overline{Y})(Y_j - \overline{Y})}{S^2 \sum\limits_{i=1}^{n} \sum\limits_{j \neq i, j=1}^{n} w_{ij}}$$

其中
$$S^2 = \frac{1}{n}\sum_{i=1}^{n}(Y_i - \bar{Y})$$

$$\bar{Y} = \frac{1}{n}\sum_{i=1}^{n}Y_i$$

式中：Y_i 是对第 i 个地区的观测值；n 为待分析的区域数量。

通过上式可以看出，Moran I 为各区域观测值的乘积和，取值在-1 和 1 之间。若 Moran I 小于零，则表示区域间负相关，若 Moran I 大于零，则表示区域间正相关，否则表示不相关。具体而言，当区域经济增长的目标区域数据有相似的空间区位和相似的属性值时，空间模式就在整体上显示出了正的相关性；相反，则呈现为负的空间相关性。而当属性值和区位数据的分布相互独立时，空间模式表现为零空间自相关性。

3）局部空间自相关

在全局空间自相关分析中，Moran I 指数只是从一个单一数值反映一定区域的自相关性，这对发现存在于不同位置的区域空间关联模式并无太大帮助，尤其是在考虑观测值的局部空间集聚是否存在，计算区域对于全局空间自相关的贡献以及空间自相关的全局评估对局部稳定性的"减震"时，全局空间自相关分析就显得捉襟见肘。此时，需要通过局部空间自相关分析达到预期的目标。G 统计就是其中典型的分析方法，其期望值和方差的公式如下所示：

$$G_i(d) = \frac{\sum_{j,j\neq i}^{n} w_{ij}x_j}{\sum_{j,j\neq i}^{n} x_j}$$

式中：x_j 为位置 j 的属性值。此时，二元对称空间权重矩阵 W 是基于距离标准构建起来的。同时定义

$$Z(G_i) = \frac{G_i - E_i(G_i)}{\sqrt{\mathrm{var}(G_i)}}$$

为 $G_i(d)$ 的一种标准化的形式。

此外，对于每个位置 i，局部 Moran 统计、局部 Geary 统计分别可以定义为：

$$I_i = (z_i / S^2) \sum_{j \neq i}^{n} w_{ij} z_j$$

$$G_i = \sum_{j \neq i}^{n} w_{ij} (z_i - z_j)^2$$

其中，Z_i 和 Z_j 表示位置 i 和位置 j 的属性值与均值的偏差，$S^2 = \dfrac{1}{n-1} \sum_{j, j \neq i}^{n} (x_j - \overline{x})^2$，$w_{ij} z_j$ 是对周围位置属性值的偏差进行加权平均的结果。

由此可见，局部 Geary 统计 G_i 是对属性值偏差之差的平方和进行加权度量，这与局部 Moran 统计 I_i 有着明显的不同。

7.2.2 区域经济增长的空间关联识别

如前文所述，G 统计能够确定空间的凝聚模式，判定其是高值簇还是低值簇。因此，在对区域经济增长的空间关联识别时，标准化的 G 统计量 $Z(G_i)$ 可以应用于属性值非零的情况。此时，对于零假设 $H_0(G_i=0)$，可以执行一个 t 检验，$Z(G_i)$ 便将位置 i 排除在外。然而，事实上 G 统计并不能对相似性或非相似性的空间模式加以辨别，当然，可以对有意义的局部空间关联进行显著性检验，根据随机方法或者排列方法，获得 I_i 的一个伪显著性水平。从这个角度讲，与 $G_i(d)$ 统计相比，局部 Moran 和局部 Geary 统计就具有了 定的优势。

与此同时，P 值也为零假设 $H_0(G_i=0)$ 提供了分析基础，它可以检验所有的属性值是否在空间上进行了随机分布（对局部 Moran 的解释和 G 统计类似）。如果 P 值较小（<0.05），则表明与位置 i 相关联的周围位置的属性值较大，如果 P 值较大（>0.95），则情况正好相反。

局部 Geary 的伪显著性水平 P 值的计算和局部 Moran 类似，即如果 P 值较小（<0.05），则说明有一个大的极值 G_i，观测点 i 和周围观测点之间存在负的空间关联；相反，若 P 值较大（>0.95），则表明有一个小的极值 G_i，这说明观测点 i 和周围的观测点之间存在正的空间关联。

7.2.3 河南省区域经济增长的空间统计分析

1）河南省人均 GDP 的 Moran I 指数

以下选取河南省 2007—2016 年河南省所辖的 18 个市域的人均 GDP 数据，经自然对数变换后，计算 Moran I 指数（表 7.1）。检验工作以正态分布假设为基础。从分析结果可知，各年的统计量较为显著，这说明这10年间，河南省人均 GDP 水平表现出相似值之间的空间集聚。也就是说，人均 GDP 水平较高的区域往往相邻，人均 GDP 水平较低的区域也相邻。并且从2007年至2016年以来，Moran I 指数呈现明显的上升趋势，显著性水平也明显提高。这再次说明，具有相似经济发展水平的区域往往趋于空间上的集聚，并且在近5年来该特征表现得更加明显。

表 7.1　2007—2016 年河南省人均 GDP 的 Moran I 指数

年份	Moran I	Z 值	P 值
2007	0.5171	4.5514	0.000
2008	0.5192	4.5529	0.000
2009	0.5193	4.5559	0.000
2010	0.5199	4.5581	0.000
2011	0.51201	4.5618	0.000
2012	0.5211	4.5667	0.000
2013	0.5212	4.5722	0.000
2014	0.5215	4.5763	0.000
2015	0.5223	4.5788	0.000
2016	0.5245	4.5825	0.000

2）河南省人均 GDP 的 G 统计

通过对 2016 年河南省人均 GDP 的 $G_i(d)$ 统计分析发现（表 7.2），郑州、洛阳、焦作、开封、安阳、许昌、信阳的 G 统计量大于零，这说明这些区域将被（或正在被）经济发展水平较高的区域包围，空间集聚效应已经显现或者将要显现；而除此之外的平顶山、新乡、漯河、商丘、濮阳、三门峡、济源、鹤壁、南阳、周口、驻马店的 G 统计量小于零，这说明该类地区已经（或者正在、将要）被经济发展水平较低的区域包围，空间聚类趋势也较为明显。从河南省行政区划上可以看出：郑州、洛阳、焦作、开封、安阳、许昌、信阳（与湖北武汉经济联系紧密）等形成了一个贯穿南北的经济带；而平顶山、新乡、漯河、商丘、濮阳、三门峡、济源、鹤壁、南阳、周口、驻马店等地区则处于一个较低水平的发展区域。

表 7.2　2016 年河南省各地区人均 GDP 的 G 统计

地区	$G_i(d)$	$E(G_i(d))$	$Var(G_i(d))$
郑州	0.1015	0.1012	0.1172
洛阳	0.1023	0.1012	0.1036
焦作	0.1046	0.1012	0.1027
平顶山	0.1115	0.1012	-1.1121
开封	0.1191	0.1012	0.1292
新乡	0.1217	0.1012	-1.1556
漯河	0.1125	0.1012	-0.1876
商丘	0.1372	0.1012	-0.1760
安阳	0.1052	0.1012	0.1182
濮阳	0.1299	0.1012	-1.1147
三门峡	0.1320	0.1012	-1.1692
许昌	0.1083	0.1012	0.1004
济源	0.1220	0.1012	-0.1294
信阳	0.1093	0.1012	0.1019
鹤壁	0.1338	0.1012	-1.1003
南阳	0.1325	0.1012	-1.2221
周口	0.1372	0.1012	-1.1892
驻马店	0.1181	0.1012	-0.1391

3）结论分析

河南省人均 GDP 水平和各地市的经济增长都表现出一定的空间正相关性和空间集聚性，并有进一步加强的可能。具体表现在，经济增长较快的区域与经济增长较快的区域相邻，经济增长较慢的区域与经济增长较慢的区域相邻，区域经济的"块状结构"非常明显。当然，这一方面受河南省地理资源分布的影响，另一方面，与中部崛起战略和中原经济区建设规划有关。因此，需要充分考虑河南省区域经济的空间因素，这对揭示该地区经济增长的差异和影响因素有明显的指导作用。

从宏观上讲，区域经济的增长还在较大程度上依赖于物质资本和人力资本的投入，以及政府部门的支出。在河南省，区域经济的增长弹性较大，这是其经济具有较大增长空间的一个表现，但是，从统计结果中知，河南省不同区域经济增长的显著性水平较低，这种地区之间的差异与劳动力的规模和素质有关，而实际上，劳动力的规模越大，经济增长的水平越低，这就对相关区域的就业工作提出了严峻的挑战。此外，河南省各地区在空间位置、制度环境等方面存在显著差异，这对区域经济增长的影响是不可忽视的重要因素。

空间统计分析的核心在于认识与地理位置相关的数据间的空间依赖性和关联性，并通过空间位置建立起数据之间的统计关系。截至目前，应用该方法对经济增长的研究多以对空间分布格局进行描述和统计分析为主，对同一省域范围内的不同区域的经济增长差异性的研究较少涉及，而后者更能从微观上构建区域经济的发展模式和未来的发展方向。本章就是从这一视角出发，选取中部地区的河南省为宏观研究区域，并进一步选取了省内 18 个市级区域的数据进行了空间统计分析。通过研究发现，河南省在过去的十年间人均 GDP 表现出一定的空间相关性，并且这与中部崛起战略和中原经济区建设的设想和成效相符合。这不但佐证了我国区域经济发展战略的正确性，还能够为战略的管控和执行提供一定的借鉴，更好地服务于区域经济建设。

7.3　区域文化视域下的区域经济治理路径创新

作为经济社会的基础性构成，区域经济以空间为载体，具有空间差异性、相对独立性和整体关联性等特征，包括区域内的资源组成、产业分布、产品类型、技术水平、区域文化等要素，其中尤以区域文化对区域经济的影响最为深刻。区域文化指的是在特定的区域范围内，由特定群体创造出来的物质财富和精神财富的总和，是该区域社会经济和政治形态的外化。在区域文化和区域经济的关系上，两者相互影响、相互作用。区域经济能够决定和固化区域文化的发展形态、发展结构、类型和特质以及发展水平等，并为区域文化提供物质条件；区域文化能够推动或制约区域经济的发展，当区域特色文化渗透进区域经济中，又可以形成特色区域经济模式。作为一个空间概念，区域经济发展的影响因素有很多，区域文化就是其中的一个重要方面。接下来我将阐述区域文化的形成过程和相关概念的界定，然后分析区域文化对区域经济发展的影响，最后，基于区域文化视角给出区域经济的创新策略。

7.3.1　区域文化的形成与概念界定

1）区域文化的形成

作为特定区域内思想意识的总和，区域文化的形成反映了历史发展的整体脉络和特定地区、特定人文历史境遇，也因此使该地区的人文特色得以定型，并与其他区域的文化特征相区分。区域文化是一个广义的概念，因其限于特定的历史文化和时代文化的时空条件，使之进一步的分为地域文化和地方文化两种形态，这种划分能够体现出国家在形成过程中区域文化的历史进程。地域文化又因分布的广泛性和历史的沉积性而具有意识文化和地区文化的双重特征，地方文化则因传统意识的作用而具有地缘文化和民族文化的双重特征。一般而言，由于自然地理环境、人文社会环境和历史发展脉络的不同，形成的区域文化也都各具特色，并在此基础上，整个国家民族的文化也因此形成。在任何一个国家和地区，地理环境都存在较大的差异，并且在政治、经济和文化的不断演变过程中，各种文化群体和流派的交流与碰撞更加激烈，无论是碰撞的深度、广度还是频度都会出现一定程度的不一致，加之不同地区通过长期的积累形成的独特的但是不对称的文化心理积淀，都会对该地区的传统习俗、风土人情性格特色以及心理特征产生直接或间接的影响，并因此创造出风格各异、稳定成熟的文化成果。而经过长期的历史积淀和融合，相似或相同的文化特质就会在某些特殊的地理区域出现，该区域居民的语言习惯、宗教信仰方式、艺术表现形式，以及生活习惯和道德观念、心理特征、性格特质和行为模式等，也就有了一致性的表现，这便是区域文化的雏形。（图 7.2）

2）地域文化的界定

区域文化首先表现为地域文化，而其中的意识形态主流，即意识文化是促成区域文化现象得以发生的主要构成要素，其功能在于以政策性手段为主，对区域文化进行意识形态方面的调控；地域文化的另一种表现形式为地区文化，也就是通常意义上的基于区域文化的政治行政区划，其功能在于通过体制性手段，对区域文化进行行政调控。此外，地域文化的内涵以社会体制为中心，并在意识文化和地区文化两者之间实施互动和补充，即便是作为其文化调控功能实现方式的政策性手段和体制性手段，也必须以政治需要为前提达成一致。因此，地域文化具有一定体制性的政治色彩。

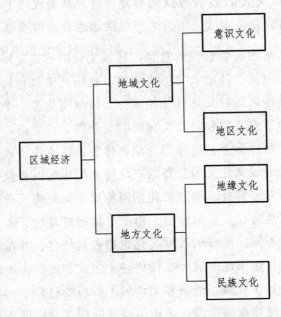

图 7.2 区域文化的构成

3）地方文化的界定

地区文化是使区域文化现象得以显现的构成要素，区域文化中的人文地理环境，即地缘文化扮演了重要的角色，其功能在于为区域文化的形成提供了必要的资源支撑；地区文化的另一个表现方面是民族文化，也就是所谓的区域文化的民族归属区分，它的功能在于为区域文化提供适时的生活导向。此外，地区文化的内涵在地缘文化与民族文化两者之间，会进行相互的融通甚至重合，而这种交融是以满足特定的地理条件和民族条件下人们的生存需要为前提的，因此，地方文化便具有了实存性的特征。

7.3.2 区域文化对区域经济的影响

1）区域文化氛围调节区域经济意识

在我国传统文化的强大树荫下，我国的不同区域产生了风格迥异的文化脉络，并在此影响下，不同区域内人们的经济意识和经济行为也表现出了不同的特征，也即区域文化的氛围对区域经济意识的形成和走向有一定的决定作用。如果区域文化的风格辛辣活泼，人们封闭内向，那么区域内的人际关系就表现为和谐的乡邦式的协作，这种模式使得当地的人们更多地注重具有本土特色产品的开发，而对外部世界却表现出了相对迟缓的反应，因此其市场开发程度低，相关的市场活动也会显得不够，市场的发育水平和整个区域的经济发展会因此受限；如果区域文化的风格既端庄细腻，又灵活洒脱，则在此种文化风格的影响下，区域内的企业不但能够使其传统特色得以良好的保存，还能在文化的积淀下孕育出适合时代发展的创新精神，技术设计、产品质量、市场开发等，都能得到很好的重视，继而在此影响下，资金、技术人才等区域经济发展所需的大量资源会聚集到该区域，这必将推动整个区域的经济发展。

2）区域文化是区域经济发展的内在动力

在市场经济条件下，劳动生产率和生产能力都得到了极大的提高，而与此同时，经济社会也因此变成了矛盾的复合体，文化关怀显得十分缺乏。因此，有必要在发展区域经济的同时，注重区域文化对区域经济发展的作用。区域文化的建设一般通过社会群体的整体利益、理想意志、价值观念、道德水准、行为规范等来实现，因此，有利于形成适应经济社会发展的先进文化理念与文化环境，并以此支配人的行为，对纷繁的社会关系进行必要的调节，在为经济社会发展提供强大精神动力的同时，也使经济主体的主动性、积极性和创造性得以最大限度的发挥，继而使整个群体产生明显的创造力，促进社会的快速发展。文化建设通过对制度建构的指导，实现社会经济体制和政治体制的优化，以此为经济发展提供精神动力。此外，区域经济发展体制的建立和运行需要区域文化的指引和支撑，需要通过经济主体在价值观念上对制度的内在认同才能完成，而这一过程，能够促进人的全面发展，也为经济的发展提供了强大的精神动力。

3）区域文化是区域创新的源泉

优秀的区域文化通过长期的累积，以固有观念的形式存在于区域之中，对人们产生潜在但深远的影响，而这必然作用于区域经济的发展。这是因为，任何优秀的区域文化都具有强大的向心力和凝聚力。当区域文化经过长期的发展，并被当地群众挖掘、整合、吸纳、定位和认可后，逐渐深入人心，成为了一种协调群众关系的黏合剂与润滑剂，这种共同的文化背景，使群体之间形成了共同的理想与价值观念，并在此基础上形成了一致行动。因此，广大干部群众就在精神领域高度地团结起来，以本地区的经济社会发展为共同目标（当然是理论上的）。此外，从理论上讲，优秀的区域文化能够创造出具有优秀精神的经济体。而在优秀的区域文化中，创新意识和价值观念对现代经济的主体——企业家的形成产生深远的基础性的影响。而事实是，只要区域文化得到合适的条件，就能够转化为现代社会所必需的创新精神，而这种创新精神必将影响到区域经济的整体性发展。

4）区域特色文化形成区域特色经济

区域文化是以特定区域经济活动的各个环节为载体，从而产生了区域特色经济。而特色经济的理论基础是分工与优势理论，分工与优势理论把区域作为空间载体，一般涵盖了特色资源、特色产业、特色科技与特色经济区域等领域。区域经济体现了整体性、相互关联性、相对独立性以及空间差异性等特性，差异突出优势，优势产生特色。所以，从这个意义来讲，区域经济就是特色经济。当区域特色文化融入到区域经济当中，通过资源优势而立足，就可产生具有特色的区域经济模式。多样化的区域文化作为区域经济发展的特色文化资源，而浓厚的文化资源的累积就能转变成推动区域经济发展的文化力量，进而提高区域竞争力。政府可以通过利用地域文化资源，举行多种具有地域特色的文化活动进行招商引资，使得文化能为经贸服务，从而促进经济发展。

7.3.3 基于文化视角的区域经济创新策略

1）发掘区域文化中的经济价值观念

区域文化对区域经济发展的重大作用表现在其对当地居民的经济思想与价值理念发挥的主导功能。例如我国早期发起的中小企业集群与那些已经作为区域经济发展优良典范的区域模式，其文化根源，均是重功利和重工商的传统文化思想作用的结果。若想完全发挥区域文化中的经济思想与价值理念对人们的经济活动的指引功能，就要求充分挖掘并推广区域文化中富含的经济思想与价值观念。而要实现这方面的作用，当地的文化宣传部门要发挥其作用，仔细研究挖掘本区域文化中蕴涵的富有价值的经济思想与价值理念，并且利用所有宣传工具，不断宣传，让它们成为人们稳固的思想价值观。

2）通过比较优势发挥区域文化产业

区域经济的发展，需要遵循和重视具有区域比较优势文化的开发、分析和发挥。首先要确定文化开发的必要性，即能够将其作为区域经济优先发展的产业，并进一步考察其是否能够带动相关产业的发展与升级。而实际上，任何区域内的文化资源配置都是不全面和不齐全的。因此，区域文化的全面发展受到较大制约，就为特色文化的发展提供了切实可行的契机。其次要考察和定位区域内文化产业的发展次序，对具有较强比较优势或较弱比较劣势的文化产业要考虑优先发展，并以对该文化的开发，最大限度地带动区域文化禀赋的升级。第三，要注重文化产业的发展规模和速度，在产业发展过程中，其他的资源要素要以该产业为中心，全面帮扶文化产业升级。第四，要以时代发展为契机，适时升级文化产业的高度，适时调整产业发展的重点，使其在每一个发展阶段都能发挥起文化的比较优势。最后，要加大对文化资源的开发力度，在提升传统文化产业的同时，加大对新兴文化产业的开发力度，最大限度地促进文化产业和相关产业的联动发展，最大限度地配置区域资源。

3）加强本土文化和外来文化的融合

历史的实践证明，任何国家和地区的发展，都无法长期地依靠自身资源和能力。在我国，自改革开放以后，已经在政治、经济、文化等方面，与很多国家建立起了良好的外交关系，相互之间的交流越来越频繁，这对我国区域经济和区域文化的发展至关重要。而一段时间以来，包括可预见的未来，我国都已经和继续要面临来自各方文化的强大冲击，这种冲击作用于区域经济领域就会产生巨大的放大效应。因此，区域经济的发展既要保持自己的文化风格，又要选择和吸收外来的优秀文化，将本土的区域文化和外来文化相互协调和融合，使其为区域经济的发展共同贡献力量。

4）以特色文化带领特色经济

在区域经济长期发展过程中，要将区域文化作为基础，培育特色经济，使独特的区域经济发展水平得以提高。具体表现为，将区域文化的精髓融入到经济领域，将区域的资源与经济优势结合，然后科学地塑造出独特的区域经济形象；区域经济的发展要与区域文化特征相适应，发展富有区域特色的产品，形成具有区域特色和区域优势的特色产业，并将其打造成区域经济发展的主体，并以这一主体为中心，调整和优化区域产业结构，建立起具有区域特色的经济格局。

按照传统经济学和管理学理论，区域经济的发展、区域产业的创新都要依赖于区域发展环境的培育，而"环境"又有内外之分，外部环境对区域经济发展来说相对不可控，而内部环境，尤其是区域文化因其根植于区域的内里之中，对区域经济的发展起到极强的导向作用。因此，区域政策的制定者和决策者们要破除制约区域经济发展的陈规陋习，建立起宽松、先进、有利的文化环境，以先进的文化理念创新区域经济发展的路径，弘扬区域文化中的经济价值观念，积极发挥区域文化的比较优势，加强本土文化与外来文化的融合，培育特色产业，以此来推动区域经济的健康有序发展。

7.4　区域经济增长与人力资本构成的关联性研究

区域经济是国民经济的重要支撑，在社会发展进程中扮演着重要角色。长期以来，我国区域经济的发展并不均衡，在资源占有、利益分配和人力资本等方面的表现尤为突出。其中，人力资本构成与区域经济增长之间的关联最为紧密，即人力资本的构成能够对我国区域经济的增长和协调发展产生重要的影响。因此，从这一角度出发，寻求区域经济增长、促进区域经济协调发展的思路和措施，有着十分重要的现实意义。但是，实际情况是，虽然通过优化人力资本结构能够促进区域经济的全面、协调和可持续发展，但是在"区域"的框架内，我国人力资本的构成并不合理，在人力资本配置和利用效率方面存在着短时间内难以解决的深层次问题。也就是说，若想通过优化人力资本的结构促进区域经济的发展，提升区域经济的增长空间，首先要结合区域人力资本的特点，实施有差别的人力资本规划。因为只有进对人力资本的构成进行适当的调整，才能形成推动区域经济增长的动力。本章首先对我国区域经济的不均衡性进行了阐述，然后以此为基础，考察了人力资本构成对区域经济增长的影响，最后给出了优化区域经济增长的策略和建议。笔者旨在通过本章的工作，为区域经济的增长提供一个新的思考和发展方向。

7.4.1　我国区域经济增长的失衡状况

1）资源供给和占有失衡

自改革开放以来，我国发展了一些具有地区特色的经济发展区，诸如深圳、长三角以及珠三角等地区，它们代表了东南沿海现代化经济发展水平，这些经济区对我国的国家经济增长的有显著贡献，同时也消耗了国家的大量资源，该种经济的迅猛发展，一方面要依靠地区性地理优势特别是改革开放的便捷性，另一方面在很大程度上也要借助能源的高投入与高消耗。与此同时，中西部地区在自然资源上优势明显，然而在经济发展过程中只是承担了能源与原材料供应的角色，其用在地区自身建设上的能源使用甚少。这种资源供给与占有失衡的状况必然会使得发达地区和欠发达地区的差距不断扩大。

2）利益分配失衡

一直以来，东南沿海地区经济发展主要依赖于中西部地区丰富的自然资源储备，长期以来，中西部地区都根据国家计划把资源低价转移给东南经济发达地区，但是东南沿海地区的却以市场价格将其产品销往中西部地区。该种不协调的利益分配机制必然会引发两个后果：就中西部地区来说，不但要面临资源高消耗而引发的过度使用忧患与原材料开发当中引发的生态破坏，同时还未在这种资源的原始消耗后获得东南沿海发达地区合理的经济利益分配；对东部沿海地区来讲，其经济的发展与经济效益迅猛增长的前提面临着危机与挑战，要在一定程度上担负中西部地区资源供应匮乏所引发的发展风险。

3）人力资本投入失衡

人力资本是当前地区经济发展的主要推动力之一，人力资源的投入多寡将对我国区域经济发展水平与发展空间会产生直接影响。而目前我国教育水平发展滞后，这严重约束了我国人才的发展，在当前这样的大背景下，在区域经济建设中非常容易出现人才流动的不均衡。具体表现为：东南沿海聚集了一大批高素质的人才，高文化与高技术人才大量涌入这些地区。与此同时，这些地区的行业与企业在人员引进时仍然在提高人才标准，而中西部地区基于投资环境较差、产业结构较不合理、生活环境较差等问题，其人力资源投入力度不大，这就导致了东南沿海区域人才高消费乃至人才浪费，很多中西部地区急需人才的行业特别是高科技行业通常面临人才匮乏，这在很大程度上制约了中西部地区的经济发展速度和人力资本在区域经济中的显著作用。

7.4.2　人力资本构成对区域经济的影响

1）人力资本影响区域竞争优势

人力资本对区域竞争优势形成的有重要影响，尤其体现在两个层面：首先，人力资本对区域产业的形成和发展有显著影响。从发达国家发展历程可以看出，通常一个国家的产业结构终将实现由劳动密集型产业转变为知识密集型的产业，而在这个转变过程中，劳动者的教育程度与知识结构直接关系到大区域新技术的创新与运用，而人力资本质量与结构对区域经济发展结构的影响也极为深远。其次，人力资本对区域产业结构的升级优化有重要影响。由世界地经济结构演变的发展趋势可以看出，科学技术进步对区域产业升级于优化起决定性作用，然而不管哪种技术进步，尤其是在技术扩散的过程当中，都与人的因素密不可分，因此人力资本是技术创新与进步的最终决定因素与载体。

2）人力资本影响区域中心城市及城市群的形成

城市是区域经济发展进程中的物质运输交换、要素流动以及信息沟通的主要场所，就某一个区域而言，因为各个城市具有的辐射作用不尽相同，其中辐射范围最大是该区域的中心城市，其在该区域发展进程当中担负了贸易中心、生产中心、服务中心、金融中心、科技中心以及信息中心等功能的角色，而这些经济功能的产生与作用的发挥，都是以人力资本为基础的，国内外的区域发展实践表明，在区域的中心城市与城市群当中，其人力资本非常聚集，同时区域人力资本的数量与结构对区域中心城市与城市群的辐射范围产生了重要影响，最终影响到区域的经济发展。

3）人力资本影响区域经济可持续发展的实现

在传统的区域经济发展理论当中，由于其主要关注了物质资本，由此产生了仅依靠物质资本投入的经济增长理论，主要以提高国民生产总值与发展速度为目标，导致环境问题与社会公平问题成为区域发展的负担，在自然生态系统于社会经济系统的不断冲突当中，人类开始思考人与社会发展的关系，产生了人类与自然和谐相处的可持续发展理论，在该理论的影响下，经济发展方式发生了很大转变。而经济发展方式的不断转变，最终脱离不了对人力资本的不断投入。并且因为人力资本投入具有显著的外溢效应，能够使资本与土地等生产要素结合后，产生边际收益递增效应，这表明在投入等量资源的情况下，人力资本将会产生更大的效益，在产出一定的情况下，物质资本与自然资源的投入将会减少，最终会降低对自然资源的依赖性，进而为区域的可持续发展提供重要保证。

7.4.3　人力资本视角下区域经济增长的措施和建议

1）提升人力资本水平

在区域创新体系中，人力资本占有极其重要的位置，尤其在扩大区域间的知识溢出发挥着非常重要的作用。在不断提高我国人力资本水平过程需要做好以下几点：第一，要不断增加教育投资，注重全民素质教育，使得教育投资成为人力资本投资的核心内容，人力资本规模和受教育水平的时间长短成正相关，通常而言，如果受教育的时间越长，那么人力资本的存量相应也就越大，最终积累到一定规模就会引发质的飞跃。而人力资本素质的不断提高是技术创新与制度创新的原动力，是经济增长的持久保证。第二，要尤其重视人力资本的使用与配置。只有当高质量的人力资本能够被充分利用时，人力资本才会对经济的发展形成持久的推动力。当前，我国还未设立完备的人才配备机制，所以需要进一步深化改革，我国政府需要调整人力资本投资分配的方向，确保各区域人力资本投资的协调发展，建立一个公平与公正的人才配置机制。

2）提高人力资本存量

人力资本对经济发展的重要推动作用，一方面受到人才数量多少的影响，另一方面也受到其使用环境、组织制度与激励机制有效程度的影响。所以应不断完善用人机制，改善人才所在的工作环境，不断调动人才的工作积极性，进而完全发挥人才在经济增长中的重要作用。与此同时，如果经济发展得很好一定会吸引高层次的人才，经济增长与人才增长构成了相辅相成的关系，这就意味着人力资本的重要性不但可以推动区域经济的发展，还对人力资本自身发展也有重要作用，完善的人才发展模式和经济增长将会形成一种良性循环。

3）完善教育投资机制

当前的财政收入和分配体制加剧了我国的教育资金投入不足的弊端。我国的国家教育资金的投入主要集中于省市重点学校，而区里教育资金的投入主要集中于区级的重点学校。我国的政府教育资金的投入不均衡的现状，直接加剧了教育投资趋于两极化。理论和实践证明，国家要实现经济不断发展，培养与时俱进的人才，政府教育资金的投入必须遵循相应的法律与政策，确保地方教育资金的投入得到很好落实。与此同时，要不断发展职业教育，逐步建立职业教育的体系。在发展职业教育时，要从市场角度出发，培育符合市场需求的技能型劳动者。而在发展职业教育时，要不断加大政策的支持力度，确保经费的投入。要组织形式多样的办学模式，不断优化整合资源，提高办学效率；多渠道开展职业教育，可以将企业培训当做一种职业教育发展的重要方式。

4）实现区域人力资本的共享

要不断加大各级政府的投入力度，确保社会保障体系建设的顺利进行。要进一步完善社会保障体系，不断加大社会覆盖范围，要让外来择业者也加入社会保障体系，从而处理好流动人口的社会保障问题，特别要加大政府投资力度，以确保社会保障体系的平稳运行。这不但可以提高居民的人力资本水平，还能推进社会与经济的稳步发展。除此之外，要建立区域人力资本的共享机制，设立人才流动库。要不断鼓励知识要素与技术要素的顺畅流动，加强企事业单位用人体制的改革，消除人才单位所有、部门所有以及地区所有等制度性障碍，尤其是要疏通党政机关人才、企业职业经理人、专业技术人才三方面间的，公有制经济组织与非公有制经济组织间的以及各地区之间的人才流动的渠道，最终推进人才合理有序的流动。

区域经济的增长需要诸多要素的协调作用，而人力资本在区域间的非均衡配置，将对其产生直接影响。虽然我国劳动力总量丰富，但人力资本的素质、质量和积累能力，在不同地区间存在较大的差异，尤其是中西部地区和东部地区相比，差距会更加明显。这种人力资本的非均衡性将对区域经济的增长、产业结构的调整和优化，乃至全社会的和谐发展产生深远影响。为此，需要制定相应的区域发展战略，促进人力资本合理和顺畅地流动，加大对中西部地区的教育投入和政策倾斜。基于这样的忧思，本章对区域经济增长和人力资本构成的关联性问题进行了系统的分析。当然，本章的工作还是初步的，需要逐步地完善和修正。

7.5 高等教育与区域经济发展的互动性研究

高等教育在区域经济发展中扮演着重要的角色，它通过向区域内进行人力资本投资，实现为社会服务的目标，完成自身职能的提升。高等教育与区域经济之间存在着天然的关联。高等教育通过人力资本和技术知识的形式，参与并推动着区域经济的发展和经济增长方式的转变，是知识驱动产业的典型表现；区域经济通过发展中出现的对知识的需求，为高等教育提供创新的动力和就业岗位。然而，在我国部分地区，高等教育和区域经济之间的关联性并不协调，严重阻碍了区域主体运行效率的提升。本章首先对高等教育与区域经济良性互动发展的现实意义进行了阐述，然后给出了两者之间典型的互动模式，最后从多个视角给出了高等教育与区域经济良性互动的对策和建议。近年来，乃至今后的较长时期，高等教育参与区域经济和社会发展、区域经济为高等教育的深化提供广阔空间，将成为一个明显趋势，两者的有机结合必然能够促使教育体系和区域发展体系发生结构性变化，这种变化将直接指向区域社会的全面、协调和可持续发展。因此，地方政府和全社会应更加重视高等教育的建设，在强化其社会服务功能的同时，最大限度地为区域经济和区域社会的全面发展提供不竭的动力。

7.5.1 高等教育与区域经济良性互动的现实意义

1) 促进区域产业的升级和优化

高校在与区域经济的紧密互动中，能够发挥自身的资源优势，为当地的经济社会发展提供智力支持，并在对人才培养的针对性进行仔细分析的基础上，为当地输送人才，促进区域产业的升级和优化。尤其是在知识经济的大时代背景下，产业结构的优化和升级离不开人才和智力，而一个能够和区域经济进行良性互动的高等教育体系，能够将这一需求转变成现实，成为区域内产业发展的积极动力，促进区域经济的跨越式发展。

2）增加高等教育的社会需求

在高等教育和区域经济的互动过程中，高等教育的社会需求能够得到显著增加，尤其在这种互动关系呈良性发展的区域，高等教育能够和区域内的产业进行有效结合，高等教育的优势和社会价值能实现释放：企业的技术难题需要破解时，可以向高校寻求帮助；企业在引进新的技术和设备时，能够通过高校为其提供的职业培训，提升企业的软实力；通过高校与企业之间长期稳定的合作关系，企业能够获得及时的管理咨询。在这一过程中，高校不但能在与区域经济的短期互动中，得到相应的报酬和经费，还可以通过与区域经济的长期合作，争取到来自企业的横向课题经费，还会在资源共享的过程中，获得实验设备和人才培养方面的资金支持。

3）降低结构性失业与选择性失业水平

在区域经济对高等教育的作用方面，效果也非常明显。在两者互动程度较高的情况下，高校会在与区域内企业的长期合作中，对企业相关生产技术、操作流程、注意事项等进行针对性的学习。如此一来，高校的实践教学环节就得到了及时的辅助，即在学生实习前或毕业前，根据专业特征进行针对性的集中培训，使高校的实践教学通过企业的配合，显现出真实理想的效果。此外，学生也能在逐渐融入到企业相关岗位的过程中，将自身的能力和特质进行积极、全面的展现，这样能够更好地促进学生的择业和就业。由此可见，高等教育在和区域经济的互动中，能够促使高校按照企业人才的需求模式，合理设置人才培养方案，使人才的培养符合社会的发展需要和当地产业的需求，降低结构性失业与选择性失业水平。

7.5.2　高等教育与区域经济互动模式

1）校企合作模式

区域经济的发展需要智力资本的支持，这就要求智力资本的基本载体——高等教育——发挥服务社会的功能。这样一来，高等教育和区域经济之间就会产生紧密的结合和互动，校企合作就是其中的典型模式。在这一模式下，高校通过与特定企业建立长期的、稳定的合作关系，实现互惠互利、互助双赢，既有利于高校的人才培养，也有利于企业的业绩提升。因此，校企合作模式的建立，需要同时充分发挥高校和企业的资源优势，这不但符合企业发展的需要，也是高校人才培养的客观要求，并与高校的社会服务功能的发挥直接相关。

2）产学研合作模式

在该合作模式下，进行科学研究、追求技术创新是主要的目标任务。其基本框架为，将区域内的高校、科研院所和企业结合起来，通过他们之间的内在联系和良性互动，提升高校的人才培养水平、科研院所的研发能力和企业的成果转化力度，并为区域经济的发展提供有价值的决策信息等。具体而言，其意义表现为以下方面：产学研合作是对高等教育资源的拓展，使其社会服务功能得到了更大程度地实现；对处于合作关系中的高校而言，是提高其办学水平的重要途径；在产学研的合作模式中，企业和科研院所的参与社会分工的水平，以及服务层次都会得到必要的提升；对区域经济的发展而言，产学研合作能够通过区域创新体系的建立和完善，增强区域竞争能力。

3）多主体合作办学模式

作为一种新型的办学模式，多主体合作办学模式是在我国高等教育的发展进程中产生的，是精英教育向大众教育转变的必然产物。在该模式下，合作形式多以服务性合作为主，通过高校的特色专业和社会组织的合作实现，也即该模式为资源共享的一种，其中具有品牌优势的一方与具有品牌劣势、但具有其他优势的另一方产生合作关系，双方合作关系的进行，始终以品牌产品为中心。

4）产业群资源合作开发模式

在该模式下，要在区域内建立基于产业群的科技创新平台，并以此形成科技创新网络，提升区域的创新能力。为此，产业群应该从自身的情况出发，在不同的科技创新组建方式中进行选择，而高校可以为企业（产业）从事科技创新活动提供所需要的新知识、新技术和新思想，促进区域内产业群的科技创新和知识更新。除此之外，政府以及从事科技服务的中介机构等，要适时向产业群提供科学技术、知识技能等方面最新、最前沿的信息，有效避免科技创新活动中资源的重复，使创新的效率得到最大限度的提升；与此同时，区域内的企业也应将科研成果和创新成果进行转化和推广，促进区域内教育资源的优化。

7.5.3 高等教育与区域经济良性互动的对策和建议

1）实现区域资源的共享

根据经济学原理，合作双方（多方）只有实现真正意义上的资源共享，才能最大限度地提升合作体和合作参与方的效率，使合作达到 Pareto 有效状态。为此，在高等教育与区域经济的互动中，前者应将理论知识的学习和实践过程紧密结合，共同作用于学生的培养，使学生既能够了解并熟悉企业的实际生产模式和应该具备的实践技能，又能拉近学生培养、学生就业和企业培养要求之间的距离，达到资源共享的目的。此外，在这种资源共享的合作关系中，高校可以利用自身和企业之间教育资源和教育环境的差异，将理论教学和实践教学相结合，提高学生的学习兴趣和实践能力。

2）使高等教育满足区域产业发展的需要

高等教育的目的之一就是要为社会提供符合要求的人才，并使其能够与区域经济和国民经济的发展相适应。为此，高等院校应从当地的产业特征、资源禀赋、经济水平和社会进程等角度出发，在进行专业设置和人才培养方式规划时，应将其适应性、灵活性、应用性等特征考虑其中，创新人才培养模式，发挥高校的资源优势，将大学生的动手能力、创新能力和独立处事能力考虑其中；同时，要敞开校门、面向社会，进行科学和教学研究，为区域经济的发展提供必要的智力支撑。

3）促进区域经济发展中的产业和科技创新

目前，我国相当一部分产业的整体发展水平还相对较低，创新能力有限，在与区域经济的互动中显得乏力。究其原因，主要表现在两个方面，一是企业的创新能力不够，二是区域间的知识流、人才流、技术流和信息服务流的质量与速度受限。按照区域经济学的观点，在发展区域经济的过程中，应充分认识到区域内高校和企业的重要作用，注重各层次专业技术人员的培养，使其成长为区域经济发展中的中坚力量，为区域经济的发展创造更多更好的科技成果。

4）促进高等教育生产力转变为经济效益

在高等教育和区域经济的良性互动中，单纯的运筹帷幄、纸上谈兵并不能提升区域的经济效益，只有对高等院校的人才资源进行开发利用，将这一优势转化为真实的科技实力，才能促进企业的发展和区域经济的创新和进步。因此，政府需要深入挖掘高等院校的潜在和隐性资源，使其在当地在职人员的培训、区域经济发展规划、社会和自然资源的开发与利用等方面贡献智力。比如，通过与县、市以及相关企业签订合作协议，为区域内的企业提供科技攻关、技术改造等方面的智力，或者通过具有地域特色的当地研究平台的搭建，为当地组织的战略规划、人力资源管理、财务管理等提供决策咨询服务，构建区域创新的新体系。

在良性互动模式中，区域经济和高等教育之间是双赢型的关系。一方面，只有知识在区域经济中得到有效产出，高等教育的主体功能才能够得到有效发挥，作用到区域经济上的影响力才能得到释放；而当两者之间的关系松散甚至各行其道时，互动发展的整体性、实效性和长效性便无从显现。此外，区域经济和高等教育之间制约关系和相互促进关系依然存在，因此，有必要明确高等教育服务于地方经济建设和社会发展的社会功能，加强学科专业建设，优化产业结构，促进区域经济的发展。

7.6 区域经济框架下区域物流与产业集群的关联性研究

自20世纪中叶以来，物流的发展极为迅速，经过半个多世纪的历程，区域性与整体性同在、自主性与外协性共存的新的物流发展模式已经得到了广泛的应用。在这一过程中，新物流发展模式对区域经济的影响越来越深刻。几乎与此同时，产业集群这一新的产业组织模式异军突起，在全世界范围内都获得了不同程度的成功，对世界经济、一国的国民经济以及区域经济的发展产生了积极的推动作用。而随着世界经济的快速发展和生产资料等各项资源在更广域的范围内流动，区域物流和产业集群之间的相通之处逐渐显现，这是因为，两者有共同的目标——为区域经济的发展服务；两者有共同的载体——地理上的区域范畴。此外，区域物流能够成为产业集群顺利运营的通道，产业集群也能够为区域物流的发展提供可供选择的发展模式。如何认识区域物流和产业集群在区域经济中的地位和作用，将直接关系到经济社会的发展水平。也就是说，作为区域经济发展的重要参与要素，区域物流体系的建立和产业集群的运行，都关乎区域经济的治理效果和治理效率。因此，综合利用两者之间的关联，共同促进区域经济的增长，实现区域物流能力的提升和产业集群的优化升级，具有十分重要的现实意义。本章以此为基础，首先分析了区域物流体系与产业集群之间的相互关系，然后讨论了依托产业集群发展区域物流的基本模式和具有的优势，最后给出了产业集群视角下区域物流的发展途径。旨在为区域经济的发展和区域物流、产业集群的运行提供一定的管理信息。

7.6.1 产业集群和区域物流的作用机制

1）产业集群对区域物流的影响

区域物流对产业集群的最直接的作用机制就是通过物流产业的整体性发展，最终形成物流集群，成为产业集群中当中的一个直接参与者。这是因为物流产业是区域经济中的支撑性产业，而按照产业经济学的观点，具有这种特征的产业在特定的情况下能够形成空间上的集聚，即形成物流产业集群。这样一来，区域物流不但直接参与了区域经济的建设，还能为其他产业集群提供基础性发展支撑；此外，在区域物流的贯穿下，产业集群组成单元之间的关系会变得更加紧密，彼此之间的融合会更加深入，这明显会直接促进区域经济的发展。

由于物流产业的网络化特征（无论是物理上的还是地理上的）非常明显，以此，对相应的硬件要求和信息管理要求相对较高，服务过程更加复杂，成本也就更高，只有通过规模经济和分工协作才能有效地降低成本和减小复杂性。而这些需求正是产业集群本身所具有的优势，并且能够很好地作用于物流体系。比如，产业集群的网络化能够促进运输和仓储的一体化，而其空间上的集聚效应也能使物流的各项成本有效降低，作为产业集群成立基础的信任和契约机制能够更好地实现物流体系的资金和信息的流动。此外，在成熟的产业集群内部，往往能够自然地形成集运输、仓储、流通加工等的综合物流体系。这些都说明产业集群能够对区域物流产生正面的积极影响。

2）区域物流对产业集群的影响

在区域物流的联系下，产业集群之间的经济联系能够得到加强，而这种"关系资本"能够有效降低因"群间贸易"而产生的成本。这是因为，在运输成本和交易成本都处于高位时，难以实现跨区域的贸易往来。而在区域物流获得了较快的发展之后，区域之间的需求关联和成本关联得到了优化，外部规模经济效应也会得到及时的显现，这就为形成外部经济集聚提供了条件。而在区域物流的进一步作用下，经济增长的中心辐射作用将得以有效的发挥，集群之间、区域之间的均衡发展得以最终实现。

在区域物流的发展过程当中，产业集群组成企业的运输成本和各项交易成本会明显降低，而基于网络关系的运行机制也能够将集群企业的向心力显著增强，使集群的离心力降到最低的限度；此外，随着科技的发展和社会的进步，区域物流不可或缺的交通运输网络和各项设施得到了不断完善，并在这一过程中，竞争成本和生产成本也明显增加，这就使得一些企业为了"躲避"成本的挤压，不得不从产业集群的中心搬离，这样就使产业集群因规模过大而产生的压力得到释放，原集聚区域也在这一分化过程中得到了优化和提升。

7.6.2 依托产业集群发展区域物流的优势和基本模式

1）依托产业集群发展区域物流的优势

依托产业集群发展区域物流具有以下优势：在产业集群发展的过程中，群内企业的关系也从分散逐渐变得集中，这不但能使区域内包括公共设施、人才等生产要素得到整合，还能使区域物流获得丰富的要素资源，使其为区域经济服务的潜能得到发挥；当产业集群规模在地理上和稳定性上得到了进一步增强，区域内部的市场需求空间被进一步放大，市场对分工协作和专业化程度提出了更高的要求，相应的产品和服务的潜在需求也相应增加，这就为区域物流的发展提供了相对成熟的外部环境；在产业集群的成熟期，其"群体效应""品牌效应"和"辐射效应"凸显，更加广阔的市场领域被不断开拓，而这也将使区域物流突破突破"区域"的概念，获得规模化、跨越式的发展。

2）依托产业集群发展区域物流的基本模式

由于我国产业聚集的发展历程较短，表现形式较为简单和传统，多以高新技术开发区、经济技术开发区等为主。在这些特定的区域内，由于政策的引导，产业组织之间存在这不同的关联度。在关联度较强的产业聚集区域，区域物流多以供应链一体化这一基本模式为主；相反，在关联度相对较弱的产业聚集区域，区域物流多以综合服务模式为主。这是因为，企业之间的关联较为松散，致使物流服务在时间、流向、流量和载体等方面存在较大的差异，难以实现紧密的前后关联，在这种情况下，产业组织对区域物流的综合服务能力就提出了更高的要求。

7.6.3　集群视域下区域物流的发展途径

1）营造良好的产业发展环境

为了促进区域经济的发展，将更多的区域资源进行高效利用，地方政府应综合考虑本区域的区位、交通等各项优势，通过相应措施进行扶持和维护，将区域物流的发展作为区域经济中一项重要事项来抓，并以此来推动区域内形成新的产业组织形式和产业组织模式，加快区域产业创新、技术创新和服务创新的步伐。按照产业经济学的观点，任何国家或地区都无法通过对某个特定企业或产业的扶持，而使其获得和保持长久的竞争优势，即便其能够保证该企业或产业能够得到技术、资金和原材料方面的极大满足。也就是说，区域竞争优势的建立需要将其置于市场环境之中，唯有如此，才能在竞争中促进技术进步、产业创新和结构升级，而区域竞争优势也会在这一过程中形成。因此，需要营造良好的产业发展环境，通过区域物流的带动，使区域内的产业在结构和组织形式等方面获得必要的调整，并进一步促进区域经济的发展，形成一个全方位、多角度的区域发展模式。

2）延伸区域物流的产业链条

在区域物流的发展初期，由于资金和社会资本的欠缺，难免会出现一些不利于区域物流发展的状况——物流企业提供的产品或服务的结构雷同，低水平的重复建设以及低层次的竞争模式等。这种情况的长时间维持将破坏区域物流体系甚至威胁到区域经济的健康发展。为此，有关部门应站在战略的高度，从社会分工和资源整合的角度出发，延伸区域物流的产业链条，抓住物流的中间环节，向产业链的双向扩展，完善和提升区域物流的服务功能。在这一过程中，还要不断放大物流企业的功能，因为，物流企业的规模越大，其所参与的产业链条也就越发达，也就会有更多的企业参与到物流产业的各个环节当中，使该产业的社会分工不断得到细化，创新活动不断得到增强。此外，为了对区域物流体系构建强有力的支撑，应以区域物流的规模化和集约化发展为目标，重点扶持一些具有和良好发展前景的物流企业，并以其为中心，以资本为纽带、以市场为导向，组建起具有强大竞争优势的物流集团。一般情况下，较强的品牌是支撑某个企业（产业）、带动区域经济增长的重要因素。从这个意义上讲，只有形成了一定的品牌价值，区域物流才会变得完整而有意义，而这也需要物流产业链条的协同和配合。

3）使区域物流与产业集群的发展相匹配

为了使区域物流能够得到良好的运转，需要根据其发展特点构建与之相匹配的产业集群。这种匹配应从以下几个方面进行：① 结构匹配指的是区域物流系统结构的建立要以产业集群的要求为依据，这样才能实现区域物流产业链条的双向延伸。② 能量匹配指的是区域物流系统的发展要与区域产业集群的发展同步，并紧跟其扩散的脚步，唯有如此，才能维护其服务对象，在更大的范围内推广其产品和服务的范围。③ 内容匹配指的是区域物流的发展要将为产业集群提供个性化、专业化的服务作为一个主要的出发点。这是因为，区域物流和产业集群之间的整合需要两个系统之间的紧密连接，只有这样才能推动区域物流和产业集群以及区域经济的共同发展。

4）构建基于产业集群的物流信息系统

从系统论的角度讲，任何系统的运行都离不开与外界环境之间进行物质、能量和信息的交换，因为任何一个系统都是一个更大的系统的一部分，区域物流系统也不例外。因此，要想实现其良性的运转、与产业集群之间的紧密融合，快速、便捷、准确的信息渠道就成为其中的必须。而作为面向全行业的产业链管理系统，区域物流能够将各企业连接在一起，将"信息孤岛"变成一个"信息通道"，企业之间的合作也就因此变得高效。从这个角度讲，构建基于产业集群的物流信息系统具有非比寻常的意义，为此，需要在区域内沿着物流系统的节点方向建立并行传递的信息系统，以此来适应物流体系中不同企业之间频繁的信息交互。

社会发展到今天，竞争模式已经突破了终端产品和服务的限定，而向更为广泛的产业链条和区域范畴延伸。因此，作为区域产业供应链的建设基础，区域物流已经成为区域经济发展中的关键因素，而区域物流的竞争力培育不但对区域产业集群的规模和结构产生深刻的影响，反过来，产业集群也会对区域物流的发展产生反作用，在这一过程中，寻求区域经济框架下的两者之间的关联，并就此寻找促进区域经济发展的政策性和市场性的机制就显得尤为必要。

8　DEA 与样本 DEA

8.1　DEA（数据包络分析）

8.1.1　DEA 方法简介

数据包络分析（Data Envelopment Analysis，DEA），是数学、运筹学、数理经济学和管理科学的一个新的交叉领域。1978 年 A. Charnes 和 W. W. Cooper 等以相对效率的概念为基础，发展起来一种崭新的用于多投入多产出问题的效率评价方法，并将该方法命名为 DEA。其实，DEA 的原型可以追溯到 1957 年，当时，经济学家 Farrell 在对英国生产力进行分析时就提出了 DEA 方法的核心思想——包络思想，后经众多学者的努力，该方法在 20 世纪 80 年代流行起来，并迅速成为一种行之有效的系统分析工具。在我国，自 1988 年魏权龄教授系统地介绍了 DEA 方法以后，学术界以及经济和社会各个领域掀起了一股研究和应用 DEA 方法的热潮，至今不衰。从第一个 DEA 模型——C^2R 模型出现以来，DEA 发展极为快速，在理论研究和实践应用等方面均实现了较大突破，并产生了深远的影响。

数据包络分析以相对效率为基础，使用数学规划模型评价具有多输入、多输出的"部门"或"单位"［称为决策单元（Decision Making Unit，DMU）］间的相对有效性（称为 DEA 有效）。根据对各 DMU 观察到的数据判断某个 DMU 是否 DEA 有效，实质上是判断该单元是否位于由决策单元群确定的生产可能集的"生产前沿面"上。生产前沿面是经济学中生产函数向多产出情况的一种推广，它是由观察到的 DMU 的输入、输出数据组成的包络面的有效部分，这也正是该方法称为"数据包络分析"的原因所在。使用 DEA 方法和模型可以确定生产前沿面的结构、特征和构造方式，因此可以将 DEA 看作是一种非参数的统计估计方法。该方法与传统的统计方法有着本质的不同：传统的统计方法是通过大量样本数据分析出样本集合整体的一般情况，其本质是平均性；DEA 方法采用线性规划判定 DMU 是否位于生产前沿面上，并通过生产前沿面将有效单元与非有效单元进行分离，其本质是最优性。可以证明，DEA 有效解与相应的多目标规划问题的 Pareto 有效解是等价的。因此，DEA 又可以看作是研究多输入、多输出问题的多目标决策方法。

DEA 方法在处理多输入、多输出问题上具有特别优势：一方面，该方法可以不必事先确定指标在优先意义下的权重，操作起来较为简单；另一方面，该方法可以排除许多主观因素，对输入、输出之间可能存在的某种显式关系可以不予考虑，使得评价结果更加客观实际。此外，DEA 方法不仅可以将待评价的决策单元进行效率排队，而且还能进一步指出无效单元的无效原因及改进的方向和尺度，为决策者提供更多有价值的管理信息。另外，由于 DEA 是以工程上的单输入、单输出的效率概念为基础发展起来的评价多输入、多输出系统相对效率的方法，因此，该方法与经济学的诸多问题（比如生产函数理论、规模收益、成本最小化、利润最大化等）具有天然的联系。由此，可以依据 DEA 方法及其相关理论，利用观察到的样本数据建立非参数的 DEA 模型并进行相关经济分析，这也是 DEA 方法在经济学、管理科学等应用型学科领域广受欢迎的原因之一。

8.1.2 DEA 方法的研究进展

1) DEA 模型的进展

作为使用数学规划模型评价决策单元间相对有效性的方法，DEA 的快速发展必然与其相关模型的产生和推广密不可分。1978 年 A. Charnes 等以单输入单输出的工程效率概念为基础,创造性地提出了第一个 DEA 模型——C^2R 模型，它是一个分式规划，使用 Charnes-Cooper 变换可将该分式规划化为一个与其等价的线性规划，该模型可对决策单元的规模有效性和技术有效性同时进行评价，即 DEA 有效（C^2R）单元不仅规模适中而且技术管理水平不低于其他单元；1985 年 A. Charnes 和 W. W. Cooper 等提出了不考虑生产可能集满足锥性的另一个专门评价决策单元技术有效性的 DEA 模型——BC^2 模型；1986 年 A. Charnes、W. W. Cooper 和魏权龄等利用半无限规划理论将 C^2R 模型推广到具有无限多个决策单元的情况,并给出了 C^2W 模型；1989 年 A. Charnes、W. W. Cooper、Wei 和 Huang 等给出了一个含有偏好的"锥比率" DEA 模型——C^2WH 模型，这一模型通过调整锥比率的方式来反映决策者的偏好，从而使评价过程更能反映决策者的意愿，并且该模型适于处理决策单元输入输出指标过多的情况；1996 年 Yu、Wei 和 P. Brochett 等提出了一个带有 3 个 0 和 1 参数，包含 DEA 模型 C^2R、BC^2、FG 和 ST 的综合 DEA 模型。然而，DEA 模型的进展远不止这些，在国内外众多学者的共同努力下，DEA 模型不断进行扩充和完善。同时，随着 DEA 模型的大量涌现，关于 DEA 相关理论的研究也不断有新的成果问世，主要表现在对 DEA 有效性、数据变换不变性的研究，灵敏度分析，DEA 方法与其他方法的比较研究等。

2）DEA 理论的进展

作为多目标决策方法，DEA 方法与决策论有着密切的联系。1986 年 A.Charnes 等首先利用 C^2W 模型研究了无限对策理论；1987 年魏权龄等讨论了决策单元的增减对 DEA 有效性的影响；1988 年 A. Charnes 和 Huang 等利用 C^2WH 模型建立了带有交叉约束策略集的多人对策的锥极点理论；1989 年魏权龄和白薇利用 C^2WY 模型的原理研究了具有锥结构的二人半无限零和对策问题。进入 20 世纪 90 年代，对 DEA 理论的研究更是突飞猛进：1991 年李树根等对 C^2R 模型及其 DEA 有效单元集合的结构进行了探讨；1994 年冯俊文讨论了 C^2R 模型和 C^2GS^2 模型下的 DEA 有效性问题，给出了（弱）DEA 有效（C^2R）的一个充要条件，并讨论了一些相关性质；1999 年马占新和唐焕文从偏序集的角度刻画了 DEA 有效的本质特征，证明了 DEA 有效单元的本质就是某一个偏序集的极大元，并且对数据变换下 DEA 有效性问题进行了深入探讨，给出了一些基于偏序集理论的变换性质。另外，DEA 方法与其他评价方法的比较研究也是一项十分有意义的工作。1993 年王应明等指出了 DEA 方法、层次分析法、模糊综合评价方法等用于评价工业经济效益的不足，并在此基础上给出了一种新的基于权重的评价方法；1998 年王宗军在对主要的综合评价方法进行分析和比较研究的基础上，指出了 DEA 方法的弱点在于应用范围仅限于一类多输入多输出对象系统的评价，对有效决策单元给出的信息太少，同时还指出将各种综合评价方法综合运用是综合评价的一个研究趋势。2000 年郝海提出了一个新的 DEA 模型——CCRH，给出了强有效的概念，论证了相关理论。CCRH 模型与 CCR 模型相比有以下优点：① 描述决策单元的相对效率更确切；② 利用参考决策单元的生产前沿面来描述评价决策单元"生产"情况得到的结果更加符合实际；③可以考查评价决策单元输入、输出变化时对其效率的影响。2001年吴文江在基于多目标规划和分式规划 DEA 模型的基础上，给出了基于线性规模的 DEA 模型，并进行了讨论。2002年韩松等建立了具有锥结构的资源分配模型，并用 DEA 的非参数方法进行经济分析。与传统分析方法相比，DEA 方法不仅具有相同的经济结论，还可得到更丰富的经济和管理信息。可见，非参数的 DEA 模型在处理某些经济问题时具有独特的优势。2003年官建成等提出了 DEA 控制投影模型，并给出了在特定情形下非 CRS 有效单元有现实意义的投影，在工程应用中采用所提出的模型，对 182 家创新型企业的技术创新能力与竞争力的调查数据进行了分析。研究结果表明，利用该控制投影模型得到的有效性分类不仅与传统 CRS 模型的有效性分类完全一致，而且其按行业分竞争力投影结果为企业审计竞争力提供了科学的高标，具有较强的工程应用价值。2004年王全文等针对数据包络分析（DEA）方法中的效率值不能区别 DEA 有效的决策单元之间的相对"优劣性"的不足，建立了带有参数的 C^2R 模型，并具体地讨论了它们的性质以及相互之间的关系，提出了阈值的概念。在分析阈值的性质和经济意义的基础上，给出了区分所有决策单元"优劣性"的一个指标——有效值，即根据有效值的大小对所有决策单元进行排序的方法．2005年马立杰等给出了决策单元输入总量最小且输出总量最大时的一种双准则 DEA 模型，并用线性加权和法对其进行了求解，该模型能使所有决策单元同时达到相对效率最优。2006年陈俊霞通过研究得出如下结论：给出经典的基于输入和输出的 DEA 模型，把基于 DEA 模型相结合的相对效率模型引入评价证券相对有效性，以风险作为输入、期望收益率作为输出，便可以用 DEA 模型评价每只证券相对有效性。2007年韩利娜等基于超效率 DEA（SE-DEA）模型，给出了超效率优势效率与超效率劣势效率两个概念，并利用它们给出了一种求解区间 DEA 效率值的新方法。2008年李宇红等分析 MAJ 模型、LJK 模型缺点产生的原因、予以改进并给出理论证明。

3）DEA 应用的进展

DEA 方法不但在模型扩充、理论创新等方面有了长足的进展，在实际应用中也表现出了区别于其他评价和决策方法的明显优势，从该方法成功运用到为弱智儿童开设的公立学校项目的评价开始，大量成功的应用案例在诸多领域相继出现。1990 年魏权龄等应用 DEA 方法对中国纺织工业部系统内的 177 个大中型棉纺织企业进行了经济效益评价；1992 年朱乔和陈遥利用 DEA 方法建立了求生产单元最小成本及最大收益的数学模型，并分析了投入产出最佳组合效率问题；1992 年盛昭瀚等应用 DEA 方法对区域国民经济的预警系统进行了研究；1995 年迟旭讨论了 DEA 方法与生产函数之间的内在关联，给出了生产规模收益、生产要素的产出弹性等经济指标的 DEA 计算公式等。近几年，DEA 的应用领域进一步扩大。2000 年曾珍香等讨论了 DEA 方法在可持续发展评价中的应用；2001 年马占新等将 DEA 方法应用到对多风险事件的综合评价中，给出了最大风险曲面和最小风险曲面的概念，同时根据一些具体的同类事件的风险状况，给出了一种多目标多准则的定量风险分析方法；2003 年刘力昌和冯根福等应用数据包络分析方法，对沪市 1998 年年初发行股票的 47 家上市公司的股权融资效率进行了综合评价；2004 年章忠志和唐焕文等将数据包络分析方法应用到信用评估中，提出了一种基于拒绝案例集的数据包络分析模型和边界为分段线性分离超平面的分类方法，探讨了在只掌握单方面信息（信用差的单位）的情况下，如何对新单位进行信用评估的问题，并给出了评价决策单元信用状况的具体方法；2005 年罗登跃使用混合数据，采用数据包络分析方法的基本模型和多种改进模型，对中国 12 家商业银行 2001 年和 2002 年的经营效率进行了分析，并实现了对各家银行的总效率和纯技术效率进行完全排序；2006 年方磊在传统的应急系统选址模型的单一评价指标的缺陷基础上，分析了影响应急服务设施选址的输入指标和输出指标，建立了基于偏好 DEA 的应急服务设施选址模型，通过适当的变量替换，将非线性规划模型转化为线性规划模型，从而给实际应用带来了便利，最后通过一个例子说明，基于偏好的 DEA 选址模型，为应急服务设施选址问题提供了一种有效的分析方法；2007 年王波运用数据包络分析模型对城市循环经济运行效率进行了分析，并根据计算结果提出相应的城市化推进策略，为相关政府部门的战略决策提供理论依据；2008 年李勇军等结合 DEA 和联盟博弈方法研究固定成本分摊问题，首先证明了如果将分摊成本作为新的投入，则所有的决策单元将是 DEA 有效，在此基础上，结合联盟博弈理论，定义了联盟博弈的特征函数，提出了 Shapley 值的成本分摊方案，最后通过算例说明了该方法的有效，以及与已有的用 DEA 进行固定成本分摊的方法相比在可实施方面具有一定的优势。总之，随着新的 DEA 模型的大量涌现和 DEA 相关理论研究的不断深入，该方法越来越成为评价诸多实际问题的有效工具。

8.1.3　DEA 方法的基本定义

假设有 n 个决策单元，每个单元都有 m 种类型输入和 s 种类型输出，其中"输入"和"输出"分别表示决策单元"消耗的资源"和"工作的成效"。x_{ij} 为第 j 个决策单元对第 i 种类型输入的输入总量，y_{rj} 为第 j 个决策单元对第 r 种类型输出的输出总量；v_i 表示对第 i 种类型输入的一种度量，u_r 表示对第 r 种类型输出的一种度量，并且 $x_{ij} > 0, y_{rj} > 0$，其中 $i = 1, 2, \cdots, m$，$r = 1, 2, \cdots, s$，$j = 1, 2, \cdots, n$，则对每个决策单元都有相应的效率评价指数：

$$h_j = \frac{\sum_{r=1}^{s} u_r y_{rj}}{\sum_{i=1}^{m} v_i x_{ij}}$$

令 $\boldsymbol{v} = (v_1, v_2, \cdots, v_m)^{\mathrm{T}}, \boldsymbol{u} = (u_1, u_2, \cdots, u_s)^{\mathrm{T}}$，总可以适当选取 $\boldsymbol{u}, \boldsymbol{v}$，使得 $h_j \leqslant 1$，$j = 1, 2, \cdots, n$。

在对第 j_0 $(1 \leqslant j_0 \leqslant n)$ 个决策单元进行相对效率评价时，以第 j_0 个决策单元的效率指数为目标，以所有决策单元的效率指数 h_j 不超过 1 为约束，以 $\boldsymbol{u}, \boldsymbol{v}$ 为变量，构成如下的最优化模型：

$$\max \frac{\sum_{r=1}^{s} u_r y_{rj_0}}{\sum_{i=1}^{m} v_i x_{ij_0}}$$

$$(\mathrm{C}^2\mathrm{R}) \quad \text{s.t.} \begin{cases} \dfrac{\sum_{r=1}^{s} u_r y_{rj}}{\sum_{i=1}^{m} v_i x_{ij}} \leqslant 1, j = 1, 2, \cdots, n \\ \boldsymbol{v} = (v_1, v_2, \cdots, v_m)^{\mathrm{T}} \geqslant 0 \\ \boldsymbol{u} = (u_1, u_2, \cdots, u_s)^{\mathrm{T}} \geqslant 0 \end{cases}$$

定义 8.1　若规划 $(\mathrm{C}^2\mathrm{R})$ 的最优解中存在 $\boldsymbol{v}^0 > 0, \boldsymbol{u}^0 > 0$，满足

$$h_{j_0} = \frac{\sum\limits_{r=1}^{s} u_r y_{rj_0}}{\sum\limits_{i=1}^{m} v_i x_{ij_0}} = 1$$

则称决策单元 j_0 为 DEA 有效。

8.1.4　样本数据包络分析方法的基本定义

科学的决策依赖于正确评价，而评价的核心任务就是"选择"。在现实世界中，人们几乎每天都要进行"比较"，并希望在与某些标准或样本单元的"比较"中评判决策单元的相对状况、找出存在的弱点，并发现决策单元改进的办法和可行方向。从 1996 年开始，马占新教授从传统 DEA 方法的基本思想出发，致力于研究一种基于多个样本单元的多目标综合评价方法。该方法不仅可以克服确定指标间权重大小和某些定量关系的困难，更重要的还是它可以从整体上提供决策单元各指标与样本单元比较的综合信息，并能为决策单元的改进提供有用的信息。2002 年马占新教授在传统 DEA 方法的基础上，创造性地提出了第一个基于样本数据的评价模型（Sam-Eva），同时讨论了模型的相关性质和含义。

假设共有 n 个待评价的决策单元和 $\bar{n}$ 个样本单元或决策者可接受的标准（以下统称样本单元），它们的特征可由 m 种输入和 s 种输出表示，第 p 个决策单元的输入输出指标值为 $x_p = (x_{1p}, x_{2p}, \cdots, x_{mp})^{\mathrm{T}}$ 和 $y_p = (y_{1p}, y_{2p}, \cdots, y_{sp})^{\mathrm{T}}$，第 j 个样本单元的输入输出指标值为 $\bar{x}_j = (\bar{x}_{1j}, \bar{x}_{2j}, \cdots, \bar{x}_{mj})^{\mathrm{T}}$ 和 $\bar{y}_j = (\bar{y}_{1j}, \bar{y}_{2j}, \cdots, \bar{y}_{sj})^{\mathrm{T}}$，$j = 1, 2, \cdots, \bar{n}$，并且它们均为正数，则对决策单元 p 有以下两个评价模型：

$$\max \ (\boldsymbol{\mu}^{\mathrm{T}} \boldsymbol{y}_p + \delta u_0) = V(d)$$

$$(\mathrm{Sam-Eva}_d) \quad \mathrm{s.t.} \begin{cases} \boldsymbol{\omega}^{\mathrm{T}} \boldsymbol{x}_p - \boldsymbol{\mu}^{\mathrm{T}} \boldsymbol{y}_p - \delta u_0 \geqslant 0 \\ \boldsymbol{\omega}^{\mathrm{T}} \bar{\boldsymbol{x}}_j - \boldsymbol{\mu}^{\mathrm{T}} d\bar{\boldsymbol{y}}_j - \delta u_0 \geqslant 0, j = 1, 2, \cdots, \bar{n} \\ \boldsymbol{\omega}^{\mathrm{T}} \boldsymbol{x}_p = 1 \\ \boldsymbol{\omega} \geqslant 0, \boldsymbol{\mu} \geqslant 0 \end{cases}$$

和

$$\min \theta = D(d)$$

$$(\text{DSE}_d) \quad \text{s.t.} \begin{cases} x_p(\theta - \lambda_0) - \sum_{j=1}^{\bar{n}} \bar{x}_j \lambda_j \geqslant 0 \\ y_p(\lambda_0 - 1) + \sum_{j=1}^{\bar{n}} d\bar{y}_j \lambda_j \geqslant 0 \\ \delta \sum_{j=0}^{\bar{n}} \lambda_j = \delta \\ \lambda_j \geqslant 0, j = 0,1,\cdots,\bar{n} \end{cases}$$

其中 d 是一个正数，称为移动因子；$w = (w_1, w_2, \cdots, w_m)^T$，$\mu = (\mu_1, \mu_2, \cdots, \mu_s)^T$ 是一组变量。

定义 8.2 若规划 (Sam-Eva_d) 的最优解中有 $w^0 > 0, \mu^0 > 0$，且 $V(d) = 1$，则称决策单元 p 相对样本前沿面的 d 移动是有效的，简称 (SD_d)（sample data envelopment analysis）有效。反之，称为 (SD_d) 无效。

8.2 DEA 方法的基本原理

在对同类部门或单位进行评价时，评价的依据往往是它们的"输入"和"输出"数据。根据输入、输出数据评价同类部门或单位的优劣，也就是评价它们的相对有效性。DEA 方法是处理此类问题的有力工具，该方法通过数学规划模型对决策单元群的输入和输出数据进行综合分析后，能够得出每个决策单元相对于其他单元综合效率的数量指标，进而为主管部门提供相应的管理信息。

8.2.1 C²R 模型和（弱）DEA 有效性

假设有 n 个决策单元，它们具有可比性，每个决策单元的特征都可由 m 种类型的输入和 s 种类型的输出表示出来，以向量形式给出的输入、输出数据如图 8.1 所示。

这里，$x_j = (x_{1j}, x_{2j}, \cdots, x_{mj})^T$ 和 $y_j = (y_{1j}, y_{2j}, \cdots, y_{sj})^T$ 分别表示第 j $(j = 1, 2, \cdots, n)$ 个决策单元 DMU_j 的输入向量和输出向量，它们是根据历史资料或在历史资料基础上统计得到的已知数据；$v = (v_1, v_2 \cdots, v_m)^T$ 和 $u = (u_1, u_2, \cdots, u_s)^T$ 分别为 m 种输入和 s 种输出对应的权向量。

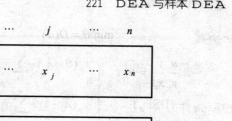

图 8.1   决策单元的输入与输出

总可以选取适当的权系数 $v \in E^m, u \in E^s$，使得决策单元 $j(\mathrm{DMU}_j, 1 \leqslant j \leqslant n)$ 的效率评价指数为

$$h_j = \frac{u^{\mathrm{T}} y_j}{v^{\mathrm{T}} x_j} \leqslant 1, j = 1, 2, \cdots, n$$

效率评价指数 h_j 的含义为：在权系数 $v \in E^m, u \in E^s$ 之下，投入为 $v^{\mathrm{T}} x_j$、产出为 $u^{\mathrm{T}} y_j$ 时的产出、投入之比。为方便记：$x_0 = x_{j_0}, y_0 = y_{j_0} (1 \leqslant j_0 \leqslant n)$。

以 DMU_{j_0} 的效率评价指数

$$h_{j_0} = \frac{u^{\mathrm{T}} y_0}{v^{\mathrm{T}} x_0}$$

为目标，以所有决策单元的效率评价指数（包括 DMU_{j_0}）

$$h_j = \frac{u^{\mathrm{T}} y_j}{v^{\mathrm{T}} x_j} \leqslant 1, j = 1, 2, \cdots, n$$

为约束，构成如下分式规划（ $\mathrm{C}^2\mathrm{R}$ 模型 ）：

$$\max \frac{u^{\mathrm{T}} y_0}{v^{\mathrm{T}} x_0} = V_{\mathrm{C}^2\mathrm{R}}$$

$(\mathrm{C}^2\mathrm{R})$ s.t. $\begin{cases} \dfrac{u^{\mathrm{T}} y_j}{v^{\mathrm{T}} x_j} \leqslant 1, j = 1, 2, \cdots, n \\[2mm] v = (v_1, v_2, \cdots, v_m)^{\mathrm{T}} \geqslant 0 \\[2mm] u = (u_1, u_2, \cdots, u_s)^{\mathrm{T}} \geqslant 0 \end{cases}$

该分式规划问题是将科学——工程效率的定义推广到多输入、多输出系统的场合。使用 Charnes-Cooper 变换可将分式规划 $(\mathrm{C}^2\mathrm{R})$ 化为一个等价的线性规划的形式。令

$$t = \frac{1}{v^{\mathrm{T}} x_0} > 0, \omega = tv, \mu = tu$$

则目标函数

$$\frac{\boldsymbol{u}^{\mathrm{T}}\boldsymbol{y}_0}{\boldsymbol{v}^{\mathrm{T}}\boldsymbol{x}_0} = \boldsymbol{\mu}^{\mathrm{T}}\boldsymbol{y}_0$$

约束条件

$$\frac{\boldsymbol{u}^{\mathrm{T}}\boldsymbol{y}_j}{\boldsymbol{v}^{\mathrm{T}}\boldsymbol{x}_j} = \frac{\boldsymbol{\mu}^{\mathrm{T}}\boldsymbol{y}_j}{\boldsymbol{\omega}^{\mathrm{T}}\boldsymbol{x}_j} \leqslant 1, j = 1, 2, \cdots, n$$

$$\boldsymbol{\omega} \geqslant 0, \boldsymbol{\mu} \geqslant 0$$

$$\boldsymbol{\omega}^{\mathrm{T}}\boldsymbol{x}_0 = 1$$

这样，将分式规划 (C^2R) 化为下面的线性规划：

$$\max \boldsymbol{\mu}^{\mathrm{T}}\boldsymbol{y}_0 = V_P$$

$$(P) \quad \text{s.t.} \begin{cases} \boldsymbol{\omega}^{\mathrm{T}}\boldsymbol{x}_j - \boldsymbol{\mu}^{\mathrm{T}}\boldsymbol{y}_j \geqslant 0, j = 1, 2, \cdots, n \\ \boldsymbol{\omega}^{\mathrm{T}}\boldsymbol{x}_0 = 1 \\ \boldsymbol{\omega} \geqslant 0, \boldsymbol{\mu} \geqslant 0 \end{cases}$$

可以证明，分式规划 (C^2R) 与线性规划 (P) 等价。

线性规划 (P) 的对偶规划为

$$\min \theta = V_D$$

$$(D) \quad \text{s.t.} \begin{cases} \sum_{j=1}^{n} \boldsymbol{x}_j \lambda_j \leqslant \theta \boldsymbol{x}_0 \\ \sum_{j=1}^{n} \boldsymbol{y}_j \lambda_j \geqslant \boldsymbol{y}_0 \\ \lambda_j \geqslant 0, j = 1, 2, \cdots, n \end{cases}$$

定理 8.1 线性规划 (P) 和 (D) 都存在最优解，并且最优值 $V_P = V_D \leqslant 1$。

定义 8.3 若线性规划 (P) 和 (D) 的最优值 $V_P = V_D = 1$，则称决策单元 j_0 为弱 DEA 有效。

定义 8.4 若线性规划 (P) 的最优解中存在 $\boldsymbol{\omega}^0 > 0, \boldsymbol{\mu}^0 > 0$，且最优值满足 $V_P = \boldsymbol{\mu}^{0\mathrm{T}}\boldsymbol{y}_0 = 1$，则称决策单元 j_0 为 DEA 有效。

显然，若 DMU_{j_0} 为 DEA 有效，则 DMU_{j_0} 必为弱 DEA 有效。

定理 8.2 决策单元的（弱）DEA 有效性与输入、输出量纲的选取无关。

8.2.2 具有非阿基米德无穷小的 C^2R 模型

注意到上一节中线性规划 (P) 的对偶规划可以表示为下面的形式：

$$\min \theta = V_{\bar{D}}$$

$$(\bar{D}) \quad \text{s.t.} \begin{cases} \sum\limits_{j=1}^{n} \boldsymbol{x}_j \lambda_j + \boldsymbol{s}^- = \theta \boldsymbol{x}_0 \\[2mm] \sum\limits_{j=1}^{n} \boldsymbol{y}_j \lambda_i - \boldsymbol{s}^+ = \boldsymbol{y}_0 \\[2mm] \lambda_j \geqslant 0, j = 1, 2, \cdots, n \\[2mm] \boldsymbol{s}^- \geqslant 0, \boldsymbol{s}^+ \geqslant 0 \end{cases}$$

直接判断决策单元的 DEA 有效性有时是不容易的。为此，A. Charnes 和 W. W. Cooper 引进了非阿基米德无穷小的概念，以便用线性规划的单纯形法来对模型求解。广义实数域内，非阿基米德无穷小量是一个小于任何正数且大于零的数（一般取 $\varepsilon = 10^{-6}$）。考虑带有非阿基米德无穷小的 C^2R 模型：

$$\max \frac{\boldsymbol{u}^{\mathrm{T}} \boldsymbol{y}_0}{\boldsymbol{v}^{\mathrm{T}} \boldsymbol{x}_0} = V_{\bar{P}_\varepsilon}$$

$$(\bar{P}_\varepsilon) \quad \text{s.t.} \begin{cases} \dfrac{\boldsymbol{u}^{\mathrm{T}} \boldsymbol{y}_j}{\boldsymbol{v}^{\mathrm{T}} \boldsymbol{x}_j} \leqslant 1, j = 1, 2, \cdots, n \\[3mm] \dfrac{\boldsymbol{v}^{\mathrm{T}}}{\boldsymbol{v}^{\mathrm{T}} \boldsymbol{x}_0} \geqslant \varepsilon \bar{\boldsymbol{e}}^{\mathrm{T}} \\[3mm] \dfrac{\boldsymbol{u}^{\mathrm{T}}}{\boldsymbol{v}^{\mathrm{T}} \boldsymbol{x}_0} \geqslant \varepsilon \boldsymbol{e}^{\mathrm{T}} \end{cases}$$

其中 $\boldsymbol{e} = (1, \cdots, 1)^{\mathrm{T}} \in E^s, \bar{\boldsymbol{e}} = (1, \cdots, 1)^{\mathrm{T}} \in E^m$。

通过 Charnes-Cooper 变换，可将分式规划 $(\bar{P}_\varepsilon)$ 化为等价的线性规划问题：

$$\max \boldsymbol{\mu}^{\mathrm{T}} \boldsymbol{y}_0 = V_{P_\varepsilon}$$

$$(P_\varepsilon) \quad \text{s.t.} \begin{cases} \boldsymbol{\omega}^{\mathrm{T}} \boldsymbol{x}_j - \boldsymbol{\mu}^{\mathrm{T}} \boldsymbol{y}_j \geqslant 0, j = 1, 2, \cdots, n \\[2mm] \boldsymbol{\omega}^{\mathrm{T}} \boldsymbol{x}_0 = 1 \\[2mm] \boldsymbol{\omega}^{\mathrm{T}} \geqslant \varepsilon \bar{\boldsymbol{e}}^{\mathrm{T}} \\[2mm] \boldsymbol{\mu}^{\mathrm{T}} \geqslant \varepsilon \boldsymbol{e}^{\mathrm{T}} \end{cases}$$

其对偶规划为：

定理 8.3　设 ε 为非阿基米德无穷小，且线性规划 (D_ε) 的最优解为 $\lambda^0, s^{0-}, s^{0+}, \theta^0$，有：

（1）若 $\theta^0 = 1$，则决策单元 j_0 为弱 DEA 有效。

（2）若 $\theta^0 = 1$，并且 $s^{0-} = 0, s^{0+} = 0$，则决策单元为 DEA 有效。

（3）若 $\theta^0 < 1$，则决策单元 j_0 不为弱 DEA 有效。

$$\min \ [\theta - \varepsilon(\bar{\pmb{e}}^{\mathrm{T}}\pmb{s}^- + \pmb{e}^{\mathrm{T}}\pmb{s}^+)] = V_{D_\varepsilon}$$

$$(D_\varepsilon) \quad \text{s.t.} \begin{cases} \sum\limits_{j=1}^{n} \pmb{x}_j\lambda_j + \pmb{s}^- = \theta\pmb{x}_0 \\ \sum\limits_{j=1}^{n} \pmb{y}_j\lambda_j - \pmb{s}^+ = \pmb{y}_0 \\ \lambda_j \geqslant 0, j = 1, 2, \cdots, n \\ \pmb{s}^- \geqslant 0, \pmb{s}^+ \geqslant 0 \end{cases}$$

8.2.3 （弱）DEA 有效与（弱）Pareto 解的等价性

考虑到具有 m 种输入和 s 种输出的 n 个 DMU 的评价问题可以从多目标决策的角度来进行描述，并且一个理想的决策单元应该是以较少的输入实现较大的输出，即决策者的目标是：输入越小越好，输出越大越好。令

$$f_1(\pmb{x}, \pmb{y}) = -x_1, \cdots, f_m(\pmb{x}, \pmb{y}) = -x_m,$$
$$f_{m+1}(\pmb{x}, \pmb{y}) = y_1, \cdots, f_{m+s}(\pmb{x}, \pmb{y}) = y_s$$

为 $m+s$ 个以追求最大为目标的函数。

其中

$$\pmb{x} = (x_1, \cdots, x_m)^{\mathrm{T}}, \pmb{y} = (y_1, \cdots, y_s)^{\mathrm{T}}$$

记

$$F(\pmb{x}, \pmb{y}) = (f_1(\pmb{x}, \pmb{y}), \cdots, f_{m+s}(\pmb{x}, \pmb{y}))$$

于是对于多目标规划问题

$$(VP) \quad \begin{matrix} V - \max(f_1(\pmb{x}, \pmb{y}), \cdots, f_{m+s}(\pmb{x}, \pmb{y})) \\ \text{s.t.} \ (\pmb{x}, \pmb{y}) \in \bar{T} \end{matrix}$$

其中 $\bar{T} = \{(\pmb{x}_1, \pmb{y}_1), \cdots, (\pmb{x}_n, \pmb{y}_n)\}$。

有如下的定义：

定义 8.5 设 $(\pmb{x}_0, \pmb{y}_0) \in \bar{T}$，若不存在 $(\pmb{x}_j, \pmb{y}_j) \in \bar{T}$ $(1 \leqslant j \leqslant n)$，使得

$$F(\pmb{x}_j, \pmb{y}_j) > F(\pmb{x}_0, \pmb{y}_0)$$

则称 $(\pmb{x}_0, \pmb{y}_0)$ 为多目标规划问题 (VP) 的弱 Pareto 解。

定义 8.6 设 $(\pmb{x}_0, \pmb{y}_0) \in \bar{T}$，若不存在 $(\pmb{x}_j, \pmb{y}_j) \in \bar{T}$ $(1 \leqslant j \leqslant n)$，使得

$$F(\pmb{x}_j, \pmb{y}_j) \geqslant F(\pmb{x}_0, \pmb{y}_0)$$

则称 $(\pmb{x}_0, \pmb{y}_0)$ 为多目标规划问题 (VP) 的 Pareto 解。

引理 8.1 若线性规划的最优解 $\pmb{\omega}^0, \pmb{\mu}^0$ 满足 $V_P = \pmb{\mu}^{0\mathrm{T}}\pmb{y}_0 < 1$，则必存在 $j^*(1 \leqslant j^* \leqslant n)$，使得 $\pmb{\omega}^{0\mathrm{T}}\pmb{x}_{j^*} - \pmb{\mu}^{0\mathrm{T}}\pmb{y}_{j^*} = 0$。

$$\max \boldsymbol{\mu}^{\mathrm{T}} \boldsymbol{y}_0 = V_P$$

$$(P) \quad \text{s.t.} \begin{cases} \boldsymbol{\omega}^{\mathrm{T}} \boldsymbol{x}_j - \boldsymbol{\mu}^{\mathrm{T}} \boldsymbol{y}_j \geq 0, j = 1, 2, \cdots, n \\ \boldsymbol{\omega}^{\mathrm{T}} \boldsymbol{x}_0 = 1 \\ \boldsymbol{\omega} \geq 0, \boldsymbol{\mu} \geq 0 \end{cases}$$

引理 8.2　若 $\boldsymbol{\omega}^0, \boldsymbol{\mu}^0$ 为线性规划问题 (P) 的最优解，则 DMU_{j_0} 为弱 DEA 有效的充要条件是：$(\boldsymbol{x}_0, \boldsymbol{y}_0)$ 为 $\min\limits_{(\boldsymbol{x},\boldsymbol{y})\in\overline{T}}\left(\boldsymbol{\omega}^{0\mathrm{T}}\boldsymbol{x} - \boldsymbol{\mu}^{0\mathrm{T}}\boldsymbol{y}\right)$ 的最优解。

引理 8.3　设 $(\boldsymbol{x}_0, \boldsymbol{y}_0)$ 是问题 $\min\limits_{(\boldsymbol{x},\boldsymbol{y})\in\overline{T}}\left(\boldsymbol{\omega}^{0\mathrm{T}}\boldsymbol{x} - \boldsymbol{\mu}^{0\mathrm{T}}\boldsymbol{y}\right)$ 的最优解，有如下结论：

（1）若 $(\boldsymbol{\omega}^{0\mathrm{T}}, \boldsymbol{\mu}^{0\mathrm{T}}) \geq 0$，则 $(\boldsymbol{x}_0, \boldsymbol{y}_0)$ 为多目标规划问题 (VP) 的弱 Pareto 解。

（2）若 $(\boldsymbol{\omega}^{0\mathrm{T}}, \boldsymbol{\mu}^{0\mathrm{T}}) > 0$，则 $(\boldsymbol{x}_0, \boldsymbol{y}_0)$ 为多目标规划问题 (VP) Pareto 解。

（3）若 $(\boldsymbol{\omega}^{0\mathrm{T}}, \boldsymbol{\mu}^{0\mathrm{T}}) \geq 0$，并且 $(\boldsymbol{x}_0, \boldsymbol{y}_0)$ 是问题 $\min\left(\boldsymbol{\omega}^{0\mathrm{T}}\boldsymbol{x} - \boldsymbol{\mu}^{0\mathrm{T}}\boldsymbol{y}\right)$ 的唯一最优解，则 $(\boldsymbol{x}_0, \boldsymbol{y}_0)$ 为多目标规划问题 (VP) 的 Pareto 解。

定理 8.4　决策单元 DMU_{j_0} 为 DEA 有效的充要条件是 $(\boldsymbol{x}_0, \boldsymbol{y}_0)$ 为多目标规划问题 (VP) 的 Pareto 解。

定理 8.5　决策单元 DMU_{j_0} 为弱 DEA 有效的充要条件是 $(\boldsymbol{x}_0, \boldsymbol{y}_0)$ 为多目标规划问题 (VP) 的弱 Pareto 解。

把决策单元对应的集合 $\overline{T}$ 进行扩充后，可以得到新的多目标规划问题。令

$$T = \left\{ (\boldsymbol{x}, \boldsymbol{y}) \,\middle|\, \sum_{j=1}^{n} \boldsymbol{x}_j \lambda_j \leq \boldsymbol{x}, \sum_{j=1}^{n} \boldsymbol{y}_j \lambda_j \geq \boldsymbol{y}, \lambda_j \geq 0, j = 1, 2, \cdots, n \right\}$$

为生产可能集，则扩充后的多目标规划问题为

$$(VP_T) \quad V - \max(f_1(\boldsymbol{x}, \boldsymbol{y}), \cdots, f_{m+s}(\boldsymbol{x}, \boldsymbol{y}))$$
$$\text{s.t.} (\boldsymbol{x}, \boldsymbol{y}) \in T$$

定理 8.6　若 $(\boldsymbol{x}_0, \boldsymbol{y}_0)$ 为 (VP_T) 的 Pareto 解，则决策单元 DMU_{j_0} 为 DEA 有效。

定理 8.7　若决策单元 DMU_{j_0} 为 DEA 有效，则它所对应的 $(\boldsymbol{x}_0, \boldsymbol{y}_0)$ 是多目标规划问题 (VP_T) 的 Pareto 解。

8.2.4　C^2R 生产可能集及有效性的经济含义

假设有 n 个决策单元，它们的特征可由 m 种输入和 s 种输出指标表示为：$\boldsymbol{x}_j = (x_{1j}, x_{2j}, \cdots, x_{mj})^{\mathrm{T}}$ 和 $\boldsymbol{y}_j = (y_{1j}, y_{2j}, \cdots, y_{sj})^{\mathrm{T}}, j = 1, 2, \cdots, n$，由它们组成的评价系统的参考集为 $\hat{T} = \left\{ (\boldsymbol{x}_j, \boldsymbol{y}_j) \,\middle|\, j = 1, 2, \cdots, n \right\}$。然而，生产可能集并不是唯一

的，其具体形式是由不同的公理体系确定的，即不同公理体系之下的 DEA 模型与 DEA 有效的含义是不同的。

生产可能集 $T=\left\{(\boldsymbol{x}_j,\boldsymbol{y}_j)\big|\boldsymbol{x}_j\in E_+^m,\boldsymbol{y}_j\in E_+^s\right\}$ 由下面的公理体系确定：

（Ⅰ）（**平凡公理**）$(\boldsymbol{x}_j,\boldsymbol{y}_j)\in T$，即对于投入 $\boldsymbol{x}_j$，产出 $\boldsymbol{y}_j$ 的基本活动 $(\boldsymbol{x}_j,\boldsymbol{y}_j)$ 理应是一种生产方式。

（Ⅱ）（**凸性公理**）对于任意 $(\boldsymbol{x}_j,\boldsymbol{y}_j)\in T$ 和任意 $(\hat{\boldsymbol{x}}_j,\hat{\boldsymbol{y}}_j)\in \hat{T}$，以及任意 $\alpha\in[0,1]$，都有 $\alpha(\boldsymbol{x}_j,\boldsymbol{y}_j)+(1-\alpha)(\hat{\boldsymbol{x}}_j,\hat{\boldsymbol{y}}_j)=(\alpha\boldsymbol{x}_j+(1-\alpha)\hat{\boldsymbol{x}}_j,\ \alpha\boldsymbol{y}_j+(1-\alpha)\hat{\boldsymbol{y}}_j)\in T$，即对于两种生产方式 $(\boldsymbol{x}_j,\boldsymbol{y}_j)$ 和 $(\hat{\boldsymbol{x}}_j,\hat{\boldsymbol{y}}_j)$，若分别以 $\boldsymbol{x}_j$ 和 $\hat{\boldsymbol{x}}_j$ 的 α 和 $1-\alpha$ 倍之和投入，可以产生分别以 $\boldsymbol{y}_j$ 和 $\hat{\boldsymbol{y}}_j$ 的 α 和 $(1-\alpha)$ 倍之和的输出。

（Ⅲ）（**无效性公理**）若 $(\boldsymbol{x}_j,\boldsymbol{y}_j)\in T$，且 $\hat{\boldsymbol{x}}_j\geqslant\boldsymbol{x}_j,\hat{\boldsymbol{y}}_j\leqslant\boldsymbol{y}_j$，都有 $(\hat{\boldsymbol{x}}_j,\hat{\boldsymbol{y}}_j)\in\hat{T}$，即以较多的投入和较少的产出进行生产是可能的。

（Ⅳ）（**锥性公理**）对于任意 $(\boldsymbol{x}_j,\boldsymbol{y}_j)\in T$ 及任意 $\alpha\geqslant0$，都有 $\alpha(\boldsymbol{x}_j,\boldsymbol{y}_j)=(\alpha\boldsymbol{x}_j,\alpha\boldsymbol{y}_j)\in T$，即以 $\boldsymbol{x}_j$ 的 α 倍进行投入，可以产生 $\boldsymbol{y}_j$ 的 α 倍的产出。

（Ⅴ）（**收缩性公理**）对于任意 $(\boldsymbol{x}_j,\boldsymbol{y}_j)\in T$ 及任意 $\alpha\in(0,1]$，都有 $\alpha(\boldsymbol{x}_j,\boldsymbol{y}_j)=(\alpha\boldsymbol{x}_j,\alpha\boldsymbol{y}_j)\in T$，即生产方式 $(\boldsymbol{x}_j,\boldsymbol{y}_j)$ 是可以缩小规模的。

（Ⅵ）（**扩张性公理**）对于任意 $(\boldsymbol{x}_j,\boldsymbol{y}_j)\in T$ 及任意 $\alpha\geqslant1$，都有 $\alpha(\boldsymbol{x}_j,\boldsymbol{y}_j)=(\alpha\boldsymbol{x}_j,\alpha\boldsymbol{y}_j)\in T$，即生产方式 $(\boldsymbol{x}_j,\boldsymbol{y}_j)$ 是可以扩大规模的。

（Ⅶ）（**最小性公理**）T 是所有满足公理（Ⅰ）～（Ⅲ），或者公理（Ⅰ）～（Ⅲ）以及公理（Ⅳ）～（Ⅴ）中所有集合的交，即 T 是所有满足公理（Ⅰ）～（Ⅲ），或者公理（Ⅰ）～（Ⅲ）以及公理（Ⅳ）～（Ⅴ）中所有集合的最小者。

生产可能集由上述凸性、锥性、无效性和最小性四个公理唯一确定为

$$T=\left\{(\boldsymbol{x},\boldsymbol{y})\ \bigg|\ \sum_{j=1}^n \boldsymbol{x}_j\lambda_j\leqslant\boldsymbol{x},\sum_{j=1}^n \boldsymbol{y}_j\lambda_j\geqslant\boldsymbol{y},\lambda_j\geqslant0,j=1,2,\cdots,n\right\}$$

考虑规划问题：

$$\min\theta=V_D$$

$$(D)\quad \text{s.t.}\begin{cases}\displaystyle\sum_{j=1}^n \boldsymbol{x}_j\lambda_j\leqslant\theta\boldsymbol{x}_0\\[2mm]\displaystyle\sum_{j=1}^n \boldsymbol{y}_j\lambda_j\geqslant\boldsymbol{y}_0\\[2mm]\lambda_j\geqslant0,j=1,2,\cdots,n\end{cases}$$

由于 $(\boldsymbol{x}_0,\boldsymbol{y}_0)\in T$，即 $(\boldsymbol{x}_0,\boldsymbol{y}_0)$ 满足

$$\sum_{j=1}^{n} \boldsymbol{x}_j \lambda_j \leqslant \boldsymbol{x}_0, \sum_{j=1}^{n} \boldsymbol{y}_j \lambda_j \geqslant \boldsymbol{y}_0$$

可以看出，线性规划 (D) 表示在生产可能集 T 内，在产出 $\boldsymbol{y}_0$ 保持不变的情况下，尽量将投入 $\boldsymbol{x}_0$ 按同一比例 θ 减少，如果投入量 $\boldsymbol{x}_0$ 不能按同一比例 θ 减少，即线性规划 (D) 的最优值 $\theta_0 = 1$，在单输入与单输出的情况下，决策单元 j_0 既为"技术有效"也为"规模有效"；如果 (D) 的最优值 $\theta_0 < 1$，决策单元 j_0 不为"规模有效"。

8.2.5 决策单元在生产前沿面上的投影

判断决策单元的有效性，本质上就是判断它是否落在生产可能集的生产前沿面上。如果决策单元不为 DEA 有效，可以通过调整其投入或产出，使其成为 DEA 有效单元，并且称调整后的点为决策单元在生产前沿面上的"投影"。

定义 8.7 设 $\boldsymbol{\lambda}^0, \boldsymbol{s}^{-0}, \boldsymbol{s}^{+0}, \theta^0$ 为 (D_ε) 的最优解，令

$$\tilde{\boldsymbol{x}}_0 = \theta^0 \boldsymbol{x}_0 - \boldsymbol{s}^{-0}, \tilde{\boldsymbol{y}}_0 = \boldsymbol{y}_0 + \boldsymbol{s}^{+0}$$

称 $(\tilde{\boldsymbol{x}}_0, \tilde{\boldsymbol{y}}_0)$ 为 DMU_{j_0} 在生产可能集 T 的生产前沿面上的投影。

由此可以得到下面的结论：

定理 8.8 决策单元 DMU_{j_0} 的投影 $(\tilde{\boldsymbol{x}}_0, \tilde{\boldsymbol{y}}_0)$ 为 DEA 有效。

定理 8.9 决策单元 DMU_{j_0} 为 DEA 有效的充要条件是

$$\tilde{\boldsymbol{x}}_0 = \boldsymbol{x}_0, \tilde{\boldsymbol{y}}_0 = \boldsymbol{y}_0$$

其中 $(\tilde{\boldsymbol{x}}_0, \tilde{\boldsymbol{y}}_0)$ 为 DMU_{j_0} 在生产可能集 T 的生产前沿面上的投影。

定义 8.8 设 $\boldsymbol{\lambda}^0, \boldsymbol{s}^{-0}, \boldsymbol{s}^{+0}$ 为规划

$$\max \ (\bar{\boldsymbol{e}}^{\mathrm{T}} \boldsymbol{s}^- + \boldsymbol{e}^{\mathrm{T}} \boldsymbol{s}^+)$$

$$\text{s.t.} \begin{cases} \sum_{j=1}^{n} \boldsymbol{x}_j \lambda_j + \boldsymbol{s}^- = \boldsymbol{x}_0 \\ \sum_{j=1}^{n} \boldsymbol{y}_j \lambda_j - \boldsymbol{s}^+ = \boldsymbol{y}_0 \\ \lambda_j \geqslant 0, j = 1, 2, \cdots, n \\ \boldsymbol{s}^- \geqslant 0, \quad \boldsymbol{s}^+ \geqslant 0 \end{cases}$$

的最优解，令

$$\hat{\boldsymbol{x}}_0 = \boldsymbol{x}_0 - \boldsymbol{s}^{-0}, \hat{\boldsymbol{y}}_0 = \boldsymbol{y}_0 + \boldsymbol{s}^{+0}$$

称 $(\hat{x}_0, \hat{y}_0)$ 为 DMU_{j_0} 由目标规划法确定的在生产可能集的生产前沿面上的投影。

由此可以得到下面的结论：

定理 8.10　决策单元 DMU_{j_0} 的投影 $(\hat{x}_0, \hat{y}_0)$ 为 DEA 有效，其中

$$\hat{x}_0 = x_0 - s^{-0}, \hat{y}_0 = y_0 + s^{+0}$$

8.2.6　综合 DEA 模型

作为经典 DEA 模型之一，有关 C^2R 模型的讨论是在相应生产可能集为闭凸锥、决策单元为有限多个的情况下进行的。在 C^2R 模型意义下的 DEA 有效单元既为"规模有效"也为"技术有效"。除 C^2R 模型外，最具代表性的 DEA 模型还有 BC^2 模型、FG 模型和 ST 模型，这四个模型之下的（弱）DEA 有效性具有各自不同的经济含义，交替使用这四个模型，可以得到更多的管理信息。

设 n 个决策单元的 m 种类型的输入和 s 种类型的输出由图 8.1 给出。

在生产可能集

$$T_{BC^2} = \left\{ (x, y) \middle| \sum_{j=1}^{n} x_j \lambda_j \leqslant x, \sum_{j=1}^{n} y_j \lambda_j \geqslant y, \sum_{j=1}^{n} \lambda_j = 1, \lambda_j \geqslant 0, j = 1, 2, \cdots, n \right\}$$

的基础上，R. D.Banker、A.Charnes 和 W.W.Cooper 于 1984 年给出了 BC^2 模型：

$$\max \ (\boldsymbol{\mu}^T y_0 - \mu_0)$$

$$(P_{BC^2}) \quad \text{s.t.} \begin{cases} \boldsymbol{\omega}^T x_j - \boldsymbol{\mu}^T y_j + \mu_0 \geqslant 0, j = 1, 2, \cdots, n \\ \boldsymbol{\omega}^T x_0 = 1 \\ \boldsymbol{\omega} \geqslant 0, \boldsymbol{\mu} \geqslant 0, \mu_0 \in E^1 \end{cases}$$

和

$$\min \ \theta$$

$$(D_{BC^2}) \quad \text{s.t.} \begin{cases} \sum_{j=1}^{n} x_j \lambda_j \leqslant \theta x_0 \\ \sum_{j=1}^{n} y_j \lambda_j \geqslant y_0 \\ \sum_{j=1}^{n} \lambda_j = 1 \\ \lambda_j \geqslant 0, \ j = 1, 2, \cdots, n, \ \theta \in E^1 \end{cases}$$

在生产可能集

$$T_{FG} = \left\{ (x, y) \middle| \sum_{j=1}^{n} x_j \lambda_j \leqslant x, \sum_{j=1}^{n} y_j \lambda_j \geqslant y, \sum_{j=1}^{n} \lambda_j \leqslant 1, \lambda_j \geqslant 0, j = 1, 2, \cdots, n \right\}$$

的基础上，Färe 和 Grosskopf 于 1985 年给出了 FG 模型：

$$\max\ (\boldsymbol{\mu}^{\mathrm{T}}\boldsymbol{y}_0 - \mu_0)$$

$$(P_{\mathrm{FG}})\quad \text{s.t.}\begin{cases} \boldsymbol{\omega}^{\mathrm{T}}\boldsymbol{x}_j - \boldsymbol{\mu}^{\mathrm{T}}\boldsymbol{y}_j + \mu_0 \geqslant 0, j = 1,2,\cdots,n \\ \boldsymbol{\omega}^{\mathrm{T}}\boldsymbol{x}_0 = 1 \\ \boldsymbol{\omega} \geqslant 0, \boldsymbol{\mu} \geqslant 0, \mu_0 \geqslant 0 \end{cases}$$

和

$$\min\ \theta$$

$$(D_{\mathrm{FG}})\quad \text{s.t.}\begin{cases} \displaystyle\sum_{j=1}^{n} \boldsymbol{x}_j \lambda_j \leqslant \theta \boldsymbol{x}_0 \\ \displaystyle\sum_{j=1}^{n} \boldsymbol{y}_j \lambda_j \geqslant \boldsymbol{y}_0 \\ \displaystyle\sum_{j=1}^{n} \lambda_j \leqslant 1 \\ \lambda_j \geqslant 0, j = 1,2,\cdots,n\ ,\ \theta \in E^1 \end{cases}$$

在生产可能集

$$T_{\mathrm{ST}} = \left\{ (\boldsymbol{x},\boldsymbol{y}) \,\middle|\, \sum_{j=1}^{n} \boldsymbol{x}_j \lambda_j \leqslant \boldsymbol{x}, \sum_{j=1}^{n} \boldsymbol{y}_j \lambda_j \geqslant \boldsymbol{y}, \sum_{j=1}^{n} \lambda_j \geqslant 1, \lambda_j \geqslant 0, j = 1,2,\cdots,n \right\}$$

的基础上，Seiford 和 Thrall 于 1990 年给出了 ST 模型：

$$\max\ (\boldsymbol{\mu}^{\mathrm{T}}\boldsymbol{y}_0 - \mu_0) = V_P$$

$$(P_{\mathrm{ST}})\quad \text{s.t.}\begin{cases} \boldsymbol{\omega}^{\mathrm{T}}\boldsymbol{x}_j - \boldsymbol{\mu}^{\mathrm{T}}\boldsymbol{y}_j + \mu_0 \geqslant 0, j = 1,2,\cdots,n \\ \boldsymbol{\omega}^{\mathrm{T}}\boldsymbol{x}_0 = 1 \\ \boldsymbol{\omega} \geqslant 0, \boldsymbol{\mu} \geqslant 0, \mu_0 \leqslant 0 \end{cases}$$

和

$$\min\ \theta$$

$$(D_{\mathrm{ST}})\quad \text{s.t.}\begin{cases} \displaystyle\sum_{j=1}^{n} \boldsymbol{x}_j \lambda_j \leqslant \theta \boldsymbol{x}_0 \\ \displaystyle\sum_{j=1}^{n} \boldsymbol{y}_j \lambda_j \geqslant \boldsymbol{y}_0 \\ \displaystyle\sum_{j=1}^{n} \lambda_j \geqslant 1 \\ \lambda_j \geqslant 0, j = 1,2,\cdots,n\ ,\ \theta \in E^1 \end{cases}$$

这四个经典 DEA 模型可以写成统一的形式：

$$\max \left(\boldsymbol{\mu}^{\mathrm{T}} \boldsymbol{y}_0 - \delta_1 \mu_0 \right) = V_P$$

$$(P^{\mathrm{T}}) \quad \text{s.t.} \begin{cases} \boldsymbol{\omega}^{\mathrm{T}} \boldsymbol{x}_j - \boldsymbol{\mu}^{\mathrm{T}} \boldsymbol{y}_j + \delta_1 \mu_0 \geqslant 0, j = 1, 2, \cdots, n \\ \boldsymbol{\omega}^{\mathrm{T}} \boldsymbol{x}_0 = 1 \\ \boldsymbol{\omega} \geqslant 0, \boldsymbol{\mu} \geqslant 0, \delta_1 \delta_2 (-1)^{\delta_3} \mu_0 \geqslant 0 \end{cases}$$

和

$$\min \theta$$

$$(D^{\mathrm{T}}) \quad \text{s.t.} \begin{cases} \displaystyle\sum_{j=1}^{n} \boldsymbol{x}_j \lambda_j \leqslant \theta \boldsymbol{x}_0 \\ \displaystyle\sum_{j=1}^{n} \boldsymbol{y}_j \lambda_j \geqslant \boldsymbol{y}_0 \\ \delta_1 \left[\displaystyle\sum_{j=1}^{n} \lambda_j + \delta_2 (-1)^{\delta_3} \lambda_{n+1} \right] = \delta_1 \\ \lambda_j \geqslant 0, j = 1, \cdots, n, n+1 \end{cases}$$

相应的生产可能集为

$$T^{\mathrm{T}} = \left\{ (\boldsymbol{x}, \boldsymbol{y}) \left| \sum_{j=1}^{n} \boldsymbol{x}_j \lambda_j \leqslant \boldsymbol{x}, \sum_{j=1}^{n} \boldsymbol{y}_j \lambda_j \geqslant \boldsymbol{y}, \delta_1 \left[\sum_{j=1}^{n} \lambda_j + \delta_2 (-1)^{\delta_3} \lambda_0 \right] = \delta_1, \lambda_j \geqslant 0, j = 1, \cdots, n, n+1 \right. \right\}$$

其中，$\delta_1, \delta_2, \delta_3$ 为取 0 或 1 的参数.

规划 (D^{T}) 等价于

$$\min \theta$$

$$(\overline{D}^{\mathrm{T}}) \quad \text{s.t.} \begin{cases} \displaystyle\sum_{j=1}^{n} \boldsymbol{x}_j \lambda_j + \boldsymbol{s}^- = \theta \boldsymbol{x}_0 \\ \displaystyle\sum_{j=1}^{n} \boldsymbol{y}_j \lambda_j - \boldsymbol{s}^+ = \boldsymbol{y}_0 \\ \delta_1 \left[\displaystyle\sum_{j=1}^{n} \lambda_j + \delta_2 (-1)^{\delta_3} \lambda_{n+1} \right] = \delta_1 \\ \lambda_j \geqslant 0, j = 1, \cdots, n, n+1 \\ \boldsymbol{s}^- \geqslant 0, \boldsymbol{s}^+ \geqslant 0 \end{cases}$$

定义 8.9 若规划 (P^{T}) 和 (D^{T}) 的最优值都为 1，则称 DMU_{j_0} 为弱 DEA 有效.

定义 8.10 若规划 (P^{T}) 存在最优解 $\boldsymbol{\omega}^0, \boldsymbol{\mu}^0, \mu_0^0$，满足 $\boldsymbol{\omega}^0 > 0, \boldsymbol{\mu}^0 > 0$，且最

优值为 1，则称 DMU_{j_0} 为 DEA 有效。

定义 8.11 若规划 $(\bar{D}^T)$ 的任意最优解 $\boldsymbol{\lambda}^0 = (\lambda_0^0, \lambda_1^0, \cdots, \lambda_n^0)^T, \boldsymbol{s}^{-0}, \boldsymbol{s}^{+0}, \theta^0$ 都有 $\theta^0 = 1, \boldsymbol{s}^{-0} = 0$，$\boldsymbol{s}^{+0} = 0$，则称 DMU_{j_0} 为 DEA 有效。

四个模型下的（弱）DEA 有效之间的关系可通过下面的定理进行描述：

定理 8.11

$$（弱）DEA有效（C^2R）\to \begin{matrix} （弱）DEA有效（FG） \\ （弱）DEA有效（ST） \end{matrix} \to （弱）DEA有效（BC^2）。$$

8.2.7 样本数据包络分析模型的基本性质

假设有 $\bar{n}$ 个样本单元，它们的特征可由 m 种输入和 s 种输出表示，输入、输出指标分别为：

$$\bar{\boldsymbol{x}}_j = (\bar{x}_{1j}, \bar{x}_{2j}, \cdots, \bar{x}_{mj})^T \text{ 和 } \bar{\boldsymbol{y}}_j = (\bar{y}_{1j}, \bar{y}_{2j}, \cdots, \bar{y}_{sj})^T, j = 1, 2, \cdots, \bar{n}$$

DMU_z 为待评价的单元，其输入输出指标为 $\boldsymbol{x}_z = (x_{1z}, x_{2z}, \cdots, x_{mz})^T$ 和 $\boldsymbol{y}_z = (y_{1z}, y_{2z}, \cdots, y_{sz})^T$，并且 $(\bar{\boldsymbol{x}}_j, \bar{\boldsymbol{y}}_j) > 0, (\boldsymbol{x}_z, \boldsymbol{y}_z) > 0$。对于 DMU_z，有基于样本数据包络分析的评价模型：

$$\max \ (\boldsymbol{\mu}^T \boldsymbol{y}_z + \delta u_0) = V_{P_z}$$

$$(P_z) \quad \text{s.t.} \begin{cases} \boldsymbol{\omega}^T \boldsymbol{x}_z - \boldsymbol{\mu}^T \boldsymbol{y}_z - \delta u_0 \geqslant 0 \\ \boldsymbol{\omega}^T \bar{\boldsymbol{x}}_j - \boldsymbol{\mu}^T \bar{\boldsymbol{y}}_j - \delta u_0 \geqslant 0, j = 1, 2, \cdots, \bar{n} \\ \boldsymbol{\omega}^T \boldsymbol{x}_z = 1 \\ \boldsymbol{\omega} \geqslant 0, \boldsymbol{\mu} \geqslant 0 \end{cases}$$

和

$$\min \theta = V_{D_z}$$

$$(D_z) \quad \text{s.t.} \begin{cases} (\theta - \lambda_0) \boldsymbol{x}_z \geqslant \sum_{j=1}^{\bar{n}} \bar{\boldsymbol{x}}_j \lambda_j \\ (1 - \lambda_0) \boldsymbol{y}_z \leqslant \sum_{j=1}^{\bar{n}} \bar{\boldsymbol{y}}_j \lambda_j \\ \delta \sum_{j=0}^{\bar{n}} \lambda_j = \delta \\ \lambda_j \geqslant 0, j = 0, 1, \cdots, \bar{n} \end{cases}$$

定义 8.12 若规划 (P_z) 的最优解中存在 $\boldsymbol{\omega}^0 > 0, \boldsymbol{\mu}^0 > 0$，使得 $V_{P_z} = 1$，则称 DMU_z 相对于样本前沿面是有效的。

定理 8.12 DMU_z 相对于样本前沿面是有效的，当且仅当 (D_z) 的最优值 $V_{D_z}=1$，且对它的每个最优解 $\lambda^0=(\lambda_0^0,\lambda_1^0,\cdots,\lambda_{\bar{n}}^0)^T,\theta^0$，都有

$$\sum_{j=1}^{\bar{n}} \bar{x}_j \lambda_j^0 = (\theta^0 - \lambda_0^0) x_z$$

$$\sum_{j=1}^{\bar{n}} \bar{y}_j \lambda_j^0 = (1 - \lambda_0^0) y_z$$

定理 8.13 DMU_z 相对于样本前沿面的有效性与评价指标的量纲选取无关。

进一步地，可以得到下面的基于样本数据包络分析的综合评价模型：

$$\max (\boldsymbol{\mu}^T \boldsymbol{y}_z + \delta_1 u_0) = V_{P_k}$$

$$(P_k) \quad \text{s.t.} \begin{cases} \boldsymbol{\omega}^T \boldsymbol{x}_z - \boldsymbol{\mu}^T \boldsymbol{y}_z - \delta_1 u_0 \geqslant 0 \\ \boldsymbol{\omega}^T \bar{\boldsymbol{x}}_j - \boldsymbol{\mu}^T \bar{\boldsymbol{y}}_j - \delta_1 u_0 \geqslant 0, j=1,2,\cdots,\bar{n} \\ \boldsymbol{\omega}^T \boldsymbol{x}_z = 1 \\ \boldsymbol{\omega} \geqslant 0, \boldsymbol{\mu} \geqslant 0 \\ \delta_1 \delta_2 (-1)^{\delta_3} u_0 \geqslant 0 \end{cases}$$

和

$$\min \theta = V_{D_k}$$

$$(D_k) \quad \text{s.t.} \begin{cases} (\theta - \lambda_0) \boldsymbol{x}_z \geqslant \sum_{j=1}^{\bar{n}} \bar{\boldsymbol{x}}_j \lambda_j \\ (1 - \lambda_0) \boldsymbol{y}_z \leqslant \sum_{j=1}^{\bar{n}} \bar{\boldsymbol{y}}_j \lambda_j \\ \delta_1 \left[\sum_{j=0}^{\bar{n}} \lambda_j - \delta_2 (-1)^{\delta_3} \lambda_{\bar{n}+1} \right] = \delta_1 \\ \lambda_j \geqslant 0, j=0,1,\cdots,\bar{n}+1 \end{cases}$$

定义 8.13 若规划 (P_k) 存在最优解 w^0, μ^0, μ_0^0，满足 $w^0 > 0, \mu^0 > 0$，且最优值 $V_{P_k}=1$，则称 DMU_z 相对于样本前沿面是有效的。

对规划 (D_k) 引入非阿基米德无穷小量 ε，可以得到下面的模型 D_k^ε，其中，$e=(1,\cdots,1)^T \in E_{++}^s, \bar{e}=(1,\cdots,1)^T \in E_-^m$。

定义 8.14 设规划 (D_k^ε) 的最优解为 $\lambda^0, s^{0-}, s^{0+}, \theta^0$，若 $s^{-0}=0, s^{+0}=0, \theta^0=1$，则称 DMU_z 相对于样本前沿面是有效的。

$$\min[\theta - \varepsilon(\overline{e}^{\mathrm{T}}s^- + e^{\mathrm{T}}s^+)]$$

$$(D_k^\varepsilon) \quad \text{s.t.} \begin{cases} \sum_{j=1}^{\overline{n}} \overline{x}_j \lambda_j + s^- = (\theta - \lambda_0)x_z \\ \sum_{j=1}^{\overline{n}} \overline{y}_j \lambda_j - s^+ = (1 - \lambda_0)y_z \\ \delta_1\left[\sum_{j=0}^{\overline{n}} \lambda_j - \delta_2(-1)^{\delta_3}\lambda_{\overline{n}+1}\right] = \delta_1 \\ \lambda_j \geqslant 0, j = 0,1,\cdots,\overline{n}+1 \\ s^- \geqslant 0, s^+ \geqslant 0 \end{cases}$$

定理 8.14　DMU_z 相对于样本前沿面是有效的，当且仅当 (x_z, y_z) 是多目标规划问题

$$(VP_k) \quad \begin{array}{l} V - \min(x_1,\cdots,x_m,-y_1,\cdots,-y_s) \\ \text{s.t.}(x, y) \in T_k \end{array}$$

的 Pareto 解。

其中

$$T_k = \left\{ (x, y) \left| \begin{array}{l} \sum_{j=1}^{\overline{n}} \overline{x}_j \lambda_j \leqslant (\theta - \lambda_0)x_z, \sum_{j=1}^{\overline{n}} \overline{y}_j \lambda_j \geqslant (1 - \lambda_0)y_z, \delta_1\left[\sum_{j=0}^{\overline{n}} \lambda_j - \delta_2(-1)^{\delta_3}\lambda_{\overline{n}+1}\right] = \delta_1, \\ \lambda_j \geqslant 0, j = 0,1,\cdots,\overline{n}+1 \end{array} \right. \right\}$$

9 区域经济治理的关联分析与效率评价

在国家"节能减排"号召的倡导下，继续保持经济平稳较快发展就成为检验地方政府经济发展思路的时代命题。一般而言，能源供应（能源消费量）对区域经济增长具有较大影响，能源价格水平与经济增速之间往往存在反方向的变动趋势。然而情况也不总是如此。国家能源局对我国 2016 年第一季度 GDP 增长与能源消费数据进行分析后认为，能源消费的变化与经济增长不同步是可能发生的现象。因此，揭示某特定地区的经济增长方式，发现经济增长与能源消耗之间的关系，有利于跟踪和预测该地区的经济发展态势和未来发展的可能趋势。本章在对某地区 2007—2016 年地区生产总值与能源消费量、能源强度、能源结构和资本存量的原始数据进行描述的基础上，首先应用灰色关联法对该地区的经济增长与能源消耗之间的静态关系进行了分析，然后通过格兰杰因果关系检验，对该地区经济增长与能源消耗之间的动态关系进行了分析，最后应用 DEA 模型对该地区 10 个年份的经济增长效率进行了相对性评价。结果表明：虽然该地区经济增长与能源消费量有较强的关联度，但并不存在能源消耗到经济增长间明显的因果关系，DEA 评价结果显示，该地区近三年的经济增长达到了 pareto 有效状态。其中的原因可能包括产业结构的调整、高载能产品的"去库存化"、和产业能耗的下降等，也不排除是在经济运行的转折阶段表现出的周期现象。

9.1 能源消耗和经济增长的灰色关联分析

灰色系统理论是邓聚龙教授发展起来的一门新兴学科。该理论以几何形状接近的行为序列为基础，通过分析和确定因子间的影响程度或因子对行为的贡献程度，来揭示事物之间的关联。所谓"灰色"，实为对未知或不确定关联的挖掘。灰色关联分析法与其他方法相比，有一定的优越性。它放弃了对大样本（样本容量大于等于 30，样本服从某典型分布等）的苛刻要求，其基本思想是：根据分析对象时序数列曲线的相似程度（或拟合程度）来判断其不同对象之间的关联度，两条曲线越相似，其关联度越大，反之越小。

本章选取的变量包括某地区的国内生产总值（Y），单位：亿元；能源消费量（X_1），单位：万吨标准煤；能源强度（X_2），表示单位产值能耗，为一次能源使用或最终能源使用与国内生产总值之比，单位：万吨/亿元；能源结构（X_3），采用煤炭消耗量占能源消费总量的比例来衡量；资本存量（X_4），使用永久库存法估算。基础数据如表 9.1 所示。

表 9.1 能源消耗与经济增长的相关数据（2007—2016 年）

年份	Y （地区生产总值）	X_1 （能源消费量）	X_2 （能源强度）	X_3 （能源结构）	X_4 （资本存量）
2007	3545.390	6156.280	1.736	0.702	3877.660
2008	3802.481	6204.810	1.599	0.701	4903.764
2009	4103.435	6900.400	1.638	0.671	5991.441
2010	4517.029	7073.430	1.487	0.731	6988.605
2011	5002.055	8457.960	1.500	0.680	7911.877
2012	5571.167	10 082.000	1.510	0.652	9201.136
2013	6240.318	11 049.000	1.462	0.665	10 832.970
2014	7058.825	12 143.000	1.403	0.659	12 428.580
2015	8040.265	12 845.000	1.314	0.588	14 383.910
2016	9255.198	13 708.000	1.230	0.600	18 751.720

数据来源：《中国统计年鉴》（2008—2017），《中国城市统计年鉴》（2007—2017），部分数据通过计算得到。

图 9.1 显示了 2007—2016 年该地区经济增长与能源消费量和资本存量之间同步增长态势，能源消费量和资本存量的增速持续高于国内生产总值，能源消费量与资本存量之间的关系也较为密切。

按照灰色关联分析的求解步骤，首先对各变量序列进行无量纲化处理，以保证变量的可比性，即以 2007 年为基期，将该年份各变量数据初始化为 1；然后以 Y（地区生产总值）为参考序列，以 X_1（能源消费量）、X_2（能源强度）、X_3（能源结构）、X_4（资本存量）为比较序列，计算比较序列与参考序列的绝对差。取分辨系数为 0.5，得到如表 9.2 所示的计算结果。

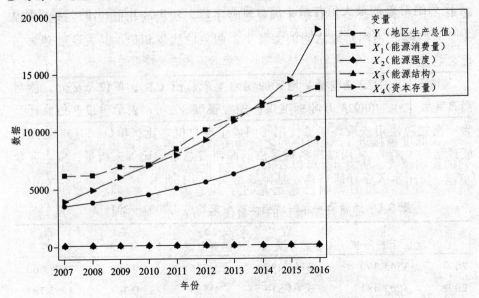

图 9.1　经济增长与能源消耗的时间序列图

表 9.2　关联数据处理结果

年份	Y_0	$X_0(1)$	$\Delta X_0(1)$	r_{01}	$X_0(2)$	$\Delta X_0(2)$	r_{02}	$X_0(3)$	$\Delta X_0(3)$	r_{03}	$X_0(4)$	$\Delta X_0(4)$	r_{04}
2007	1	1	0	1	1	0	1	1	0	1	1	0	1
2008	1.073	1.009	0.065	0.945	0.921	0.151	0.880	0.100	0.073	0.939	1.265	0.192	0.853
2009	1.157	1.121	0.037	0.968	0.944	0.214	0.839	0.956	0.202	0.847	1.545	0.388	0.742
2010	1.274	1.149	0.125	0.899	0.857	0.418	0.727	1.041	0.233	0.827	1.802	0.528	0.678
2011	1.411	1.374	0.037	0.968	0.864	0.547	0.671	0.969	0.442	0.716	2.040	0.630	0.639
2012	1.571	1.638	0.066	0.944	0.870	0.702	0.613	0.930	0.642	0.634	2.373	0.802	0.581
2013	1.760	1.795	0.035	0.970	0.842	0.918	0.548	0.947	0.813	0.578	2.794	1.034	0.518
2014	1.991	1.973	0.019	0.984	0.808	1.183	0.485	0.939	1.052	0.514	3.205	1.214	0.478
2015	2.268	2.087	0.181	0.860	0.757	1.511	0.424	0.839	1.429	0.438	3.709	1.442	0.436
2016	2.611	2.227	0.384	0.744	0.709	1.902	0.369	0.855	1.755	0.388	4.836	2.225	0.333

表 9.2 中，Y_0、$X_0(1)$、$X_0(2)$、$X_0(3)$、$X_0(4)$ 分别为变量序列 Y（地区生产总值）、X_1（能源消费量）、X_2（能源强度）、X_3（能源结构）、X_4（资本存量）无量纲化处理结果；$\Delta X_0(1)$、$\Delta X_0(2)$、$\Delta X_0(3)$、$\Delta X_0(4)$

为比较序列与参考序列的绝对差；在此基础上，进一步求出比较序列与参考序列绝对差的最大值与最小值分别为 2.225 3 和 0，计算出的关联系数为 r_{01}，r_{02}，r_{03}，r_{04}。它们的关联度如表 9.3 所示。

表 9.3　经济增长与能源消耗的关联度

变量	X_1（能源消费量）	X_2（能源强度）	X_3（能源结构）	X_4（资本存量）
关联度	0.928	0.656	0.688	0.626

关联度越接近 1，说明序列之间的关联程度越大，即比较序列对参考序列的影响越大。从表 9.3 可以看出，在 21 世纪的最初 10 年，该地区能源消费量对经济增长的影响已远远超过了其他因素，关联度的极差达到了 0.302。而资本存量对经济增长的影响仅为 0.626，略低于能源强度和能源结构。

9.2　Granger 因果关系检验

为了对经济增长与能源消费量、能源强度、能源结构、资本存量之间的关系作进一步分析，用 Granger 因果关系检验法对经济增长与能源消耗各变量序列之间的因果关系进行检验。选择计量软件 Eviews 5.0，Granger 检验结果如表 9.4 所示。

表 9.4　能源消耗与经济增长因果关系的 Granger 检验

Pairwise Granger Causality Tests	Lags: 2	Obs: 8	Null Hypothesis	
	F-Statistic	Probability	0.10	0.15
X1 does not Granger Cause Y	1.276	0.397	Accept	Accept
Y does not Granger Cause X1	3.168	0.182	Accept	Accept
X2 does not Granger Cause Y	0.282	0.772	Accept	Accept
Y does not Granger Cause X2	1.322	0.388	Accept	Accept
X3 does not Granger Cause Y	0.286	0.770	Accept	Accept
Y does not Granger Cause X3	5.268	0.104	Accept	Reject
X4 does not Granger Cause Y	0.129	0.884	Accept	Accept
Y does not Granger Cause X4	1.776	0.310	Accept	Accept

由表 9.4 可以看出，在 10%（或小于 10%）的显著性水平下，经济增

长（Y）与各解释变量 X_1（能源消费量）、X_2（能源强度）、X_3（能源结构）、X_4（资本存量）之间不存在因果关系；在 15% 的显著性水平下，经济增长（Y）与解释变量 X_1（能源消费量）、X_2（能源强度）、X_4（资本存量）之间不存在因果关系，但是与能源结构（X_3）之间存在单向因果关系，即能源结构变化是引起经济增长的 Granger 原因；反之不成立。

为了深入探讨经济增长与各要素的关系以及经济增长效率和优化途径，以下通过数据包络分析（DEA）模型对原始数据进行基于投入产出的分析。

9.3　基于 DEA 的经济增长效率评价

9.3.1　模型构建

以地区生产总值为产出，用 $\boldsymbol{y}_p = (y_{1p})^{\mathrm{T}}$ 表示；以能源消费、能源强度、能源结构和资本存量为投入，用 $\boldsymbol{x}_p = (x_{1p}, x_{2p}, x_{3p}, x_{4p})^{\mathrm{T}}$ 表示，有下面的经济增长效率最优评价模型：

$$\min \theta$$

$$(D^{\mathrm{T}}) \quad \text{s.t.} \quad \begin{cases} \displaystyle\sum_{j=1}^{n} \boldsymbol{x}_j \lambda_j \leqslant \theta \boldsymbol{x}_0 \\[2mm] \displaystyle\sum_{j=1}^{n} \boldsymbol{y}_j \lambda_j \geqslant \boldsymbol{y}_0 \\[2mm] \delta_1 \left[\displaystyle\sum_{j=1}^{n} \lambda_j + \delta_2 (-1)^{\delta_3} \lambda_{n+1} \right] = \delta_1 \\[2mm] \lambda_j \geqslant 0, j = 1, \cdots, n, n+1 \end{cases}$$

相应的生产可能集为

$$T^{\mathrm{T}} = \left\{ (\boldsymbol{x}, \boldsymbol{y}) \left| \sum_{j=1}^{n} \boldsymbol{x}_j \lambda_j \leqslant \boldsymbol{x}, \sum_{j=1}^{n} \boldsymbol{y}_j \lambda_j \geqslant \boldsymbol{y}, \delta_1 \left[\sum_{j=1}^{n} \lambda_j + \delta_2 (-1)^{\delta_3} \lambda_0 \right] = \delta_1, \lambda_j \geqslant 0, j = 1, \cdots, n, n+1 \right. \right\}$$

其中，δ_1，δ_2，δ_3 取 0 或 1 的参数。

定义 9.1　若规划（D^{T}）的最优值为 1，其他任意最优解为 0，则称区域经济增长是有效的；否则，称增长无效。

定理 9.1　$(\boldsymbol{x}_p, \boldsymbol{y}_p)$ 在生产前沿面上投影为经济增长有效。

对于多目标规划问题

$$(VP)\begin{cases} V - \min(\boldsymbol{x}, -\boldsymbol{y}) \\ \text{s.t.} (\boldsymbol{x}, \boldsymbol{y}) \in T \end{cases}$$

有如下结论：

定理 9.2 第 p 年是经济增长有效的当且仅当 $(\boldsymbol{x}_p, \boldsymbol{y}_p)$ 为 (VP) 的 Pareto 有效解。

9.3.2 评价结果与分析

接下来，对该地区 2007—2016 年的经济增长效率进行相对有效性评价。考虑到该地区的能源强度基本上呈现下降的趋势，即依靠资源的投入获得经济快速增长的模式已经得到了充分发挥，政府决策者将采取各种措施减少规模不经济，推迟规模报酬递减阶段的到来。为此，令 $\delta=0$ ，应用 (DP) 模型对原始数据进行评价，评价结果如表 9.5 所示。

表 9.5　经济增长效率评价结果

年份	效率值	剩余变量	松弛变量		
	θ	s_1^+	s_1^-	s_2^-	s_3^-	s_4^-
2007	1.000	0.000	0.000	0.000	0.000	0.000
2008	0.966	0.000	0.000	0.109	0.000	0.000
2009	1.000	0.000	0.000	0.000	0.000	0.000
2010	0.967	0.000	0.000	0.000	0.035	0.000
2011	0.959	0.000	537.198	0.000	0.012	0.000
2012	0.956	0.000	434.296	0.000	0.034	0.000
2013	0.978	0.000	511.205	0.000	0.044	0.000
2014	1.000	0.000	0.000	0.000	0.000	0.000
2015	1.000	0.000	0.000	0.000	0.000	0.000
2016	1.000	0.000	0.000	0.000	0.000	0.000

从表 9.5 可知，该地区 2007 年、2009 年、2014 年、2015 年、2016 年的相对效率值为 1，根据定义 9.1 和定理 9.2，经济增长效率处于有效状态，投入、产出都不存在改进的可能性，投入、产出之间达到了 Pareto 有效状态；其中，2014—2016 年该地区的经济增长效率都为 1，明显优于 2010—

2012 年的水平，且剩余变量和松弛变量均为零，经济增长方式优化情况较好；其余年份的经济增长效率较低，至少存在一个 $s_k^- \neq 0$ 或 $s_k^+ \neq 0$，说明至少有一项投入或产出没有达到 Pareto 有效状态，而 2012 年的效率值最低，为 0.956。从松弛变量和剩余变量来看，这 10 年的地区生产总值、资本存量都为零，说明没有改变的必要性，此外，2009 年只有能源强度的松弛变量为 0.109，剩余为零。

以 2013 年为例，该年份的经济增长效率为 0.978，能源消费量和资本存量的松弛变量分别为 511.205 和 0.044。根据定义 9.1 和定理 9.1，在保持其他投入和产出指标不变的情况下，减少能源消费量和资本存量的数量，该年份的经济增长效率将有所提升，如果减少的量分别为 511.205 和 0.044，那么，该年份的经济发展状态可以修正为有效。对其他无效年份可做类似分析。

为了考察经济增长与各投入要素的关系，选取效率值和能源消费量与资本存量的松弛变量 s_1^- 和 s_3^- 为分析对象，继续对三者之间的曲面图和等值线图进行讨论。从图 9.2 可以看出，曲面在中间部分凹陷，在指向效率值和其相反位置处凸起，说明在 2007—2016 年的前几年和后几年经济增长效率较高。

从图 9.3 可以看出，2007—2016 年的经济增长效率都介于 0.959～1.000，经济增长态势较为平缓，能源消费量的松弛变量小于 540，资本存量的松弛变量小于 0.045，2011 年和 2012 年的经济增长效率较低，且能源消费量与资本存量的松弛变量也处于较高位置，改进的空间较大。

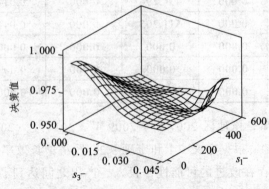

图 9.2　效率值与 s_1^- 和 s_3^- 的曲面图

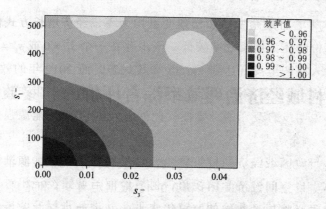

图 9.3   效率值与 s_1^- 和 s_3^- 的等值线图

随着"生存与发展"的矛盾不断加剧，低碳经济逐渐成为世界的共识，"节能减排"、转变经济增长方式对任何一个国家和地区来说都显得刻不容缓。本章选取我国某地区为研究对象，综合采用灰色关联分析和 Granger 检验对该地区经济增长与能源消费量、能源强度、能源结构和资本存量的关联性进行了分析，并应用 DEA 方法对其 2007—2016 年 10 年间的经济增长效率进行了相对性评价。结果显示，该地区能源消费量对经济增长的影响超过了其他因素，关联度最高，资本存量对经济增长的影响最弱；进一步的分析显示，该地区经济增长对能源结构的变化较为敏感；在经济增长效率的评价方面，该地区近几年的经济增长效率较高，投入与产出之间基本达到了 Pareto 有效状态，且所有年份中，"地区生产总值"的剩余变量和"资本存量"的松弛变量均为零，说明该地区经济增长方式的转变应重点优化能源消费量、能源强度和能源结构。本章的这些工作对时下地方各级政府考察经济增长方式、经济增长对特定资源的依存度、经济增长方式转变的效果评定等问题具有一定的借鉴意义，并可对区域经济治理相关命题的研究提供一定的理论支撑。当然，现在的工作还是初步的，有待于进一步发展和完善。

10 村域经济治理效率综合评价的非参数方法

村域是行政区域经济的最小单元，是发展现代农业、推进新农村建设的重要载体。以空间经济学的视角，村域经济与城镇经济相对应，社会主义新农村建设必将提升我国的城镇化水平，并进一步提升城市化水平。因此，村域经济的治理效率关系到我国消费品市场的规模、地方投资和国家投资的走向、人类社会的正向演化以及和谐社会的建立等国民经济发展的多个方面，对我国社会主义现代化事业的不断进步具有十分重要的意义。另一个事实是，村域经济多极分化已经日渐明显，且经常发生在同一县域甚至相邻村落，其宏观环境、自然资源与文化传统完全相同，而这恰是与此最相关的区域经济学难以解释的。因此，综合评价村域经济的治理效率，发现村域经济治理中存在的问题并寻求改进的方法和途径就成为亟待解决的问题。本章从系统科学的基本思想出发，综合运用数据包络分析的有关理论，做了以下工作：① 基于村域经济系统的分系统——生产子系统、社会子系统和生态子系统——给出了一种用于村域经济治理效率综合评价的非参数模型及方法，讨论了模型的含义和治理有效单元与相应的多目标规划 Pareto 有效解之间的关系；② 针对村域经济治理的评价结果，分析了治理无效单元无效的原因、改进的方向和尺度以及此类单元可能达到的理想状态；③ 通过建立在样本数据、模糊综合评判和偏序集理论上的线性规划模型对村域经济治理方案的有效性进行了分析。

10.1 用于村域经济治理效率综合评价的方法

10.1.1 用于村域经济治理效率综合评价的数据包络分析模型

村域经济的治理涉及以下三个主要命题：① 调整农户收入结构，增加农户收入总量；② 增强社区功能，进而满足农户的社会需求需求；③ 改善村域生态环境，实现可持续发展。以此为出发点，可以将县域经济治理效率的评价系统进一步分为生产子系统、社会子系统和生态子系统，然后以各分系统的治理投入和产出为分析依据，能够得到更为全面和真实的信息。无论是哪个子系统，其运行效率都可以通过相应的输入输出数据来衡量：被村域单元利用或有助于村域单元经济治理效率提高的指标、对村域经济发展不利或对其赖以生存的生态环境造成不利影响的指标就为输入；反之，能够表明村域单元经济治理效率的指标、对村域经济发展有利或对生态环境造成有利影响的指标就为输出。

假设有 n 个待评价的村域单元，它们的生产子系统、社会子系统和生态子系统的特征分别由 m_1, m_2, m_3 种输入指标和 s_1, s_2, s_3 种输出指标表示为：

$$\boldsymbol{x}_j^{(k)} = (x_{1j}^{(k)}, \cdots, x_{m_kj}^{(k)})^{\mathrm{T}}, \boldsymbol{y}_j^{(k)} = (y_{1j}^{(k)}, \cdots, y_{s_kj}^{(k)})^{\mathrm{T}}, k = 1, 2, 3, j = 1, 2, \cdots, n，且均非负。$$

采用指标凝聚的方法，将每个分系统若干个输入指标加权凝聚成一个输入指标，输出指标也做同样处理，权重的确定可以参考专家的意见，也可根据不同的评价目的和任务人为地选取。对第 j_0 个村域单元的治理效率有如下评价模型：

$$\max s_1^- + s_2^- + s_3^- + s_1^+ + s_2^+ + s_3^+$$

$$\text{(CYGH)} \quad \text{s.t.} \begin{cases} \sum\limits_{j=1}^n \sum\limits_{i=1}^{m_k} \alpha_i^{(k)} x_{ij}^{(k)} \lambda_j + s_k^- = \sum\limits_{i=1}^{m_k} \alpha_i^{(k)} x_{ij_0}^{(k)} \\ \sum\limits_{j=1}^n \sum\limits_{i=1}^{s_k} \beta_i^{(k)} y_{ij}^{(k)} \lambda_j - s_k^+ = \sum\limits_{i=1}^{s_k} \beta_i^{(k)} y_{ij_0}^{(k)} \\ \sum\limits_{i=1}^{m_k} \alpha_i^{(k)} = 1, \sum\limits_{i=1}^{s_k} \beta_i^{(k)} = 1 \\ \alpha_i^{(k)} \geqslant 0, \beta_i^{(k)} \geqslant 0, s_k^- , s_k^+ \geqslant 0, k = 1, 2, 3 \\ \lambda_j \geqslant 0, j = 1, 2, \cdots, n \end{cases} \quad (1)$$

定义 10.1 若线性规划 (CYGH) 的最优值等于 0，则称第 j_0 个村域单元经济治理是有效的，简称治理有效；反之，称为治理无效。

显然，若线性规划 (CYGH) 的最优值为 0，由约束条件 $s_1^-, s_2^-, s_3^-, s_1^+, s_2^+, s_3^+ \geqslant 0$，知其一个最优解 $s = (s_1^-, s_2^-, s_3^-, s_1^+, s_2^+, s_3^+)^{\mathrm{T}} = 0$，这表明要保持第 j_0 个村域单元的产出不变，不仅不能将其投入减少，而且连分系统的投入也不能减少；或者要保持第 j_0 个村域单元的投入不变，不仅不能将其产出提高，而且连个别系统的产出也不能提高，此时第 j_0 个村域单元处于有效的治理状态。

10.1.2 基于(CYGH)模型的村域经济治理有效性的含义

令 $X_j^{(k)} = \sum_{i=1}^{m_k} \alpha_i^{(k)} x_{ij}^{(k)}, Y_j^{(k)} = \sum_{i=1}^{s_k} \beta_i^{(k)} y_{ij}^{(k)} (k=1,2,3)$，则 $\boldsymbol{Q}_j = (X_j^{(1)}, X_j^{(2)}, X_j^{(3)}, Y_j^{(1)}, Y_j^{(2)}, Y_j^{(3)})$ 就代表了第 j 个村域单元的一种治理状态，由于各指标值均非负，$\boldsymbol{Q}_j \neq 0$ 且 $\boldsymbol{Q}_j \geqslant 0$。根据 DEA 方法构造可能集理论，在生产可能集的构成满足凸性、无效性、锥性和最小性的情况下，利用获得的观测数据可构造生产可能集如下：

$$LCY = \left\{ \boldsymbol{IO} = (I_1, I_2, I_3, O_1, O_2, O_3) \middle| \sum_{j=1}^{n} X_j^{(k)} \lambda_j \leqslant I_k, \sum_{j=1}^{n} Y_j^{(k)} \lambda_j \geqslant O_k, k=1,2,3, j=1,2,\cdots,n \right\} \tag{2}$$

对于多目标规划问题

$$(LVP) \quad \begin{array}{l} V - \max(-I_1, -I_2, -I_3, O_1, O_2, O_3)^{\mathrm{T}} \\ \text{s.t. } \boldsymbol{IO} \in LCY \end{array} \tag{3}$$

有下面的结论：

定理 10.1 $\boldsymbol{Q}_{j_0} = (X_{j_0}^{(1)}, X_{j_0}^{(2)}, X_{j_0}^{(3)}, Y_{j_0}^{(1)}, Y_{j_0}^{(2)}, Y_{j_0}^{(3)})$ 为多目标规划 (LVP) 的 Pareto 有效解，当且仅当线性规划 (CYGH) 的最优值为 0。

10.2 村域经济治理效率综合分析方法

线性规划 (CYGH) 以数据包络分析方法为基础，不仅能够利用获得的特征指标数据对村域单元的治理状态进行分析，还能为治理无效的村域单元未来的发展空间进行预测。

对于治理无效的村域单元，有以下结论：

定理 10.2 若向量 $\boldsymbol{Q}_{j_0} = (X_{j_0}^{(1)}, X_{j_0}^{(2)}, X_{j_0}^{(3)}, Y_{j_0}^{(1)}, Y_{j_0}^{(2)}, Y_{j_0}^{(3)})$ 对应的村域单元治理无效，规划 (CYGH) 的最优解为 $\tilde{s}_k^-, \tilde{s}_k^+ \geqslant 0 (k=1,2,3), \tilde{\lambda}_j \geqslant 0 (j=1,2,\cdots,n)$，则 $(X_{j_0}^{(1)} - \tilde{s}_1^-, X_{j_0}^{(2)} - \tilde{s}_2^-, X_{j_0}^{(3)} - \tilde{s}_3^-, Y_{j_0}^{(1)} + \tilde{s}_1^+, Y_{j_0}^{(2)} + \tilde{s}_2^+, Y_{j_0}^{(3)} + \tilde{s}_3^+)$ 是 (LVP) 的 Pareto 有效解。

村域经济治理效率综合评价工作的重要任务不仅要给出被评价村域单元的治理效率水平，还应分析治理无效单元的无效原因，同时指明改进的方向和未来的发展空间，以便更好地为政策的制定者服务。(CYGH)模型的作用就在于可以根据同类村域单元的具体情况定量地分析上述问题并对相关问题加以客观解释。

10.2.1　村域经济治理无效的原因

若第 j_0 个村域单元不是治理有效的，则由定理 10.1 可知其整体特征还没有达到 Pareto 有效状态，即对于向量 $\boldsymbol{Q}_{j_0}$，有 $(X_{j_0}^{(1)} - \tilde{s}_1^-, X_{j_0}^{(2)} - \tilde{s}_2^-,$ $X_{j_0}^{(3)} - \tilde{s}_3^-, Y_{j_0}^{(1)} + \tilde{s}_1^+, Y_{j_0}^{(2)} + \tilde{s}_2^+, Y_{j_0}^{(3)} + \tilde{s}_3^+) \in LCY$ 且 $(-X_{j_0}^{(1)}, -X_{j_0}^{(2)}, -X_{j_0}^{(3)}, Y_{j_0}^{(1)}, Y_{j_0}^{(2)}, Y_{j_0}^{(3)}) \leqslant (\tilde{s}_1^- - X_{j_0}^{(1)}, \tilde{s}_2^- - X_{j_0}^{(2)}, \tilde{s}_3^- - X_{j_0}^{(3)}, \tilde{s}_1^+ + Y_{j_0}^{(1)}, \tilde{s}_2^+ + Y_{j_0}^{(2)}, \tilde{s}_3^+ + Y_{j_0}^{(3)})$。这表明第 j_0 个村域单元的各子系统相对于其他村域单元来说至少有一个系统的运行效率较低，这可能是由该村域单元的某个或某些分系统在相同产出情况下的投入较多，或者在同等投入的情况下产出较少造成的。

10.2.2　治理无效村域单元的效率改进方法和发展空间预测

由上面的分析可知，村域经济治理无效的原因主要表现在集合 $S = \left\{ k \mid \tilde{s}_k^- \neq 0, \tilde{s}_k^+ \neq 0 \right\}$ 中的特征指标还有改进的可能性，而使无效单元的治理状态达到有效的一个可行途径就是通过重新规划和建设，使得各分系统的输入输出指标分别达到 $X_{j_0}^{(k)} - \tilde{s}_k^-$ 和 $Y_{j_0}^{(k)} + \tilde{s}_k^+ (k = 1, 2, 3)$，并对具体的改进工作和方法进行优化论证。

在无效单元的改进方面，可以通过对 $\tilde{s}_k^-, \tilde{s}_k^+ (k = 1, 2, 3)$ 的分析来对未来发展空间进行预测。若 $\tilde{s}_k^+ = 0, \tilde{s}_k^- \neq 0$，则表明某个（些）分系统在产出不变的情况下，治理投入过多，此时可以通过降低投入的方式来提高村域经济的治理效率；若 $\tilde{s}_k^+ \neq 0, \tilde{s}_k^- = 0$，表明某个（些）分系统在治理投入不变的情况下，产出过少，此时可以通过增加产出的方式提高效率。

虽然 (CYGH) 模型可以对村域经济的治理效率作出定量分析和评价，然而决策者不仅要掌握村域各分系统的运行是否正常的信息，而且必要时还要对待评价的村域单元进行效率排队。下面的模型 (CYMB) 就是对这一工作的补充。

定义 10.2　若线性规划 (CYMB) 的任意最优解 $\theta^0, s_k^{0-}, s_k^{0+}, \boldsymbol{\lambda}^0 = (\lambda_1^0, \lambda_2^0, \cdots, \lambda_n^0)^{\mathrm{T}}$ 都有 $\theta^0 = 1, s_k^{0-} = 0, s_k^{0+} = 0 (k = 1, 2, 3)$，则称第 j_0 个村域单元是治理有效的。

$$\min \theta$$

$$(\text{CYMB}) \quad \text{s.t.} \begin{cases} \displaystyle\sum_{j=1}^{n}\sum_{i=1}^{m_k} \alpha_i^{(k)} x_{ij}^{(k)} \lambda_j + s_k^- = \theta \sum_{i=1}^{m_k} \alpha_i^{(k)} x_{ij_0}^{(k)} \\[2mm] \displaystyle\sum_{j=1}^{n}\sum_{i=1}^{s_k} \beta_i^{(k)} y_{ij}^{(k)} \lambda_j - s_k^+ = \sum_{i=1}^{s_k} \beta_i^{(k)} y_{ij_0}^{(k)} \\[2mm] \displaystyle\sum_{i=1}^{m_k} \alpha_i^{(k)} = 1, \sum_{i=1}^{s_k} \beta_i^{(k)} = 1 \\[2mm] \alpha_i^{(k)} \geqslant 0, \beta_i^{(k)} \geqslant 0, s_k^-, s_k^+ \geqslant 0, k = 1, 2, 3 \\[2mm] \lambda_j \geqslant 0, j = 1, 2, \cdots, n \end{cases} \quad (4)$$

10.3　村域经济治理方案的有效性分析

10.3.1　基于样本的村域经济治理方案的有效性分析

假设针对第 j_0 个村域单元，另有 $\bar{n}$ 个样本单元，它们的生产子系统、社会子系统和生态子系统的特征可分别由 m_1, m_2, m_3 种输入指标和 s_1, s_2, s_3 种输出指标表示为：

$$\bar{x}_j^{(k)} = (\bar{x}_{1j}^{(k)}, \cdots, \bar{x}_{m_k j}^{(k)})^{\mathrm{T}}, \bar{y}_j^{(k)} = (\bar{y}_{1j}^{(k)}, \cdots, \bar{y}_{s_k j}^{(k)})^{\mathrm{T}}, k = 1, 2, 3, j = 1, 2, \cdots, \bar{n}，且均非负。$$

则对第 j_0 个村域单元有如下基于样本的评价其经济治理效率的模型：

$$\min \theta$$

$$(\text{CYYB}) \quad \text{s.t.} \begin{cases} \displaystyle\sum_{j=1}^{\bar{n}}\sum_{i=1}^{m_k} \bar{\alpha}_i^{(k)} \bar{x}_{ij}^{(k)} \lambda_j + s_k^- = \theta \sum_{i=1}^{m_k} \bar{\alpha}_i^{(k)} x_{ij_0}^{(k)} \\[2mm] \displaystyle\sum_{j=1}^{\bar{n}}\sum_{i=1}^{s_k} \bar{\beta}_i^{(k)} \bar{y}_{ij}^{(k)} \lambda_j - s_k^+ = \sum_{i=1}^{s_k} \bar{\beta}_i^{(k)} y_{ij_0}^{(k)} \\[2mm] \displaystyle\sum_{i=1}^{m_k} \bar{\alpha}_i^{(k)} = 1, \sum_{i=1}^{s_k} \bar{\beta}_i^{(k)} = 1 \\[2mm] \bar{\alpha}_i^{(k)} \geqslant 0, \bar{\beta}_i^{(k)} \geqslant 0, s_k^-, s_k^+ \geqslant 0, k = 1, 2, 3 \\[2mm] \lambda_j \geqslant 0, j = 1, 2, \cdots, \bar{n} \end{cases} \quad (5)$$

定义 10.3　若线性规划 (CYYB) 的任意最优解 $\theta^0, s^{0-}, s^{0+}, \lambda^0 = (\lambda_1^0, \lambda_2^0, \cdots, \lambda_{\bar{n}}^0)^{\mathrm{T}}$ 都有 $\theta^0 = 1, s^{0-} = 0, s^{0+} = 0$，则称第 j_0 个村域单元相对于样本单元是治理有效的。

10.3.2　基于模糊综合评判的村域经济治理方案的有效性分析

模糊综合评判法是村域经济治理效率综合评价的有效方法，但该方法仅能告诉决策者各治理方案的好坏程度，却无法找出无效村域单元无效的原因，没有利用所有被评价单元提供的信息指出无效单元应如何调整自身结构和提高综合性能。假设有 N 组村域经济测量值，其特征指标集 $U = (f_1, \cdots, f_p, g_1, \cdots, g_q)$，评价集合 $V = (v_1, \cdots, v_n), v_1 > v_2 > \cdots > v_n \geq 0$，权数集 $A^0 = (a_1^0, \cdots, a_m^0)$，第 h 组测量值对应的模糊关系矩阵 $\boldsymbol{R}^{(h)} = (r_{ij}^{(h)})_{(p+q) \times n} (r_{ij}^{(h)} \in [0,1])$ 表示第 i 个特征指标相对于第 j 个评价结果的程度。若第 h_0 组测量值对应的村域经济治理状态的模糊综合评判结果不理想，则其结果较差的原因主要是集合 $S = \left\{ k \mid \bar{s}_k^- \neq 0, \tilde{s}_k^+ \neq 0 \right\}$ 中的特征指标的性能没有达到 Pareto 有效的状态。这里，$\bar{\lambda}_1, \cdots, \bar{\lambda}_n, \bar{s}_1, \cdots, \bar{s}_{p+q}$ 是线性规划 $(F-CY)$ 的最优解。

$$
(F-CY) \quad
\begin{array}{l}
\max \boldsymbol{e}^{\mathrm{T}} S \\
\text{s.t.}
\begin{cases}
\sum_{h=1}^{N} \left(\sum_{j=1}^{n} r_{ij}^{(h)} v_j \Big/ \sum_{j=1}^{n} r_{ij}^{(h)} \right) \lambda_h - s_i = \sum_{j=1}^{n} r_{ij}^{(h_0)} v_j \Big/ \sum_{j=1}^{n} r_{ij}^{(h_0)}, i = 1, \cdots, p+q \\
\sum_{h=1}^{N} \lambda_h = 1 \\
S \geq 0, \lambda \geq 0
\end{cases}
\end{array}
\quad (6)
$$

10.3.3 基于偏序集理论的村域经济治理方案的有效性分析

上述方法通过给定的特征指标对待评价的村域单元进行评价。然而在实际操作中，具体选择哪些特征指标、采用特征指标的哪种计算公式都要根据评价的目标和任务来具体确定。假设选取的村域经济治理的特征指标有两类，一类是特征指标 $F(x)$ 越小越好，另一类是特征指标 $G(x)$ 越大越好，其中函数 $F(x) = (f_1(x), \cdots, f_p(x))^{\mathrm{T}} > 0, G(x) = (g_1(x), \cdots, g_q(x))^{\mathrm{T}} > 0$，$x$ 是村域经济的一组测量值。则对第 j_0 个村域单元有如下基于偏序集理论的评价其经济治理效率的模型：

$$
(MHGH) \quad
\begin{array}{l}
\max \boldsymbol{e}^{\mathrm{T}} s^- + \tilde{\boldsymbol{e}}^{\mathrm{T}} s^+ \\
\text{s.t.}
\begin{cases}
\sum_{j=1}^{n} F(x_j) \lambda_j + s^- = F(x_{j_0}) \\
\sum_{j=1}^{n} G(x_j) \lambda_j - s^+ = G(x_{j_0}) \\
\delta \sum_{j=1}^{n} \lambda_j = \delta \\
s^-, s^+ \geq 0, \lambda_j \geq 0, j = 1, 2, \cdots, n
\end{cases}
\end{array}
\quad (7)
$$

其中，$e = \underbrace{(1,\cdots,1)^{\mathrm{T}}}_{p}$，$\tilde{e} = \underbrace{(1,\cdots,1)^{\mathrm{T}}}_{q}$，$\delta$ 是取值 0 或 1 的参数，$\delta = 1$ 时上述模型即为模型 (CYGH)，通过讨论可知该模型也有与上述结论类似的性质。

若假设共有 n 个治理方案，每种方案都有 $m_1 + m_2 + m_3$ 种投入指标，其中第 j 个治理方案中的投入指标为 $I_j = (x_{1j}^{(1)},\cdots,x_{m_1 j}^{(1)},x_{1j}^{(2)},\cdots,x_{m_2 j}^{(2)},x_{1j}^{(3)},\cdots,x_{m_3 j}^{(3)})^{\mathrm{T}}$，如果在该种投入下可以计算或预测出村域经济的特征指标的值为 $F(x_j)$ 和 $G(x_j)$，则对第 j_0 组治理方案有以下评价模型：

$$\max \hat{e}^{\mathrm{T}} s^* + e^{\mathrm{T}} s^- + \tilde{e}^{\mathrm{T}} s^+$$

$$(\text{MHGH}^{j_0}) \quad \text{s.t.} \begin{cases} \sum_{j=1}^{n} I_j \lambda_j + s^* = I_{j_0} \\ \sum_{j=1}^{n} F(x_j)\lambda_j + s^- = F(x_{j_0}) \\ \sum_{j=1}^{n} G(x_j)\lambda_j - s^+ = G(x_{j_0}) \\ \delta \sum_{j=1}^{n} \lambda_j = \delta \\ s^*, s^-, s^+ \geq 0, \lambda_j \geq 0, j = 1, 2, \cdots, n \end{cases} \quad (8)$$

该模型可以转化成 (MHGH) 模型的形式，有关讨论可以类似进行。模型 (8) 的意义在于通过可能集中同类村域单元的具体状况揭示村域经济治理的投入与最大产出之间的关系，进而提出无效治理方案无效的原因和改进的方向。

10.4　应用举例

以下选取河南省西南部某市所辖的 28 个村庄（村域单元）作为分析对象，根据这些村域单元的具体特点，在资料收集和理论分析的基础上，确定相应层次图，如图 10.1 所示。

图 10.1 中，生产治理指数、社会治理指数和生态治理指数的取值为 0 ~ 1，用 I_{ij} 表示，为投入指标，包含对各分系统的领导、组建、投入的精力与支持力度等；农林牧渔总产值（千万元）和工业总产值（千万元）为生产子系统的产出指标，公路通车里程（千米）、邮电业务总量（万元）和社会消费品零售总额（百万元）为社会子系统的产出指标，年末耕地面积变化

率（%）和生态环境收入（万元）为生态子系统的产出指标，用 O_{ij} 表示，C_i 为村域单元序号。以该指标体系为依据，相应数据收集整理如表 10.1 所示。

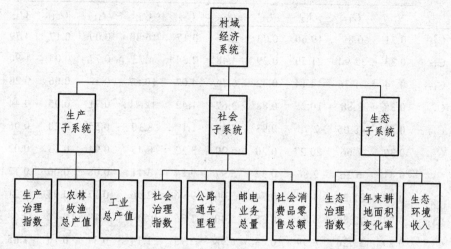

图 10.1　村域经济系统

表 10.1　村域单元群指标数据

村域单元	村域生产子系统			村域社会子系统				村域生态子系统		
	I_{11}	O_{11}	O_{12}	I_{21}	O_{21}	O_{22}	O_{23}	I_{31}	O_{31}	O_{32}
C_1	0.56	46.37	19.12	0.93	4.84	7.15	3.89	0.18	0.10	0.24
C_2	0.31	32.01	14.82	0.34	1.50	2.55	2.97	0.34	0.09	0.44
C_3	0.22	15.31	13.44	0.20	6.88	2.91	1.52	0.29	0.02	0.16
C_4	0.67	61.8	21.17	0.94	5.59	5.45	3.86	0.88	0.01	0.32
C_5	0.49	13.21	21.72	0.29	5.02	2.19	8.85	0.70	0.11	1.86
C_6	0.22	9.68	15.84	0.33	4.54	1.52	5.21	0.90	0.12	2.30
C_7	0.91	27.36	17.27	0.41	4.94	4.41	2.28	0.78	0.10	0.41
C_8	0.74	24.82	13.84	0.50	6.62	3.39	14.49	0.65	0.01	2.05
C_9	0.19	10.45	19.02	0.52	5.48	3.76	2.64	0.60	0.02	0.95
C_{10}	0.25	6.48	16.64	0.38	1.47	3.00	10.43	0.11	0.13	0.65
C_{11}	0.86	4.61	17.35	0.42	4.48	4.04	8.75	0.38	0.04	1.65
C_{12}	0.20	12.52	15.57	0.91	4.56	1.30	6.84	0.23	0.06	0.64
C_{13}	0.59	3.29	10.42	0.82	5.01	2.61	5.75	0.26	0.15	0.48
C_{14}	0.94	3.18	23.35	0.44	3.02	1.49	32.7	0.54	0.11	0.64

村域单元	村域生产子系统			村域社会子系统				村域生态子系统		
	I_{11}	O_{11}	O_{12}	I_{21}	O_{21}	O_{22}	O_{23}	I_{31}	O_{31}	O_{32}
C_{15}	0.71	6.89	19.60	0.73	3.05	3.17	16.34	0.09	0.17	0.79
C_{16}	0.33	32.94	21.59	0.29	4.48	2.34	4.73	0.77	0.03	1.90
C_{17}	0.74	21.36	14.14	0.32	6.76	4.07	10.67	0.32	0.06	0.24
C_{18}	0.38	8.88	10.25	0.88	3.67	1.42	12.41	0.71	0.05	0.44
C_{19}	0.53	48.05	2.73	0.93	7.36	1.17	8.10	0.55	0.20	0.06
C_{20}	0.30	7.66	20.27	0.20	6.29	3.32	8.45	0.94	0.13	0.02
C_{21}	0.41	6.26	2.86	0.32	5.97	9.24	3.11	0.08	0.06	0.17
C_{22}	0.77	21.22	1.97	0.74	5.00	9.96	2.96	0.17	0.05	0.21
C_{23}	0.73	12.88	3.84	0.55	5.40	1.35	15.67	0.19	0.12	2.68
C_{24}	0.29	39.26	0.99	0.68	6.98	2.95	1.14	0.37	0.16	1.45
C_{25}	0.28	21.11	12.35	0.73	3.70	2.61	4.85	0.22	0.08	1.02
C_{26}	0.46	13.55	6.23	0.19	5.75	1.49	9.65	0.59	0.01	0.16
C_{27}	0.76	12.02	16.99	0.39	8.64	3.17	6.38	0.35	0.20	0.13
C_{28}	0.83	8.26	22.19	0.48	7.64	2.34	36.6	0.49	0.13	0.12

数据来源:《中国农业统计年鉴》,部分数据通过实际调查或计算得到。

对指标体系进行凝聚处理的过程为:各系统的产出指标独立取单位化后整体加权平均,浓缩为一个指标,权数 $\beta_i^{(k)} = \dfrac{1}{s_k}(k=1,2,3)$,投入指标为指数形式,不做处理。应用 (CYGH) 模型对上述数据进行分析后可知,治理有效的村域单元为 C_5、C_6、C_8、C_9、C_{10}、C_{13}、C_{15}、C_{17}、C_{19}、C_{20}、C_{23}、C_{24},因为这些单元相对其他单元来说,各分系统的投入、产出都不存在改进的可能性,分系统的运行均达到了 Pareto 有效状态。其他单元为由于至少存在一个 $s_k^- \neq 0$ 或 $s_k^+ \neq 0$,说明至少一个系统的生产状况没有达到有效状态,其特征指标还有改进的可能性,其经济治理是无效的。因此,为了提高无效单元的治理效率,应结合当地实际情况,从生产子系统、社会子系统和生态子系统三个不同的角度入手,对各系统的投入产出关系进行具体的调整,优化村域单元的经济运行状况。

以无效单元 C_{16} 为例,该单元的社会子系统和生态子系统均有进一步建设的余地,根据定义 10.1 和定理 10.2,在保持生产子系统投入和产出指标不变的情况下，按比例减少生态子系统的治理投入或提高社会子系统和生态子系统的产出，该单元的经济治理效率将有所提升，如果减少和增加的量分别以 s_2^+=0.148 065，s_3^-=0.140 198，s_3^+=0.386 231 为标准，那么该单元的经济治理状态可以修正为有效．对其他无效单元可做类似分析。效率值与松弛（剩余）变量的 3D 关系如图 10.2 所示。

对村域单元群的整体治理效率，可通过对图 10.2 的分析得出以下结论：

（1）整体上看，"效率值与 s_1^-，s_1^+ 的曲面图"相对于其他两图的平均曲率较大，说明在生产子系统内，各个村域单元的治理水平存在显著差异，而社会子系统和生态子系统的治理水平差异不明显，以社会子系统的运行状态最为相似，这就要求政策的制定者应该重新审视村域单元群的生产子系统的运行，对村域经济的各种指标数据进行观测，通过线性规划 $(F-CY)$ 发现村域经济治理中的薄弱环节，尽量减少不必要的治理投入的同时，加大村域单元各分系统的产出力度，提高治理效率。

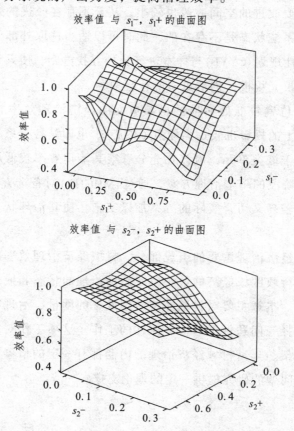

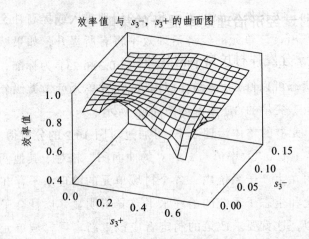

图 10.2　效率值与松弛（剩余）变量的 3D 关系图

（2）曲面位置较高处对应的村域单元的经济治理效率相对较高，该类单元各系统需要改进的空间一般也较小，甚至不存在改进的余地，但是完全不需改进的系统状态是不存在的，此时可以适当选取外部的优秀单元为样本，通过线性规划 (CYYB) 与样本进行比较寻找差距，使系统在保持效率优势的基础上扩充规模，创造更多的社会福利。

（3）曲面位置较低处对应的村域单元的经济治理效率相对较低，在"$s_k^- - s_k^+$ 平面"上的投影也较远离原点（中心），也即其各分系统需要改进的尺度较大，对于该类单元，应该在充分考察其治理效率较低原因的同时，给出不同于现阶段的多个治理方案，通过 (MHGH^{J_0}) 对备选方案进行评价，选择治理效率较高又切合实际的方案加以实施，使其治理状态得到一定的改善。

作为区域经济治理重要的组成部分，村域经济治理效率的评价研究有助于揭示我国行政区域经济的最小单元经济治理的状态和成效，更好地为经济建设服务。本章主要对村域经济治理效率的度量、治理状态的优化和治理方案的选择等问题做了一些试探性的工作。这项工作对完善区域经济治理的整体框架、丰富村域经济治理的内涵都有一定的借鉴意义，并可对县域经济治理问题的研究提供一定的理论支撑。

10.5 村域经济治理效率提升的策略

10.5.1 充分发挥村民自治的作用

认真审视现存制度的要求和基层探索的实际，创新村域基层社会治理，促进村民自治有效实现，需注意以下问题。

1）村域基层自治和社会治理的创新必须来自于农民意愿，但又要高于农民的创造

作为农村最基层单位——自然村屯，所要处理的就是本村屯十来户或百来户农民自身的生计问题。其组织和治理体系的建构离不开农民的认可和参与。从上述农民自创的方式看，源于农民自身需要的创新还是主要的。当然，我们也要看到，仅仅靠已经"散"了的农民进行可持续发展的治理模式的建构也是不现实的。一方面，"散"惯了的农民要重新组织起来需要有利益和服务的不断介入作为"引子"，才会有一定效果；另一方面，"散"惯了的农民的集体精神需要重新培育，这都不是农民自身能够解决的，它需要政府的指导和扶持。更何况一种自发的制度变迁从量变到质变，没有政府的培育、支持并最终变成宪法秩序，也很难持续发展。而党群理事会之所以得到推广和完善，就是得益于政府的支持，得益于政府努力把它纳入体制内进行运作的结果。

2）村域基层自治和社会治理的创新必须进入体制内才能可持续发展

村域基层社会治理新模式本质上还是村民自治，是村民自治在最基层农村的有效延伸，属于体制内的范畴，但是就其形成的组织结构而言，并不在体制内。党群理事会这一模式从政府赋予其相关职责看，它具有体制内的成分，但是毕竟还只是停留在县、乡政府这一层面，要进入体制内还有许多问题没有解决。一是国家法律体系能不能认可。无论是社区理事会、农民议会还是党群理事会，都是农民自创的基层自治组织，它能不能作为一类社会组织得到认可，进而进入民政登记体系中，成为国家法律调控的范畴，将决定着这一组织自身的合法性。二是能不能取代村民小组。村民小组是村域基层社会在体制内的最小组织单位，承担着村委会治理下的多种功能。一般政府对小组组长或副组长都有一定补贴。现在要建立一种新的组织方式取代村民小组，能不能得到认可？能不能取代?不解决些问题，

新的组织形式就难以持久存在。从实际来看，村民小组名义上还是存在的，政府的津贴还是付给这些小组组长或副组长，只不过村民小组组长或副组长被选进了党群理事会，进而把职责作了一个转换。要根本解决这一问题，还需要国家通过对现存制度的创新加以理顺。

3）村域基层自治和社会治理的创新必须解决好党在农村基层中的作用

坚持党的领导是中国特色社会主义政治体制的重要特征。因此，村域基层自治和社会治理模式无论怎样创新，都不能削弱党的领导。当前在村民自治背景下，"两委"的关系经过多年的磨合，总体而言已经找到了解决的办法，但是延伸到自然村屯，就不是那么明朗。在自然村屯，有些村民小组中设有支部或党小组，但与村民小组之间并没有直接的关系；有些自然村屯连党员也没有，根本谈不上党的作用的发挥。从现存制度安排看，党的领导一般只到村委会层面，自然村屯也不提这一问题。但是，随着农村社会组织在自然村屯的建设，如何加强党的领导无疑就成了一个需要解决的问题。在组织创新中，一开始就融入党的意识和党的领导，这无疑是村域基层自治和社会治理模式创新中需要把握的中国特色。

4）村域基层自治和社会治理的创新还必须解决好"空心村"问题

由于工业化和城镇化的发展，在一些经济欠发展的地区，农村中大量的适龄劳动力外出打工，形成许多只有中老年人、妇女和儿童留守的"空心村"。这些村只在春节或清明时节才会有一次返乡的大集合。精英的短缺和人员极大的流动性，使这些村屯的社会治理体系建设难度加大。一些农村社区的理事会后续之所以不能运行下去，也是因为原有的社区理事要么年纪大了，无心也无力参与社区公共事务，要么是外出打工，一年才回来一两次，也无暇顾及理事会的事务；要建构一个有效的村域基层社区治理新模式，不仅仅是组织载体的建构，更重要的还是要解决好这一组织中人员的构成和能力的提升问题。由政府介入加大对农村社会改造力度，构建一个与基层组织创新相适应的有效的保障体系显得十分重要。从长远的发展来看，必须根据人口变化，做好自然村屯的调整和整合，同时加大对理事会成员的培养力度，有条件的地方应建立一个与外出理事进行有效沟通的平台。做好这些才能从根本上夯实自然村屯自治和社会治理模式创新的社会基础和组织基础。

10.5.2   优化农村经济治理的市场化进程

农村经济多元化、利益多元化、社会多元化已成必然之势和发展之趋，农村的政治结构、经济结构、社会结构等正经历着深刻变革，农村经济社会在市场经济的推进下开始逐步转型。农村经济进步呼唤更加稳定的治理环境，农村社会转型需求更加健全的治理框架，农村利益多元要求彰显文明的政治生活方式。基层群众性自治是国家自上而下主导推动的具有中国特色的农村民主政治制度和乡村社会治理模式，它深深植根于农村基层的经济背景和社会环境之中。农村市场经济的发展和乡村经济社会的转型，改变了农村基层的治理环境，客观上使得基层治理的变化具有必然性。

1）维护农村市场化进程中的乡村社会秩序

农村市场化变革带来整个社会利益的变化调整与重新组合，新的利益关系逐步形成，各种利益关系的冲突和摩擦难以避免，因而诱发基层不稳定的因素不断增多。伴随市场化变革而产生的经济社会转型是摸索实验的过程，存在着许多不确定的因素，社会的不稳定性注定将伴随经济社会转型的始终。正如美国著名政治学家亨廷顿所说："落后国家不稳定不在于其落后，而在于其由落后向发达的历史转变。""不仅社会和经济现代化产生政治不稳定，而且不稳定程度也同现代化的速度相关。"法治具有根本性的社会稳定保障作用，因而经济社会的转型在根本上依赖于良好法治秩序的构建。事实上，法治秩序随着经济社会的转型在不断变迁发展。法治实践在经历了近代西方的曲折历史和中国的艰难探索之后，以人类政治文明优秀成果的豪迈姿态展现在当今世人的面前，让人们在日新月异的经济发展和复杂多变的政治改革中，深刻体会到法治文明的巨大发展给人类带来的无限福祉。法治已经成为维系国家秩序稳定、经济社会发展的文明体制，成为各个国家政治经济体系改革发展的标杆模式，成为世界现代化进程的文明标志。在市场化日益快速发展的农村，基层的经济社会转型与自治治理注定紧密联系在一起的目的，均是为村民提供更大规模、更高标准和更高质量的社会生活，构建和维持基层的发展秩序。基层治理法治化建设是自下而上的村民需要而应由国家自上而下主导推行，法治化建设的根本目的是适应经济社会转型的需要，形成国家主导下的农村理性政治生活秩序。农村转型期发展秩序的构建不是只需基层治理制度的变革转向就可以完成，更需要在基层治理法治化建设之后形成更多的基层社会理性力量，即法治化自治治理模式下的基层社会组织与村民个人的有效运行框架，形成基层民众对自治治理法治化的意识认同和法治制度文化的根本接受。有学者曾说，推动国家的民主政治进程不仅需要在国家宪法条文和法治体制中规定民众的政治参与制度，更重要的还是要尊重和维护民众的思想信念、利益追求，这是一种真正彰显民主政治精神的态度和心理，这就是一种民主政治的文化精髓。而法律只是规范民众政治行为、构建社会政治秩序的一种制度规则，真正要规范民主政治的运行秩序仅有法律是很难实现的，关键还在于形成一种民主政治的文化体系。

2）促进农村市场化进程中的乡村经济发展

市场经济是指这样一种形态："市场导向对社会资源的配置发挥基础性作用，价值规律在商品生产和交换中显示支配性功能。"农村市场化发展使得农村市场经济体系在不断发育和形成，要接受市场经济价值规律的自发作用和规范引导，市场机制所带来的资源优化配置和生产效率提高使农村的经济生活呈现欣欣向荣的局面，但由于市场经济自身存在的缺陷，也会使农村社会出现经济活动和商品市场的种种无序状态。农村基层现有的政治与社会体制机制在应对市场化弊端方面存在天生的缺陷，无法准确把握市场化发展释放的各类信息，又由于对市场规则的陌生、应对市场竞争无序的经验不足以及农村财政支持有限而导致公共产品供应匮乏，市场化波动使得农村容易造成社会结构性的紊乱和非周期性的不稳，其中最主要的原因是没有构建起与农村市场化发展和经济社会转型相匹配的治理体制，现有治理模式在应对市场化变动时凸显愚钝。农村市场经济必然是有序经济，公平的竞争秩序、稳定的社会秩序和有效的经济运行秩序是未来农村市场经济发展的必要条件，要重视建立权利与义务相对应的农村市场经济权利本位思想，以此来构建基层治理的法治化模式，规范和理顺基层治理之中错综复杂的权力关系，保障村民的政治、经济等各项权利，充分发挥基层治理在农村市场经济发展中的规范功能、调节功能和保障功能，推进农村和农业的市场化进程，这种法治式的基层治理模式和农村民主政治体制能够为农村"创造一个其他政治体制所不能获得的长时期的经济发展优势"。

3）实现农村市场化进程中的乡村政治文明

在探索和实现政治文明的过程中，体制和制度建设带有根本性、全局性和稳定性。体制和制度是政治文明的骨架。对于政治文明来说，制度具有两大特性："第一，它不是偶然的、变动不居的，而是使人们的社会生产和生活趋于稳定性和有序化的，在相同的情况下它可以反复持续地起作用，因此通过制度可以评价人的社会行为并预见其后果；第二，它不是针对个别人和个别事，而是对一定范围内的所有人和所有事都有效，即提供了一种通行的准则和模式，起到实行社会控制和调整的作用。"社会主义国家是以人民自治为基础的，要"建立由群众自己从下面来管理整个国家的制度，让群众自己从下面不定期管理整个国家，让群众实际地参加各方面的生活，让群众在管理国家中起积极作用"。基层自治是适应中国现实政治国情的民主制度设计、治理制度安排和自治制度创新，它代表了中国社会主义政治体系的文明内涵和发展方向，从无到有地设计了中国农村基层的民主模式和自治治理结构。新修订的《中华人民共和国村民委员会组织法》将原法"促进农村社会主义物质文明和精神文明建设"的表述替换为"促进社会主义新农村建设"。显然，村民自治"促进社会主义新农村建设"的崭新表述意味着基层自治所包含和推进的文明涵义将更加广泛，促进农村社会主义物质文明建设、精神文明建设、政治文明建设、生态文明建设的内容都完完整整地融入了基层治理的制度建设之中，这也是第一次通过法律的形式明确了基层治理对于推动农村政治现代化建设和乡村政治文明进步的制度意义。基层群众性自治是中国社会主义民主政治的特有形式，实现政治文明是基层治理法治化建设的目的，基层治理应当服务于基层民众追求文明生活的理想，评价基层治理的核心指标应包含它对促进政治文明发展的影响程度。

（4）建设农村市场化进程中的乡村公民社会

"社会主义市场经济的发展从根本上改变中国传统的国家与社会高度统一的一元性结构，形成了社会逐渐从国家集权控制下相对独立和自治，同时又与国家相互依赖、彼此渗透、互为推动的新型的国家与社会良性互动的结构"。市场化进程中推进基层治理的现代化建设的核心内容是要农村社会随着经济的转型实现由传统向现代的变迁，通过治理结构的变化和治理模式的变革来推进农村的政治、经济、文化和社会现代化。农村经济社会的转型是农村市场经济发展过程中对国家与社会关系的重新理顺，农村市场化发展使得国家与社会二元化趋势愈加明显，国家权力应当在市场体制和市民社会建设中逐渐有所收缩，构建社会的主体地位，集中表现为国家权力从经济生活中的剥离和民众对政治事务的广泛参与。没有市场经济的发展，农村公民社会所具有的通过参与和自治对国家政治决策进行影响的功能就无从实现。市场经济的发展增强了农民的主体意识、自治意识和参与意识，这些都是公民社会建设不可或缺的法治因子。有学者认为，公众的政治参与是建立一个不断发展着的民主政治体制的重要部分，只有公民不断的参与政治，才能使民主政治体制处于正常的运转之中，缺乏政治参与，政治民主和经济繁荣将很难保证。广泛性的政治参与和法治化的自治治理使每个农民成为一个有参与意识的人，一个有参与能力、为社会尽职的社会公民。

10.5.3　优化现代社会资本的嵌入机制

社会资本理论与治理、善治等现代社会理念密切相关。治理是现代经济社会体制的产物，其实质指的是建立在市场原则、公共利益和认同之上的合作。它的核心价值强调合作、信任、自愿、平等和公共利益，这与社会资本关于网络、信任、互惠规范的几大基本要素有不谋而合之处。然而在广大乡村现代社会的成长过程中，传统力量与现代力量交织互动，诸如家族势力、人员流动、价值观念多元化、非正式规则等要素深深嵌入乡土社会，影响着农村基层社会治理的效力。为此，既要从宏观层面上构筑以社会资本为纽带的政府、市场、非政府组织与个人相结合的社会综合治理体系，为顺利实现中国经济社会的成功转型提供良好的社会环境，也要从微观层面上将传统与现代、正式制度与非正式制度"嵌入"到村庄社会结构之中，积极培育与农村基层治理相适宜的社会资本，努力实现农村基层社会治理绩效的显著提高。

1）加强农村基层组织建设，努力拓展与增强村庄社会网络联系

统筹城乡发展，必须将党的领导与村民自治、外部投入与自主发展、要素引进与制度创新相结合。首先，要加强党在农村基层组织的先进性建设。当前，农村传统社会网络式微，新的社会关系又处于发展过程中，唯有党的基层组织可以体现先进性，它能够超越血缘、地缘取向来制约家族组织的消极影响，并带领广大群众共同致富，促进农村经济社会发展。实践证明，那些民风纯朴、村容整洁、经济发展、社会治理良好的村庄往往有一个强有力的党组织在发挥积极作用。反之，有些地方之所以社会矛盾激化、经济社会发展滞后，与当地基层党组织涣散、干部与群众争利所导致的干群关系紧张有很大联系。可见，农村社会的全面发展有赖于加强党的先进性建设，只有依靠党的基层组织坚强有力、锐意创新的正确领导，村民自治才会有正确的建设方向，才能够实现自主发展。其次，要加强村民自治制度建设，实现提升转型。农村的治理、农业的发展，离不开农民的参与，村民自治就是要让农民成为农村社会的主人。村委会要严格按照《村民委员会组织法》进行民主选举，但从德才兼备和保障弱小宗族利益的角度看，宜明确候选人条件并采用选区制，确保当选者是那些正派、公道，能够带领群众共同富裕的人；此外，村民自治不仅限于村委会的选举，更重要的是村民自治的重心应该由"选举"向"治理"转移，扩大村民知情权和参与决策的范围，增强村民在村庄共同体建设中的主体性，使村民自治成为社区成员合作、信任和互惠规范的基本载体。最后，要积极引导农民举办科技、教育、卫生、文化、体育、慈善、社会福利、社会保障、环境保护等类型的公益组织，并加强对这些组织的管理和指导，提高农民自我组织、自我服务、自我管理和自我教育的能力，增强民主意识、集体意识和合作意识，形成与社会主义新农村相适应的价值体系和公共生活准则，促使农村基层社会实现善治。

2）大力发展以市场为导向、规范化的农民合作经济组织，积极培育"普遍信任"的新型社会资本

信任的根基缘于对他人的依赖，以及彼此间寻求合作而对他人的期待。但与自然生产条件下以血缘关系为纽带的特殊人际信任不同，普遍信任是

社会化生产条件下人际间正常交往与走向合作的基础，是"在正式的、诚实和合作行为的共同体内，基于共享规范的期望"。合作是人类社会的普遍现象之一，农村自然也不例外，尤其是在市场经济条件下更为如此。首先，走向合作是将分散的农户小生产与大市场实现对接的必由之路，也是中国农民走向普遍信任的必然选择。在经济利益的带动下，合作社要求人际关系网络要进一步开放，建立广泛的信任，逐渐从"熟人"信任向"陌生人"信任转变，也就是由低信任向高信任发展。Hendfikse 指出："在某种意义上，合作社是一种被良好组织的信任结构。"其次，合作社在农民中间建立起一种能够理解和运用普遍信任、公平、平等、契约的理念，在合作社内部，所有成员实行风险共担、利益共享，切实认识到自己的主人翁地位，信任成为人与人之间的普遍风气，互惠互信的心理认同关系也就可以看成是人们社会交往关系中自觉自愿签订的隐性契约。最后，为村民自治提供了方法。合作社坚持"民办、民有、民管、民受益"的原则与自愿、平等和公共利益的治理精神是相互契合的，与村民自治的"自我组织、自我服务、自我管理和自我教育"的要求是基本一致的。信任的建立，既依赖于给予他人信任的预期得益，也依赖于是否能够对失信行为进行经济而有效的控制和惩罚。大力发展规范化的农民专业合作经济组织，才能丰富乡村社会的"社会资本力量"，进而真正汇聚成发展农村社会经济的合力。

3）积极倡导反映社情民意的村规民约，加强农村道德文化建设

在我国，农业生产以家庭为单位，分散经营，在某种程度上强化了其小农意识，集体主义观念不强，合作意识淡薄。因此，要把农民团结起来，增强凝聚力，不能沿袭封建礼教，但也不能完全地抛弃符合我们的"固有文化"。村规民约作为一种秩序规范，是反映村民共同意志的载体，是村民自治的表现，是村民自我管理、自我教育、自我服务、自我约束的行为准则。首先，村规民约要充分发挥民主，尊重村民权利，真正体现全体村民的意志。其次，应当注重村民生活生产"互助"的约定，比如土地耕种、农田灌溉、自然环境保护与资源利用等方面。现在农村青壮年大多外出务工，一些农户的田地无人耕管，村民"相帮、相助"非常必要。加之"老无所赡、幼无所养"的问题，应当在村规民约里有所体现。功能主义大师帕森斯认为，共享价值观是社会整合的"黏合剂"，如果过多的人拒绝这种

价值观；社会稳定就会崩溃。另外，村规民约也不能只是一纸空文，要靠村民自己去落实。因而在国家允许的范围内，结合本村实际情况，村民可以自己组织一些办事机构，不仅便于组织生产、便于组织有序地进行农作，也有利于基层农村的各项治理。

11　县域经济治理效率综合评价的非参数方法

县域是我国国民经济的重要支撑点，是承上启下的关键区域。作为国民经济的基础性单元，县域经济的治理成效直接关系到我国城市化建设的水平和效率，综合评价县域经济的治理效率，进而为城市化铺平道路、带动"村域经济"形成联动效应具有特别重要的现实意义。尽管对县域经济治理的理论性探讨在研究范围、研究方法方面初步形成了一定规模的成果系，但从已有研究采用的评价方法看，通过某些单项指标进行分析仅能反映待评价对象某一方面的状况。而依赖于效用函数或确定权重的评价方法，常常由于被评价系统过于复杂而难以找到准确的函数关系或确定的权重大小。DEA（数据包络分析）是评价相对有效性的有力工具，该方法不必事先确定指标权重和各种显式关系，更适合复杂系统的评价问题。但在实际操作中，常常要将待评价的对象与某些标准进行对比，从而得到更加全面和特定的管理信息。本章在对传统 DEA 和样本 DEA 进行对比分析的基础上，给出了县域单元治理有效性的概念和判定方法，讨论了县域有效单元与相应的多目标规划 Pareto 有效解之间的等价关系，并对县域经济治理效率的优化问题进行了探讨，最后通过算例进行了有效验证。这些工作不仅能够得到县域经济治理的实际效果，对县域单元群的治理效率进行排序，还能通过与标准的比较，得出县域单元治理效率相对较低的原因、调整的范围及其可能达到的理想状态。

11.1　评价县域经济治理效率的传统 DEA 方法

假设某系统内有 n 个待评价的县域单元，$\boldsymbol{x}_j = (x_{1j}, x_{2j}, \cdots, x_{mj})^{\mathrm{T}}$ 和 $\boldsymbol{y}_j = (y_{1j}, y_{2j}, \cdots, y_{sj})^{\mathrm{T}}$ 分别表示第 j $(j = 1, 2, \cdots, n)$ 个县域单元 DMU_j 的输入（县域经济治理时的各项投入）向量和输出（县域经济治理后的各项产出）向量。令 $D = \{(\boldsymbol{x}_j, \boldsymbol{y}_j) \mid j = 1, 2, \cdots, n\}$ 为所有县域单元组成的集合，称为县域单元

集。对第 p $(1 \leqslant p \leqslant n)$ 个县域单元 DMU_p 进行效率评价有下面的最优化评价模型，其中规划 (DP) 是规划 (CP) 的对偶。

$$\max \ (\boldsymbol{\mu}^{\mathrm{T}} \boldsymbol{y}_p + \delta \mu_0) = V_{\mathrm{CP}}$$

$$\text{(CP)} \quad \text{s.t.} \begin{cases} \boldsymbol{\omega}^{\mathrm{T}} \boldsymbol{x}_j - \boldsymbol{\mu}^{\mathrm{T}} \boldsymbol{y}_j - \delta \mu_0 \geqslant 0, j = 1, 2, \cdots, n \\ \boldsymbol{\omega}^{\mathrm{T}} \boldsymbol{x}_p = 1 \\ \boldsymbol{\omega} \geqslant 0, \boldsymbol{\mu} \geqslant 0 \end{cases}$$

$$\min \theta = V_{\mathrm{DP}}$$

$$\text{(DP)} \quad \text{s.t.} \begin{cases} \sum_{j=1}^{n} \boldsymbol{x}_j \lambda_j \leqslant \theta \boldsymbol{x}_P \\ \sum_{j=1}^{n} \boldsymbol{y}_j \lambda_j \geqslant \boldsymbol{y}_P \\ \delta \sum_{j=1}^{n} \lambda_j = \delta \\ \lambda_j \geqslant 0, j = 1, \cdots, n \end{cases}$$

相应的生产可能集为

$$T = \left\{ (\boldsymbol{x}, \boldsymbol{y}) \middle| \sum_{j=1}^{n} \boldsymbol{x}_j \lambda_j \leqslant \boldsymbol{x}, \sum_{j=1}^{n} \boldsymbol{y}_j \lambda_j \geqslant \boldsymbol{y}, \delta \sum_{j=1}^{n} \lambda_j = \delta, \lambda_j \geqslant 0, j = 1, \cdots, n \right\}$$

其中，δ 为取 0 或 1 的参数。

定义 11.1 若线性规划 (CP) 存在最优解 $\boldsymbol{\omega}^0, \boldsymbol{\mu}^0, \mu_0^0$，满足 $\boldsymbol{\omega}^0 > 0, \boldsymbol{\mu}^0 > 0$，且最优值为 1，则称第 p 个县域单元 DMU_p 是治理有效的，简称治理有效。

规划 (DP) 等价于规划 (DDP)

$$\min \theta = V_{\mathrm{DDP}}$$

$$\text{(DDP)} \quad \text{s.t.} \begin{cases} \sum_{j=1}^{n} \boldsymbol{x}_j \lambda_j + \boldsymbol{s}^- = \theta \boldsymbol{x}_p \\ \sum_{j=1}^{n} \boldsymbol{y}_j \lambda_j - \boldsymbol{s}^+ = \boldsymbol{y}_p \\ \delta \sum_{j=1}^{n} \lambda_j = \delta \\ \lambda_j \geqslant 0, j = 1, \cdots, n \\ \boldsymbol{s}^- \geqslant 0, \boldsymbol{s}^+ \geqslant 0 \end{cases}$$

由 "紧松定理"，治理有效性有如下等价的定义。

定义 11.2 若规划 (DDP) 的任意最优解 $\boldsymbol{\lambda}^0 = (\lambda_0^0, \lambda_1^0, \cdots, \lambda_n^0)^{\mathrm{T}}, s^{-0}, s^{+0}, \theta^0$ 都有 $\theta^0 = 1$，$s^{-0} = 0$，$s^{+0} = 0$，则称第 p 个县域单元 DMU_p 为治理有效；否则，为治理无效。

定理 11.1 县域单元 DMU_p 在生产前沿面上的投影 $\tilde{\boldsymbol{x}}_p = \theta^0 \boldsymbol{x}_p - s^{-0} = \sum_{j=1}^{n} \boldsymbol{x}_j \lambda_j, \tilde{\boldsymbol{y}}_p = \boldsymbol{y}_p + s^{+0} = \sum_{j=1}^{n} \boldsymbol{y}_j \lambda_j$ 为治理有效。

对于多目标规划

$$(VP) \quad \begin{array}{l} V - \max(-\boldsymbol{x}, \boldsymbol{y}) \\ \text{s.t. } (\boldsymbol{x}, \boldsymbol{y}) \in T \end{array}$$

有如下结论：

定理 11.2 若第 p 个县域单元 DMU_p 为治理有效，则 $(\boldsymbol{x}_p, \boldsymbol{y}_p)$ 为 (VP) 的 pareto 有效解。

定理 11.3 若 $(\boldsymbol{x}_p, \boldsymbol{y}_p)$ 为 (VP) 的 pareto 有效解，则第 p 个县域单元 DMU_p 为治理有效。

可见，DEA 方法在综合评价县域经济治理效率时，由于县域单元投入产出各指标间的相对权重靠 DEA 模型自身优化得到，增加了评价结果的客观性。进一步的，若将某个待评价的县域单元与某些规则或公认的优秀单元进行比较，将会得到更为严格和丰富的管理信息，而构造基于样本的县域经济治理有效性的判定方法就是对这一工作的尝试。

11.2　样本生产可能集的构造和基于样本的县域经济治理效率判定

11.2.1　样本生产可能集的构造

假设另有 $\bar{n}$ 个公认的优秀县域单元（以下统称为样本单元），它们的输入、输出指标值分别表示为 $\bar{\boldsymbol{x}}_j, \bar{\boldsymbol{y}}_j, (\bar{\boldsymbol{x}}_j, \bar{\boldsymbol{y}}_j) > \boldsymbol{0}, j = 1, 2, \cdots, \bar{n}$。令 $\bar{D} = \{(\bar{\boldsymbol{x}}_j, \bar{\boldsymbol{y}}_j) \mid j = 1, 2, \cdots, \bar{n}\}$，称为样本单元集。

从 DEA 方法构造生产可能集的基本原理出发，样本生产可能集可统一表示为：

$$\bar{T} = \left\{ (\bar{\boldsymbol{x}}, \bar{\boldsymbol{y}}) \left| \sum_{j=1}^{\bar{n}} \bar{\boldsymbol{x}}_j \lambda_j \leqslant \bar{\boldsymbol{x}}, \sum_{j=1}^{\bar{n}} \bar{\boldsymbol{y}}_j \lambda_j \geqslant \bar{\boldsymbol{y}}, \delta \sum_{j=1}^{\bar{n}} \lambda_j = \delta, \boldsymbol{\lambda} = (\lambda_0, \lambda_1, \cdots, \lambda_{\bar{n}})^{\mathrm{T}} \geqslant \boldsymbol{0} \right. \right\}$$

其中，δ 是取值 0 或 1 的参数。

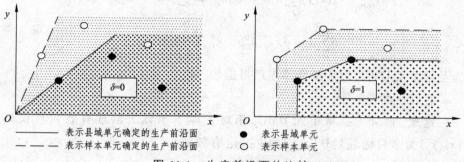

图 11.1　生产前沿面的比较

以单投入单产出为例，图 11.1 中，分别由县域单元和样本单元确定的生产前沿面将投入-产出平面分成内、外两部分，相应的生产可能集即对应的阴影区域。在不引入样本单元的情况下，县域有效单元落在生产前沿面上，无效单元落在内侧；若引入样本单元，由于此类单元为公认的"优秀"单元，此时的生产前沿面主要由样本单元决定，有效单元落在样本生产前沿面上，无效单元落在内侧。选取样本单元作为县域单元的参照，突破了传统 DEA 方法的局限，在扩充生产可能集的基础上，对生产前沿面的有效范围进行了重新界定，使被评价对象和评价标准实现了有效分离，将评价过程从仅能依据决策单元自身扩展到可以依据任何比较对象的情况。

11.2.2　基于样本的县域经济治理效率判定方法

若样本生产可能集中没有哪个单元的治理状况比县域单元 DMU_p 更好，则称县域单元 DMU_p 相对于样本单元是治理有效的，即在不增加投入的情况下，没有一个样本单元的产出优于 DMU_p；或者在不减少产出的情况下，没有一个样本单元的投入少于 DMU_p。由此给出以下定义：

定义 11.3　若不存在 $(\bar{x}, \bar{y}) \in \bar{T}$，使得 $\bar{x} \leqslant x_p, \bar{y} \geqslant y_p$，且至少有一个不等式严格成立，则称县域单元 DMU_p 相对于样本单元是治理有效的；否则，称为相对于样本单元治理无效。

对于多目标规划

$$(VP_{DMU_p}) \quad \begin{array}{l} V - \max(-x_1, \cdots, -x_m, y_1, \cdots, y_s)^{\mathrm{T}} \\ \text{s.t.} \quad (\bar{x}, \bar{y}) \in \bar{T}_{DMU_p} \end{array}$$

其中

$$\overline{T}_{\mathrm{DMU}_p} = \left\{ (\overline{\boldsymbol{x}}, \overline{\boldsymbol{y}}) \,\middle|\, \sum_{j=1}^{\overline{n}} \overline{\boldsymbol{x}}_j \lambda_j + \lambda_{\overline{n}+1} \boldsymbol{x}_p \leqslant \overline{\boldsymbol{x}}, \sum_{j=1}^{\overline{n}} \overline{\boldsymbol{y}}_j \lambda_j + \lambda_{\overline{n}+1} \boldsymbol{y}_p \geqslant \overline{\boldsymbol{y}}, \right.$$

$$\left. \delta \sum_{j=1}^{\overline{n}+1} \lambda_j = \delta, (\lambda_0^0, \lambda_1^0, \cdots, \lambda_{\overline{n}+1}^0)^{\mathrm{T}} \geqslant 0 \right\}$$

为县域单元 DMU_p 对应的样本生产可能集。

有以下结论:

定理 11.4 县域单元 DMU_p 相对于样本单元为治理有效当且仅当 $(\boldsymbol{x}_p, \boldsymbol{y}_p)$ 为多目标规划 (VP_{DMU_p}) 的 Pareto 有效解。

对于模型

$$\min \theta = V_{\mathrm{DMU}_p}$$

$$(D_{\mathrm{DMU}_p}) \quad \text{s.t.} \begin{cases} \displaystyle\sum_{j=1}^{\overline{n}} \overline{\boldsymbol{x}}_j \lambda_j \leqslant (\theta - \lambda_{\overline{n}+1}) \boldsymbol{x}_p \\ \displaystyle\sum_{j=1}^{\overline{n}} \overline{\boldsymbol{y}}_j \lambda_j \geqslant (1 - \lambda_{\overline{n}+1}) \boldsymbol{y}_p \\ \displaystyle\delta \sum_{j=1}^{\overline{n}+1} \lambda_j = \delta \\ \lambda_j \geqslant 0, j = 0, 1, \cdots, \overline{n} + 1 \end{cases}$$

有以下结论:

定理 11.5 县域单元 DMU_p 相对于样本单元治理有效当且仅当 (D_{DMU_p}) 的最优值 $\theta = 1$,且对每个最优解 $\lambda^0 = (\lambda_0^0, \lambda_1^0, \cdots, \lambda_{\overline{n}+1}^0)^{\mathrm{T}}, \theta^0$ 都有 $\sum_{j=1}^{\overline{n}} \overline{\boldsymbol{x}}_j \lambda_j^0 = (\theta^0 - \lambda_{\overline{n}+1}^0) \boldsymbol{x}_p, \sum_{j=1}^{\overline{n}} \overline{\boldsymbol{y}}_j \lambda_j^0 = (1 - \lambda_{\overline{n}+1}^0) \boldsymbol{y}_p.$

通过以上讨论可知,若待评价县域单元相对于样本单元治理有效,此时不存在哪个样本单元的生产状况优于该县域单元,它的特征指标已经没有改进的可能性,在不增加产出的情况下投入已不能减少,或者在不减少投入的情况下产出已不能增加。

11.3 县域经济治理效率的优化

11.3.1 样本的选取

在评价工作初步完成后,决策者可能会对某个待评价的县域单元更加重视,但该单元的效率相对于样本单元还未达到理想的程度。因此,如何根据实际情况对这些无效单元提出内部优化的方案和措施就成为需要解决的另一个问题。

而该项工作的前提是样本单元的正确选取，如果通过线性规划 (DP) 分离出治理有效单元和无效单元，并进一步地选取治理有效单元和部分系统外部的优秀单元为样本，重新确定更为严格的生产前沿面作为参照，将为治理无效单元个体效率和县域单元群的整体效率优化带来方便。

考虑评价县域单元 DMU_p 的线性规划 (CP)。记 $n = \underline{n} + \bar{n}$，$\underline{n}$ 为无效的县域单元个数，$\bar{n}$ 为有效的县域单元个数。

设样本单元集 $\bar{D} = \{(\bar{x}_j, \bar{y}_j) \mid j = 1, 2, \cdots, \bar{n}\}$ 同时为有效单元集（即选取县域有效单元为样本），$D \backslash \bar{D}$ 为无效单元集。

现减少一个无效单元 $\mathrm{DMU}_{\underline{n}}$，相应的输入、输出数据为 $(x_{\underline{n}}, y_{\underline{n}})$，记 $D_- = D \backslash \{\mathrm{DMU}_{\underline{n}}\}$，相应的有效单元集为 $\bar{D}_- = \{\mathrm{DMU}_j \mid j \in D_-\}$，其中 DMU_j 为相对于 D_- 中所有县域单元进行评价时，DMU_j 为治理有效。

减少一个县域单元后，相应的线性规划为

$$\max (\boldsymbol{\mu}^{\mathrm{T}} \boldsymbol{y}_p + \delta \mu_0) = V_{\mathrm{CP}_-}$$

$$(\mathrm{CP}_-) \quad \mathrm{s.t.} \begin{cases} \boldsymbol{\omega}^{\mathrm{T}} \boldsymbol{x}_j - \boldsymbol{\mu}^{\mathrm{T}} \boldsymbol{y}_j - \delta \mu_0 \geqslant 0, j = 1, 2, \cdots, n, j \neq \underline{n} \\ \boldsymbol{\omega}^{\mathrm{T}} \boldsymbol{x}_p = 1 \\ \boldsymbol{\omega} \geqslant \boldsymbol{0}, \boldsymbol{\mu} \geqslant \boldsymbol{0} \end{cases}$$

易知 $\qquad D_- \backslash \bar{D}_- \subset D \backslash \bar{D}, \quad \bar{D} \backslash \{\mathrm{DMU}_{\underline{n}}\} \subset \bar{D}_- \qquad (***)$

即减少县域单元 $\mathrm{DMU}_{\underline{n}}$ 后，原来为治理有效的县域单元仍为治理有效。

引理 11.1 设 $\boldsymbol{\omega}^{j_0}, \boldsymbol{\mu}^{j_0}, \mu_0^{j_0}$ 为 (CP) 的最优解，$j_0 \neq \underline{n}$。若 $(\boldsymbol{\omega}^{j_0})^{\mathrm{T}} \boldsymbol{x}_{\underline{n}} - (\boldsymbol{\mu}^{j_0})^{\mathrm{T}} \boldsymbol{y}_{\underline{n}} - \delta \mu_0^{j_0} > 0$，则 $\boldsymbol{\omega}^{j_0}, \boldsymbol{\mu}^{j_0}, \mu_0^{j_0}$ 也为 (CP_-) 的最优解.

定理 11.6 设 $\mathrm{DMU}_{j_0} \notin \bar{D}$，$j_0 \neq \underline{n}$，且 $(x_{\underline{n}}, y_{\underline{n}})$ 满足 $(\boldsymbol{\omega}^{j_0})^{\mathrm{T}} \boldsymbol{x}_{\underline{n}} - (\boldsymbol{\mu}^{j_0})^{\mathrm{T}} \boldsymbol{y}_{\underline{n}} - \delta \mu_0^{j_0} > 0$，则 $\mathrm{DMU}_{j_0} \notin \bar{D}_-$。

该定理表明，减少县域单元 $\mathrm{DMU}_{\underline{n}}$ 后，原来治理无效的县域单元仍然治理无效。

进一步地，有下面的结论：

定理 11.7 若对任意 $\mathrm{DMU}_j \in D \backslash \bar{D}$，$j \neq \underline{n}$，都有 $(\boldsymbol{\omega}^j)^{\mathrm{T}} \boldsymbol{x}_{\underline{n}} - (\boldsymbol{\mu}^j)^{\mathrm{T}} \boldsymbol{y}_{\underline{n}} - \delta \mu_0^j > 0$，则 $\bar{D}_- = \bar{D}$。

推论 $\mathrm{DMU}_{\underline{n}} \notin \bar{D}$ 当且仅当 $\bar{D}_- = \bar{D}$。

可见，减少治理无效的县域单元对其他县域单元的有效性没有影响，并且根据"存在性定理"，最多减少 $\underline{n}-1$ 个治理无效单元后，仍然至少存在一个县域单元是治理有效的，这就保证了样本的可获得性。但是，单纯以治理有效单元为标准对某个治理无效的县域单元进行评价不会得出新的管理信息，因为生产前沿面的位置并不因治理无效单元的数量减少而改变。因此，一定程度地引入系统外部的"优秀"单元，使其与系统内部的有效单元共同作为参照，能够改变生产前沿面的位置，使其向更有效的方向推移，此时无效单元在与样本单元进行比较时，得到的信息也更为严格和丰富。

11.3.2   县域无效单元的优化方法

若县域单元 DMU_p 相对于样本单元治理无效，对于目标规划模型 $(D_{\mathrm{DMU}_p}^\varepsilon)$

$$\max \ (\bar{e}^{\mathrm{T}}s^- + e^{\mathrm{T}}s^+) = V_\varepsilon$$

$$(D_{\mathrm{DMU}_p}^\varepsilon) \quad \text{s.t.} \begin{cases} \sum_{j=1}^{\bar{n}} \bar{x}_j \lambda_j + s^- = (1-\lambda_{\bar{n}+1})x_p \\ \sum_{j=1}^{\bar{n}} \bar{y}_j \lambda_j - s^+ = (1-\lambda_{\bar{n}+1})y_p \\ \delta \sum_{j=1}^{\bar{n}+1} \lambda_j = \delta \\ \lambda_j \geqslant 0, j = 0, 1, \cdots, \bar{n}+1 \\ s^- \geqslant 0, s^+ \geqslant 0 \end{cases}$$

其中， $e = (1, \cdots, 1)^{\mathrm{T}} \in E_+^s, \bar{e} = (1, \cdots, 1)^{\mathrm{T}} \in E_-^m$.

有以下结论：

定理 11.8 $(x_p - s^{-0}, y_p + s^{+0})$ 相对于样本单元 $(\bar{x}_j, \bar{y}_j)$ 治理有效，其中 $s^{-0}, s^{+0}, \lambda^0$ 是规划 $(D_{\mathrm{DMU}_p}^\varepsilon)$ 的最优解。

该定理的结论表明：若县域单元 DMU_p 相对于样本单元治理无效，则 s^- 和 s^+ 至少有一个非零，此时 $(x_p - s^{-0}, y_p + s^{+0}) \in \bar{T}$ 且 $(-x_p + s^{-0}, y_p + s^{+0}) \geqslant (-x_p, y_p)$ ， DMU_{j_0} 的整体特征没有达到 Pareto 有效状态。无效的原因主要表现在其特征指标还有改进的可能性，改进的方向和空间可用 s^- 和 s^+ 来刻画，调整后的单元 $(x_p - s^{-0}, y_p + s^{+0})$ 为治理有效单元。

11.4　算例

选取某市所辖的 8 个县域单元作为评价对象，在资料收集和理论分析的基础上，确定相应投入产出指标如表 11.1 所示。

表 11.1　县域单元群的投入产出数据

DMU	投入		产出					
	X_1	X_2	Y_1	Y_2	Y_3	Y_4	Y_5	Y_6
1	96.36	34.17	557.88	46.35	23260	206.64	618.23	7553
2	38.20	8.40	192.90	12.83	181.70	98.75	507.14	9520
3	109.93	85.91	893.32	52.03	26775	296.84	944.73	6919
4	43.48	9.05	121.55	3.69	189.10	35.75	240.06	5942
5	32.39	6.90	69.05	1.12	109.30	32.70	133.51	6641
6	32.58	10.11	269.99	30.82	6023	66.34	590.55	6267
7	19.77	4.40	192.53	14.73	1575	54.70	431.90	5748
8	67.20	30.46	321.86	9.38	2322	110.67	482.99	5904
S_1	16.32	3.60	202.65	16.24	1675	57.30	451.32	5948
S_2	76.29	31.70	671.23	47.32	32357	232.03	623.67	7581

数据来源：《中国城市统计年鉴》，部分数据通过计算得到，下同。

其中，1-8 为系统内部的县域单元序号，s_1 和 s_2 为来自系统外部的"优秀"单元。$X_1 \sim X_2$ 为投入指标，分别为政府投资（亿元）和非政府投资（亿元）；$Y_1 \sim Y_6$ 为输出指标，分别为国内生产总值（当年价，亿元），规模以上工业利税总额（亿元），对外贸易进出口总额（万美元），社会消费品零售额（亿元），金融机构各项存、贷款（亿元），城镇居民人均可支配收入（元）。

应用模型 (DDP)（令 $\delta = 0$）对系统内的县域单元进行分析后，评价结果如表 11.2 所示。

表 11.2　评价结果（$\delta = 0$）

DMU	θ	s_1^-	s_2^-	s_1^+	s_2^+	s_3^+	s_4^+	s_5^+	s_6^+
1	1.000	0.000	0.000	0.000	0.000	0.000	0.000	0.000	0.000
2	0.946	0.568	0.000	0.155	0.138	0.266	0.000	0.273	0.857

续表

DMU	θ	s_1^-	s_2^-	s_1^+	s_2^+	s_3^+	s_4^+	s_5^+	s_6^+
3	1.000	0.000	0.000	0.000	0.000	0.000	0.000	0.000	0.000
4	0.503	0.142	0.000	0.775	0.115	0.144	0.208	0.206	0.000
5	0.737	0.102	0.000	0.153	0.159	0.171	0.305	0.365	0.000
6	1.000	0.000	0.000	0.000	0.000	0.000	0.000	0.000	0.000
7	1.000	0.000	0.000	0.000	0.000	0.000	0.000	0.000	0.000
8	0.595	0.000	0.923	0.677	0.204	0.865	0.000	0.391	0.573

从表 11.2 可知，县域单元 1、3、6、7 的相对效率值为 1，其生产已经达到 Pareto 有效状态，是治理有效的。其余县域单元的治理效率较低，其特征指标还有改进的可能性。改进的尺度可以根据松弛变量和剩余变量进行调整。

为了进一步显示治理无效单元与样本单元的差距，更好地优化县域经济的治理效率，以下选定治理有效单元 1、3、6、7 和外部单元 s_1、s_2 为样本，应用模型 (D_{DMU_p})（令 $\delta = 0$）将治理无效单元与样本单元群分别进行分析比较，结果如表 11.3 所示。

表 11.3　基于样本的评价结果（ $\delta = 0$ ）

DMU	θ	s_1^-	s_2^-	s_1^+	s_2^+	s_3^+	s_4^+	s_5^+	s_6^+
2	0.739	0.886	0.000	0.156	0.152	0.270	0.000	0.271	0.731
4	0.397	0.975	0.000	0.809	0.125	0.148	0.215	0.211	0.000
5	0.583	0.647	0.000	0.153	0.159	0.171	0.305	0.365	0.000
8	0.469	0.000	0.000	0.157	0.170	0.176	0.313	0.370	0.000

综合表 11.2 和表 11.3 数据可知，虽然治理无效的县域单元在两次评价中都为治理无效，但是由于所参照的生产前沿面不同，治理无效单元与样本前沿面的距离明显大于相对于传统生产前沿面的距离，这说明引入样本单元（尤其是外部的优秀单元为样本）后，无效单元与样本单元的真正差距才被找到，这将为政策制定者和决策者的后续改进工作提供明晰的路径。区域经济治理是一个崭新的命题，其内容涉及村域经济治理、县域经济治

理和城域经济治理三部分，本章主要对县域经济治理的效率度量问题做了一些基础性的工作。而应用样本数据评价县域经济治理效率问题是一项新的具有探索性的尝试，这项工作对区域经济治理的其他方面都存在应用的可能性．当然，现在的工作还有待于进一步的发展和完善。

11.5　县域经济治理效率提升的策略

11.5.1　依靠大数据提升县域经济治理能力

目前我国大数据应用刚刚起步，基于大数据的商业模式还在萌芽阶段，从需求来看，很多产业对大数据的使用还没有意识；从供给来看，由于技术和人才储备上的落后，也缺乏深厚的数据分析手段来支撑需求。面对新形势的挑战，我们必须利用大数据来提升县域经济的治理能力和办事效率，打造高效透明政府，为社会提供更好的服务。

1）在政府经济治理理念中融入大数据思维

大数据的本质不在于"大"，而在于其蕴含的大数据思维，能够直观呈现数据背后的人类行为模式。运用大数据提升政府经济治理能力，需要把这种大数据思维融入政府经济治理理念，改变政府经济治理的理念向度、工作方式和决策思路。现在政府大数据未能实现其应有的服务价值和人本关怀，受制于诸多因素，缺乏大数据思维。"大数据思维"至少有海量、开放、共享、实时等特征，这要求公共部门改变传统思维模式，激活那些束之高阁的沉睡数据，积极抓取实时信息，整合多部门形成信息资源聚合，及时便捷地通过互联网、手机 APP 等多种方式向公众开放分类数据资源，实现数据的价值。相比较而言，多数部门没有认识到数据只有开放共享，才能释放价值。因此，或不重视数据开放，或出于数据安全的惯性使然，不愿意开放数据，也不关心部门之外的数据需求，抱着多一事不如少一事的心态。在大数据视域下，人们面对的是全体数据，这些数据呈现出混杂性的特征，数据之间不再是简单的因果关系，而是多重交合的相关关系。传统的政府经济治理理念往往是基于社会局部"现实"的抽象分析方法，依据一定方式选择样本数据，基于少部分人的需求来预判大多数人的行为模式和需求，这种治理理念必须要发生变革才能适应大数据时代的要求。

这种变革就是把大数据思维的价值观和方法论融入政府治理理念中，将基于稀缺数据的治理转向覆盖更广泛、涉及更多人的大数据分析，从数据收集者转向数据分析者，从大数据中预测社会需求，预判社会问题，探索政府经济治理的多元、多层、多角度特征，提升政府的经济治理能力。

2）树立"需求本位"的大数据建设理念

大数据建设和开放使用不是以政府能够供给为导向，而是以公众和社会的实际需求为导向，这是各个国家大数据开发的基本趋势。美国的信息化建设一直秉承着"以公众需求为导向"的理念，德国政府"让数据而不是公民跑路"，都充分体现了尊重公民和社会需求。"需求本位"的重点不是要求政府产出数据资源，而是要求政府根据需求进行数据建设和开发；"需求本位"还倒逼政府放弃长期以来"部门本位"的数据生产模式，促使部门之间实现数据资源的整合共享，以适应"需求本位"对数据资源的要求。

3）把大数据技术运用于政府经济治理具体过程

大数据不仅是科学概念，还是一个实实在在的应用技术。在我国信息化水平最高的北上广等地，各级政府十分重视并大力推进大数据等现代技术在政府治理中的应用探索。但也应该看到，大数据的实际运用需要较高的采集、存储、分析、整合、控制等技术，而目前政府经济治理过程中大数据技术的运用基本还处于初级阶段，亟待深入发展。要完善大数据基础设施建设。大数据基础设施是大数据技术应用的载体，决定了数据能否被有效收集、分析、挖掘和应用，因此要加快完善大数据基础设施建设，为政府经济治理中大数据技术的应用提供基础和平台。通过建立省级数据应用大集中平台，告别了靠手工操作和人海战术的粗放型管理模式，实现了税款自动入库、自动划解和实时监控，取得了税款的稳定快速增长。通过对海量数据的分析和比对，对每个行业、每家企业、每个税种实现了精细化分析和掌控。例如，房地产业和建筑安装业流动性大、中间环节复杂、难以监控，历来是征管难点。地税依托大数据平台，开发了建筑安装业和房地产行业税源控管系统。通过该系统，可实时获取房地产开发项目明细信息，包括土地使用权信息、建筑工程进度、房产销售进度、销售明细以及各阶段的税款缴纳情况等，实现了项目从产生到消亡的全过程监控。要开展政府经济治理大数据技术应用示范工程。可以选择医疗、金融、食品安全等具有一定大数据基础的政府经济治理重点领域实施大数据技术应用示范工程，加强对政府经济治理其他领域大数据技术运用的带动和促进。此外，从技术角度而言，技术型企业更有大数据技术开发的经验，政府可与技术型企业合作，利用技术型企业的技术优势，共同开发政府经济治理领域的大数据运用技术。

4）整合大数据资源的数据标准和应用规则

大数据应用的前提，是海量数据信息的采集、更新、共享和融合。从政府层面来说，大数据可以整体利用原来分散在不同部门、行业、主体的数据，对其进行整合管理，为大数据的优化利用提供数据基础。但由于目前对这些数据资源本身的管理缺乏统一标准和应用规则，因此政府经济治理过程中数据资源的有效利用难以实现。首先，要建立统一的大数据标准体系。建立统一的大数据标准体系以及大数据生成、发展及发布的数据标准格式，便于数据的无缝隙统筹整合，使得原本散落在各部门的信息数据整合起来，打破信息孤岛状态，为政府经济治理建立基础。借助大数据平台，积极推进第三方涉税信息共享，明确了部门共享涉税信息的内容和方式。目前，工商税务信息每天都进行实时交换，推动了地税机关在办证服务上的创新，从原来的限时办证发展到现在的即时办证，从原来填写多项登记信息升级到填写必要信息内容，甚至可以享受免填服务。要制定完善的大数据应用规则。明确大数据采集和使用所涉及的包括数据隐私、准确性、可获取性、归档和保存等问题在内的应用规则，厘定信息使用权限和职责，确保数据依照规则规范使用。要重视大数据安全体系建设。大数据涉及政府数据公开，所以大数据的安全防护，需要有全新的模式，不仅要重视对大数据本身的安全保障，还要注重大数据平台的安全建设。

11.5.2　优化县域经济金融发展模式

实现县域经济金融的持续协调发展应从调整经济结构、提高运行质量；改革金融安排，合理配置资源；整肃社会信用，为区域经济金融发展创造良好环境等方面进行综合治理。

1）以国企改革为中心，以完善所有制结构为重点，大力发展要素市场，构建适宜当地特色的县域经济框架

第一，县域经济结构调整要选准支点，把握主线。一是发展的主线。从农业剩余劳动力的转移到城市化到结构变化来引出结构调整。其现实制约有：农村劳动力本身的流动性问题，过去农村劳动力可以直接流入乡镇企业和劳动密集型的建筑业，现在这些部门的吸纳能力大大下降；外部可流动的环境塑造还没有达成共识；土地制度还存在着制约。所以，产业结构调整需要抓住农村、农民的流动问题和农业本身效率的提高问题。二是经济成分多元化。随着市场化的推进，出现了政府再定位、国有经济和非国有经济的发展问题。这个环节最主要的现实制约是社会保障体系。三是整个社会价值观念的调整。目前县域社会价值观念的调整严重滞后于整个经济基础的变化。如果价值观念问题没有比较大的突破，结构调整很难推进。

第二，深化国有企业改革，建立现代企业制度，构建县域经济的支柱框架。一是大力推进国有非工业企业和小型工业企业的改革。二是立足地方特色，把国有企业改革同发展非国有经济、调整和完善所有制结构结合起来。要以调整和完善所有制结构为重点，把发展非国有经济和非公有制经济即发展民营经济作为重要的经济增长点。在市场准入、投融资、外贸经营权、土地征用、技术人才招聘等方面，支持、鼓励和引导私营、个体企业尤其是科技型中小企业健康发展。三是督促和引导企业加强内部经营管理，提高市场适应能力。

第三，以农业标准化为重点，围绕农业增效、农民增收、农村稳定，加快推进农业产业化。一是加快农业生产结构调整，推进乡镇企业技术进步，引导农村剩余劳动力向小城镇的第二、三产业转移。农村金融部门一定要抓住国家启动农村市场拉动经济增长的有利时机，找准市场定位，树立"以农为本，为农服务"的理念意识，不断加大支农贷款投入，积极支持农村水利、交通、电信以及农村电网改造等基础设施建设；支持农业产业化龙头企业扩大规模，提高农副产品深加工程度，带动更多农户发展；支持土地的集中规模经营，培植农业大户。同时要扩大对农民购建住房、兴办合作医疗、资助子女上学以及文化娱乐事业等方面的贷款支持，促进农村消费市场发展。二是农村信用社要紧紧围绕服务农业结构调整、服务

"三农"经济发展，进一步加大对特色镇、专业村特别是农户小额贷款的投放力度；要积极推行农户贷款证制度，通过农户联保贷款等方式，尽量简化农户贷款手续；对贷款期限短、金额小且信誉好、按时还本付息的农户可发放信用贷款；对金额大、期限长的农户贷款需求，只要能够提供有效抵（质）押的，都应满足供应；同时，要进一步转变经营观念，全面推行客户经理制，积极开展信贷营销。三是进一步强化中央银行对农村金融部门的信贷支持和业务指导，促进其增强农业信贷投放。人民银行要进一步加大支农再贷款的投放力度，促进农村信用社加大支农贷款投放，缓解农村资金外流造成的农村信贷资金不足，支持农村经济的快速发展。

2）改革现有布局，合理配置金融资源，充分发挥县域金融支持地方经济发展功效充分发挥县级人民银行的职能作用，积极贯彻落实货币政策，努力创建金融安全区，为促进县域经济持续发展保驾护航

首先，积极传导贯彻货币政策，加大金融支持经济力度。要充分考虑并尊重经济发展的不平衡性对货币政策的要求。一是进一步完善中央银行货币政策决策系统的建设，为中央银行货币政策的有效实施提供依据。二是建立和完善人民银行县支行对辖内商业银行落实货币政策考核评价体系，提高中央银行"窗口指导"的能力与水平。其次，加强金融监管，防范和化解金融风险，努力创建金融安全区。县域金融安全区的创建是一项复杂的系统工程，当前应处理好以下几个关系：一是正确处理好金融安全与经济发展的关系；二是正确处理好防范金融风险与化解金融风险的关系；三是正确处理好金融监管与金融服务的关系；四是正确处理好金融监管与金融创新的关系。同时，要完善商业银行运行机制，解决信贷资金投入总量与结构性问题，力求实现经济与金融双赢。一是调整金融业务结构，有效解决信贷投入总量和结构性矛盾。资产结构调整重点是加快现有信贷资产结构的调整，把贷款营销放到经营管理的重要位置，通过有效增量的作用，加大对有发展潜力的中小企业的支持力度，对辖区支柱性行业、产品有市场有效益企业及新兴产业要积极支持，对个人消费信贷业务，要积极介入，重点拓展，努力培育自己的基本客户群，培育新的、稳定的利润增长点。二是调整负债结构，努力解决超负荷经营问题。在保证各项存款总量稳步增长的前提下，提高低成本存款的比重；合理调度资金，努力压缩

系统内借款，降低负债成本率，最大限度地降低经营成本。三是调整业务结构，促使经营策略由"存款立行"向"效益立行"转变。在充分市场调研的基础上，积极拓展中间业务，不断加大科技投入，在树立品牌形象的同时开辟新的收入渠道，努力提高非利息收入的比重。四是调整组织结构，正确处理好规模、效益和发展的关系。按照以客户为中心、以市场为导向、强化市场营销的原则，精简内设机构，改革用人制度，调整从业人员的年龄和知识结构，培养和招聘高素质人才，全面提高队伍素质。五是调整财务结构，规范财务行为。清理非财务账户，统一收支管理，加大财务监控力度，加强对财务制度执行情况的检查，保证财务资金的合理使用和严格管理。

11.5.3　扩大公民有序参与

我国政府在国家治理相关政策的建构上一直使用的是"内在创始式模型"，相关"公共政策问题构建的主体是国家政府及其相应社会职能部门或专家学者，该模式界定下的公共政策问题就是精英圈定的'重大事项'，除此之外的社会问题，即使它事关公众利益也很难进入公共政策的决策范围，这是一种典型的社会公众处于被动接受地位的精英决策模式"。如果单靠政府这唯一的权威去主导、决定与推行县域治理而忽视了民意，尤其是涉及切身利益的当地公众的意愿，那么不仅治理的合法性根基会被动摇，而且治理相关政策在各地的推行也会受到极大的阻碍。效率的最大化呼唤公共治理，只有在国家公权力下放的同时扩大公民的有序政治参与，才能避免县域治理的盲目性和无序性，满足治理的合法性、合理性需要。

1）增强公民意识，培育公民文化

国家治理体系与治理能力现代化在各地的推行正是实践民主参与，培育公民社会的良好契机。国家层面的政治参与、公民可能会觉得与切身利益关联度不大，因而较为被动或者积极性不够。但是县域治理是基层治理，与当地公众利益契合度高，能较为容易地调动公民的参与热情。但光有参与热情是不够的，基本的公民文化与公民意识也是有序政治参与的前提条件。一方面，要继续大力发展文化教育事业，提高公民的文化素质，尤其是要缩小城乡之间的差距；另一方面，要纠正我国当前的政治常识教育，

让现代公民教育进入大、中、小学课堂，走入普通百姓日常生活。

2）发展社会组织，使其成为成熟的公民政治参与载体

我国政府掌管着绝大部分的社会公共资源，社会组织发展滞后，组织能力孱弱，没有成为成熟的政治参与载体。伴随着改革的深入，我国公众的民主参与热情高涨却苦于没有有效的组织。同时，国家也逐步在向下"放权"，市场在资源配置中的主体作用也在逐步凸显，国家与民众之间从而形成了一个公共资源配置的真空地带。因此要积极发展各类社会组织，特别是能代表县域当地民意的社区委员会、农民协会以及行业组织等。

3）树立现代化的治理理念，建构协商治理的公共领域

政府需形成现代化的公共治理理念，积极吸收并引导公民的有序政治参与。另外，建构协商治理的公共领域也是县域治理顺利进行的必要条件。要建立健康的公共领域，除了要落实个人尊严、言论自由、结社自由、信仰自由等一系列公民权利之外，还要反对和抵制市场经济功利化、"金钱至上"消费主义对公共领域的侵蚀，培育理性的公民文化，发扬宽容、协作质量，鼓励大众参与以及对自身言行负责任等。协商治理要求社会各阶层、各群体把自身观点视角带入公共领域，基于说理形成反应公共意志的民主舆情，以保证县域治理各项政策的可接受性。

4）扩大公民有序政治参与县域治理，实现参与的制度化、程序化构建

扩大公民有序政治参与管道，具体到县域治理上可以作以下制度尝试：地方精英意见收集制度、较大规模的公民意见收集制度、公民听证会、公民大会、公民申诉制度、公民网络参与制度、社区社会组织参与。同时要将公民政治参与的内容与程序以制度化的形式予以明确化，从而实现公民政治参与的有序化，避免参与的随意性和无序性。

11.5.4 创新县域经济协同治理模式

近些年来，我国县域经济治理虽然取得不少成绩，但还存在不少问题。这主要表现在：第一，缺乏科学的综合发展理念。受传统思想的影响，县域事务管理中，一方面，片面重视经济建设，忽视社会建设，缺乏以人为本、均衡发展的理念。另一方面，认识不到社会力量在社会事务管理中的作用，没能为社会自组织提供良性的政策环境。第二，社会事务管理主体单一。县域社会事务管理中，政府是唯一的主体，结果是政府难以避免"越位""错位"和"缺位"现象发生。第三，政府内外关系不顺。在内部，县级政府的职能定位不清，内设机构不能适应履职的要求，在外部，县级政府与各类垂直管理部门关系不够顺畅，导致社会事务管理效率不高。第四，治理机制运转不畅。各类治理主体之间沟通不畅、政府和民众的信息沟通不畅、各类治理资源调配不畅等，最终都会影响治理效果，严重时甚至会导致群体事件发生。县域经济治理的目标就是要改变和避免这些问题的发生，实现县域经济治理的良善化，即实现县域社会善治。运用协同治理理论，我们对县域经济治理创新可以提出这样的建议。

1）以确立治理理念为协同创新的前提

治理的要义就是主体多元，即政府不是唯一的管理主体。计划经济时，政府是无所不在的，所以，多元主体局面培育的关键是政府要转变观念，确立治理理念，尊重市场、尊重社会、尊重公民，回归自己的公共职能本位。市场、社会、公民与政府取得平等权利地位了，协调治理才有前提保证。① 树立"社会本位"的理念。在县域内政府的领导和工作人员要放弃政府本位和官本位的思想，由原来政府控制和管理社会的观念向规范、协调和服务社会的观念转变，由原来政府对社会统治观念向政府与社会的合作共治观念转变。这就要求县域内的县乡政府必须下放经济治理权力，将部分社会事务交由社会组织承担，把政府管不了也管不好的社会事务转移给社会组织，提升社会组织和公民承接经济治理工作的能力，使其能够有效参与治理县域内相关公共事务。② 树立"民主法治"的理念。民主和法治在现代经济治理中有较强的普世价值的理念，是人类经济治理文明的重要组成部分，也是推进经济治理发展的重要制度性保障。在这种治理理念下，县域经济治理各主体通过民主协商合作，构建各主体民主参与决策和管理的制度、规则和程序。县域经济治理各主体都应强调依法治精神参与经济治理，建立了比较完备的法律和制度体系。从政府官员到普通公民都应具有较强的法律意识，习惯于用法律思维和法律方式来解决纠纷；要建立和完善县、乡、村三级社会基层民主参与的制度框架，让更多的公民和社会组织通过合法的方式和制度化的渠道，民主有序地参与社会事务和社会生活的治理之中。③ 树立"均衡发展"的理念。从着眼于维护最广大人民根本利益出发，县、乡两级政府应切实把社会建设纳入到经济社会均衡发展的大局之中，注重社会组织、社会事务和社会生活的规范、协调和服务，为增强社会发展活力，最大限度地增加社会的和谐因素，不断提高经济治理水平，构建和谐社会，避免出现"经济建设一条腿长，社会建设一条腿短"现象。县、乡两级政府不应再片面强调经济建设，而是加强对"五位一体"建设的整体认识，全面展开经济建设、政治建设、文化建设、社会建设和生态文明建设，把社会建设放在更加突出的位置。

2）以提升多元主体能力为协同创新的基础

充分发挥多元主体各自应有的功能和作用，形成经济治理整体合力，不断提升多元主体治理能力，这是县域经济治理协同创新的基础。要加大对市场主体的培育力度，使其真正具有经济资源的配置能力。现在多数县域经济的发展相对滞后，其关键是市场主体不强，即效益好的企业数量不多，规模不大，持续时间不长。县级政府的主要任务，或者说对市场主体的培育方式，不是制订招商引资的指标计划，不是下达征税指标，不是领导分工"帮扶"企业，不是直接号令农民种植什么作物品种或养殖什么牲畜，而是减少审批事项，是创造公平的市场竞争环境，也就是减少对市场活动的干预。同时，要加强服务，解决企业兴办或发展所需的道路、水、电、油、气、社会治安等问题。企业没有后顾之忧，没有干扰，自然就发展顺利、实力增强了。要加大对社会组织的培育力度，提升其在县域经济治理的能力。社会组织在创新市场机制方面能够发挥举足轻重的作用，市场要发展和完善，必须依靠多样的社会组织。另外，社会组织还可以在维护社会稳定、实现社会救助方面发挥独特的作用。所以，要通过宣传、引导、示范、培训等多种方式培育各类社会组织，提升社会组织参与县域经济治理的能力，引导社会组织在县域经济治理中积极发挥协同作用。要加强对公民的法制教育，提升他们参与治理的能力。参与治理的积极性源自公民对自身权利的认识。而在县域范围内，农民是主要社会群体，所以加强对农民的法制教育就特别重要。法制教育的核心是权利意识的培养，只有让农民都具备了权利意识，知道要维护自身的权利，要争取应有的权利，另外还要知道正确的维权途径，使公民习惯于用法律思维和法律方式来解决纠纷，自觉遵守法律法规，正确认识个人与集体、个人与他人的关系，合法、理性、积极地参与基层经济治理，引导公民在县域经济治理中发挥主人翁作用。

3）以理顺政府内外关系为协同创新的关键

协同治理强调政府、非政府组织、企业、公民个人等治理主体之间相互协作，要发挥协同效应，发挥系统的整体功能，减少系统的内耗。因此，县域经济治理协同创新的关键，就是要理清政府内外关系，使各治理主体相互协作，发挥协同效应，提高治理效率。① 理顺政府内部关系。县级政府是最低一级完整的地方政府，所以人们会用"上面千条线，下面一根针"形容它工作的繁杂，以及和上级政府、上级政府部门关系的复杂。县本级政府和上级垂直管理部门的关系的实质，是职责、权限的划分问题。县级政府因为接近政府权力的末梢，所以其权力特点是，一是资源整合能力有限；二是县域一般比较偏远，上级政府可能鞭长莫及，所以容易出现"上有政策，下有对策"，或者长官意志行事的问题。在这样的情况下，理顺政府的内部关系，就是要厘清不同层级的地方政府的职责，更重要的是各级政府的责权要明确，要避免出现有权无责，或有责无权的现象。同时也要公布本级政府的"权力清单"。在上级统一规划下，县级政府要科学规范各部门社会职能，在部门交叉的职能梳理和综合规范内设机构的基础上，使相同社会职能交由一个行政部门承担；而法律、法规规定应由多个部门共同完成的经济治理事项，要确定牵头部门，实行牵头部门负责制，确保经济治理责任明晰并能明确追究相关责任。② 理顺政府外部关系。这是指政府要理顺与市场的关系，理顺与社会的关系。理顺政府与市场的关系，县级政府工作的重点是营造公平、公正、公开的市场竞争环境，维护公平竞争的市场秩序，依法对市场微观主体及其行为进行监督和管理，使市场在资源配置中发挥决定性的作用；理顺与社会的关系，要求政府还权于社会，让社会承担部分经济治理职能，以良好县域经济治理推动县域经济社会的发展。县、乡两级政府应依法管理和规范社会组织、社会事务和社会生活，让社会组织的作用和活力充分发挥，使社会组织成为化解社会矛盾、维护社会公正和社会稳定的重要主体。

4）以完善治理机制为协同创新的保障

协同治理重视秩序形成的自组织性，改变了传统的单纯依靠正式制度和权威来形成治理秩序的方式，通过自组织的方式形成治理秩序。协同治理所求的终归是维护和增进社会公共利益，解决共同的社会问题，保证社会有序和稳定。为此，县域经济治理协同创新的保障，就是要完善各种治理机制，通过自组织的方式形成治理秩序，保证县域社会有序和稳定，这是县域经济治理协同创新的保障。为此，县级政府应重点构建县域内民意表达机制、矛盾纠纷调处机制、信息共享机制和购买公共服务机制。① 完善县域内民意表达机制。要充分发挥县人大、县政协、人民团体和行业协会等社会诉求表达功能，加强对县域内基层群众的政策法制教育，推广村务公开与社务公开，让基层群众知道参与社会事务管理是其权利，鼓励广大群众依法依规参与社会事务治理；县级政府要建立基层听证制度，完善社情民意反馈制度，推行重大事项公示公开制度，畅通群众各种参与渠道，全方位、多角度地接受群众的诉求和监督，对事关群众切身利益的重大决策和事项，要让群众充分地参与和了解，并认真听取群众意见；县级政府要建立领导干部定期下基层制度，面对面与基层群众交流，了解民众的心声，及时就地解决基层群众的困难。要积极探索县域社区自治和村民自治的新途径和新形式，形成良好的县域社会社区自治制度和村民自治制度，创造人人参与治理、治理成果人人共享的生动局面。② 完善县域内矛盾纠纷调处机制。当前基层各种社会矛盾中的大量问题是由利益问题引发的。这就要求县、乡级政府要构建公平的矛盾纠纷调处机制，高度重视、维护人民群众最直接和最关心的利益问题，在积极满足人民群众日益增长的、不同层次的社会需求，将大量社会矛盾化解在基层，维护社会稳定大局；要支持民间组织化解社会矛盾和冲突发挥积极作用，构建矛盾纠纷排查网络，使化解矛盾于萌芽状态，降低矛盾冲突的负面影响；要加强基层法制建设，为解决基层社会矛盾冲突提供有效的制度依据；此外，县级政府还要做好利益平衡工作，实现弱势群体与强势群体的利益平等保护，构建利益均衡机制，防止可能出现利益关系严重失衡的现象，在消除产生社会矛盾纠纷的根源多下工夫。③ 完善县域内信息共享机制。县级政府要按照国家层面制定的统一标准和规范，利用各方现有信息体系，建立县域综合信息网络系统，实现公共信息共享；充分利用现代信息技术和内外网置换的技术，建立电子政务服务平台，实现政府各部门和各行业之间的信息互通，实现内外信息流的畅通和安全；成立结合多部门职能的办事服务大厅，根据社会需要提供广泛、高效甚至个性化的信息服务。通过高效的信息共享机制，将政府、市场和社会有机整合成一个相互合作又互相监督的治理整体，使县域经济治理无缝对接，使经济治理不留空白之地。④ 完善县域内的民生保障机制。县级政府应依据本区域的经济社会发展状况，推进财力向民生事业倾斜，向贫困地区、边远山区、困难群体倾斜。积极完善城乡低保、社会救助、医疗保障等民生体系。同时把解决群众行路难、饮水难、上学远、就医贵、办证难等具体问题放在首位，抓落实。因地制宜促进边远地区、贫困地区的发展。

12　城域经济治理效率综合评价的非参数方法

12.1　城域经济治理效率综合评价的必要性

作为存在已久的经典问题，城域经济治理一直是管理科学和经济学研究的重点内容，对其治理有效性评价理论与评价方法的创新要求也显得更为迫切。但从已有的一些评价方法看，通过对系统内某些特定要素进行分析仅能反映某一方面的状况，不能反映系统的整体特征，而依赖于效用函数或确定权重的评价方法，常常由于被评价系统过于复杂而难以找到准确的函数关系或确定的权重大小。DEA 方法是评价相对有效性问题的有力工具，并且应用广泛。但应用该方法评价城域经济治理问题时会遇到以下困难：① 城域经济治理的不同时期表现出不同的投入和产出要素关系，而这些要素往往不具备可比性，这与传统 DEA 方法对决策单元的要求相违背；② 城域经济治理可能导致某些过程发生变化——城市特征的转变，相关产业的转移、消失或再生，这将使时间序列数据失去对比的意义；③ 城域经济治理的成效有时不能取决于某个特定的治理过程的效率，而要综合考虑所辖的县、乡、区的运行效率，因此有必要对城域单元群的整体效率进行度量，这是传统 DEA 方法不能提供的。本章从样本数据包络分析方法出发，在对城域经济治理问题进行定量描述的基础上，给出了城域单元有效性的概念和判定方法，分析了其经济含义，探讨了治理有效单元与相应的多目标规划 Pareto 有效解之间的关系，然后给出了城域单元群整体效率的度量方案和治理效率的优化方法。这些工作可以弥补传统 DEA 方法评价城域经济治理效率的不足：① 在城域单元所处同类系统内选取样本单元，以样本单元的相关信息作为参照，能够得到城域单元相对于样本单元的效率值；② 通过对城域经济治理问题的量化分析，将治理效率的评价方向从不可比的纵向转移为可比的横向，使截面数据的选取成为可能；③ 通过构造城域单元群整体效率的度量方法，不仅能够检验城域经济治理的实际效果，而且还能找出城域经济治理无效的原因和改进的方向，并对系统可能达到的理想状况做进一步的预测。

12.2　城域经济治理问题的定量描述与样本生产可能集的构造

为了定量分析城域经济治理的有效性问题，以下假设某个系统内存在 n 个城域单元（记为 $\text{DMU}_j, j=1,2,\cdots,n$），它们的特征可由 m_j 种输入和 s_j 种输出表示出来，即 $\boldsymbol{x}_j = (x_{1j}, x_{2j}, \cdots, x_{m_j j})^{\text{T}}, \boldsymbol{y}_j = (y_{1j}, y_{2j}, \cdots, y_{s_j j})^{\text{T}}, (\boldsymbol{x}_j, \boldsymbol{y}_j) > \boldsymbol{0}, j=1,2,\cdots,n$。

虽然作为连续变量的资源投入，理论上可以将其无限次的治理下去，但是由于存在一定的城域经济治理的制约因素，这就使得治理方案的选择是有限的。

设可实现的治理方案集为

$$T_{\text{DMU}} = \left\{ T_{\text{DMU}}^1, T_{\text{DMU}}^2, \cdots, T_{\text{DMU}}^{\text{M}} \right\}, \quad 1 \leqslant M \leqslant \infty$$

其中，$T_{\text{DMU}}^i = \{\text{DMU}_j^i \mid 1 \leqslant j \leqslant n, j \in N\}$ 为第 i 个治理方案对应的城域单元集，DMU_j^i 是该治理方案中的第 j 个城域单元。

假设针对第 j 个城域单元 DMU_j^i 存在 $\bar{n}_j (j=1,\cdots,n)$ 个样本单元作为其参考或对照单元，其中第 $p(p=1,\cdots,\bar{n}_j)$ 个样本单元的输入输出指标值分别为

$$\bar{\boldsymbol{x}}_{jp} = (\bar{x}_{1jp}, \bar{x}_{2jp}, \cdots, \bar{x}_{m_j jp})^{\text{T}}, \bar{\boldsymbol{y}}_{jp} = (\bar{y}_{1jp}, \bar{y}_{2jp}, \cdots, \bar{y}_{s_j jp})^{\text{T}}, (\bar{\boldsymbol{x}}_{jp}, \bar{\boldsymbol{y}}_{jp}) > \boldsymbol{0}, p=1,2,\cdots,\bar{n}_j$$

令 $T^* = \{(\bar{\boldsymbol{x}}_{jp}, \bar{\boldsymbol{y}}_{jp}) \mid p=1,2,\cdots,\bar{n}_j\}$ 为第 j 个城域单元对应的样本单元集。

从 DEA 方法构造生产可能集的基本原理出发，可以描述样本单元的生产状况。相应的样本生产可能集 $\bar{T}$ 可用统一的形式表示如下：

$$\bar{T} = \left\{ (\boldsymbol{x}, \boldsymbol{y}) \left| \sum_{p=1}^{\bar{n}_j} \bar{\boldsymbol{x}}_{jp} \lambda_p \leqslant \boldsymbol{x}, \sum_{p=1}^{\bar{n}_j} \bar{\boldsymbol{y}}_{jp} \lambda_p \geqslant \boldsymbol{y}, \delta_1 \left[\sum_{p=1}^{\bar{n}_j} \lambda_p - \delta_2 (-1)^{\delta_3} \lambda_0 \right] = \delta_1, \lambda = (\lambda_0, \lambda_1, \cdots, \lambda_{\bar{n}_j})^{\text{T}} \geqslant 0 \right. \right\}$$

其中，$\delta_1, \delta_2, \delta_3$ 是取值 0 或 1 的参数。

12.3　城域经济治理有效性的概念与判定方法

当考查某个城域经济治理方案是否有效时，首先要考查该方案中城域单元的效率问题。设城域单元 $\text{DMU}_j^{i_0}$ 的输入输出指标值为 $(f_j^{i_0}, g_j^{i_0})$。若样本生产可能集中没有哪个单元的生产状况优于城域单元 $\text{DMU}_j^{i_0}$，则称城域单

元 $\mathrm{DMU}_j^{i_0}$ 是治理有效的。

定义 12.1 若不存在 $(x,y) \in \bar{T}$，使得 $x \leqslant f_j^{i_0}$，$y \geqslant g_j^{i_0}$，且至少有一个不等式严格成立，则称城域单元 $\mathrm{DMU}_j^{i_0}$ 相对于样本单元是治理有效的；反之，称为治理无效。

由于不同治理方式下城域单元的输入输出指标值的确定方法不尽相同，对于不同情况下的城域经济治理问题，须用相应表达式代替 $(f_j^{i_0}, g_j^{i_0})$。

对于多目标规划问题

$$(VP_{\mathrm{DMU}_j^{i_0}}) \quad \begin{aligned} & V-\min(x_1,\cdots,x_{m_j},-y_1,\cdots,-y_{s_j})^{\mathrm{T}} \\ & \mathrm{s.t.} \quad (x,y) \in \bar{T}_{\mathrm{DMU}_j^{i_0}} \end{aligned}$$

其中

$$\bar{T}_{\mathrm{DMU}_j^{i_0}} = \left\{ (x,y) \left\| \begin{array}{l} \sum_{p=1}^{\bar{n}_j} \bar{x}_{jp}\lambda_p + \lambda_{\bar{n}_j+1}f_j^{i_0} \leqslant x, \sum_{p=1}^{\bar{n}_j} \bar{y}_{jp}\lambda_p + \lambda_{\bar{n}_j+1}g_j^{i_0} \geqslant y, \delta_1\left[\sum_{p=1}^{\bar{n}_j+1}\lambda_p - \delta_2(-1)^{\delta_3}\lambda_0\right] = \delta_1, \\ (\lambda_0^0, \lambda_1^0, \cdots, \lambda_{\bar{n}_j+1}^0)^{\mathrm{T}} \geqslant 0 \end{array} \right. \right\}$$

为城域单元 $\mathrm{DMU}_j^{i_0}$ 对应的样本生产可能集。

有以下结论：

定理 12.1 城域单元 $\mathrm{DMU}_j^{i_0}$ 为治理有效当且仅当 $(f_j^{i_0}, g_j^{i_0})$ 为多目标规划 $(VP_{\mathrm{DMU}_j^{i_0}})$ 的 Pareto 有效解。

证明（充分性）若 $(f_j^{i_0}, g_j^{i_0})$ 是 $(VP_{\mathrm{DMU}_j^{i_0}})$ 的 Pareto 有效解，假设 $\mathrm{DMU}_j^{i_0}$ 不是治理有效的，则存在 $(x,y) \in \bar{T}$，使得 $(-f_j^{i_0}, g_j^{i_0}) \leqslant (-x,y)$ 且至少有一个不等式成立。由 $\bar{T}$ 的定义可知存在 $\lambda_p \geqslant 0$，$p = 0,1,\cdots,\bar{n}_j$，使

$$f_j^{i_0} \geqslant \sum_{p=1}^{\bar{n}_j} \bar{x}_{jp}\lambda_p, \sum_{p=1}^{\bar{n}_j} \bar{y}_{jp}\lambda_p \geqslant g_j^{i_0}, \delta_1\left(\sum_{p=1}^{\bar{n}_j}\lambda_p - \delta_2(-1)^{\delta_3}\lambda_0\right) = \delta_1$$

且至少有一个不等式成立。若令 $\lambda_{\bar{n}_j+1} = 0$，显然 $(f_j^{i_0}, g_j^{i_0}) \in \bar{T}_{\mathrm{DMU}_j^{i_0}}$，且不是 $(VP_{\mathrm{DMU}_j^{i_0}})$ 的 Pareto 有效解，矛盾。

（必要性）若 $\mathrm{DMU}_j^{i_0}$ 为治理有效，假设 $(f_j^{i_0}, g_j^{i_0})$ 不是 $(VP_{\mathrm{DMU}_j^{i_0}})$ 的 Pareto 有效解，则存在 $(x,y) \in \bar{T}_{\mathrm{DMU}_j^{i_0}}$，使得 $(-f_j^{i_0}, g_j^{i_0}) \leqslant (-x,y)$ 且至少有一个不等式严格成立。又 $(x,y) \in \bar{T}_{\mathrm{DMU}_j^{i_0}}$，故 $\exists \lambda_p \geqslant 0, p = 0,1,\cdots,\bar{n}_j+1, \delta_1\left[\sum_{p=1}^{\bar{n}_j+1}\lambda_p - \delta_2(-1)^{\delta_3}\lambda_0\right] = \delta_1$ 使

$$\sum_{p=1}^{\bar{n}_j} \bar{\boldsymbol{x}}_{jp}\lambda_p + \lambda_{\bar{n}_j+1}f_j^{i_0} \leqslant f_j^{i_0}, \sum_{p=1}^{\bar{n}_j} \bar{\boldsymbol{y}}_{jp}\lambda_p + \lambda_{\bar{n}_j+1}g_j^{i_0} \geqslant g_j^{i_0}$$ 且至少有一个不等式严格成立 (*)。

下证 $\lambda_{\bar{n}_j+1} < 1$。假设 $\lambda_{\bar{n}_j+1} \geqslant 1$，由于 $0 \leqslant \sum_{p=1}^{\bar{n}_j} \bar{\boldsymbol{x}}_{jp}\lambda_p \leqslant (1-\lambda_{\bar{n}_j+1})f_j^{i_0} \leqslant 0$，故

$\sum_{p=1}^{\bar{n}_j} \bar{\boldsymbol{x}}_{jp}\lambda_p = 0$，$\lambda_p \geqslant 0, (1-\lambda_{\bar{n}_j+1})f_j^{i_0} = 0$，由于 $\lambda_p \geqslant 0$，$\bar{\boldsymbol{x}}_{jp} > 0$，$p = 1,\cdots,\bar{n}_j$，因此

$\lambda_p = 0, p = 1,\cdots,\bar{n}_j, \lambda_{\bar{n}_j+1} = 1$。这与结论 (*) 至少有一个不等式严格成立矛盾。由

$\dfrac{\lambda_p}{1-\lambda_{\bar{n}_j+1}} \geqslant 0, p = 1,\cdots,\bar{n}_j$ 及 (*) 可知 $\sum_{p=1}^{\bar{n}_j} \dfrac{\lambda_p \bar{\boldsymbol{x}}_{jp}}{1-\lambda_{\bar{n}_j+1}} \leqslant f_j^{i_0}, \sum_{p=1}^{\bar{n}_j} \dfrac{\lambda_p \bar{\boldsymbol{y}}_{jp}}{1-\lambda_{\bar{n}_j+1}} \geqslant g_j^{i_0}$，且至少有

一个不等式成立。故 $(f_j^{i_0}, g_j^{i_0}) \in \bar{T}$，并且 $\mathrm{DMU}_j^{i_0}$ 不是治理有效的，这与已知矛盾。

对于模型

$$\min \theta = V_{\mathrm{DMU}_j^{i_0}}$$

$$(D_{\mathrm{DMU}_j^{i_0}}) \quad \text{s.t.} \begin{cases} \sum_{p=1}^{\bar{n}_j} \bar{\boldsymbol{x}}_{jp}\lambda_p \leqslant (\theta - \lambda_{\bar{n}_j+1})f_j^{i_0} \\ \sum_{p=1}^{\bar{n}_j} \bar{\boldsymbol{y}}_{jp}\lambda_p \geqslant (1-\lambda_{\bar{n}_j+1})g_j^{i_0} \\ \delta_1\left[\sum_{p=1}^{\bar{n}_j+1} \lambda_p - \delta_2(-1)^{\delta_3}\lambda_0\right] = \delta_1 \\ \lambda_p \geqslant 0, p = 0,1,\cdots,\bar{n}_j+1 \end{cases}$$

有以下结论：

定理 12.2 规划 $(D_{\mathrm{DMU}_j^{i_0}})$ 的最优值 $\theta = 1$，且对它的每个最优解

$\boldsymbol{\lambda}^0 = (\lambda_0^0, \lambda_1^0, \cdots, \lambda_{\bar{n}_j+1}^0)^{\mathrm{T}}, \theta^0$ 都有 $\sum_{p=1}^{\bar{n}_j} \bar{\boldsymbol{x}}_{jp}\lambda_p^0 = (\theta^0 - \lambda_{\bar{n}_j+1}^0)f_j^{i_0}, \sum_{p=1}^{\bar{n}_j} \bar{\boldsymbol{y}}_{jp}\lambda_p^0 = (1-\lambda_{\bar{n}_j+1}^0)g_j^{i_0}$，当且

仅当城域单元 $\mathrm{DMU}_j^{i_0}$ 为治理有效。

证明（充分性）若城域单元 $\mathrm{DMU}_j^{i_0}$ 不是治理有效的，则存在 $(\boldsymbol{x}, \boldsymbol{y}) \in \bar{T}_{\mathrm{DMU}_j^{i_0}}$，

使 $(-f_j^{i_0}, g_j^{i_0}) \leqslant (-\boldsymbol{x}, \boldsymbol{y})$，又由于 $(\boldsymbol{x}, \boldsymbol{y}) \in \bar{T}_{\mathrm{DMU}_j^{i_0}}$，故 $\exists \boldsymbol{\lambda}^0 = (\lambda_0^0, \lambda_1^0, \cdots, \lambda_{\bar{n}_j+1}^0)^{\mathrm{T}} \geqslant \boldsymbol{0}$，使

$(1-\lambda_{\bar{n}_j+1}^0)f_j^{i_0} - \sum_{p=1}^{\bar{n}_j} \bar{\boldsymbol{x}}_{jp}\lambda_p^0 \geqslant \boldsymbol{0}, (\lambda_{\bar{n}_j+1}^0-1)g_j^{i_0} + \sum_{p=1}^{\bar{n}_j} \bar{\boldsymbol{y}}_{jp}\lambda_p^0 \geqslant \boldsymbol{0} \; \delta_1\left[\sum_{p=1}^{\bar{n}_j+1} \lambda_p^0 - \delta_2(-1)^{\delta_3}\lambda_0^0\right] = \delta_1$，

且至少有一个不等式严格成立 (**)，令 $\theta^0 = 1$，显然 $(\theta^0, \boldsymbol{\lambda}^0)$ 是规划 $(D_{\mathrm{DMU}_j^{i_0}})$ 的

一个可行解，且 $\theta = 1$，这与已知矛盾。

（必要性）若规划 $(D_{\mathrm{DMU}_j^{i_0}})$ 的最优值 $\theta \neq 1$，由于 $\lambda^0=(0,0,\cdots,0,1)^{\mathrm{T}}$，$\theta^0=1$ 是规划 $(D_{\mathrm{DMU}^{i_0}})$ 的一个可行解，因此 $\theta<1$，由此得 (**) 成立。若 $(D_{\mathrm{DMU}^{i_0}})$ 存在最优解 $\lambda^0=(\lambda_0^0,\lambda_1^0,\cdots,\lambda_{\bar{n}_j+1}^0)^{\mathrm{T}}$，$\theta^0=1$ 使 $\sum\limits_{p=1}^{\bar{n}_j}\bar{x}_{jp}\lambda_p^0\leqslant(1-\lambda_{\bar{n}_j+1}^0)f_j^{i_0}$ 或 $\sum\limits_{p=1}^{\bar{n}_j}\bar{y}_{jp}\lambda_p^0\geqslant(1-\lambda_{\bar{n}_j+1}^0)g_j^{i_0}$，

显然 (**) 也成立。又 $\left(\sum\limits_{p=1}^{\bar{n}_j}\bar{x}_{jp}\lambda_p+\lambda_{\bar{n}_j+1}f_j^{i_0},\sum\limits_{p=1}^{\bar{n}_j}\bar{y}_{jp}\lambda_p+\lambda_{\bar{n}_j+1}g_j^{i_0}\right)\in\overline{T}_{\mathrm{DMU}_j^{i_0}}$，故 $(f_j^{i_0},g_j^{i_0})$ 不是 $(VP_{\mathrm{DMU}^{i_0}})$ 的 Pareto 有效解，由定理 12.1 知 $\mathrm{DMU}_j^{i_0}$ 不是治理有效的。

线性规划 $(D_{\mathrm{DMU}_j^{i_0}})$ 的对偶规划为

$$\max \ \mu^{\mathrm{T}}g_j^{i_0}+\delta u_0=V_R$$

$$(RD_{\mathrm{DMU}_j^{i_0}}) \quad \text{s.t.} \begin{cases} \omega^{\mathrm{T}}\bar{x}_{jp}-\mu^{\mathrm{T}}\bar{y}_{jp}-\delta u_0\geqslant0 & p=1,\cdots,\bar{n}_j \\ \omega^{\mathrm{T}}f_j^{i_0}-\mu^{\mathrm{T}}g_j^{i_0}-\delta u_0\geqslant0 \\ \omega^{\mathrm{T}}f_j^{i_0}=1 \\ \omega\geqslant0,\mu\geqslant0 \end{cases}$$

根据"对偶理论"和"松紧定理"，有以下结论成立。

定理 12.3 城域单元 $\mathrm{DMU}_j^{i_0}$ 是治理有效的，当且仅当规划 $(RD_{\mathrm{DMU}_j^{i_0}})$ 存在最优解 (ω^0,μ^0,u_0^0) 满足 $\omega^0>0,\mu^0>0,V_R=1$。

作为城域单元 $\mathrm{DMU}_j^{i_0}$ 相对效率的一种度量尺度，θ 值的大小直接描述了 $\mathrm{DMU}_j^{i_0}$ 相对于样本单元的效率情况。若城域单元位于样本生产前沿面内部，则该单元相对于样本单元无效，此时至少存在一个样本单元的生产状况优于该单元，即在不增加产出的情况下投入可以按一定比例减少，或者在不减少投入的情况下产出可以按一定比例增加，并且城域单元距离样本生产前沿面越远，其有效性就越差；否则，该单元相对于样本单元有效，此时不存在哪个样本单元的生产状况优于该单元，它的特征指标已经没有改进的可能性，即在不增加产出的情况下投入已不能减少，或者在不减少投入的情况下产出已不能增加，其整体特征达到了 Pareto 有效状态。

定理 12.4 城域单元 $\mathrm{DMU}_j^{i_0}$ 的有效性与量纲选取无关。

证明 当第 j 个城域单元的输入输出指标值分别变为 $\alpha_j f_j^{i_0}$ 和 $\alpha_j g_j^{i_0}$ 时，若 ω^0,μ^0,u_0^0 为 $(RD_{\mathrm{DMU}_j^{i_0}})$ 的最优解，令 $\hat{\omega}=\dfrac{\omega_1^0}{\alpha_j},\cdots,\dfrac{\omega_{m_j}^0}{\alpha_j},\hat{\mu}=\dfrac{\mu_1^0}{\alpha_j},\cdots,\dfrac{\mu_{s_j}^0}{\alpha_j},\hat{u}_0=u_0^0$，不难验证 ω^0,μ^0,u_0^0 是 $(RD_{\mathrm{DMU}_j^{i_0}})$ 的最优解的充分必要条件是 $\hat{\omega},\hat{\mu},\hat{u}_0$ 为量纲变化后 $(RD_{\mathrm{DMU}_j^{i_0}})$ 的最优解；$\omega^0>0,\mu^0>0$ 当且仅当 $\hat{\omega}>0,\hat{\mu}>0$。由 $\mathrm{DMU}_j^{i_0}$ 有效性的定义知该结论成立。

通过上面的分析可知，对城域经济治理效率的评价都可以通过统一的分析方法实现，即只需对治理后的单元进行效率评估即可。

当然，以上给出的方法和结论只适用于城域单元个体效率的评估，对于城域经济治理效率的整体评测和优化还需要进一步的分析。

12.4　城域单元群整体效率的度量与优化方法

治理有效性的判定针对的是城域单元相对于样本单元的效率度量问题，而一个治理方案的优劣往往取决于城域单元群整体的运行状态。因此，构造城域单元群整体效率的度量方法，不仅能够实现评测城域经济治理实际效果的目的，而且还能找出城域经济治理无效的原因和改进的方向，并为进一步预测系统可能达到的理想状况提供更多的管理信息。

12.4.1　城域单元群整体效率的度量方法

选取城域经济治理整体效果的评判标准为 τ ，则 τ 应是在考虑了决策者意愿的同时城域单元效率和样本单元效率的函数。记 $\tau = \tau(V_{\mathrm{DMU}_j^{i_j}}, V_{r^*}, \sigma)$ ，其中 $V_{\mathrm{DMU}_j^{i_j}}$ 为某一治理方案下所有城域单元的效率， V_{r^*} 为该治理方案下每一个城域单元所对应的所有样本单元的效率， $V_{\mathrm{DMU}_j^{i_j}}$ 和 V_{r^*} 为取值 $0 \sim 1$ 的变量， σ 为决策者意愿。当确定了函数关系和变量取值后， τ 为一个正数。

由于城域经济治理的目的和方式不同，系统的特点多种多样，这就导致决策者在评价城域经济治理整体效果时选取的标准也不尽相同。

假设某个治理方案对应的城域单元集为 $T_{\mathrm{DMU}}^{i_0}$ ，以下针对不同情况给出城域单元群整体效率度量的几种典型形式。

1）主元效率法

城域经济治理是系统优化的重要方式，在考查治理有效性时，若决策者仅考虑某些关键单元的效率，当这些"关键单元"的效率达到或超过了预定的水平，就认为系统实现了治理目标，则有如下定义：

定义 12.2　假设某种治理方案对应的城域单元集为 $T_{\mathrm{DMU}}^{i_0}$ ，关键城域单元的集合为 $\overline{T}_{\mathrm{DMU}}^{i_0}$ ， $\overline{T}_{\mathrm{DMU}}^{i_0} \subseteq T_{\mathrm{DMU}}^{i_0}$ ， a 是一个正常数，若对任意 $\mathrm{DMU}_j^{i_j} \subseteq \overline{T}_{\mathrm{DMU}}^{i_0}$ ，都有 $V_{\mathrm{DMU}_j^{i_j}} \geq a$ ，则称该治理方案下城域单元群为主元型整体有效。

该定义表明，若关键城域单元的效率都不小于给定的正常数 a，即关键城域单元的运行状况达到了预定的水平，则认为该治理方案下城域单元群整体有效。

特别地，若决策者认为任何城域单元对整体的贡献都是不容忽视的，则有 $\bar{T}_{\mathrm{DMU}}^{i_0} = T_{\mathrm{DMU}}^{i_0}$。

2）平均效率法

在考查某个治理方案的效果时，若决策者以各城域单元效率的加权和作为考察的对象，则有如下定义：

定义 12.3　假设某种治理方案对应的城域单元集为 $T_{\mathrm{DMU}}^{i_0}$，a 是一个正常数，若 $\sum\limits_{j=0}^{n} \delta_j V_{\mathrm{DMU}_j^{i_0}} \geqslant a$，则称该治理方案下城域单元群为平均型整体有效。

该定义表明，当城域单元对城域经济治理的贡献和影响都不容忽视且不一致时，可以通过"平均效率法"对治理效果进行评测。若城域单元群整体效率的加权和不低于某一水平，即认为该治理方案下城域单元群整体有效。

特别地，若决策者认为城域单元的地位平等，则有 $\delta_j = \dfrac{1}{n}, j = 1, 2, \cdots, n$。

若决策者只选取系统内某些城域单元的效率作为考查对象，此时可取相应城域单元的权为 0。

3）最优效率法

当决策者以所有治理方案下城域单元群整体效率（采用平均效率法确定，其他情况与此类似）的最大值为考查对象时，有如下定义：

定义 12.4　假设某种治理方案对应的城域单元集为 $T_{\mathrm{DMU}}^{i_0}$，若对所有的治理方案，都有 $\sum\limits_{j=1}^{n} \delta_j V_{\mathrm{DMU}_j^{i_0}} = \max\left\{ \sum\limits_{\mathrm{DMU}_j^i \in T_{\mathrm{DMU}}^i} \bar{\delta}_j V_{\mathrm{DMU}_j^i} \,\middle|\, T_{\mathrm{DMU}}^i \in T_{\mathrm{DMU}} \right\}$，则称该方案为最优治理方案。

当然，不同的治理行为或对资源的不同处置方式，使得城域单元群整体效率的度量方法存在一定差异，这在评价治理效果时，需要根据实际情况将上述定义中相应的系数和参数进行重新设置，或者选择其他的度量方法。

12.4.2　城域经济治理方案的优化分析方法

城域经济治理完成后，即使城域单元群的整体效率达到了预期水平，但有些城域单元的效率可能还未达到有效的程度，治理的效果没有很好地显现出来。因此，根据实际情况对这些无效单元给出内部优化的方案和措施，对提升城域经济治理效率和效果具有重要作用。

对城域单元 $\text{DMU}_j^{i_0}$ 的目标规划模型（$D_{\text{DMU}_j^{i_0}}^{\varepsilon}$）

$$\max (\bar{e}^{\text{T}} s^- + e^{\text{T}} s^+) = V_{\varepsilon}$$

$$(D_{\text{DMU}_j^{i_0}}^{\varepsilon}) \quad \text{s.t.} \begin{cases} \sum_{p=1}^{\bar{n}_j} \bar{x}_{jp} \lambda_p + s^- = (1-\lambda_{\bar{n}_j+1}) f_j^{i_0} \\ \sum_{p=1}^{\bar{n}_j} \bar{y}_{jp} \lambda_p - s^+ = (1-\lambda_{\bar{n}_j+1}) g_j^{i_0} \\ \delta_1 \left[\sum_{p=1}^{\bar{n}_j+1} \lambda_p - \delta_2 (-1)^{\delta_3} \lambda_0 \right] = \delta_1 \\ \lambda_p \geq 0, p = 0,1,\cdots, \bar{n}_j + 1 \\ s^- \geq 0, s^+ \geq 0 \end{cases}$$

其中，$e = (1,\cdots,1)^{\text{T}} \in E_+^s, \bar{e} = (1,\cdots,1)^{\text{T}} \in E_-^m$。

有以下结论：

定理 12.5 城域单元 $\text{DMU}_j^{i_0}$ 相对于样本单元 $(\bar{x}_j, \bar{y}_j)$ 为治理有效的充分必要条件是规划（$D_{\text{DMU}_j^{i_0}}^{\varepsilon}$）的最优值 $V_{\varepsilon} = 0$。

证明（充分性）若 $V_{\varepsilon} = 0$，假设 $\text{DMU}_j^{i_0}$ 不是治理有效的，由 (*) 可知（$D_{\text{DMU}_j^{i_0}}^{\varepsilon}$）存在可行解 $\lambda^0 = (\lambda_0^0, \lambda_1^0, \cdots, \lambda_{\bar{n}_j+1}^0)^{\text{T}}, s^{-0}, s^{+0}$，使 $\bar{e}^{\text{T}} s^{-0} + e^{\text{T}} s^{+0} > 0$，因此（$D_{\text{DMU}_j^{i_0}}^{\varepsilon}$）的最优值大于零，矛盾。

（必要性）城域单元 $\text{DMU}_j^{i_0}$ 为治理有效，由定理 12.3 知规划（$D_{\text{DMU}_j^{i_0}}^{\varepsilon}$）的最优值为 $V_{\varepsilon} = 0$。

定理 12.6 若城域单元 $\text{DMU}_j^{i_0}$ 相对于样本单元 $(\bar{x}_j, \bar{y}_j)$ 为治理无效，s^{-0}，s^{+0}, λ^0 是（$D_{\text{DMU}_j^{i_0}}^{\varepsilon}$）的最优解，则 $(f_j^{i_0} - s^{-0}, g_j^{i_0} + s^{+0})$ 相对于 $(\bar{x}_j, \bar{y}_j)$ 为治理有效单元。

证明 若 $(f_j^{i_0} - s^{-0}, g_j^{i_0} + s^{+0})$ 相对样本单元 $(\bar{x}_j, \bar{y}_j)$ 无效，则存在 $\lambda = (\lambda_0, \lambda_1, \cdots, \lambda_{\bar{n}_j})^{\text{T}} \geq 0$，使

$$f_j^{i_0} - s^{-0} \geq \sum_{p=1}^{\bar{n}_j} \bar{x}_{jp} \lambda_p, g_j^{i_0} + s^{+0} \leq \sum_{p=1}^{\bar{n}_j} \bar{y}_{jp} \lambda_p, \delta_1 \left[\sum_{p=1}^{\bar{n}_j} \lambda_p - \delta_2 (-1)^{\delta_3} \lambda_0 \right] = \delta_1$$

且至少有一个不等式严格成立，显然，$s^{-*} = f_j^{i_0} - \sum_{p=1}^{\bar{n}_j} \bar{x}_{jp} \lambda_p$，$s^{+*} = \sum_{p=1}^{\bar{n}_j} \bar{y}_{jp} \lambda_p - g_j^{i_0}$，

$\lambda = (\lambda_0, \lambda_1, \cdots, \lambda_{\bar{n}_j})^\mathrm{T}$ 是 $(D_{\mathrm{DMU}_j}^\varepsilon)$ 的一个可行解，且 $\bar{e}^\mathrm{T} s^{-*} + e^\mathrm{T} s^{+*} > \bar{e}^\mathrm{T} s^{-0} + e^\mathrm{T} s^{+0}$ 与 $s^{-0}, s^{+0}, \lambda^0$ 是 $(D_{\mathrm{DMU}_j}^\varepsilon)$ 的最优解矛盾，即 $(f_j^{i_0} - s^{-0}, g_j^{i_0} + s^{+0}) \in \bar{T}$ 相对于样本单元 $(\bar{x}_j, \bar{y}_j)$ 是有效的。

该定理表明：若城域单元 $\mathrm{DMU}_j^{i_0}$ 不是治理有效的，则 s^- 和 s^+ 至少有一个非零，此时 $(f_j^{i_0} - s^{-0}, g_j^{i_0} + s^{+0}) \in \bar{T}$ 且 $(-f_j^{i_0} + s^{-0}, g_j^{i_0} + s^{+0}) \geqslant (-f_j^{i_0}, g_j^{i_0})$，可知 $\mathrm{DMU}_j^{i_0}$ 的整体特征没有达到 Pareto 有效状态。无效的原因主要表现在其特征指标还有改进的可能性，改进的方向和空间可用 s^- 和 s^+ 来刻画，调整后的单元 $(f_j^{i_0} - s^{-0}, g_j^{i_0} + s^{+0})$ 为治理有效单元。

应用以上给出的城域单元（群）有效性的判定方法和治理效率的优化分析方法可以对治理实践的效果进行效率评估。为了便于应用，以下给出评价城域经济治理效率的工作步骤：

（1）根据城域经济治理要求对可实现的治理方案集 $T_{\mathrm{DMU}} = \{T_{\mathrm{DMU}}^1, T_{\mathrm{DMU}}^2, \cdots, T_{\mathrm{DMU}}^M\}$ 进行筛选，确定 $T_{\mathrm{DMU}}^{i_0} = \{\mathrm{DMU}_j^{i_0} \mid j = 1, 2, \cdots, n\}$ 为城域单元集以及各城域单元资源投入的种类和数量。

（2）选择与城域单元对应的样本单元集 $T^* = \{(\bar{x}_{jp}, \bar{y}_{jp}) \mid p = 1, 2, \cdots, \bar{n}_j\}$，并构造相应的样本生产可能集 $\bar{T}$。

（3）通过规划 $(D_{\mathrm{DMU}_j^{i_0}})$ 计算得出城域单元 $\mathrm{DMU}_j^{i_0}$ 相对于样本单元集 T^* 的相对效率集 $V_{T_{\mathrm{DMU}}^{i_0}} = \left\{ V_{\mathrm{DMU}_j^{i_0}} \mid \mathrm{DMU}_j^{i_0} \in T_{\mathrm{DMU}}^{i_0}, j = 1, 2, \cdots, n \right\}$。

（4）根据定义 12.2～定义 12.4 判定城域单元群是否整体有效。

（5）若城域单元群整体有效，停止；否则根据规划 $(D_{\mathrm{DMU}_j^{i_0}}^\varepsilon)$ 对治理无效单元进行调整，使该城域单元效率和城域单元群的整体效率得到改进。

（6）若步骤（5）的调整无效，返回步骤（2），重新确定样本单元集，或者返回步骤（4），由决策者根据具体情况作出判定。

12.5　实例与结果分析

以下对 1983 年以后国务院先后批准的 14 个单列市发展的相对有效性进行评价。城域经济治理效率由人口发展状况（O_1）、社会总体科技水平（O_2）、生活主体状况（O_3）、社会公共事业状况（O_4）、社会生活管理状况（O_5）和环境状况（O_6）六个方面决定。O_1 可通过人口自然增长率（a_1）、人口密度（a_2）来衡量，O_2可通过高等学校在校学生数（a_3）、万名职工拥有科技人员数（a_4）来衡量，O_3可通过人均生活费收入（a_5）、职工平均工资（a_6）、人均年末储蓄余额（a_7）、人均居住面积（a_8）来衡量，O_4可通过每万人拥有公共汽车辆（a_9）、百人占有话机数（a_{10}）、每万人拥有医生人数（a_{11}）来衡量，O_5可通过每十万人交通事故死亡人数（a_{12}）、每十万人火灾死伤人数（a_{13}）共两个指标来衡量，O_6可通过城市绿化覆盖率（a_{14}）、城市人均绿地面积（a_{15}）、工业废水处理率（a_{16}）、工业废气处理率（a_{17}）、工业固体废物处理率（a_{18}）来衡量。根据上述指标体系，收集到各指标数据如表 12.1 所示。

应用($D_{\text{DMU}y}$)模型（令 $\delta_I = 0$）从人口、科技、生活、公共设施、社会生活管理和环境几个方面进行凝聚处理后得到各决策单元的效率排序为："深圳、广州、大连、武汉、南京、沈阳、成都" > "厦门、长春、重庆、哈尔滨、宁波" > "青岛、西安"。从计算结果的分析来看，深圳、广州、大连、武汉、南京、沈阳、成都要好于厦门、长春、重庆、哈尔滨、宁波，而青岛、西安则相对较差。根据模型中松弛变量和剩余变量的情况可知，厦门排名并不理想的原因是职工中科技人员较少、交通死亡率较高等。青岛的排名靠后的原因是废物处理和绿化程度相对较差、公共设施人均占有率相对较低等。

样本数据包络分析方法应用于城域经济治理效率综合评价工作是行之有效的，主要表现在：根据传统 DEA 方法能够直接给出样本生产可能集的多种形式，城域经济治理有效单元与相应的多目标规划 Pareto 有效解之间存在严格的等价关系，应用样本单元构造的样本生产前沿面可以作为待评价单元的有效参照，可以通过主元效率法、平均效率法、最优综合效率法等多种方法对城域单元群的整体效率进行度量，应用投影理论能够对无效单元进行效率改进的实践，评价方法、指标体系和评价步骤简单明了，易于操作。城市经济结构的调整和优化与经济治理效率的评估与村域经济、县域经济大不相同，因为城市的"性格"较之于其他行政区域而言更加突出，形象更加鲜明，这就要求要分门别类地区别对待，治理效率的评估工作也要充分考虑城市的特色，引入"偏袒"和"偏好"的概念能对评价工作的进行起到很好的突破作用。城域经济作为县域经济和村域经济的集成，在行政区域经济结构优化和经济治理当中担当重要的角色，城域经济治理的措施和效果直接影响着下一级区域的治理成效。因此，对城市经济进行结构方面的讨论和效率方面的评估是对行政区域经济治理的有效把握。

表 12.1 14 个计划单列市主要指标数据

	指标	1 武汉	2 沈阳	3 广州	4 哈尔滨	5 重庆	6 南京	7 西安	8 大连	9 成都	10 长春	11 青岛	12 宁波	13 厦门	14 深圳
O_1	a_1	9.4	7.7	10.4	9.3	5.4	11.1	14.8	9.5	6.9	17	9.9	8.1	11	11
	a_2	2307	1288	2454	1709	1929	2607	2462	981	2009	1854	1846	1039	1063	1104
O_2	a_3	99254	57176	67969	50228	45344	70181	83173	35475	56674	51410	15183	4871	13239	4419
	a_4	899	1050	396	844	631	1118	315	786	1292	1044	1077	418	458	345
	a_5	1324	1453	2351	1146	1335	1373	1343	1484	1565	1175	1455	1742	2024	3434
	a_6	1943	2144	3377	1938	2010	218	1926	2334	2070	1914	2251	2208	2878	3900
O_3	a_7	1162	1517	2868	1445	804	1354	1568	1938	1211	1442	1365	1303	1649	7454
	a_8	5.92	5.43	4.89	5.5	4.87	6.99	6.09	5.96	7.31	5.71	6.39	7.15	7.33	10.91
	a_9	5.19	2.88	4.07	3.67	4.42	4.57	3.01	4.98	3.08	3.33	3.83	1.70	2.69	10.91
O_4	a_{10}	3.6	3.7	7.4	0	2.5	5.1	5.1	3.8	4.1	4.3	3.8	5.6	5.9	28.4
	a_{11}	34	34	36	38	17	31	31	22	24	21	20	15	22	47
O_5	a_{12}	41.65	50.16	43.36	26.47	47.69	25.82	56.59	36.91	36.57	20.95	14.25	31.28	57.47	96.49
	a_{13}	0.87	0.69	1.48	0.54	1.6	0.33	1.23	0.17	0.36	1.57	2.42	4.21	1.08	1.57
	a_{14}	0.25	0.19	0.19	0.21	0.16	0.34	0.25	0.29	0.19	0.36	0.20	0.09	0.23	0.37
	a_{15}	7.11	5.59	6.04	8.05	0.91	8.8	5.8	5.65	1.76	6.17	2.81	1	8.38	35.24
O_6	a_{16}	0.23	0.12	0.41	0.1	0.24	0.28	0.12	0.39	0.32	0.29	0.41	0.18	0.23	0.34
	a_{17}	0.85	0.64	0.72	0.64	0.42	0.5	0.63	0.67	0.41	0.69	0.57	0.43	0.74	0.52
	a_{18}	0.19	0.1	0.38	0.04	0.04	0.1	0.07	0.1	0.18	0.02	0.03	0.02	0.43	0.50

12.6　城域经济治理效率提升的策略

12.6.1　促进城市经济治理的结构转型

市场是推动城市经济转型的根本力量，但市场是以经济利益为导向的，不能做到完全合情合理地配置城市资源。因此，政府作为城市管理者，要兼顾各方利益相关者感受，及时、有力地规划整治，有意识地引导城市资源向目标环节流动，让城市高效、集约地转型到后工业社会形态，但同时又不能超越市场力量采取过多的行政干预。所以说，城市经济转型对政府而言是一个挑战，既要看到转型升级的大趋势、大方向，又要合理地运用具体的、恰当的手段去促进转型。发达国家的城市经济发展管理部门在城市经济转型过程中发挥了积极的促进作用，在政策制定、产业振兴、空间布局、鼓励创新等方面提供了可借鉴的治理经验。

1）制定产业发展战略，有效应对转型阵痛

城市经济进入工业化后期时，郊区化、环境污染、交通拥堵、中心区域空间不足等问题会越来越严重。此时政府要意识到这诸多问题意味着产业转型期的到来，要把握产业转型主线、顺应产业转型的趋势，整体应对这些问题。城市产业转型是个艰难的过程，不是一蹴而就的，至少这三个方面会困扰转型过程中的城市：经济增速下滑、就业下降和短期财政危机。在转型初期，制造业的外迁和衰退步伐加快，而第三产业尤其是生产性服务业发展速度比较慢，一定时期内城市产业就会出现青黄不接的真空状态，这样必然会导致经济增速下滑。经济增速下滑的直接表现就是就业量的下降，纽约、伦敦、东京等大城市都经历过产业转移造成大量工人失业的过程。另外，转型期的大量投资主要起到促进新兴产业发展的基础性、引导性作用，这样的产业初创期投资短期内是很难获得经济效益的，城市政府财政在这个阶段是很容易陷入财政危机的。比如，纽约市政府为了推进产业转型，采取了赤字财政政策，导致1975年纽约爆发了史上最严重的财政危机；东京在1975—1978年同样出现了101万亿日元的财政赤字。为了应对这些转型阵痛，纽约制定了多种战略措施，如工业园区和区域经济发展战略、振兴外向型服务业战略等。这些战略实施之后，劳动力和企业回流迹象明显，使得纽约经济于1981年回归正常发展状态。东京利用房地产价格上升、工资上涨与货币升值等市场手段倒逼工业企业转移，建设了大量

白领公寓、商务办公楼、停车场等公共设施，为生产性服务业的发展打好基础。

2）出台城市全面发展规划

从国际大都市的发展历史来看，各个城市在转型期间都经历过数次都市圈规划，巴黎有6次，纽约有3次，东京有5次。全面的发展规划有利于统筹市场机制和宏观调控手段，有利于区域协调发展，有利于城市可持续发展。概括而言，全面的城市规划至少应包括以下方面：第一，促进产业结构从制造业为主向生产性服务业主导转型升级，建立多中心产业转移承载体。巴黎的8个新城建设和东京的"一都七县"规划，一方面为制造业转移找到了承载空间，为新兴产业腾出了发展空间，另一方面也促进了多中心区域经济的形成和发展，优化了产业、人口、城市功能的空间布局。第二，集聚发展生产性服务业，实现区域高度专业化。曼哈顿是纽约最重要的金融企业、商业机构所在地，在曼哈顿区内，华尔街和商业机构分别分布在曼哈顿下城和中城。伦敦最大的金融中心是伦敦城，该区域内银行数居世界城市之首，是世界上最大的国际保险中心。东京市中心的丸之内是东京银行最集中的地方，乐町区是文化娱乐中心、剧场和游乐场聚集区，银座区是世界百货总汇的商业中心。第三，注重公共服务、信息体系、交通网络，尤其是创新人才等要素供给。香港具备先进的金融基础设施、世界级水平的金融人才、完善的监督制度以及效率极高的资本流动，推动香港的城市功能向服务中心和管理中心转型。纽约是美国移民汇集、人才聚集的重要城市，众多高技术人才为纽约的产业发展提供了强大的人才支撑。第四，树立生态观念和人文观念，建设充足的自然空间与文化空间。新加坡把建设"花园城市"作为基本国策，在环境建设上严格控制绿线，规定城市绿化不得少于30%。1909年《芝加哥规划》中划定了1千米宽、39千米长的滨水区，100多年来，历届政府坚持不懈地实施这一规划设想，建设了博物馆园区、城市广场、海军码头区、千禧年公园等设施，成为最能展现芝加哥的城市特色和魅力的滨水开敞空间。

3）治理模式从单中心向多中心转变

单中心治理模式也被称为"巨人政府"，认为单一的、大规模的等级制政府组织可以有效完成公共物品和服务供给。在否认公共物品和服务的异质性及投票者偏好的差异性前提下，该治理模式下的公共物品和服务的供给结构呈现出一元性、一体化、等级制的特征。而多中心治理模式打破了单中心治理模式的集权和垄断，认为由多个权力中心组成的治理网络体系能够更好地调配社会资源、承担公共产品与服务的供给职责。多中心治理模式引入了政府组织、公民组织、企业组织等多个利益主体，实现了主体多元化、权利非垄断化和决策民主化。尽管对两种治理模式的优劣还存在理论上的争议，但从著名城市的治理经验来看，多中心治理模式取得了很好的成效。汉诺威着力通过企业、家庭和各个社会群体的共同参与来推进中心城区发展，在"汉诺威2020"规划中，零售业者、媒体、地产、居住委员会以及宗教文化团体等代表都积极参与到规划理念的制定过程中。英国早在1947年颁布的《城乡规划法案》中就明确了公众参与城市治理的法律地位。1976年，纽约市制定的《土地使用统一审查程序》中强调，城市改建项目实施前期必须经过公众参与土地使用审查程序。匹兹堡在20世纪80年代以来开展的以经济转型为目标的复兴运动中，积极吸引企业在内的各种非营利性民间组织和城市居民，与政府通力合作，推动城市的更新改造与产业转型。

12.6.2 实现经济社会协同发展

改革开放近四十年来，城市经济得到了粗放式的大发展，但是在资源约束、人力约束和制度约束下，它在创新发展和经济转型以及社会治理升级方面的短板正在制约着今后相当一段时间的发展质量和发展效益。实施经济领域和社会领域的创新驱动，推进经济社会协同发展成为"十三五"机遇期各大城市的重要战略。

1）实施创新领先战略，推动经济社会双轮驱动

创新驱动不仅是指科技领域的创新，还应包括体制机制的创新、城市管理的创新、农村经济社会发展方式和道路的创新等。近年来，虽然各类城市发展迅速，但是不同城市经济总量、固定投资总量和消费总额还是相差甚大，整体来讲东部地区城市要好于中部地区城市，中部地区城市要好于西部地区城市。在金融、互联网与新兴产业发展等方面，在社会体制机制改革方面，在平安城市建设方面，在升级版的外贸经济发展方面，沿海

城市走在内陆城市的前面。这一局面的形成，与"十三五"期间东部沿海地区实施的创新驱动战略以及扎实高效的执行系统紧密相关。各区域中心城市要想保持总量优势，在未来发展引领周边其他城市，在未来先进产业、社会管理、高精尖企业和高素质人才等方面形成聚集区，发挥集群聚集的联合效应，以高质量、高效益和高群众满意度来提升整个城市竞争力，就必须以超常的战略眼光和新思维来谋划城市经济、社会发展的举措。在经济竞争力打造上，要以智慧经济为着力点，通过技术创新、网络创新和模式创新形成新的优势。围绕激发市场活力，以经济改革为抓手，以城市创新为动力，以克服尖端技术、高端服务业短板为突破口，打造智慧网络经济新形态，培育新的经济增长点，推进城市核心区与郊区协调发展。技术创新、现代企业建设和战略性新兴产业发展要齐头并进，层层推进，环环紧密联系，形成整体竞争合力。在提升核心城区服务经济竞争力的同时，在城乡严重并存的区域，一方面要筑巢引凤，建设完善基础设施建设；另一方面要改善城中村面貌，推行城市化管理，促进城市区域经济社会的一体发展。在社会治理体系建设上，要以平安和谐稳定为底线，在此基础上紧跟经济形态的变化创新社会服务、政府管理，真正让高效便捷的服务惠泽群众。创新社会治安面防控，完善社区网格化管理，大力引导和发动群众参与社会治理，充分发挥社会力量的自治作用，真正实现社会协同自治。强化出租屋和流动人口管理，加大违法用地整治，实施城中村和城乡接合部综合治理。大力运用信息技术，改革工作程序，实施流程再造，打破人情办事和关系办事的桎梏，推行公开阳光透明的办事规则和流程，切实树立起阳光诚信高效的社会形象。以现有文化沉淀为基础，深挖深究其根源，加大各类文物遗迹的改造提升，并与国民旅游休闲相结合，大力发展现代文化，在动漫、设计和创意等方面形成具有本地城市品牌的文化符号，并充分发挥历史文化和现代文化在社会发展中的潜移默化的影响作用。

2）构建强力战术支撑，实现经济社会协同发展

推进创新驱动和经济结构调整及郊区经济提档升级，全方位激发经济活力，提高经济整体质量和竞争力。经济结构升级要以创新驱动为动力，经济转型是否成功要以各地区是否协调发展、三大产业是否得到优化为标尺。城市经济发展质量和经济竞争力的提高，必须要靠创新驱动和经济转

型来实现。一是实施进一步调整优化经济结构战术，大力提高发展质量和效益。推进产业创新发展，坚持先进制造业和现代服务业双轮驱动，加快高端高质高新产业发展，构建集群集聚集约产业体系。在优化结构中稳增长，在创新驱动中促转型，为城市长远发展增添后劲。具体来讲，就是围绕信息技术、重大装备技术、都市农业技术、海洋技术、环保技术和生物医药技术等经济社会发展需要的、具有国家导向性的技术领域，大力组织开展攻关研究，用高效、公平、务实的科技改革举措，推动科技人员、科技企业和科技产业大发展。同时，引导广大企业提高管理效益，通过运用现代管理技术和手段，改革建立现代企业制度，打造一个与科技发展相对称的企业发展软实力。促进战略性新兴产业发展，建设重大园区和项目。推进传统制造业企业技术升级，大力实施"三旧改造"，推进全国旅游综合改革试点，推动专业批发市场向展贸化、信息化、标准化转型发展，促进产业升级。推进总部经济发展，加大总部企业引进力度，建立总部企业协调服务机制，培育本土总部企业。二是实施进一步优化创新驱动战术，形成万众创新的综合配套体系。推进财政科技经费和科技企业孵化器倍增计划，引进和共建新型研发机构，组建一批产学研协同创新联盟，推进科技服务业发展，加大科技成果转化力度。实施创新创业人才支持计划，推进人才合作示范区和人才资源服务产业园建设，提高创新创业人才覆盖面，增强自主创新能力。建设知识产权枢纽城市，设立知识产权交易中心，推进国家版权贸易基地建设。推进金融创新发展，出台完善互联网金融、普惠金融和科技金融扶持政策，积极开展跨境人民币贷款、小额贷款保证保险、科技项目抵押贷款等创新业务，促进新型金融服务业态的集聚发展。三是发展以现代农业和都市休闲旅游业为主的产业经济，提升城乡接合部乡村的经济活力。城乡接合部乡村地区应实施与城区错位发展战略，根据都市对优质农产品的巨大需求，以提高农业供应保障能力、可持续发展能力和农产品质量安全水平为重点，充分发挥区位优势、资源优势和产业优势，走现代化高端绿色农业的发展道路。

3）打造市场化、法治化、国际化营商环境和干净整洁平安有序城市环境，提高社会治理能力现代化水平

城市发展，关系人民群众福祉，关乎城市未来。围绕建设干净整洁平

安有序有开放魅力的现代化生态宜居城市，科学规划，注重长远，打牢基础，重点推进，全面提升城市综合竞争力和国际影响力。一是推进平安城市建设，营造规范、公平有序的市场环境。严厉打击制假售假违法行为，落实安全生产责任，组织重点领域安全专项整治，提升安全生产事故应急救援能力。强化城市精细化管理，完善城市管理综合执法体制，维护市容环境秩序，提升群体性事件应急处置水平，维护社会和谐稳定。二是推行城乡接合部综合整治，向营商环境和城市环境的盲点难点宣战，切实提升城市品质和形象。营商环境和城市环境的难点在城乡接合部，在城中村和郊区。在新型城市化发展中推进城乡一体化，城乡接合部的综合整治和优化发展举足轻重。其一要科学规划，强化乡村集体文化认同。其二要创新管理，建立新型城乡接合部社会综合治理体系。其三要大力推进法治政府建设，打造真正法治化、国际化的行政服务环境。用法治思维和法治方式履行职责，加快建设法治政府、诚信政府、廉洁政府和节俭政府。出台加强法治政府建设规划，加强经济、民生、社会和生态等方面的制度建设，健全地方法治体系。推行行政综合执法，理顺省市、区、镇行政管理权限。实行重大行政决策合法性审查，扩大公众对政府决策的有序参与，扩大网上办事大厅与实体政务大厅职能范围，打造阳光政府。发挥社会组织参与社会治理的作用，完善多元主体治理体系。全面推行市民卡，拓宽服务事项，进一步整合非紧急类政府服务专线，畅通政府服务群众的桥梁。

12.6.3　创新城市经济管理模式

1）注重城市经济的综合发展和城市定位

明确新常态与城市发展内涵的关系，确立城市发展目标，科学认识GDP，转变将 GDP 作为城市发展的唯一考量，切实关注社会问题、弱势群体、人文关怀、历史文脉、生活质量，追求绿色 GDP、可持续发展的 GDP，把经济发展、结构调整、经济质量和 GDP 给我们带来的效益统一起来。借助增速放缓的机遇，通过经济调节手段，推进城市经济结构和发展方式的转变，一方面调节城市经济增长的总量与速度，将经济结构从增量扩张为主向调整存量、做优增量并存的深度调整；另一方面推动经济发展方式从粗放增长转向质量效率型集约增长，提高城市经济增长的效率、效益和质量，实现城市经济的优化增长，平衡投资的需求与总量的供给。坚持以人为本，寻找新常态下新的经济增长点，只有惠及人民的经济增长才能给经济发展带来持久动力，只有在个体分享到经济发展的成果才能实现需求市场的扩大，进而弥补消费不足的缺陷，增强城市经济增长内生动力，形成经济发展的良性循环。城市的定位取决于多方面因素，包含城市功能定位、产业定位和性质定位等。科学的城市定位能够正确指导经济的发展方向、优化配置生产要素、有效提高经济运行效率和提升城市竞争力。全面深刻分析"新常态"下的经济发展趋势，根据自身条件和竞争环境，合理地确定城市发展策略：一是明确城市的功能定位，从全国和区域角度出发，弱化行政分割带来的城市功能的均质化，结合自身的资源禀赋及发展现状，准确定位城市功能，避免城市之间的同构化竞争，促进城市之间的优势互补；二是正确把握城市产业的市场定位，城市产业结构调整和优化升级的方向必须协同城市功能定位，先进的产业并不一定是最合适的产业。城市产业发展是城市经济发展的重要支柱，合理的产业定位有助于产业的快速发展和充分发挥城市的优势和特色，为产业链的形成和延伸发展提供更多的空间，并有机会领先与该行业；三是城市性质定位，即城市在一定范围内的政治、经济与社会中所处的地位和所担负的职能，城市的性质定位要突出城市的个性，区分城市的主要职能和其他职能，只有主要职能影响力的提高，才能反映城市的地位和作用。

2）建立公平合理的市场秩序，促进城市绿色发展

市场秩序是城市经济管理主体的管理行为和经济主体交易行为的总和。公平合理的市场秩序能够保证城市经济良好的发展，城市经济管理的最重要内容就是创建公平有序的市场秩序，以保证交易公平和竞争平等，同时也保护经营者和消费者的合法权益。在"新常态"下，要调整政府与市场的关系，首先要突出法治手段对市场秩序的作用，放弃过去惯用的行政手段对市场经济的干预，真正实现政资独立、政企分开，强化行政部门的监督和服务职能，通过监督检查制止扰乱市场秩序的行为；其次是运用经济手段的杠杆作用对市场经济主体的行为进行调节，创造自由、透明、公正的投资环境，使社会的资源得到最大化配置；其次是交易的有序进行，交易的价格能真实反映交易内容的价值，避免由人为的交易管制所产生的交易价格扭曲和信息披露错误；最后是规范竞争行为，竞争的方式和途径

应由市场自身调节，消除过度竞争、无序竞争和不正当竞争的现状。城市的绿色发展内涵就是强调经济发展与环境保护的协调统一，也是实现城市经济可持续发展的重要路径，并且成为当今世界各城市的发展趋势。绿色发展首先注重的是对生态环境的保护，经济的发展要适应自然系统；其次是提高资源的利用率，重视科学技术投入，节约投入成本，严格控制高能耗生产，降低污染排放；再次是培养城市居民可持续消费行为，建设城市的绿色人文系统，倡导低碳节能的生活方式，提高环保意识，要求企业生产环境友好型的"绿色商品"；最后是建立整个城市的经济循环系统，关系到社会中的每一个经济个体的长期持续性循环，所以要从社会全局角度出发，立足长远，运用生态经济原理，在各行业、产业间建立生态联系，开展废旧资源回收再利用，形成社会性"大"循环，是企业与企业、企业与居民、企业与环境之间和谐发展。

3）加快推进传统产业改造升级，构建城市现代产业体系

我国传统产业发展状况已表明我国即将步入产业生命周期的衰退阶段，呈现出技术落后、产品附加值低、市场竞争力不足、高耗能高污染等现状，通过引进技术和消化吸收再创新提高自主创新能力来推进传统制造业的改造升级，是实现传统产业重焕生机、提高传统产业竞争力和活力的重要途径。推动传统产业升级主要包含四方面内容：一是依靠高新技术改造传统产业，突破关键技术瓶颈，重视新型技术的推广应用，积极引进先进制造工艺，推动传统产业获得新的发展动力；二是延伸传统产业链条，通过产品技术创新，促进产品升级换代和产品的精深加工，提高产品附加值，创造市场新的需求；三是运用现代信息技术改造传统产业，实现传统产业在开发、生产、销售和服务各个环节中的信息化；四是规范企业排放标准，严格控制污染排放，促进循环经济发展，鼓励传统产业的低碳生产。现代产业体系是一个既与世界接轨又具鲜明特点的三次产业构成，要求制造与创造并重、制造业和服务业共同发展、信息化辅助工业化发展。传统产业的转型升级必须以构建现代产业体系为目标，形成以人才技术为支撑并且不断创新的产业发展动力。构建现代产业体系需要从三个方面入手：一是构建比例协调、结构合理、技术先进、低耗节能、布局科学、附加值高的产业体系；二是推进产业信息化的快速发展，深化信息技术在各重点

行业的应用，促进信息产业与制造业和服务业的高度融合，提高产业中的信息化水平，解决产业发展中的关键问题；三是加快构建符合城市现状的现代产业体系，营造有利于产业发展的政策环境，把创新作为应对新常态的核心动力，盘活经济存量的同时要优化增量，优化配置城市资源，发挥城市优势，不断提高城市产业发展的质量和效益。

13 区域经济治理框架下产学研合作效率的综合评价

作为区域经济治理的主要构成部分，企业、高校、科研机构在社会功能与资源优势上的协同与集成，日益促进着区域经济和社会经济的整体进步。产学研合作是组织间资源共享的一种典型方式，如今已经较深入地渗透到国家工业生产、基础设施建设、医疗卫生等各个领域，并成为国家战略实施的一部分，对该问题的探讨也日渐成为管理科学和经济学研究的重点内容。同时，产学研合作的不断演化也迫切要求合作有效性评价理论与评价方法的创新。包括 DEA 在内的传统评价方法在处理产学研合作效率问题时会遇到以下困难：① 基于资源共享的产学研合作会使企业、高校、科研机构的投入产出发生变化，时间序列数据将失去可比性，这与 DEA 等方法对决策单元的要求相违背；② 产学研合作建立在优势互补的基础上，这就使得合作单元的不同投入产出指标的重要程度存在差异，单纯进行无量纲评价会失去实际意义；③ 产学研合作是明显的跨领域行为，而 DEA 等传统评价方法只能依据同类单元确定的参考面提供评价信息，不能将参考标准根据实际情况任意指定；④ 对产学研合作效率的评价除需度量各合作单元的效率外，还要对合作单元群的整体效率进行测量，以便考察合作行为的实际效果，这是 DEA 等传统方法不能提供的。因此，以决策单元的资源共享为基础，突破传统数据包络分析方法无法依据任意参考面提供评价信息的限制，给出了带有指标约束的评价产学研合作效率的广义样本数据包络分析模型（C-C^{2}WH），分析了该模型刻画的合作有效性与相应的多目标规划非支配解之间的关系，探讨了合作单元在样本可能集中的投影性质和无效单元效率改进的途径和尺度，并进一步给出了合作单元群整体效率度量的典型方法和评价步骤。这些工作可以弥补传统 DEA 方法评价产学研合作效率的不足：① 在合作单元所在领域内选取同类样本单元，可以得到合作单元相对于样本单元的效率值，使评价范围从系统内部扩大到了系统间；② 通过对资源共享问题的量化分析，将评价方向从不可比的纵向转移为可比的横向，使截面数据的选取成为可能；③ 构造带有约束锥的评价合作有效性的综合模型，能够针对不同合作情况给出相应的评价尺度；④ 结合各个合作单元的相对效率，构造合作单元群整体效率的度量方法，不仅能够评估产学研合作的实际效果，而且还能找出合作无效的原因和改进的方向，并能进一步预测产学研合作可能达到的理想状况。

13.1　产学研合作效率评价模型

假设区域内共有 n 家企业、高校和科研院所（以下统称为合作单元）计划进行产学研合作，其中第 $j(j=1,2,\cdots,n)$ 个合作单元 DMU_j 的特征可由 m_j 种输入和 s_j 种输出表示，即

$$\boldsymbol{x}_j = (x_{1j}, x_{2j}, \cdots, x_{m_j j})^{\mathrm{T}}, \boldsymbol{y}_j = (y_{1j}, y_{2j}, \cdots, y_{s_j j})^{\mathrm{T}}, (\boldsymbol{x}_j, \boldsymbol{y}_j) > \boldsymbol{0}, j = 1, 2, \cdots, n \qquad （1）$$

考虑到实际操作中可实施的产学研合作方案是有限的，设可实现的合作方案集为

$$T_{\mathrm{DMU}} = \left\{ T_{\mathrm{DMU}}^1, T_{\mathrm{DMU}}^2, \cdots, T_{\mathrm{DMU}}^{\mathrm{M}} \right\}, \text{ 显然 } 1 \leqslant M < \infty$$

其中，$T_{\mathrm{DMU}}^i = \{DMU_j^i \mid j=1,2,\cdots,n; i=1,2,\cdots,M\}$ 为第 i 个产学研合作方案对应的合作单元集；DMU_j^i 是该方案中的第 j 个合作单元。

定义 13.1　分别以 $\boldsymbol{x}_1, \boldsymbol{x}_2, \cdots, \boldsymbol{x}_n$ $(x_i \neq x_j, i \neq j)$ 为资源投入的决策单元 $DMU_1, DMU_2, \cdots, DMU_n$ 相互作用后，其资源投入分别转化为 $f_1^i(\boldsymbol{x}_1, \boldsymbol{x}_2, \cdots, \boldsymbol{x}_n), f_2^i(\boldsymbol{x}_1, \boldsymbol{x}_2, \cdots, \boldsymbol{x}_n), \cdots, f_n^i(\boldsymbol{x}_1, \boldsymbol{x}_2, \cdots, \boldsymbol{x}_n)$，若 $\sum_{j=1}^n \boldsymbol{x}_j = \sum_{j=1}^n f_j^i(\boldsymbol{x}_1, \boldsymbol{x}_2, \cdots, \boldsymbol{x}_n)$，对 $\forall DMU_j (0 \leqslant j \leqslant n)$ 有 $\frac{\partial}{\partial \boldsymbol{x}_l} f_j^i(\boldsymbol{x}_1, \boldsymbol{x}_2, \cdots, \boldsymbol{x}_n) \neq 0 (0 \leqslant l \leqslant n)$，则称决策单元 $DMU_1, DMU_2, \cdots, DMU_n$ 实现了资源共享。

根据定义 13.1 和微观生产理论，实现资源共享的合作单元的产出可由合作单元群（由所有合作单元组成）的投入共同表征，因此将合作单元 DMU_j^i 的输入输出指标表示为

$$(f_j^i, g_j^i) = (f_j^i(\boldsymbol{x}_1, \boldsymbol{x}_2, \cdots, \boldsymbol{x}_n), g_j(f_j^i(\boldsymbol{x}_1, \boldsymbol{x}_2, \cdots, \boldsymbol{x}_n))) > 0, j = 1, 2, \cdots, n \qquad （2）$$

此外，由于不同合作单元可能分属不同领域，投入产出指标存在差异，不宜用统一标准进行相对效率评价。为此，在不同合作单元所在领域内选取同类单元作为参照将解决这一困难。假设针对 DMU_j^i 存在

$\overline{n}_j(j=1,2,\cdots,n)$ 个样本单元作为其对照单元，其中第 $p(p=1,2,\cdots,\overline{n}_j)$ 个样本单元的输入输出指标值分别为

$$\overline{\boldsymbol{x}}_{jp}=(\overline{x}_{1jp},\overline{x}_{2jp},\cdots,\overline{x}_{m_jjp})^{\mathrm{T}},\overline{\boldsymbol{y}}_{jp}=(\overline{y}_{1jp},\overline{y}_{2jp},\cdots,\overline{y}_{s_jjp})^{\mathrm{T}},(\overline{\boldsymbol{x}}_{jp},\overline{\boldsymbol{y}}_{jp})>\boldsymbol{0},p=1,2,\cdots,\overline{n}_j$$

（3）

令 $T^*=\{(\overline{\boldsymbol{x}}_{jp},\overline{\boldsymbol{y}}_{jp})\,|\,p=1,2,\cdots,\overline{n}_j;j=1,2,\cdots,n\}$ 为第 j 个合作单元对应的样本单元集。

样本单元的选择方式如图 13.1 所示，通过对传统样本数据包络分析方法的改进，将评价范围从系统内部扩大到了系统间，突破了因决策单元类型不同而导致的被评价对象不具有"可比性"的局限，实现了参考面的任意指定。

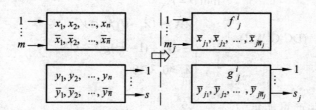

图 13.1　参考面选择的对比

为了体现决策者对不同输入和输出指标重要性程度的偏好，约定 $V\subseteq E_{m_j}^+,U\subseteq E_{s_j}^+$ 为闭凸锥，$\mathrm{int}V\ne\varnothing,\mathrm{int}U\ne\varnothing,V^*=\left\{v\,|\,\hat{v}^{\mathrm{T}}v\leqslant 0,\forall\hat{v}\in V\right\},U^*=\{u\,|\,\hat{u}^{\mathrm{T}}u\leqslant 0,\forall\hat{u}\in U\}$ 为 V,U 的极锥，且 $f_j^i,\overline{\boldsymbol{x}}_{jp}\in\mathrm{int}(-V^*)$，$g_j^i,\overline{\boldsymbol{y}}_{jp}\in\mathrm{int}(-U^*)$。$\overline{\boldsymbol{X}}_j=(\overline{\boldsymbol{x}}_{j1},\overline{\boldsymbol{x}}_{j2},\cdots,\overline{\boldsymbol{x}}_{j\overline{n}_j})$ 为 $m_j\times\overline{n}_j$ 矩阵，$\overline{\boldsymbol{Y}}_j=(\overline{\boldsymbol{y}}_{j1},\overline{\boldsymbol{y}}_{j2},\cdots,\overline{\boldsymbol{y}}_{j\overline{n}_j})$ 为 $s_j\times\overline{n}_j$ 矩阵。

下面以样本单元为参照，以合作单元 $\mathrm{DMU}_j^{i_0}$ 的效率指数为评价对象构造评价模型

$$\max\frac{u^{\mathrm{T}}g_j^{i_0}}{v^{\mathrm{T}}f_j^{i_0}}=V_{\mathrm{C}}$$

$$(\text{C-C}^2\text{WH})\quad\mathrm{s.t.}\begin{cases}v^{\mathrm{T}}\overline{\boldsymbol{X}}_j-u^{\mathrm{T}}\overline{\boldsymbol{Y}}_j\geqslant 0\\v^{\mathrm{T}}f_j^{i_0}-u^{\mathrm{T}}g_j^{i_0}\geqslant 0\\v\in V\backslash\{0\},u\in U\backslash\{0\}\end{cases}$$

（4）

定义 13.2　若规划 (C-C²WH) 的最优解中有 v^0,u^0 满足 $V_{\mathrm{C}}=1$，则称合作单元 $\mathrm{DMU}_j^{i_0}$ 相对样本单元是弱合作有效的。反之，称为弱合作无效。

定义 13.3　若规划 (C-C²WH) 的最优解中有 v^0, u^0 满足 $V_C = 1$ 且 $v^0 \in \mathrm{int}V, u^0 \in \mathrm{int}U$，则称合作单元 $\mathrm{DMU}_j^{i_0}$ 相对样本单元是合作有效的；反之，称为合作无效。

对 (C-C²WH) 使用 C² 变换，同时根据锥的对偶理论，可得如下的对偶规划：

$$\text{(PC-C}^2\text{WH)} \quad
\begin{aligned}
&\max \mu^{\mathrm{T}} g_j^{i_0} = V_{\mathrm{PC}} \\
&\text{s.t.} \begin{cases}
\omega^{\mathrm{T}} \overline{X}_j - \mu^{\mathrm{T}} \overline{Y}_j \geqslant 0 \\
\omega^{\mathrm{T}} f_j^{i_0} - \mu^{\mathrm{T}} g_j^{i_0} \geqslant 0 \\
\omega^{\mathrm{T}} f_j^{i_0} = 1 \\
\omega \in V, \mu \in U
\end{cases}
\end{aligned}$$

$$\text{(DC-C}^2\text{WH)} \quad
\begin{aligned}
&\min \theta = V_{\mathrm{DC}} \\
&\text{s.t.} \begin{cases}
\lambda \overline{X}_j + (\lambda_0 - \theta) f_j^{i_0} \in V^* \\
-\lambda \overline{Y}_j + (1 - \lambda_0) g_j^{i_0} \in U^* \\
\lambda_0 \geqslant 0, \lambda \geqslant 0
\end{cases}
\end{aligned} \quad (5)$$

由此构造的生产可能集为

$$T = \left\{ (x, y) \middle| (x, y) \in (\lambda \overline{X}_j, \lambda \overline{Y}_j) + \lambda_0 (f_j^{i_0}, g_j^{i_0}) + (-V^*, U^*), \lambda_0 \geqslant 0, \lambda \geqslant 0 \right\} \quad (6)$$

定理 13.1　（1）合作单元 $\mathrm{DMU}_j^{i_0}$ 为弱合作有效当且仅当 (PC-C²WH) 的最优值 $V_{\mathrm{PC}} = 1$。

（2）合作单元 $\mathrm{DMU}_j^{i_0}$ 为合作有效当且仅当 (PC-C²WH) 的最优解中有 $\overline{\omega}, \overline{\mu}$ 满足 $V_{\mathrm{PC}} = \overline{\mu}^{\mathrm{T}} g_j^{i_0} = 1$ 且 $\overline{\omega} \in \mathrm{int}V, \overline{\mu} \in \mathrm{int}U$。

在对合作单元 $\mathrm{DMU}_j^{i_0}$ 进行效率评价时，若不存在指标偏好，令 $V = E_{m_j}^+, U = E_{s_j}^+$，有下面的对偶模型：

$$\text{(PC-1)} \quad
\begin{aligned}
&\max \mu^{\mathrm{T}} g_j^{i_0} = V_{\mathrm{PC-1}} \\
&\text{s.t.} \begin{cases}
\omega^{\mathrm{T}} \overline{X}_j - \mu^{\mathrm{T}} \overline{Y}_j \geqslant 0 \\
\omega^{\mathrm{T}} f_j^{i_0} - \mu^{\mathrm{T}} g_j^{i_0} \geqslant 0 \\
\omega^{\mathrm{T}} f_j^{i_0} = 1 \\
\omega \geqslant 0, \mu \geqslant 0
\end{cases}
\end{aligned}$$

$$\min \theta = V_{\text{DC-1}}$$

$$(\text{DC-1}) \quad \text{s.t.} \begin{cases} \lambda \bar{\boldsymbol{X}}_j + (\lambda_0 - \theta) f_j^{i_0} \leqslant 0 \\ -\lambda \bar{\boldsymbol{Y}}_j + (1 - \lambda_0) g_j^{i_0} \leqslant 0 \\ \lambda_0 \geqslant 0, \lambda \geqslant 0 \end{cases} \quad (7)$$

相应的生产可能集为

$$T_{\text{C-1}} = \left\{ (\boldsymbol{x}, \boldsymbol{y}) \middle| (-\boldsymbol{x}, \boldsymbol{y}) \leqslant (-\lambda \bar{\boldsymbol{X}}_j, \lambda \bar{\boldsymbol{Y}}_j) + \lambda_0 (-f_j^{i_0}, g_j^{i_0}), \lambda_0 \geqslant 0, \lambda \geqslant 0 \right\} \quad (8)$$

13.2　产学研合作有效性与相应的多目标规划之间的关系

下面讨论 (PC-C²WH) 模型下，合作有效性及弱有效性与相应的多目标规划之间的关系。考虑多目标问题：

$$(VP) \quad \begin{array}{l} V - \max(-x_1, \cdots, -x_{m_j}, y_1, \cdots, y_{s_j})^{\text{T}} \\ \text{s.t.} \quad (\boldsymbol{x}, \boldsymbol{y}) \in T \end{array} \quad (9)$$

其中　　　　$\boldsymbol{x} = (x_1, x_2, \cdots, x_{m_j})^{\text{T}}, \boldsymbol{y} = (y_1, y_2, \cdots, y_{s_j})^{\text{T}}$.

记　　　　$F(\boldsymbol{x}, \boldsymbol{y}) = (-x_1, \cdots, -x_{m_j}, y_1, \cdots, y_{s_j})$.

定义 13.4　如不存在 $(x, y) \in T$，使

$$F(\boldsymbol{x}, \boldsymbol{y}) \in F(f_j^{i_0}, g_j^{i_0}) - (V^*, U^*), F(\boldsymbol{x}, \boldsymbol{y}) \neq F(f_j^{i_0}, g_j^{i_0})$$

则称 $(f_j^{i_0}, g_j^{i_0})$ 为多目标规划 (VP) 关于 $V^* \times U^*$ 的非支配解。

定义 13.5　如不存在 $(x, y) \in T$，使

$$F(\boldsymbol{x}, \boldsymbol{y}) \in F(f_j^{i_0}, g_j^{i_0}) - (\text{int} V^*, \text{int} U^*), F(\boldsymbol{x}, \boldsymbol{y}) \neq F(f_j^{i_0}, g_j^{i_0})$$

则称 $(f_j^{i_0}, g_j^{i_0})$ 为多目标规划 (VP) 关于 $\text{int} V^* \times \text{int} U^*$ 的非支配解。

定理 13.2　设规划 (PC-C²WH) 的一组最优解为 ω^0, μ^0 且 $\mu^{0\text{T}} g^{i_0} = 1$，则对 $\forall (\boldsymbol{x}, \boldsymbol{y}) \in T$，有 $\omega^{0\text{T}} \boldsymbol{x} - \mu^{0\text{T}} \boldsymbol{y} \geqslant \omega^{0\text{T}} f^{i_0} - \mu^{0\text{T}} g^{i_0}$。

证明　设 ω^0, μ^0 为规划 (PC-C²WH) 的一组最优解，满足 $\omega^{0\text{T}} \bar{\boldsymbol{X}}_j - \mu^{0\text{T}} \bar{\boldsymbol{Y}}_j \geqslant 0, \omega^{0\text{T}} f_j^{i_0} = 1$，$\omega^0 > 0$。

由 $\mu^{0\text{T}} g^{i_0} = 1$，故 $\omega^{0\text{T}} f^{i_0} - \mu^{0\text{T}} g^{i_0} = 0$。对 $\lambda \geqslant 0, \lambda_0 \geqslant 0$，必有

$$(\omega^{0\text{T}} \bar{\boldsymbol{X}}_j - \mu^{0\text{T}} \bar{\boldsymbol{Y}}_j) \lambda \geqslant 0, \ (\omega^{0\text{T}} f^{i_0} - \mu^{0\text{T}} g^{i_0}) \lambda_0 = 0$$

则　　　　$\omega^{0\text{T}} \bar{\boldsymbol{X}}_j \lambda - \mu^{0\text{T}} \bar{\boldsymbol{Y}}_j \lambda + \omega^{0\text{T}} f^{i_0} \lambda_0 - \mu^{0\text{T}} g^{i_0} \lambda_0 \geqslant 0$

对 $\forall \boldsymbol{v}^* \in V^*, \boldsymbol{u}^* \in U^*$ 有

$$-\omega^{0T} v^* \geqslant 0, -\mu^{0T} u^* \geqslant 0$$

则
$$\omega^{0T} \overline{X}_j \lambda - \mu^{0T} \overline{Y}_j \lambda + \omega^{0T} f_j^{i_0} \lambda_0 - \mu^{0T} g_j^{i_0} \lambda_0 - \omega^{0T} v^* - \mu^{0T} u^* \geqslant 0$$

整理得
$$\omega^{0T} (\overline{X}_j \lambda + f_j^{i_0} \lambda_0 - v^*) - \mu^{0T} (\overline{Y}_j \lambda + g_j^{i_0} \lambda_0 + u^*) \geqslant 0$$

即对 $\forall (x, y) \in T$，有 $\omega^{0T} x - \mu^{0T} y \geqslant 0$，又 $\omega^{0T} f_j^{i_0} - \mu^{0T} g_j^{i_0} = 0$，则

$$\omega^{0T} x - \mu^{0T} y \geqslant \omega^{0T} f_j^{i_0} - \mu^{0T} g_j^{i_0}$$

定理 13.3 若合作单元 $\text{DMU}_j^{i_0}$ 为合作有效，则 $(f_j^{i_0}, g_j^{i_0})$ 为多目标规划 (VP) 相对于锥 $V^* \times U^*$ 的非支配解。

定理 13.4 若合作单元 $\text{DMU}_j^{i_0}$ 为弱合作有效，则 $(f_j^{i_0}, g_j^{i_0})$ 为多目标规划 (VP) 相对于锥 $\text{int} V^* \times \text{int} U^*$ 的非支配解。

通过以上分析可知，若合作单元相对于样本单元无效，则至少存在一个样本单元的生产状况优于该单元，即在不增加产出的情况下投入可以按一定比例减少，或者在不减少投入的情况下产出可以按一定比例增加；否则，该合作单元相对于样本单元有效，此时不存在哪个样本单元的生产状况优于该合作单元，它的特征指标已经没有改进的可能性。

13.3 产学研合作有效性的优化分析

无效的合作单元，尤其在产学研合作中扮演重要角色的合作单元，其较低的合作效率将影响合作单元群的整体效率。因此，根据实际情况对这些合作无效单元提出内部优化的方案和措施是十分必要的。

记

$$\hat{X}_j = (f_j^{i_0}, \overline{x}_{j1}, \overline{x}_{j2}, \cdots, \overline{x}_{j\overline{n}_j}), \hat{Y}_j = (g_j^{i_0}, \overline{y}_{j1}, \overline{y}_{j2}, \cdots, \overline{y}_{j\overline{m}_j}), L = \left\{ (x, y) \middle| \omega^{*T} x - \mu^{*T} y = 0 \right\}$$

定义 13.6 若存在 $\omega^* \in \text{int} V, \mu^* \in \text{int} U$ 使得 $\omega^{*T} \hat{X}_j - \mu^{*T} \hat{Y}_j \geqslant 0, L \cap T \neq \varnothing$，则称 L 为 T 的有效面，$S = L \cap T$ 为生产可能集 T 的有效生产前沿面。

定理 13.5 合作单元 $\text{DMU}_j^{i_0}$ 为合作有效当且仅当 $(f_j^{i_0}, g_j^{i_0})$ 位于生产可能集 T 的某个有效生产前沿面上。

对合作单元 $\text{DMU}_j^{i_0}$，继续考虑如下的目标规划，有以下结论：

$$\max (\hat{e}^T s^- + e^T s^+) = V_\varepsilon$$

$$(\varepsilon - C) \quad \text{s.t.} \begin{cases} \overline{X}_j \lambda - (1 - \lambda_0) f_j^{i_0} + s^- = 0 \\ (\lambda_0 - 1) g_j^{i_0} + \overline{Y}_j \lambda - s^+ = 0 \\ \lambda_0 \geqslant 0, \lambda \geqslant 0 \\ s^- \in -V^*, s^+ \in -U^* \end{cases} \quad (10)$$

其中，$s^- = (s_1^-, s_2^-, \cdots, s_{m_j}^-)^T$，$s^+ = (s_1^+, s_2^+, \cdots, s_{s_j}^+)^T$。

定理 13.6　合作单元 $\text{DMU}_j^{i_0}$ 为合作有效当且仅当 $(\varepsilon-C)$ 的最优值 $V_\varepsilon = 0$。

证明　$\text{DMU}_j^{i_0}$ 为合作有效，当且仅当 $(f_j^{i_0}, g_j^{i_0})$ 为多目标规划 (VP) 相对于锥 $V^* \times U^*$ 的非支配解。

当且仅当不存在 $(\tilde{x}, \tilde{y}) \in T$，使得

$$F(\tilde{x}, \tilde{y}) \in F(f_j^{i_0}, g_j^{i_0}) - (V^*, U^*), F(\tilde{x}, \tilde{y}) \neq F(f_j^{i_0}, g_j^{i_0})。$$

当且仅当不存在 $\lambda \geq 0, \lambda_0 \geq 0$ 满足 $(1-\lambda_0) f_j^{i_0} \geq \lambda \bar{X}_j, (1-\lambda_0) g_j^{i_0} \leq \lambda \bar{Y}_j$，且至少有一个不等式严格成立。

当且仅当不存在 $\lambda \geq 0, \lambda_0 \geq 0$ 满足 $(s^-, s^+) \geq 0$，使得 $\bar{X}_j \lambda - (1-\lambda_0) f_j^{i_0} + s^- = 0$，$(\lambda_0 - 1) g_j^{i_0} + \bar{Y}_j \lambda - s^+ = 0$ 成立。

当且仅当 $(\varepsilon-C)$ 的最优值 $V_\varepsilon = 0$。

定义 13.7　设 $(\varepsilon-C)$ 的一个最优解为 $(\lambda^0, \lambda_0, s^-, s^+)$，令 $\hat{f}_j^{i_0} = f_j^{i_0} - s^-$，$\hat{g}_j^{i_0} = g_j^{i_0} + s^+$，称 $(\hat{f}_j^{i_0}, \hat{g}_j^{i_0})$ 为 $(f_j^{i_0}, g_j^{i_0})$ 在生产可能集 T 的有效生产前沿面上的投影。

定理 13.7　若规划 $(\varepsilon-C)$ 的最优解为 $\lambda, \lambda_0, s^-, s^+$，最优值不为零，则 $(f_j^{i_0}, g_j^{i_0})$ 在生产可能集 T 的有效生产前沿面上的投影 $(\hat{f}_j^{i_0}, \hat{g}_j^{i_0})$ 为合作有效。

证明　假设 $(\hat{f}_j^{i_0}, \hat{g}_j^{i_0})$ 不为合作有效，由定义 13.4 知存在 $(\tilde{x}, \tilde{y}) \in T$，使

$$F(\tilde{x}, \tilde{y}) \in F(f_j^{i_0}, g_j^{i_0}) - (V^*, U^*), F(\tilde{x}, \tilde{y}) \neq F(f_j^{i_0}, g_j^{i_0})$$

即存在 $\lambda' \geq 0, \lambda_0' \geq 0$，使 $f_j^{i_0} - s^- = \hat{f}_j^{i_0} \geq \tilde{x} \geq \lambda' \bar{X}_j, g_j^{i_0} + s^+ = \hat{g}_j^{i_0} \leq \tilde{y} \leq \lambda' \bar{Y}_j$，且至少有一个不等式严格成立。取 $s^{-*} = (1-\lambda_0') f_j^{i_0} - \bar{X}_j \lambda', s^{+*} = \bar{X}_j \lambda', s^{+*} = (\lambda_0' - 1) g_j^{i_0} + \bar{Y}_j \lambda', \lambda_0' = 0$，可知 $\lambda', \lambda_0', s^{-*}, s^{+*}$ 为 $(\varepsilon-C)$ 的可行解，且 $\hat{e}^T s^- + e^T s^+ < \hat{e}^T s^{-*} + e^T s^{+*}$，这与 $\lambda, \lambda_0, s^-, s^+$ 为规划 $(\varepsilon-C)$ 最优解矛盾。

以上分析表明：若 $\lambda, \lambda_0, s^-, s^+$ 为 $(\varepsilon-C)$ 的最优解，且 $(\varepsilon-C)$ 的最优值不为零，由定理 13.6 知 $\text{DMU}_j^{i_0}$ 为合作无效。无效的原因主要表现在其特征指标还有改进的可能性，改进的尺度可用 s^- 和 s^+ 刻画，调整后的合作单元 $(f_j^{i_0} - s^-, g_j^{i_0} + s^+)$ 位于有效生产前沿面上，为合作有效。

13.4　产学研合作效率的整体度量及评价步骤

13.4.1　产学研合作效率的整体度量

在评价工作的具体实施阶段，除了需要针对不同合作单元的特征准确选择合作效率的评价模型外，还要对合作单元群的效率进行整体性评估，

以此考察合作行为的实际效果。合作有效性的判定针对的是合作单元相对于样本单元的效率度量问题，而一个合作方案的优劣往往取决于合作单元群整体的运行状态。

取产学研合作整体效果的评价标准为 τ，则 τ 应是在考虑了决策者意愿的同时合作单元效率和样本单元效率的函数。记

$$\tau = \tau(V_{\mathrm{DMU}^{i_0}_j}, V_{T^*}, \sigma),$$

其中 $V_{\mathrm{DMU}^{i_0}_j}$ 为某一合作方案下所有合作单元的效率；V_{T^*} 为该合作方案下每一个合作单元所对应的所有样本单元的效率；$V_{\mathrm{DMU}^{i_0}_j}$ 和 V_{T^*} 为取值 0-1 的变量；σ 为决策者意愿。当确定了函数关系和变量取值后，评价标准 τ 为一个正数。

以下给出合作单元群整体效率度量的几种典型形式：

1）关键单元效率法

在考察合作有效性时，若决策者仅考虑某些关键单元的效率，当这些"关键单元"的效率达到或超过了预定的水平，就认为合作单元群实现了合作目标，则有如下定义：

定义 13.8　假设某种合作方案对应的合作单元集为 $T^{i_0}_{\mathrm{DMU}}$，关键合作单元的集合为 $\overline{T}^{i_0}_{\mathrm{DMU}}$，$\overline{T}^{i_0}_{\mathrm{DMU}} \subseteq T^{i_0}_{\mathrm{DMU}}$，$a$ 是一个正常数，若对任意 $\mathrm{DMU}^{i_0}_j \subseteq \overline{T}^{i_0}_{\mathrm{DMU}}$，都有 $V_{\mathrm{DMU}^{i_0}_j} \geq a$，则称该合作方案下合作单元群为关键型整体有效。

该定义表明，若关键合作单元的效率都不小于预定的水平，则认为该合作方案下合作单元群整体有效。

特别地，若决策者认为任何合作单元对合作的贡献都是不容忽视的，则有 $\overline{T}^{i_0}_{\mathrm{DMU}} = T^{i_0}_{\mathrm{DMU}}$。

2）平均效率法

若决策者以各合作单元效率的加权和作为考察对象，则有如下定义：

定义 13.9　假设某种合作方案对应的合作单元集为 $T^{i_0}_{\mathrm{DMU}}$，a 是一个正常数，若 $\sum_{j=1}^{n} \delta_j V_{\mathrm{DMU}^{i_0}_j} \geq a$，则称该合作方案下合作单元群为平均型整体有效。

该定义表明，当所有合作单元对合作的贡献和影响都不容忽视，且合作单元群整体效率的加权和不低于某一水平时，即认为该合作方案下合作单元群整体有效。

特别地，若决策者认为合作单元的地位平等，则有 $\delta_j = \dfrac{1}{n}, j = 1,2,\cdots,n$ 。

3）最优效率法

当决策者以所有合作方案下合作单元群整体效率（采用平均效率法确定，其他情况与此类似）的最大值为考察对象时，有如下定义：

定义 13.10　假设某种合作方案对应的合作单元集为 $T_{\text{DMU}}^{i_0}$ ，若对所有的合作方案都有

$$\sum_{j=1}^{n} \delta_j V_{\text{DMU}^{i_0}_j} = \max\Big\{\sum_{\text{DMU}^i_j \in T_{\text{DMU}}^i} \overline{\delta}_j V_{\text{DMU}^i_j} \,\big|\, T_{\text{DMU}}^i \in T_{\text{DMU}}\Big\}$$

则称该方案为最优合作方案。

当然，不同的合作行为或对资源的不同处置方式，都将造成合作单元群整体效率度量方法上的差异，这在评价合作的整体效率时，需要根据实际情况将上述定义中的相应系数和参数进行重新设置，或者构造更符合实际要求的度量方法。

13.4.2　产学研合作效率的评价步骤

应用以上给出的合作单元（群）有效性的判定方法和合作效率的优化分析方法可以对合作实践进行效率评估。为了便于应用，以下给出综合评价产学研合作效率的工作步骤：

（1）根据要求对可实现的产学研合作方案集 $T_{\text{DMU}} = \left\{ T_{\text{DMU}}^1, T_{\text{DMU}}^2, \cdots, T_{\text{DMU}}^{\text{M}} \right\}$ 进行筛选，确定合作单元集 $T_{\text{DMU}}^{i_0} = \{ \text{DMU}_j^{i_0} \mid j = 1,2,\cdots,n \}$ 以及各合作单元资源投入的种类和数量。

（2）资源经过共享后，重新确定合作单元的输入、输出指标 $(f_j^{i_0}, g_j^{i_0})$ 。

（3）选择与合作单元对应的样本单元集 $T^* = \{ (\overline{x}_{jp}, \overline{y}_{jp}) \mid p = 1,2,\cdots,\overline{n}_j; j = 1, 2,\cdots,n \}$ ，并构造相应的生产可能集 T 。

（4）按照合作效率综合评价的实际要求，选择合作效率评价模型。

（5）确定偏好锥 V,U 和 V^*,U^* ，通过相应的效率分析模型计算出合作单元 $\text{DMU}_j^{i_0}$ 相对于样本单元集 T^* 的相对效率集 $V_{T_{\text{DMU}}^{i_0}} = \left\{ V_{\text{DMU}^{i_0}_j} \,\big|\, \text{DMU}_j^{i_0} \in T_{\text{DMU}}^{i_0}, j = 1,2,\cdots,n \right\}$ 。

（6）根据定义 13.8～13.10 对合作单元群的整体有效性进行判定。

（7）若合作单元群整体有效，停止；否则根据规划 $(\varepsilon - \text{C})$ 对合作无效

单元进行调整，使该合作单元效率和合作单元群的整体效率得到改进。

（8）若步骤（7）的调整无效，返回步骤（3），重新确定样本单元集。或者返回步骤（6），由决策者根据具体情况作出判定。

13.5 应用仿真

假设某高校 A 与机械制造企业 B 和科研院所 C 达成协议，建立了产学研联盟。为了综合评价合作单元和合作单元群的运行效率，分别在各合作单元所属领域（行业）内各选取 6 个样本单元作为参照，同时根据资源共享方式构建相应的评价指标体系。合作单元及样本单元（由 A_i，B_i，C_i 表示）的投入产出数据如表 13.1～13.3 所示。

表 13.1　高校 A 及代表性高校的投入产出数据

DMU	投入				产出		
	教室面积/m²	副教授以上教师数/人	图书总量/万册	教学、科研经费/万元	毕业生正式签约率/%	期刊平均影响因子*/%	科技奖励/项
A	58909	571	201.71	2216.38	0.47	0.64	7
A_1	45284	520	225.01	2209.21	0.42	0.44	7
A_2	32349	459	167.44	1704.33	0.35	0.58	11
A_3	54467	590	202.04	1983.45	0.43	0.49	8
A_4	60127	677	161.25	2134.75	0.42	0.47	9
A_5	43556	602	154.48	1988.27	0.69	0.62	12
A_6	49088	489	221.52	2133.28	0.51	0.65	6

注：*为高校发表的学术论文所在期刊影响因子的平均水平。

表 13.2　机械制造企业及行业内代表性企业的投入产出数据

DMU	投入				产出		
	固定资产净值/百万元	主营业务成本/百万元	员工人数/人	R&D投入强度**	主营业务收入/百万元	主营业务利润/百万元	市场占有率/%
B	10 086.46	17 788.07	16671	0.37	19 885.21	2017.57	12.90
B_1	89 226.97	99 981.65	38875	0.56	126 608.00	2531.01	11.45

续表

DMU	投入				产出		
	固定资产 净值/ 百万元	主营业务 成本/ 百万元	员工 人数/ 人	R&D 投入 强度**	主营业务 收入/ 百万元	主营业 务利润/ 百万元	市场 占有 率/%
B_2	24 162.26	32 489.22	17466	0.48	40 746.03	3058.53	9.21
B_3	7656.65	13 407.07	19912	0.32	14 598.95	1119.20	6.37
B_4	9162.49	18 127.28	14016	0.69	19 815.64	1595.80	7.22
B_5	3255.54	18 995.48	4019	0.71	20 182.45	1140.94	5.99
B_6	3220.04	9320.92	2715	0.47	10 643.14	1283.09	8.27

注：**为 R&D 经费投入强度和 R&D 人员投入强度的综合考虑，取值 0.00～1.00，数值越大，强度越高。

表 13.3　科研机构 C 及代表性同类机构的投入产出数据

DMU	投入				产出		
	运营 费用 /百万元	科研 人员 /人	设备 费用 /百万元	科研经费 /百万元	核心 论文 /篇	专利 /个	科技 奖励 /项
C	100.27	563	523.40	398.53	304	8	7
C_1	114.33	476	321.72	610.33	237	6	8
C_2	91.29	657	334.70	578.35	422	9	6
C_3	89.77	539	523.93	332.57	344	16	12
C_4	97.56	440	455.76	300.50	542	17	10
C_5	91.02	627	590.10	334.61	379	11	5
C_6	123.77	812	616.39	340.98	380	24	3

　　按照表 13.2 给出的产学研合作效率的评价步骤，首先以样本单元为参照，令 $V = E_{m_j}^+, U = E_{s_j}^+$，应用模型（PC-1）对上述数据进行分析。其次，为了突出显示基于资源共享的产学研合作的效果，将各指标数据标准化后，将高校 A 与机械制造企业 B 和科研院所 C 的输出指标的重要程度分别设定为 $\mu_1 = \mu_3 \geqslant 2\mu_2$，$\mu_3 \geqslant 1.5\mu_2 \geqslant 3\mu_1$ 和 $\mu_3 \geqslant 2\mu_2 \geqslant 3\mu_1$（输入指标无约束）后，在（PC-$C^2$WH）模型下，对合作单元继续进行效率评价。评价结果如表 13.4 所示。

表 13.4　评价结果

DMU		（PC-1）			（PC-C²WH）	
		A	B	C	A	B	C
θ		0.937 19	0.920 95	0.614 08	0.919 24	1.000 00	0.578 11
均值***		0.946 12	0.978 41	0.897 68	0.875 05	0.978 41	0.811 33
松弛变量	s_1^-	0.11633D+05	0.00000D+00	0.00000D+00	0.14495D+05	0.00000D+00	0.00000D+00
	s_2^-	0.00000D+00	0.00000D+00	0.35018D+02	0.00000D+00	0.00000D+00	0.64042D+02
	s_3^-	0.00000D+00	0.56243D-01	0.80310D+01	0.00000D+00	0.00000D+00	0.31785D+02
	s_4^-	0.55932D+02	0.90992D-02	0.41276D+02	0.85756D+02	0.00000D+00	0.51847D+02
剩余变量	s_1^+	0.00000D+00	0.00000D+00	0.00000D+00	0.00000D+00	0.26040D-18	0.69171D-02
	s_2^+	0.00000D+00	0.32201D-01	0.28172D+01	0.00000D+00	0.00000D+00	0.33462D-01
	s_3^+	0.28520D+01	0.57689D-01	0.00000D+00	0.68895D-01	0.78804D-16	0.00000D+00

注：***为合作单元和各样本单元相对效率的算术平均值。

从以上分析可知，在不考虑指标偏好的情况下，根据定义 13.2 和定义 13.3，高校 A 与机械制造企业 B 和科研院所 C 均为合作无效，合作单元的特征指标都存在改进的可能性，如果改进的量分别以松弛变量和剩余变量为标准，无效单元相对于样本单元可以修正为有效。在合作单元群整体效率的评价方面，根据定义 13.8 和定义 13.9，若选取 a 为三个行业平均效率的算数平均值，当以全部合作单元为考察对象，无论用合作单元群整体效率的哪种方法度量，此次合作都不是整体有效的。

在增加对指标的偏好后，合作单元的效率、松弛变量和剩余变量都发生了较大变化。具体分析如下：在合作效率方面，高校 A 和科研机构 C 的效率值 θ 由不加指标约束的 0.937 19 和 0.614 08 分别下降到 0.919 24 和 0.578 11，不同的是，高校 A 由低于平均效率 0.946 12 变为高于平均效率 0.875 05，而科研机构 C 却没有改善。机械制造企业 B 的合作效率为 1，高于平均效率，为弱合作有效。在合作单元群整体效率度量方面，若选取高校 A 和科研院所 C 为"关键单元"，a 为这两个领域平均效率的算数平均值，以"关键单元效率法"为度量标准，根据定义 13.8，此次合作是整体有效的；若以合作单元群整体为考虑对象，a 为这三个领域平均效率的算数平均值，以"平均效率法"为度量标准，根据定义 13.9，此次合作不是整体有效的。在合作效率改进方面，高校 A 与其他高校在教室面积、教学和科研经费方面的差距明显，松弛变量分别由 0.11633D+05 和 0.55932D+02 增加到 0.14495D+05 和 0.85756D+02，在科技奖励方面的差距在减少，剩余变量由 0.28520D+01 降低为 0.68895D-01，这说明高校 A 应该通过产学研合作增加教室的利用效率，比如利用闲置教室对企业进行培训、对学生进行实践教学等，同时降低教学科研中的资源浪费，将经费资助重点放在学生就业和教学科研上。机械制造企业 B 在此次合作中获益最大，除效率值得到显著提升外，其投入产出指标也得到了极大优化，员工人数和 R&D 投入强度的松弛变量都由 0.56243D-01 和 0.90992D-02 转变为零，主营业务利润和市场占有率的剩余变量分别由 0.32201D-01 和 0.57689D-01 降低为 0 和 0.78804D-16，说明该企业通过与高校和科研机构的合作，共享了合作伙伴的人力资源和技术资源，使其通过较少的人员和 R&D 投入换取了更高的产出，主营业务利润和市场占有率达到了合理的水平。科研院所 C 在合作中的表现较差，不但没有得到任何改进，效率值与均值的差距反而更为明显，科研人员、设备费用和科研经费的松弛变量分别由 0.35018D+02、0.80310D+01 和 0.41276D+02 增加到 0.64042D+02、0.31785D+02 和 0.51847D+02，这主要是该机构的投入存在过多冗余所致。为此，一方面应通过相应政策设置科研人员的合理数量和结构，避免人浮于事，同时，上级主管部门也应该严格控制对其设备购置费用和科研经费的审批，降低公共资源的低效率运行，另一方面可以通过增强与高校、企业的产学研合作力度，提高对现有资源的利用率，以此提升自身效率，比如通过多种途径承接企业的横向科研项目，成立下属科技企业，与高校共同申报和完成科研项目，将部分科研经费用于对科研人员从事产学研合作的奖励等，这些都有助于消化现有资源，也能使参与其中的各方从中受益。

　　产学研合作是不同类型组织间资源共享的一种典型方式。该合作涉及合作前的准备（合作伙伴选择、谈判等）、合作的组织和控制以及合作效果的评估和反馈等方面，本章所做的工作位于该程序的最后一个环节。通过以上的分析和算例可以看出，文中给出的综合评价产学研合作效率的方法，在传统数据包络分析方法的基础上又试探性地寻找到了一些突破：它将评价范围从系统内部扩大到了系统间，若时间序列数据失去可比性，可以将评价方向从不可比的纵向转移为可比的横向，同时结合各个合作单元的相对效率，构造了合作单元群整体效率的度量方法，使得对产学研合作效率的评价既考虑了合作单元的投入产出情况，也考虑了合作整体的运行状况，构造了从组织的微观领域最终指向宏观范畴的技术路线。产学研合作是一个不断创新的题目，无论合作的形式、深度和广度，都会随着时代的更高要求持续演化出新的内容，比如合作伙伴的选择、最优合作模式的确定、合作的控制机制等，都需要进行更深层次和更广泛的研究。因此，本章的工作只是该庞大知识系统中的一个组成部分，需要不断地修正和完善。

参考文献

[1] CHARNES A, COOPER W W, ROHODES E. Measuring the efficiency of decision making units[J]. European Journal of Operational Research, 1978, 2（6）: 429-444.

[2] COOPER W W, SEIFORD L M, THANASSOULIS E, et al. DEA and it s uses in different countries[J]. European Journal of Operational Research, 2004, 154（2）: 337-344.

[3] CHEN Y, MORITA H, ZHU J. Multiplier bounds in DEA via strong complementary slackness condition solutions[J]. Int Journal of Production Economics, 2003, 86（1）: 11-19.

[4] OLESEN O B, PETERSEN N C. Identification and use of efficient faces and facets in DEA[J]. Journal of Productivity Analysis, 2003, 20（3）: 323-360.

[5] COOPER W W, RUIZ J L. Choosing weights from alternative optimal solutions of dual multiplier models in DEA[J]. European Journal of Operational Research, 2007, 180（1）: 443-458.

[6] CHARNES A, COOPER W W, GOLANY B, et al. Foundations of data envelopment analysis for pareto-koopmans efficient empirical production functions[J]. Journal of Econometrics, 1985, 30（1）: 91-107.

[7] BANKER R D, MOREY R C. Efficiency analysis for exogenously fixed inputs and outputs[J]. Operations Research, 1989, 34（4）: 513-520.

[8] SEIFORD L M, THRALL R M. The mathematical programming approach to frontier analysis[J]. Journal of Economics, 1990, 46（1/2）: 7-38.

[9] ARBIA G. The role of spatial effects in the empirical analysis of regional concentration[J]. Journal of Geographical Systems, 2014（3）: 222-225.

[10] J K ORD，A GETIS. Local autocorrelation stati-stics：Distributional issues and an application[J]. Geographical Analysis，2015（4）：45-48.

[11] COOK W D，JOE ZHU. Allocation of shared costs among decision making units：a DEA approach[J]. Computers & Operations Research，2005，（32）：2171-2178.

[12] COOPER W W，RUIZ J L. Choosing weights from alternative optimal solutions of dual multiplier models in DEA[J]. European Journal of Operational Research，2007，180（1）：443- 458.

[13] WILLIAM F L，IVAN T. Competitive cities：introduction to the review[J]. Urban Studies，1999.

[14] 王众托. 系统工程引论 [M]. 修订本. 北京：电子工业出版社，1991.

[15] [美]多恩布什，费希尔，斯塔兹. 宏观经济学[M]. 北京：中国人民大学出版社，2002.

[16] 闫恩虎. 县域经济论纲[M]. 广州：暨南大学出版社，2005.

[17] 速水佑次郎. 发展经济学——从贫困到富裕[M]. 北京：社会科学文献出版社，2003.

[18] 刘福刚,孟宪江. 中国县域经济年鉴[M]. 北京：社会科学文献出版社，2006.

[19] 薛惠锋，张俊. 现代系统工程导论[M]. 北京：国防工业出版社，2006.

[20] 谢文，邓卫. 城市经济学[M]. 北京：清华大学出版社，1996.

[21] 世界银行，建设部，国家行政学院. 可持续的城市发展与管理[M]. 北京：党建读物出版社，2001.

[22] 王冰，马勇. 地区经济结构优化升级的理论渊源与对策取向——兼论缩小区际差异[J]. 武汉大学学报（社会科学版），2012（3）：12-14.

[23] 李晓嘉，刘鹏. 我国产业结构调整对就业增长的影响[J]. 山西财经大学学报，2016（7）：10-13.

[24] 李全根. 关于经济结构调整的几个理论问题[J]. 合肥联合大学学报，2012（2）：23-24.

[25] 邵益生，石楠，等. 中国城市发展问题观察[M]. 北京：中国建筑工业

出版社，2016.

[26] 万东铖. 所有制结构大重组[M]. 北京：中国经济出版社，2011.

[27] 王志美，张忠国. 城市经济结构是城市经济发展的基础和方向[J]. 工业技术经济，2014（1）：90-93.

[28] 成德宁. 城市化与经济发展：理论、模式与政策[M]. 北京：科学出版社，2014.

[29] 魏权龄. 数据包络分析[M]. 北京：科学出版社，2004.

[30] 钱学森等. 论系统工程[M]. 上海：上海交通大学出版社，2014.

[31] 高丽娜，蒋伏心，马澜. 规模效应、创新外部性与区域经济增长差异——基于中国新世纪以来的数据分析[J]. 西部论坛，2016(3)：54-61.

[32] 周绍杰，王有强，殷存毅. 区域经济协调发展：功能界定与机制分析[J]. 清华大学学报（哲学社会科学版），2010（2）：141-148.

[33] 马海龙. 区域治理：内涵及理论基础探析[J]. 经济论坛，2007（19）：14-16.

[34] 宋瑞庆. 我国区域经济治理模式研究——以区域经济管理机构的设置为视角[D]. 兰州：兰州大学，2012.

[35] 锁利铭. 地方政府区域合作治理转型：困境与路径[J]. 晋阳学刊，2014（5）：115-126.

[36] 张勇. 善治视野下构建和谐社会中的地方治理：缘起、内涵与功能[J]. 湖北经济学院学报（人文社会科学版），2009（6）：7-8.

[37] 王建新. 新时期地方政府治理模式创新探索[J]. 吉林省教育学院学报，2014（1）：136-139.

[38] 马先标. 区域经济政策若干基本理论要素研究[J]. 区域经济评论，2016（1）：14-23.

[39] 彭景阳. 浅议我国区域经济发展的政治资源[J]. 江苏广播电视大学学报，2003（4）：59-62.

[40] 付永，曾菊新. 地方政府治理结构与区域经济发展[J]. 经济体制改革，2005（2）：73-77.

[41] 陈雪峰. 社会资本培育与区域经济发展的辩证关系研究[J]. 商业时

代，2011（19）：125-126.

[42] 王维平，解慧娟. 区域社会经济与生态整合治理机制构建[J]. 甘肃社会科学，2016（3）：239-243.

[43] 王宝明，詹丽靖. 我国区域经济合作中地方政府管理存在的问题及治理[J]. 哈尔滨市委党校学报，2006（6）：48-51.

[44] 刘仁春. 区域治理：由行政区行政到区域公共管理——以区域经济合作为视角[J]. 广西师范大学学报：哲学社会科学版，2010（8）：27-32.

[45] 朱晓洁. 我国区域经济合作中地方政府管理存在的问题及治理[J]. 经济管理，2010（1）：62-63.

[46] 沈亦周. 区域经济合作中的地方政府关系存在的问题及治理[J]. 华商，2015（5）：12-13.

[47] 赵忠龙. 论我国区域经济合作与协调的法治化[J]. 甘肃社会科学，2011（3）：113-116.

[48] 石佑启. 论区域合作与软法治理[J]. 学术研究，2011（6）：30-37.

[49] 魏向前. 跨域协同治理：破解区域发展碎片化难题的有效路径[J]. 天津行政学院学报，2016（2）：34-40.

[50] 陶希东. 基于区域经济共同体的跨行政区治理体系建构[J]. 创新，2016（4）：104-111.

[51] 王建平. 整体性治理、利益协调实现区域经济一体化[J]. 现代经济探讨，2011（12）：39-42.

[52] 赵海燕. 我国区域经济一体化进程中的合作治理论析——基于地方府际合作的视角[J]. 中外企业家，2010（8）：1-2.

[53] 王先锋. 论我国区域经济一体化背景下的政府区域公共治理[J]. 党政干部学刊，2007（7）：14-16.

[54] 朴贞子，李凌汉. 我国区域经济均衡发展与政府调控[J]. 行政论坛，2006（3）：60-63.

[55] 吕丽娜，赵小燕. 国内区域经济发展中的地方政府合作模式比较[J]. 行政与法，2014（5）：39-43.

[56] 马占新. 经济社会整体发展水平综合评价的 DEA 方法. 内蒙古大学学

报（自然科学版），2002，5（9）：499-503.

[57] 马占新. 基于偏序集理论的数据包络分析方法研究[J]. 系统工程理论与实践，2003，4（4）：11-16.

[58] 吴海鹰，段庆林. 西部县域经济基本竞争力综合评价研究[J]. 中央财经大学学报，2014（2）：64-67.

[59] 刘新卫. 长江三角洲典型县域农业生态环境质量评价[J]. 系统工程理论与实践，2015（6）：133-138.

[60] 孙毅，等. 县域科技进步评价体系及测评方法研究[J]. 中国软科学，2015（8）：147-157.

[61] 李林，张宁. 基于熵权法的县域城镇体系发展状况综合评价[J]. 数学的实践与认识，2012（1）：1-4.

[62] 马占新. 样本数据包络面的研究与应用[J]. 系统工程理论与实践，2003（12）：32-37.

[63] KRAFT J. On the relationship between energy and GNP[J]. Energy Development，1978（3）：401-403.

[64] 刘小丽，卢凤君. 中国能源消费与国民经济增长的关系研究[J]. 工业技术经济，2012（9）：55-58.

[65] 赵丽霞，魏巍贤. 能源与经济增长模型研究[J]. 预测，2013（6）：32-35.

[66] 林伯强. 电力消费与中国经济增长：基于生产函数的研究[J]. 管理世界，2013（11）：18-27.

[67] 汪旭晖，刘勇. 中国能源消费与经济增长：基于协整分析和 Granger 因果检验[J]. 资源科学，2014（5）：58-62.

[68] 刘思峰. 灰色系统理论及其应用[M]. 北京：中国科技出版社，2009.

[69] 黄飞，何明. 能源消费与国民经济发展的灰色关联分析[J]. 能源利用与研究，2014（6）：67-71.

[70] 尹春华，顾培量. 我国产业结构调整与能源消费的灰色关联分析[J]. 天津大学学报，2013（1）：72-76.

[71] 邢俊. 集团拆分效率综合评价的非参数方法[J]. 系统工程理论与实践，2015（4）：700-708.

[72] 魏守华，吴贵生，吕新雷. 区域创新能力的影响因素——兼评我国创新能力的地区差距[J]. 中国软科学，2015（9）：76-84.

[73] 杨东升，张永安. 产学研合作的系统动力学分析[J]. 北京工业大学学报，2014（1）：141-144.

[74] 黄婷婷，鲁虹. 基于多 Agent 模型的产学研合作机制研究[J]. 中国软科学，2016（S2）：237-242.

[75] 牛盼强，谢富纪，董意凤. 基于知识双螺旋模型的我国产学研合作技术转移机制研究[J]. 科学学与科学技术管理，2013（5）：43-46.

[76] 魏权龄. 数据包络分析[M]. 北京：科学出版社，2004.

[77] 平狄克，鲁宾·菲尔德. 微观经济学[M]. 北京：中国人民大学出版社，2000.

[78] 马占新，吕喜明. 带有偏好锥的样本数据包络分析方法研究[J]. 系统工程与电子技术，2007（8）：1276-1281.

[79] 马生昀. 基于C2W模型与C2WY模型的样本数据包络分析方法研究[D]. 呼和浩特：内蒙古大学，2006.

[80] 吕喜明. 基于 C2WH 模型的样本数据包络分析方法研究[D]. 呼和浩特：内蒙古大学，2005.

[81] 邢俊. 集团拆分效率综合评价的非参数方法[J]. 系统工程理论与实践，2010（4）：700-708.

[82] 孙佰清. 高等学校科研管理绩效定量评价方法研究[J]. 哈尔滨工程大学学报，2015（6）：804-808.

[83] 邢俊. 基于资源重置的企业并购效率综合评价的非参数方法[J]. 系统工程理论与实践，2011（1）：99-107.

[84] 刘书雷. 高校科研团队科技创新能力评价研究[J]. 国防科技大学学报，2016（1）：139-141.

[85] 吴党恩，张丞. 以我国为例看区域经济发展不协调与金融危机的联系[J]. 集体经济，2013（12）：21.

[86] 王淑萍. 试论全球金融危机中区域经济的均衡发展[J]. 科学之友，2015（5）：160-161.

[87] 陈佳贵，李扬. 2010 年中国经济形势分析与预测[M]. 北京：社会科学出版社，2015.

[88] 戚本超，景体华. 中国区域经济报告 2008—2009[M]. 北京：社会科学出版社，2015.

[89] 陈建华. 全球金融危机与我国区域经济发展格局的变化[J]. 上海经济研究，2013（7）：13-21.

[90] 何福荣，田欢. 浅谈金融危机时期我国的区域经济合作[J]. 商场现代化，2016（1）：216.

[91] 马平，龙昱，邹斌文. 金融危机背景下的中国区域经济新格局[J]. 特区经济，2015（12）：262-263.

[92] 姚红卫. 基于空间统计方法的中国区域经济增长研究[J]. 中国统计，2014（9）：54-56.

[93] 陈斐，陈秀山. 局部空间统计在区域经济分析中的应用[J]. 华中师范大学学报（人文社会科学版），2016（7）：51-55.